高等院校财经专业精品教材

U0674727

URBAN ECONOMICS

城市经济学

（第六版）

冯云廷 主编

东北财经大学出版社
Dongbei University of Finance & Economics Press
大连

图书在版编目（CIP）数据

城市经济学 / 冯云廷主编. —6版. —大连：东北财经大学出版社，
2022.8（2024.7重印）
（高等院校财经专业精品教材）
ISBN 978-7-5654-4558-3

Ⅰ.城…　Ⅱ.冯…　Ⅲ.城市经济学–高等学校–教材　Ⅳ.F290

中国版本图书馆CIP数据核字（2022）第133378号

东北财经大学出版社出版
（大连市黑石礁尖山街217号　邮政编码　116025）
网　　址：http://www.dufep.cn
读者信箱：dufep@dufe.edu.cn
大连雪莲彩印有限公司印刷　　东北财经大学出版社发行
幅面尺寸：170mm×240mm　　字数：470千字　　印张：22.25
2022年8月第6版　　　　　　2024年7月第3次印刷
责任编辑：时　博　　　　　　责任校对：刘谌浠
封面设计：潘　凯　　　　　　版式设计：钟福建
定价：52.00元

第六版前言

本书的第六版重点进行了两个方面的改进：一是根据城市发展过程中出现的新情况和新趋势，对某些章节的内容做了适当的补充和更新；二是在每章后设立"资料链接"栏目，内容以二维码的方式体现，将城市经济理论最新的研究进展和城市经济实践中的典型案例收录进来，以扩展学生的知识面，增强创新思考能力。

这些年来，城市经济发展出现了一些新情况和新领域，特别是随着信息技术和数字经济的快速发展，传统上的城市经济理论和实践都面临着新挑战。为了体现这方面的新进展，本次修订做了相应知识的增补。譬如，在第六章城市基础设施中，专门增加了城市新型基础设施建设一节，全面讨论了新型基础设施的内涵、特征、城市新型基础设施的技术迭代规律及其在城市领域的应用，城市新型基础设施建设的多重效应，以及城市新型基础设施的发展路径等问题。在第七章城市产业经济中，增加了产业互联网与数字化转型一节，系统讨论了产业互联网的本质与功效、城市产业互联网的整体架构与重点领域，以及产业互联网时代的城市产业数字化转型等，以便及时跟踪产业创新转型的大趋势。第十二章城市物流进行了重新编写，把关注的焦点放在了城市物流及其与经济的耦合关系、城市物流网络的构成、形态演化和空间结构，还有城市物流的共同配送机理和模式等方面。

章尾设置的"资料链接"基本上有三个层面的内容：一是教材中尚未涉及的城市经济基础知识；二是城市经济理论研究的前沿跟踪；三是城市经济发展实践中的一些个案。

党的二十大报告提出："打造宜居、韧性、智慧城市。"这一版修订尽可能体现这种城市发展的新理念。希望通过本次修订，能够使教材结构体系和知识内容更加科学、完善。因受限于编写者的知识水平，教材中肯定还有不当之处，欢迎批评指正。

冯云廷

大连

东北财经大学烛光园

2024年6月

目　录

绪　论

一、城市经济学的历史沿革

城市经济学是一门新兴的经济学分支学科，它的出现至今只有短短的几十年，一般以1965年美国学者威尔帕·汤普森（Wilbur Thompton）发表《城市经济学导论》为标志。事实上，在汤普森之前，已经出现了相当数量有关城市的深刻论述。早在16世纪，就有文献讨论了城乡关系、城市中心的位置及规模等问题。到了资本主义发展较快的18世纪后期及19世纪，则有更多的学者涉猎城市经济的研究。亚当·斯密就对城市及其功能进行过详细的论述，又过了50年，德国人冯·杜能（Von Thunen）提出了城市经济学家经常引用的理论概念。他于1826年发表了《孤立国同农业和国民经济的关系》一书，对城市与农村之间的融通、城市增长对耕地的影响、城市及商业活动对地租及农产品价格的影响、土地类型划分等内容作了较为详尽的讨论。而在杜能的基础上，真正将经济学理论应用于城市空间方面研究的第一位西方学者，是另一位德国学者韦伯（A.Weber），他于1909年出版了《工业区位理论：区位的纯粹理论》一书，书中包含的经济学思想与当时流行的德国历史学派有所差异，特别强调了空间因素在生产领域中的作用。他认为，区位因子决定生产场所。工业配置时，要尽量降低成本，尤其是运费。工业区位理论对城市工业发展与布局以及工业区位的选择等问题的研究具有重要意义。这两位德国学者关于空间经济的研究成果，可视为西方城市经济学最重要的先导。

主流西方经济学在古典经济学阶段，也有以城市地区为考察经济实际运行的对象，从而谈及城市的。如在《国民财富的性质和原因的研究》中，亚当·斯密多次发表了有关城市商业、金融及城乡关系的精彩观点。他曾指出："要先增加农村产品的剩余，才谈得上增设城市"，城市化"决不能超过农村的耕作情况和改良情况所能支持的限度"。这与当时英国推行牺牲农业片面工业化进而殖民扩张的政策形成明显比照。然而，令人遗憾的是，对于城市问题，特别是许多国家的快速城市化，马歇尔（Marshall）和大多数古典经济学家却罕有著述。即使到了新古典及后凯恩斯阶段，主流经济学也很少论及城市。

20世纪20年代兴起的土地经济学，可看成西方城市经济学又一个重要的先导。著名学者伊利和莫尔豪斯，融合德国历史学派和20世纪美国制度学派的经济学思想，于1924年出版了《土地经济学原理》，此书成为西方土地经济学的经典之作，其中已大量涉及城市土地结构、土地政策等内容。美国土地学家赫德（R.M.Hurd）于1924年研究了美国200个城市的资料后，提出"楔形理论"，指出城市土地利用功能分区是从中心商业区向外放射，形成楔形地带。这一理论是城市内部地域结构的三个基本理论之一。美国经济学家帕克（R.E.Park）、伯吉斯（E.W.Burgess）于1925年经过对新兴大城市芝加哥的调查，总结出城市人口流动对城市功能地域分异的五种作用力，即向心、专业化、分离、离心、向心性离心。它们在各功能地带间不断交叉变动，使城市地域形成了由内向外发展的"同心圆式结构体系"。其结构模式为：中心商业区、过渡带、工人居住区、高级住宅区、通勤居民区。城市土地市场的价值表现为：越靠近闹市区，土地利用集约程度越高；越向外，土地利用越差，租金越低。1936年，霍伊特（H.Hoyt）在研究了美国的64个中小城市的房租资料和若干大城市资料以后对"楔形理论"和"同心圆式结构体系"加以发展。他根据城市发展由市中心沿主要交通线向外扩展的事实，认为同心圆理论中城市由市中心向外均匀发展的观点不能成立。高租金地域沿放射形道路呈楔形向外延伸，低收入住宅区的楔形位于高租金楔形之旁。这些研究，将城市问题从单纯的工程技术领域拓展至社会经济领域，从而为城市经济学成为一门独立学科奠定了基础。

第二次世界大战之后，西方学者对城市经济的研究形成一个高潮。第二次世界大战后第一篇重要文献首推克拉克（C.Clark）的《城市人口密度》（1951），这是一篇研究世界上各种类型城市的人口密度的实证文章，引起许多学者的重视。而第一本重要的理论专著要算温格（Wingo）的《交通与城市土地》（1961），这本著作是美国未来资源研究所研究城市经济计划的一部分，是一本富有创见及系统性的专著。到了20世纪60年代，城市经济整个研究领域几乎已不存在空白，在各专题上都有重要的成果。在城市交通方面，迈耶·凯因及沃尔的《城市交通问题》（1965），成为美国城市交通研究的权威著作，而瓦尔斯的《公路拥挤的私人和社会成本的度量与理论》（1961）和维克利的《城市和郊区公共交通的定价》（1963）等论文，首次提出了关于交通拥挤的经济学解释；在城市财政方面，纳什的《财产税经济学》（1960）和蒂博特的《地方公共支出的纯粹理论》（1956），可谓这方面重要的基础著作；在城市住房方面，格利格斯的《住房市场及公共政策》（1963）也有多方面的新发现。

原先是先导的空间经济学，此时朝着专业性分学科方向前进。如阿朗索（Alonso）的《区位与土地利用》（1964）可以说是城市产业区位研究的重要基础性著作；艾萨德的《区位与空间经济学》（1956）及胡佛的《经济活动的区位》（1968）则将空间经济学推向新的高度。显然，这方面的理论研究从一开始就对城市经济学的发展起着至关重要的作用，同时，它还为那些研究城市问题的著名经济学家，如迪克西（Dixit）、米尔利斯（Mirrlees）和索洛（Solow）提供了相关的概念。从这个角度讲，城市经济学有别于其他经济学科，例如，劳动经济学虽比城市经济学产生得早，却被视为经济学的一个旁支，而城市经济学却得益于20世纪六七十年代微观经济学的发展，从而拥有了分析消费者、厂商和市场行为的大量工具。实际上，城市经济学理论研究兴起的部分原因正是那一时期微观经济理论的发展。

这里有必要提及促进城市经济学发展成为独立学科的另一重要动因。1959年，美国未来资源研究所成立"城市经济学委员会"，组织有关专家拟定城市经济学研究纲要；1969年，美国经济学会又将"城市、区域经济学"划为12个大分科中的第11个分支；20世纪60年代开始，《城市研究》《区域科学与城市经济学》《城市经济学杂志》等相继创办，高校开始培养城市经济学硕士、博士，米尔斯、赫德、缪斯等人的城市经济学专著先后出版。有趣的是，过去空间分析的文献主要由德文写成，这给建立分析城市经济的空间模型带来了麻烦。1954年，廖什经典著作英文版的问世使得母语是英语的学者知晓了空间分析，从而促进了城市经济学科的发展。

20世纪60年代末，西方城市经济学已完成初创阶段进入发展时期，70年代就开始作为独立学科而继续发展。尽管城市经济学作为一个独立的研究领域已不可否认，但它究竟是一门怎样的学科，学术界众说纷纭，尚无定论。在研究对象上，有的认为要研究"城市与区域经济及国民经济其余部分关系问题"；有的认为应"在价格理论牢固基础上研究城市内在问题"。在研究方法上，有的采用新古典学派的一般均衡理论，如米尔斯据此提出的地租理论和选址理论；更多地采用实证分析方法，如凯因对以住房市场为基础的土地利用的实证研究。较多的学者赞同"把任何系统地运用经济学原理去解决城市问题的企图，都当作城市经济学"。例如，廖什这样写道："本人是不断涌现的自称为城市经济学家中的一员，自感自己的专业由发生在城市地区的一些问题来限定。不过，其他人喜欢将城市经济学视为原理上包含城市内部结构经济理论的特点，以及将城市内部结构作为国民经济部分与国民经济的关系的这样一门学科。我发现城市经济学家感兴趣的方面及我自己工作的大部分是前者。"这一观点得到了赫希的认同："城市经济学就是运用经济学原理和经济学分析方法去研究城市问题以及城市地区所特有的经济活动。"

二、城市经济学的发展趋势

经济活动的空间特征是城市经济学的存在理由。实际上，城市经济学是"由空间经济学家建立起来的一个公认的经济学分支"。故而将"消费者行为、厂商、市场均衡和动态分析加入到空间分析的框架之中，以提供有关城市空间结构的理解"，这可视为西方城市经济学的主流。但近些年来，这个主流发生了变化，这些变化也表明了城市经济学研究的特点及新发展。

近期发展的第一个特点是，城市经济学家逐渐将研究重心由空间分析转移到部门和政策分析上来。那些为解决城市问题而进行的大量应用性研究，也较少论及空间特征，也就是说已不再局限于从空间角度来研究城市经济问题。同时，另一些研究将城市经济学的工具运用于发展中国家，但也缺少空间细节。

近期发展的第二个特点是，城市经济学与其他专业之间的边界已经而且正在继续被打破。特别是近期的研究热点如住房、交通及公共选择，西方城市经济学大量地在城市经济框架内来讨论这些问题。20世纪六七十年代的城市住房分析主要关注低收入者的住房问题，而到了80年代以后更重视住房投资及供给方面的研究，有关住房的财产性质、税收影响及供给行为的实证分析大量出现。城市交通经济研究早先借助于新古典理论的效用与需求分析方法，而近期则更多地采用效用与需求的随机模型来做城市交通形式的模拟比较。城市交通研究的另一个进展是关于城市交通政策的经济分析，大量的研究是对各种可能的方面进行难度不小的成本/效益分析，从中优选出最佳的政策。城市公共财政分析较早是描述性的单向研究，但在博特的经典著作发表之后，这种状况大为改观。除了研究城市财政、城市公共服务与上级政府的财政关系等之外，还特别研究居民的财政反应在空间上的表现。另一个公共选择问题是公共设施区位选择，许多实证研究是根据成本和效益的各种假设与计算，来设计出寻找最优化的模型。有关公共选择的另一个专题是关于城市环境舒适性的研究，环境舒适性是指密集而集体消费的"物品"，它们可能是无形的也可能是有形的，可能被定价也可能不被定价，"重要的问题是对环境舒适性的表示及估计，以及它们对市场行为的影响，和它们与政府行为的关系的说明"。

近期发展的第三个特点是，利用计量经济工具完成的实证研究的大量出现。在西方城市经济学各专题中，近些年来大量发表的文献多为实证研究而非规范研究，它们几乎都是城市经济的经济计量研究。对现有理论的实证检验及修正，无疑会有助于理论体系的准确及完整。而且，通过实证研究所得出的某些结论，对于政策制定部门有间接启示作用。实证研究的盛行，主要原因在于西方国家统计网较发达、实际资料较易获得、各种计量经济模型丰富而有效、计算机普及等。充足优质的数据，特别设计的计量工具和拥有计算机的专家们将使城市经济学的应用研究得到发展。

近期发展的第四个特点是，大量地借鉴其他专业领域的研究成果。除了区域经济学及土地经济学之外，西方经济学其他分支学科，早先对城市经济学的影响并不大，但近些年来，这种影响有日益增大的趋势。例如，在产业组织理论中，关于信息不确定性及不对称性的研究成果就被适时地引入城市经济学中关于企业布局的理论之内，提出了信息成本与性质在布局中的影响机制的新观点。又如，在金融市场分析中，关于风险对投资组合决策的影响的研究成果，就被借用来研究住房及办公楼的空间结构问题。甚至经济学以外的专业，如社会学、地理学等的最新研究成果，也逐渐地被引入城市经济学理论之中，出现交叉性的格局。

近期发展的第五个特点是，城市经济的模拟模型有望增加。这类研究有助于政策分析，特别是交通体系规划和住宅计划。当然，这类研究需要大量的资金支持，并受政府兴趣的影响。城市经济学中最难预测的是其理论的发展。理论分析几乎覆盖了全部主题，并且一直在不断前进。例如，在20世纪80年代中期，大多数有关家庭和就业选址的模型还在假设厂商集聚于中心商务区，然而不到10年，在西方发达国家只有不到10%的就业集中在中心商务区。而且，上述单中心模型也不适用于现今郊区化的实际情况和复杂的交通体系。有关这些现象的模拟分析还远未得到发展。

三、城市经济学的研究对象和学科边界

城市经济学的研究对象一直存在争议。巴顿认为，"把任何系统地运用经济学原理去解决城市问题的企图都当作城市经济学"。山田浩之指出，"城市经济学就是抱着解决城市问题的愿望，从经济学的角度对城市的空间结构进行分析，探讨理想的公共政策方案"。而赫希则认为，"城市经济学就是运用经济学原理和分析方法去研究城市问题以及城市地区所特有的经济活动"。不难看出，上述三种界定的共同点在于，都以城市问题作为研究的对象，以对城市问题的求解作为研究的任务和目的。

城市经济学是这样一门科学，它以"城市现象"作为研究对象，运用经济学的方法去研究人们的空间选择行为。这里，为什么是"城市现象"而不是城市问题？因为城市现象针对的是任何有关城市活动的宏观和微观现象，它既可以是正常的现象，也可以是异常的现象。城市问题，给人们的感觉似乎只指"异常的城市现象"，由此出发，城市问题的研究必定是一种被动的研究过程。而城市经济学的研究目的不单是应对问题，主要是解释和预测城市现象背后的原因和趋势。在国内，有学者将城市经济学研究对象定义为对城市系统运行规律的研究，我们不强调探寻"规律"而界定为解释"现象"，并不是说，城市经济学不要重视规律，而是说，规律总是包含在对城市现象进行因果关系的解释之中。

此外，这个定义着眼于"空间选择行为"，意味着将城市形成、人类经济活动在空间上的集聚等城市现象纳入"经济人"个体决策与相互作用的一般均衡分析框架的努力，这种努力的目的是，试图从内生性上对城市经济现象做出解释。同时，这个定义强调空间选择，表明其中隐含着资源空间配置过程中的稀缺性概念。它标志着城市经济学不仅是空间经济学，而且是集约经济学。

对一个学科中心问题的回答和解释，构成了这个学科的基本理论。那么，城市经济学的中心问题是什么？阿瑟·奥沙利文指出，城市经济学是研究厂商和家庭区位选择的科学。经济学的其他分支往往忽视决策的空间因素，与此相反，城市经济学探讨经济行为发生的地点。因此，城市经济学的中心问题就是空间选择问题，也就是说，运用经济学分析方法来解释城市为什么存在，它在哪里发展，它们怎样扩大以及不同的人类活动是如何在城市空间中安排的。离开对空间选择问题的追求，就会动摇城市经济学的根基和对关键问题的关注。

城市经济学与区域经济学、经济地理学和空间经济学经常是交叉重叠、相互融合的，从而给我们准确界定城市经济学科范围带来无尽的困惑。这几个学科具有两方面的共性：其一，它们都是（或主要是）以经济的空间活动为对象的；其二，它

们均被认为脱胎于区位理论，是经济学与区位或空间相结合而成的。因此，它们是同祖同宗、血缘关系紧密的"同胞兄弟"。但是，它们也存在着区别：

（1）城市经济学与区域经济学的区别。区域，是一个客观上存在的空间概念，但它往往没有严格的范畴和边界。就区域经济学研究来说，"区域是基于描述、分析、管理、计划或制定政策等目的而作为一个应用性整体加以考虑的一片地区"①。这里，区域考虑的往往是全国性的空间或所有经济活动的空间。而城市经济学一般将空间限定在城市空间或区位范围内，这可能是二者存在的主要差别。因此，尽管二者都发端于区位理论，但后来却向学术分科的方向发展。城市经济学在固守区位选择这个主流的基础上开始关注城市作为一个整体来说的经济繁荣和社会发展的过程。而目前的区域经济学也已从传统的以单个厂商的区位选择为主要对象的区位理论，逐渐演变为宏观区域决策提供理论依据的完整科学体系。

（2）城市经济学与经济地理学的关系。经济地理学来自于经济学与地理学两个方面的结合。1882年德国地理学家葛兹（W.Gotz）提出，经济地理学把地球空间作为人类经济活动的舞台，是一门为国民经济提供考察自然基础的专门学科。它所探讨的内容侧重于人与环境、地域分异和空间区位三个方面。可见，与城市经济学关注城市空间与现象不同，经济地理学是从自然-技术-经济的联系中去研究地域生产系统的。进一步来分析，城市经济学研究城市空间特有的经济现象与选择行为，经济地理学在研究城市时往往把经济作为一个影响因素来分析，或是研究经济问题的空间表现形式及其与城市发展的关系。

（3）城市经济学与空间经济学的关系。空间经济学研究的是资源在空间的配置和经济活动的空间区位问题。空间经济学是一个松散的学科群，包括土地经济学、环境经济学、经济地理学、城市经济学、区域经济学等。其中，最引人注目的是近年来当代经济学研究的一大热门——新经济地理学。严格来说，与地理学相关性相比，新经济地理学更靠近城市和区域经济学的研究范畴。因为它研究"生产的空间区位"，以解释地理空间中经济活动的集聚现象为核心。向心力和离心力是以新经济地理学为标签的空间经济学的主要内容。而这一切，都属于城市或区域经济学尤其是城市经济学的领地。城市本身就是集聚的结果。在经济学家那里，需要有一个一般均衡理论来解释这种集聚现象。新经济地理学的目标就是通过建立模型，阐释使经济活动集聚的向心力和使经济活动分散的离心力，以便人们清楚地理解经济活动的地理结构和空间分布是怎样在这两股力量的相互作用下形成的。因此，它回答了城市经济学中一系列最为本质的问题。从这个意义上说，本书更倾向于将新经济地理学理解为是关于城市经济的区位选择或空间增长的学问。正如保罗·克鲁格曼所说，新经济地理学是用现代分析方法复兴和弥补了古典区位理论的内容。但是，新经济地理学毕竟重新表述和组织了那些老的问题，传统城市经济学理论无力解释的内容也在新经济地理学那里得到阐述。

---

① 胡佛. 区域经济学导论 [M]. 郭万清，等译. 上海：上海远东出版社，1992：239.

四、本书的框架结构与特色

与同类教材相比，本书的特色主要表现在：①内容上的前瞻性。力求对国内外城市经济学界的最新成果给予足够的关注，尽量把城市经济学中最前沿的研究成果融入书中。既保留城市经济学理论的精华，又具有"本土化"特点，内容尽可能地系统、新颖、通俗和规范。②研究方法的规范性。在编写过程中一直贯彻用经济学分析方法研究问题的思想，强调研究方法的规范性，在方法论上体现城市经济学作为一门体系相对完善的应用经济学科的特性。③阅读视野的广泛性。作为主要用于本科生教学的高等院校教材，增大信息量、拓展学生的知识面是我们始终追求的一个目标。为此，在教材的每一章后面，我们又通过二维码的方式增设了一个专栏——资料链接，内容包括小资料、小案例等。

全书从结构上看，共分三部分：第一部分包括第一、二章，讨论城市的形成与发展、城市经济本质以及城市化问题。各种要素向城市集聚，是城市经济优于乡村经济的最重要特征，这是这一部分的一个主题。第二部分是第三至第十三章，从城市增长机制出发探寻城市经济的规模、结构、产业、市场、环境、交通、物流等问题。其中，城市规模是城市增长的基础，城市产业是城市增长的内在决定因素，城市人口是城市增长的动力，城市设施是城市增长的载体，环境和交通是城市增长的伴生物。第三部分为最后一章，主要涉及城市成长质量，也就是关于城市现代化和国际化方面的问题。

第一章作为分析的起点，研究了城市与城市经济最为基础的内容，诸如城市是什么？城市如何产生？城市经济的本质是什么？集聚经济理论对这些问题进行了回答，因此，集聚经济理论是城市经济学的最基本的理论基础。

第二章讨论城市化。城市化是人类历史长河中的一个必然过程。它同工业化一起推动经济发展的重心从乡村转移到城市，促进城市在数量上急剧扩张，在质量上不断提高，从而改变了经济发展的空间方向和基本方式。本章主要阐明了城市化的机制、规律、模式与战略。

第三章讨论城市经济增长。本章在阐述了城市经济增长一般概念的基础上，介绍了一般城市经济的增长模型，并通过模型的分析阐述了城市经济增长的机制；探讨了城市经济增长模式；最后分析了城市经济增长的集约化、目标和政策。

第四章讨论城市规模。本章先从单个城市讨论了城市会形成和应当形成多大规模能够获得规模经济；分析了城市成长及其规模边界；最后从一个区域的角度探讨了怎样的城市体系能够获得整个区域的规模经济。

第五章讨论城市土地利用。城市土地既是城市的生产要素，又是城市功能分区的空间载体，土地供应状况直接关系到城市的发展空间、发展潜力和发展方向。本章通过对城市土地概况的描述，从对城市土地地租的分析入手，揭示了城市土地市场的运行机制和城市土地制度；进而研究了土地竞租与城市土地利用问题，包括土地租金与土地区位、不同产业的投标租金模型和城市土地利用的一般均衡。

第六章讨论城市基础设施。基础设施既是城市生产、生活的物质基础，也是城市经济体系中的重要产业部门。本章对城市基础设施的构成和特点进行分析，讨论了城市基础设施发展的协调性与发展模式问题，然后，对城市基础设施与经济增长的关系进行阐述，在此基础上，介绍了城市新型基础设施建设所涉及的内容，最后，探讨了城市基础设施的产业化机制。

第七章讨论城市产业经济。城市产业经济是决定城市经济功能和城市性质的内在因素，也是推动城市经济增长的基本要件。本章阐明了城市产业经济的三个主要方面：一是从时间维度上阐明了城市产业结构问题；二是从空间维度上阐明了新产业区和产业集群问题；三是从新发展维度上，对知识经济背景下发展起来的文化创意产业和产业互联网时代的数字化转型做了初步分析。

第八章讨论城市劳动力市场。人口是城市的主体，而劳动力则是城市经济得以发展的重要动力。本章阐述了城市劳动力市场的一般理论、劳动力迁移、劳动力市场分割与弹性就业，以及城市就业与失业治理等问题。

第九章讨论城市住宅。城市住宅是城市居民赖以生存的载体。本章关注了城市住宅的市场特性、住宅区位的选择和居民住房支付能力等问题，而这些问题都与城市经济增长和居民生活改善密切相关。

第十章讨论城市环境。城市环境是指城市居民生存和城市经济发展的空间。本章通过对城市环境构成与城市生态危机问题的阐述，揭示了城市环境属性、城市环境的特征和城市生态环境面临的挑战；进而对城市环境问题进行了理论性的经济分析，包括城市环境与城市经济的关系、有关城市环境问题的经济理论、城市环境的外部性及其治理对策；最后提出了生态城市建设问题。

第十一章讨论城市交通。城市交通问题一直是城市经济学界关注的热点之一。随着城市人口规模的急剧增长，加之交通工具机动化和私有化的发展，城市交通堵塞、出行困难、交通噪声与污染等一系列交通问题，已在许多国家的城市尤其是大城市中，演化为一种普遍的"城市病"。人们认识到，现代城市交通，已经不单单是一个市政工程问题或交通技术问题，而是一个综合的社会经济问题。本章从城市拥挤现象入手，讨论城市交通问题产生的原因与特征，重点讨论城市交通发展模式及其选择，同时，还探讨了城市交通管制方面的一些问题。

第十二章讨论城市物流。流通作为城市经济的命脉，是城市的最根本职能之一。本章从城市物流的基本特征入手，分析了城市物流与城市经济的相互作用机理、城市物流网络、城市物流共同配送系统，以及相应的城市物流政策体系。

第十三章讨论城市财政与社会融资。城市与区域是一个经济有机体。在城市化过程中，随着城市与区域的联系日益增强，在经济要素集聚力和扩散力的作用下，城市区域的范围也不断扩大。在市场经济条件下，城市的发展既有互相竞争的一面，又有相互合作的一面，这种既竞争又合作是21世纪城市发展的一个重要特征。本章提出了城市区域的基本概念，分析了城市引力模型及其应用，探讨了城市竞争、城市合作以及城市区域协调发展的若干理论和新观点。

　　第十四章讨论城市现代化与国际化。随着城市化、经济全球化进一步加速发展，信息经济、网络经济、数字经济和生态经济等新经济类型的不断崛起，现代城市面临着多方面的严峻挑战和发展机遇；同时也面临着有史以来最广泛、最深刻的社会巨变和创造性的重构。在这种背景下，本章对城市现代化的内涵、特征、指标体系、国际化和发展趋势等进行了初步讨论。

第一章　城市集聚经济

什么是城市？城市如何产生？城市经济的本质是什么？这些问题对于城市经济研究来说是最为基础的东西。城市的出现是经济活动在一定的空间集聚的过程。因此，这一章我们将围绕集聚经济的话题展开讨论。

第一节　城市的本质

从词源上说，城市是由"城"和"市"组成的。"城"在古代汉语中指的是都邑四周用作防御的墙；"市"则是指进行交易的场所。"日中为市"就是对这种交换场所的形象描绘。这两个字合在一起成为"城市"，它既反映了城市的起源，又反映了早期城市的基本功能。从历史上看，城市一般都是一定地区的贸易市场和货物集散地。近现代城市更多地成为社会经济综合体，是在一定地域内集中的经济实体、社会实体和物质实体这三者的有机统一体。

国内外的学者，从经济、社会、地理、历史、生态、政治、军事等不同的角度，对城市下过各种各样的定义。

美国一位社会学家曾说，城市是有相当大的面积和相当高的人口密度的一个地域共同体，其中住有各种非农业的专门人员。法国的一位地理学家对城市的看法则别出心裁，他说城市既是一个景观、一片经济空间、一种人口密度，也是一个生活中心或劳动中心，更具体点说，也可能是一种气氛、一种特征或者一个灵魂。英国经济学家 K.J.巴顿认为，城市是一个坐落在有限空间地区内的各种经济市场——住房、劳动力、土地、运输等——相互交织在一起的网状系统。其中所指的城市是一个团体的人构成一个在政治上有组织的共同体……一个比较有永久性和高度组织性的中心，包括有各种技能的一个人口集团，在粮食的生产方面缺少自足，而通常主要依赖制造工业和工商业满足其居民的需要。

此外，关于城市的定义还有"城市是人群的生态系统""城市是物质生产的分配空间""城市是独特的历史进程"等，以至于美国著名学者孟福德（L.Munford）在其编纂的《国际社会科学百科全书》中，干脆说城市的定义尚在争论之中。

这些带有定义性质的表述，都从一个或多个侧面揭示了城市的特征，对我们认识城市的本质，研究城市的作用，是大有裨益的。

我们总结前人的论述，把古代、近代和现代城市进行抽象，从社会经济研究的需要出发，给城市以如下定义：城市是生产力发展到一定阶段的产物，是生产要素集约化和业态多样化的社会有机体，是一个功能性社区，是区域经济、政治、科学技术和文化教育发展的中心。对城市本质的理解，我们着重从以下三点把握：

一、城市是集聚和系统形态的生产力

要深入理解城市，有必要从生产力的角度，进一步挖掘城市的本质所在，揭示城市在社会生产力发展过程中的重要作用。

所谓生产力，是参与社会生产和再生产过程的一切物质的、技术的要素的总和。生产力作为系统而存在，其基本要素是劳动资料、劳动对象和劳动者。但这三个基本要素只是构成了生产力的实体或主体部分，而并没有把生产力的复杂系统结构包罗无遗。例如，生产力中也包括科学技术这种知识形态的生产力等。城市作为生产力各个要素的"载体"，绝不只是简单地起一种承载作用，而是能对由三个基本要素构成的生产力的实体或主体的部分起到"放大"作用。我们也可以径直地把这种"放大"作用看成一种特殊形态的生产力——集聚和系统形态的生产力。这种"放大"作用是怎么产生的呢？一言以蔽之，是集聚效应和系统效应的结果。

城市是由大规模的人口集聚而形成的。人口集聚又主要是由工业集聚而引起的。"集聚"是城市最重要的特征之一。城市本身表明了人口、生产工具、资本、享乐和需求的集中，而在乡村里所看到的却是完全相反的情况：孤立和分散。没有这种高度集聚，也就无所谓城市。

城市是一个复杂的巨系统。城市作为一种社会集聚形态，并不是各种建筑物和各类设施的机械混合物，而是一个有机整体。自然辩证法昭示我们，"整体"都是由诸要素以一定结构组成的具有相应功能的系统。"系统"也是城市最重要的特征之一。城市总体规划，就是按照城市这个巨系统的运动发展规律所绘制的一定时期内的结构图形。

系统是结构与物质内部的统一体，物质内部结构决定的外部功能是整体性的。但是，这种整体功能并不是由物质内部各要素的功能简单相加得来的，而是由各要素的功能有机综合以后产生的。整体功能要大于各要素功能相加之和。对城市这个复杂的巨系统而言，其要素不仅有工厂、商店、银行等生产和流通设施；还有供水、排水、煤气、热力、道路、交通、邮电、通信、电力等基础设施；当然，还有住宅、剧院、学校、医院、园林等生活服务和文教卫生设施。这三类要素（也可以看成城市这个复杂巨系统的第二层次的三个子系统）通过城市规划形成一定的结构，从而产生了比各要素功能机械相加要大得多的整体功能。这样城市就能够以较低的费用、较短的时间组织大规模的商业流通和物资集散。可以认为，这种"大得多的整体功能"就是城市对生产力的实体或主体部分起了"放大"作用的结果。

我们把城市作为生产力的一种形态，固然是同城市所承载的"生产力的实体或主体部分"紧密联系的。同时，也需要并可以暂且把城市中容纳的"生产力的实体或主体部分"先抛开,而单单考察由于城市的大规模"集聚"以及由这种集聚形成的"系统"本身所产生的力量,即前述增加了100倍的力量,把城市这种特殊形态的生产力称为集聚和系统形态的生产力。

我们还可以从另一个角度,即从现代城市是建立在生产高度社会化、专业化基础上的高度分工和高度协作,来考察城市这个特殊形态的生产力。一般而言,城市愈大,企业搬到里面来就愈有利,因为这里有铁路、有运河、有公路;可以挑选的熟练工人愈来愈多;由于建筑业中和机器制造业中存在竞争,在这种一切都方便的地方开办新的企业,比起不仅建筑材料和机器要预先从其他地方运来,而且建筑工人和工厂工人也要预先从其他地方运来的比较遥远的地方,花费较少的钱就行了;这里有顾客云集的市场和交易所,这里跟原料市场和成品销售市场有直接的联系。这就决定了城市会惊人地迅速成长。实践表明,城市为建立社会生产和再生产过程的分工协作关系提供了极好的场所和组织形式。

在现代城市,社会生产和再生产过程的各个环节(生产、交换、分配、消费)都实现了高度的分工,特别是生产、生活中一些共同需要的服务设施日益地分离出来,构成"城市基础设施"。高度分工和高度协作带来了高效益,成为生产力的源泉。当劳动生产率还非常低,除了必需的生活资料只能提供些微小剩余的时候,生产力的提高、交换的扩大,国家和法律的发展,艺术和科学的创立,都只能通过更大的分工才有可能。协作不仅提高了个人生产力,而且是创造了一种生产力。根据这些原理可以推断,城市正是以它对这种高度分工和高度协作的出色的组织协调,尤其是城市基础设施为各类工厂企业提供的协作服务,而极大地提高社会生产力的。不言而喻,这种高度的分工协作,又是建立在城市集聚和系统的基础之上的。

总之,城市应该是一种特殊形态的生产力,即集聚和系统形态的生产力。

二、城市是人类为满足自身生存和发展需要而创造的人工环境

首先,城市本质强调人是城市的主体。人类最初建造城市的原因之一是安全需要,以防止动物和自然灾害对人的伤害。因此,刘易斯·芒福德认为,城市的发展,实质上就是人类"居室"日趋完备的过程。没有人的存在,没有人对于自身居住环境的需要,也就无须论及城市的产生。这里强调的是人的主体存在、人的主体地位和作用。城市本质以人的研究为基础,从城市学的学科角度出发,将人与城市作为一个整体,进而改变人与城市相分离和城市异化现象。

其次,城市不断演变进化的过程也可以看作是人的需要不断发展变化的过程。人的需要结构和需要层次随着社会物质财富的增加不断发生变化。人的需要无止境,城市的发展也无止境。城市与人的需要之间的矛盾和冲突构成了社会生产力发展的动力源之一。城市本质将揭示人的需要与城市进化的关系,并着重研究现代人的需要、全体人民的需要[①]。

---

① 纪晓岚. 论城市本质 [M]. 北京:中国社会科学出版社,2002:43-44.

最后，人创造环境，环境也创造人。城市环境本身是人的行为和意识的产物，而城市环境与居民息息相关。城市环境一方面体现了人的生存状态，要满足人的需要，另一方面又对人具有重要的影响和作用。因此，城市环境与人是一个不可分的整体，互为前提，互为条件，人伤害了环境，也就是伤害了自身。从城市环境中可以看出我们人类自身的抱负。从这个意义上说，城市的以人为本，就是要构筑起信任、让人心安、和而不同的生存环境。美国城市学者爱德华·格莱泽认为，城市是人、公司之间空间距离的消失，代表了接近（proximity）、密度（density）和亲近性（closeness）。他在《城市的胜利》一书中描述道：城市的伟大之处，是为人与人的"接近性"提供了更多的可能，即使在信息技术如此发达的今天，人与人的"接近性"依然具有不可估量的价值，它不仅是知识+创意+思想的源泉，也为提升生产力，塑造社会关系乃至生活方式提供了条件和可能。总之，城市本质体现了人本主义思想，体现了人在城市发展中的主导作用和不可推卸的历史使命。

三、城市是具有多维属性的复杂的社会有机体

城市是一个多维的复合体，经济属性之外还有很多其他属性。城市总是嵌入更广大的社会关系中，这给城市打下了多元特征的烙印，使城市在不同的时空下产生了形式和功能的多种变化。美国城市史学家刘易斯·芒福德在《城市文化》一书中，强调了城市的这种多维属性和多重功能：城市不只是建筑物的集群，它更是各种密切相关并经常相互影响的功能的复合体——它不单是权力的集中，更是文化的归极。芒福德清楚地区分了城市的表象与本质——密集、人众、城墙、建筑，这些只是城市的表象；功能、权力、文化，才是城市的本质特征。可见，把城市仅仅看作人口、经济或者建筑的集群是不够的，城市背后存在着复杂的社会关系。

一座城市的日常运转，如同生命有机体在呼吸律动。社会有机体是由不同方面、不同层次的各种因素在相互作用中构成的有机统一、不断活动和发展着的多维形态。英国哲学家罗素先生说过："参差多态，乃是幸福的本源"。大多数的参差多态都是由富有创新精神的人创造出来的。因此，只有城市的功能、文化、制度为人的行为提供恰当的激励，城市这个有机体才能迎接各种挑战，从而充满活力。

第二节　城市形成的市场力量

城市的出现，是人类社会发展史上的一个重要里程碑。这是史学界共有的认识。城市的起源和发展等问题，也一直是东、西方史学研究者共同关注和探索的课题。英国史前学学者戈登·柴尔德1950年在利物浦大学《城市规划评论》杂志发表了一篇较有影响力的文章——《城市革命》。他在文章中把城市作为导致社会进化上的一个新的经济阶段的一次"革命"的结果与象征提出。当然，他指出，"革命"一词不是指一次突然的剧变，它在这是用来指称在社群的经济结构和社会组织

上一种逐渐变化的高潮——这个高潮造成受其影响的人口急剧增加，或至少与这项增加同时出现。柴氏理论的中心，是认为导致城市产生的原因主要是经济，当然也包含有政治、军事和宗教的因素。如果从市场动力的角度分析，至少有如下几种力量在城市的兴起和成长过程中起到了关键作用。

一、比较利益

区域比较利益是城市形成的第一原动力。李嘉图在1817年出版的《政治经济学及赋税原理》中认为，虽然一个国家可能在两种商品的生产上都处于劣势的地位，但两者的劣势程度一般都有所不同，相比之下总有一种商品的成本劣势要小一些，即具有相对优势。国家或地区间利用这种相对优势进行专业化生产，之后进行贸易，那么双方都能从中获得利益，这就是比较优势原理。

比较利益可由机会成本来解释。某一产品的机会成本是指，为了增加一个单位该产品的生产而必须放弃的生产另一种商品的数量。机会成本说指出，各地区应该生产其机会成本较小的产品。这是因为，机会成本也是一种商品与另一种商品之相对交换比率。生产了机会成本较小的商品，就等价于生产了在市场上相对交换比率较小的商品，亦即相对交换价格小的商品，从而使其商品在市场上具有竞争力。按照机会成本说，地域分工能使双方均获益。城市的相对比较优势使城市受惠于城市之间的贸易。下面的例子说明了这一问题。假设有两个城市A城和B城，生产两种用于交换的商品棉布和小麦，劳动力是唯一的投入，两城市之间的交通成本忽略不计。表1-1给出了两个城市贸易前的比较利益。

表1-1　　　　　　　　　　**A城和B城贸易前后的比较利益**

时间　　　　　城市　　机会成本	A城		B城	
	棉布	小麦	棉布	小麦
贸易前	2米布	2/3公斤小麦	1米布	1公斤小麦
贸易后	2米布	1公斤小麦	2米布	1公斤小麦
比较利益增加额	0	1/3公斤小麦	1米布	0

由表1-1可见，在贸易前，A城的劳动力每小时可得到2米布或2/3公斤小麦，而B城的劳动力每小时可得到1米布或1公斤小麦。在贸易后，A城和B城分别生产棉布和小麦。此时，A城1小时的劳动，可得到同以前一样多的棉布，但可换取的不是2/3公斤小麦，而是1公斤小麦。同理，B城1小时的劳动，1公斤小麦换取比以前多一倍的棉布。这样，无论A城还是B城，通过区域分工，劳动力生产率都提高了，比较利益也均增加了。

实际上，这个原理也是我们理解城市形成机制的关键。区域经济地理条件的内容丰富多样，矿产资源、淡水资源、水热资源、动植物资源的丰饶度及其组合度，基础设施的状况，区域劳动力的数量和质量，经济发展的历史传统，现状经济的发展水平和结构特征，未来的开发潜力等都不完全一样，这就决定了有必要进行劳动地域分工，从而决定了在不同地区生产同一产品的机会成本不同，进而通过贸易产生区域经济发展的比较利益。区域比较利益的存在为市场交换提供了可能，于是就为商业的产生提供了条件。当商品流通要求达到规模经济时，专门从事商品买卖的商人便应运而生。为了节省运输成本，商人便在交通运输便捷的地点集聚起来，形成集市，最终导致早期城市的产生。

二、规模经济

规模经济是城市形成的又一基本经济力量。规模经济是指在规定的技术和投入要素价格下，长期平均总成本的降低，它意味着等比例投入的增加将会带来更大的产出。如果不存在规模经济，则产出与生产规模无关，从而商品生产可以在任意小的规模上靠近消费者。此时，在相同质地的平原上，人口和生产会均匀地分布，因为集中不仅不会带来好处，反而会因为竞争而使地价上涨。反之，如果存在规模经济，生产必须在一定的规模上进行，才可能降低生产成本。在这种情况下，大规模集中生产的产品数量主要取决于规模经济、需求范围和运输成本三方面的约束。如果只存在规模经济，而没有相应的需求范围（即市场区域），则大规模的集中生产仍然会无利可图；同样，如果运输成本过高，大规模集中生产的辐射区域自然也要受到限制。大规模集中生产的存在会同时吸引企业家、相关产业、工人和人口的空间集聚，从而导致城市的产生和发展。

三、集聚经济

集聚经济是因企业间或各种生产活动的选址彼此靠近而使成本降低所产生的正的外部效应。如果说比较利益和规模经济为城市的形成创造了初始条件，那么，集聚经济则为城市的形成提供了直接推动力。因为无论是生产中的规模经济还是交换中的比较利益原则，其直接的结果都是导致要素和生产的集聚。厂商为了追求成本的降低因而愿意集中到一起，城市由此产生了。埃德温·米尔斯和布鲁斯·汉密尔顿的城市形成模型就清楚地说明了这一过程（如图1-1所示）。

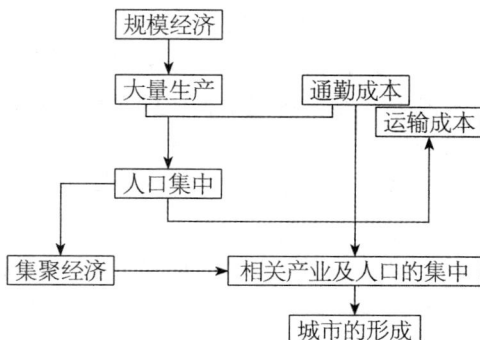

图1-1 城市形成的米尔斯-汉密尔顿模型

米尔斯和汉密尔顿认为，假如规模经济存在于某种经济活动中，那么从事这种经济活动的经济主体为了获得规模经济就必须在某地（具体的区位选择取决于经济活动的性质和内容）进行大规模生产，这就是经济活动的地方化（localization）过程。这个经济主体的雇员为了避免通勤成本而在附近定居，这样就引起了人口（需求）的集中，在需求指向下，一些相关的经济活动及其从业人员也就近选址（克服运输成本和通勤成本）。集聚在一起的人口和经济活动又会产生积极的外部效应，即集聚经济。集聚经济甚至吸引了那些与最初活动无关的人口和经济活动的进一步集聚，从而开始了城市化（urbanization）过程。这样，规模经济、运输成本和集聚经济就成为促成要素集聚于特定区位的经济力量。

第三节　城市集聚经济：基本理论

城市经济的本质特征就在于它的空间集聚性。集聚经济（agglomeration economies）是城市经济学中的一个重要概念，城市集聚经济是解释城市形成和发展的核心理论。

一、集聚经济的内涵

历史上，德国学者韦伯最早提出要加强对经济凝集作用的分析研究。他在1909年出版的经典著作《工业区位论》中，系统地阐述了他的集聚经济理论。在韦伯看来，集聚实质上是工业企业在空间集中分布的一种生产力布局形式。韦伯认为，集聚能够使企业获得成本节约的集聚经济，但集聚经济并不是无条件的，只有把存在着种种内外联系的工业按一定规模集中布局在特定地点，才能获得最大限度的成本节约；而那种无任何联系的、过渡性的偶然性集结，只会对地区经济发展造成恶果。他对集聚经济下的定义是：集聚经济是由于把生产按某种规模集聚在同一地点进行，因而给生产或销售方面带来的利益或造成的节约。可见，韦伯的集聚经济与规模经济有关，他强调工业企业在空间上的规模化。根据他的理论，集聚分为两个阶段：低次阶段与高次阶段。在低次阶段，单纯是由企业经营规模扩大而带来的生产集聚，即"所有具有自足完整组织的大规模经营"。韦伯将几种经营的局部性集结定义为高次集聚。他认为，高次集聚主要就是扩充大规模经营的利益。也就是在一定地区范围内同类或不同类企业集中构成的总生产规模的扩大。显然，韦伯的集聚经济是与厂商规模和集中相联系的内部和外部经济。

将集聚经济视为一种规模经济利益，揭示了集聚经济的一个重要性质，那就是集聚能够享受专业化分工的好处。换言之，这种专业化分工，使得同类或不同类企业在相互接触或接近时产生"溢出效应"，给对方带来了利益。然而，分工意味着专业化与多样化的同时发展，专业化经济和多样化经济是分工经济的两个侧面。因此，厂商或企业空间接近的影响和利益，还可以通过企业活动或产业多样化的方式来实现。经济学界常用"范围经济"（economies of scope）的概念来解释这种多样化现象。由于多样化和竞争加剧等原因，企业为减少交易费用而集聚起来，以获得范围经济。对外部范围经济的追求，是企业地理空间集聚的重要诱因。美国经济学家艾伦·斯科特（A.J.Scott，1983，1986）在这个领域进行的开创性研究，为我们深入认识集聚经济本质提供了一个新的视角。斯科特给新制度经济学提出并发展起来的交易成本赋予"空间"意义，并引入城市化的理论研究中。他认为，交易成本在生产过程中空间纵向分解或纵向一体化中起着决定性作用。生产过程在空间上的纵向分解，导致交易活动的费用增加，每单位交易活动的费用越高，卷入其中的厂商或企业越有可能通过空间集聚而减少交易费用，以便从相互集聚中享受范围经济利益。

由此可见，从更广泛的意义上说，与专业化经济相联系的规模经济利益和与多样化经济相关联的范围经济利益是集聚经济内涵中缺一不可的两个方面。确切地讲，集聚经济就是一种通过规模经济和范围经济的获得来提高效率和降低成本的系统力量。

二、集聚经济的性质

如前所述，集聚经济与规模经济、范围经济和外部经济的概念密切相关。弄清它们之间的关系，对集聚经济性质的认识是至关重要的。我们首先分析集聚经济与规模经济之间的关系。

（一）集聚经济与规模经济

集聚经济与规模经济是一组可相互替代的概念。但这里集聚经济总是就外部规模经济而言的，至于内部规模经济与集聚经济之间的关系，一直存在争议。

规模经济一般指随生产能力的扩大，单位成本下降的趋势。内部和外部两种不同的规模经济的区别在于观察规模经济的出发点不同。内部规模经济，主要来自于企业内部生产规模的扩大，采用先进技术和设备、提高生产效率、降低能源和原材料的消耗及其各种费用，从而获得的产品成本下降和收益的增加。早期的内部规模经济可以说主要是工厂的规模经济。在企业等同于工厂的时代，企业被看作一个以生产为中心的工厂组织，随着工厂的技术容许的生产规模扩大而产生的平均生产费用的递减现象，被称作工厂的规模经济。工厂的规模经济最终受生产技术水平的制约。后期的内部规模经济则主要是关于公司的。企业和工厂的分离，突破了工厂规模经济所提倡的理论模型，出现了多工厂的企业。这样的企业可以是经营多个同样产品的工厂群，也可以是经营多个相关产品的工厂群。在每种场合，企业规模的扩大，都不仅可以引起原材料、燃料和设备费用的递减，还可能引起管理的专业化、企业竞争力的提高和市场支配力的强化，从而获得规模经济。公司的规模经济固然可以摆脱生产技术的制约，但摆脱不了来自"市场的制约"。因此，企业规模的扩张也同样不是无限的，超越市场需要而扩张的企业规模，会引起经营费用的上升。外部规模经济则指来自企业外部的成本节约优势，使企业获得更多方便条件。例如，将一组在生产上联系密切的钢铁厂、焦化厂、矿渣水泥厂、重型机械厂、大型金属构件厂按一定规模比例配置在同一区域，就可以使每个企业都因此而受益。这种效益是无论按何种方式将上述企业分散配置都不可能获取的。在这里，整个系统的总体功能大于其各个部分功能之和。超过部分来源于因素集聚而造成的特定环境，因此被称作集聚规模经济。

据此，就任何一种产业来说，都有三个层次的规模经济：①单个工厂（或商店等）的规模决定的经济；②单个公司的规模决定的经济；③该产业在某个区位的集聚规模决定的经济。在规模经济的三个层次上，集聚利益都可以换为规模利益。这种规模利益，或是通过企业规模扩大及专业化带来的经济活动中的成本节约，或是通过企业经营领域的延伸所带来的成本节约一而实现，而生产要素集聚只不过是实现规模经济利益的地理手段。

（二）集聚经济与范围经济

范围经济是一个与多样化经济相联系的概念，通常是指企业在同时经营多种事业时所产生的一种效果。与规模经济一样，范围经济也有内部范围经济与外部范围经济的区别。前者指同一企业内部生产或经营多样化产品而带来的成本节约，它意味着垂直一体化的企业内部分工深化。后者则指企业因事业领域或经营区域的广泛而获得的经济利益。在这种情况下，产业组织是垂直分离或纵向分化的，专业化的企业之间通过外部交易网络，共同完成生产经营活动。

范围经济与规模经济既相互联系，又相互区别。两者的相互联系，主要表现为：①共存性。在一个企业追求范围经济利益过程中，并不排斥规模的作用，反之亦然。②相容性。在一些场合，这两种概念是相互包容的。比如，产出规模的扩张过程包容着经营领域的拓展，同样，扩大事业范围也同时浸透着规模经济。共存性和包容性使企业有了同时享受两种经济利益的可能。区别规模经济与范围经济有时很困难，然而，范围经济与产业规模扩大的结果所带来的规模经济毕竟是完全不同的两个概念。一般来说，"规模"是指经济系统或集聚体的大小；"范围"是指经济系统或集聚体的集合分离程度。相应地，规模经济反映的是产出规模与长期平均成本之间存在的经济性；范围经济反映了多样化程度与长期平均成本之间存在的经济性。

从集聚经济与范围经济之间的关系上看，集聚经济是一种外部范围经济。与集聚规模经济的概念相对应，我们称这类集聚经济为"集聚范围经济"。集聚范围经济不同于集聚规模经济，它主要来源于企业的由市场交易活动联结起来的产业之间的相乘效果，以及经营区域广泛所带来的外部经济性。正是这种集聚范围经济，使区域内或区域之间的产业相互强调和促进，带来了各自的发展、革新和效率化。诸如消费与生产的补充效应的产生、新思想新技术的传播、规模经济的实现等都与城市经济的多样性密切相关。产业结构单一的城市，城市化集聚经济不够明显，从而在一定程度上制约着城市发展的规模。相反，产业多样化的城市则往往具有相对较大的规模。事实上也正是如此，规模较小的城镇产业结构比较单一，而大型城市产业多样化程度则相对较高。西方学者的一些实证研究，也证明产业"多样化的程度确实随着城市规模的扩大化而加深"。

集聚范围经济概念的提出，弥补了溯源于规模经济理论基础上的集聚经济概念在解释力方面存在的局限性。自斯密以来，经济学家把专业化程度的提高等同于效率提高、资源节省，而专业化必须在与大规模化相结合的前提下，才会产生经济效果。因此，传统上的集聚经济概念是建立在这种"专业化大生产"理论基础之上的，它强调规模扩大和专业化给企业带来的生产成本的"外在节省"。按照这一理论，企业发展的基本方面应该是逐渐走向空间上的规模化和专业化。但实际上，现代企业发展却走向了分工经济频谱的另一端——多样化。这里所说的多样化，是指企业经营活动涉及多个事业领域或区域广泛性而形成的多样性增加的过程。其基本特征是，随着社会分工深化，市场交易日益频繁，企业间被越来越精确的交易关系组织起来，相互联系变得更加错综复杂。与专业化大生产体制不同，因产品结构和市场变化多端，企业的产品是非标准化的，而且不能充分地相互替代，垂直分离已成为一种普遍现象。面对这种现实，传统集聚经济理论的解释力就显得过于牵强。这使得经济学家们往往在经济理论和经济现实之间的冲突面前大伤脑筋：经济现实告诉人们，企业追求成本节约的方式是多样的；而经济理论却告诉人们，所有的集聚利益都应该归纳到规模经济中去。有了集聚范围经济概念之后，我们很容易回答产业多样化与成本节约之间的经济性，而这一点，恰好是集聚规模经济所忽视的。

综上所述，集聚经济本质上是一种外部经济。从集聚经济性质上看，它不仅是一种外部规模经济，而且还是一种外部范围经济。因此，确切地说，集聚经济是由集聚规模经济（外部规模经济）和集聚范围经济（外部范围经济）共同作用而形成的一种复合经济。

三、城市集聚经济的类型

（一）地方化经济

地方化经济（localization economies），主要是指同一行业的企业或一组密切相关的产业，由于集聚在一个特定地区，通过产业功能联系所获得的外部经济。正如马歇尔所说："这种经济往往能因许多性质相似的小型企业集中在特定的地方——即通常所说的工业地区分布——而获得。"不过，这种集聚不仅包括工业区位，也包括商业，因此，地方化经济又可细分为两种类型：一种是工业群集型经济。对于某一特定工业部门来说，一种生产活动一旦定位于一个有利的区位或地区后，如果这个工业部门的产品的需求充分的话，就可能或是吸引其他相关部门集聚到这里来，或是原有部门的生产规模进一步扩大。比如，汽车工业在选址于条件有利的场所之后，它所在的地方就成为汽车零件制造工业的市场。结果，汽车零件制造工业自动来到这些地方。日本的丰田市就是一个很好的例子，在它周围集中了许多零件生产工厂。其他如钢铁工业，它所在的场所一般就会成为以钢为原料的工业的原料地，以钢为原料的工业部门自动向这些区位汇集。在这种情况下，都会因产业的功能联系带来平均成本节约。另一种是购物外在经济。这种集聚经济引起交易公司的集聚，从而导致以市场为基础的集聚体的形成。如果一家商店的销售要受其他商店位置的影响，它们之间就产生了购物外在经济。每家商店都吸引消费者到零售区域内，就会给其他商店带来好处。这种外部经济会促使企业销售相关产品来形成零售群。一般有两种类型的产品能够产生购物外在经济性，即不完全替代品和互补品。如果两种商品相似，但又不完全一样，则称不完全替代品。由于产品的细微差别，消费者需要去选购去比较，销售类似产品的企业集聚在一起，将会降低消费者的搜寻成本，从而吸引潜在购买者。当企业销售互补产品时，一方也会因销售具有互补性产品的另一方的存在而受益。显然，这个层次的集聚经济对于单个企业而言是一种外部经济，是企业之间相互影响的结果，而不是由企业内部的力量决定的。

（二）城市化经济

城市化经济（urbanization economies），主要是由于产业之间存在外部经济，一个产业的发展通过其前向和后向联系，可能对多个产业降低成本做出贡献。它既可以通过上面所说的一个行业的地区集中化，进而带动其他行业发展（即不平衡发展的形式）来实现，也可以通过多个相互关联的产业同时平衡发展的方式实现。另外，有些产业可能不一定有直接的功能联系，但却存在着非功能的空间联系，它们仍然可以从相互的集聚中获得经济利益。

城市化经济与地方化经济有两点区别。首先，城市化经济是由整个城市而不仅仅由某一产业部门引起的。其次，城市化经济将给城市所有企业，而不仅仅是某一产业部门中的企业带来好处。对于微观集聚主体——企业而言，这一层次的集聚经济也是一种外部经济，是由产业之间的相互影响决定的，这在一些中心城市表现得更为突出。比如，大城市常常是一些商务服务的公共服务中心，如金融、保险、会计、咨询、医疗、环境保护等，这些服务可以同时为多个行业所用，并且企业内部经济性也比较明显。只有当城市的规模达到一定程度后，对服务的需求才会上升，这些服务的质量才能更高、价格才能更低，从而有益于该城市的多个行业。这是城市化经济的突出表现。

四、城市集聚经济的成因

城市集聚经济背后的机制究竟是什么？按照城市经济学和空间经济理论，对城市集聚经济一般有三个最基本的解释。

（一）劳动力匹配与劳动力市场共享

现实中，职工的劳动技能与企业的需求之间并不总是十分匹配的，如果出现不匹配的现象，企业就必须支付昂贵的培训成本。那么，技能劳动力匹配性对企业、集聚、城市发展又有什么影响呢？大量劳动力集聚于同一地区，在对企业生产产生较大的吸引力的同时，也使得这些企业为争夺技术工人而展开竞争，其结果是产生了更高的技术匹配性和更高的工人净工资。较高的净工资又会对工人提供激励，使他们更愿意成群结队地在城市里生活，因此，企业和工人之间的吸引力是相互的。企业和工人都可以从更高的技能匹配性上获得利益。这就是所谓的劳动力市场共享。

　　劳动力共享在马歇尔的《经济学原理》中已有明确的论述，企业集中能避免工人因某个企业破产而遭受失业的威胁。工人愿意在其他时刻准备雇用他的地方以一个较低的工资就业。在此基础上，罗坦伯格（Rotemberg）和塞隆纳（Saloner）给出了另外一种解释：工人并不是因集聚在行业附近规避了失业而受益，而是众多企业的存在保证了工人免受人力资本投资专有性的束缚。同时，为了规避风险并获得更高的收入，具有专业化技能的劳动力可能会集聚在同类行业较为集中的地方，这不仅可以打破企业的买主垄断地位，同时也为工人的失业找到了退路。另一方面，专业化的企业为了获得专业化知识的劳动力也要将企业建立在同类行业较为集中的地方，这不仅可以打破工人的卖主垄断，也为企业寻找高技能的工人提供了出路。总之，行业内的各个企业之间彼此竞争，但又彼此从竞争中受益，其中劳动力市场在这一过程中发挥着重要的作用。

　　（二）中间投入品生产的规模经济

　　如果说劳动力共享解释了互相竞争企业的集聚，那么中间投入品生产的规模经济则解释了互补性企业集聚的原因。韦伯在《工业区位论》中指出，工业之所以在空间上集中，原因在于这样的集中能产生成本节约，带来销售上的便利。马歇尔将工业在区位上集中产生的好处称为"地方性工业利益"。其主要思想是运输成本的存在会诱使企业在靠近它们投入的附近或在既接近投入又靠近顾客的位置选址，而这种集中又会产生自我增强趋势，从而形成一个较大的集聚中心。藤田（Fujita）等认为，马歇尔所说的工业地方化利益是一种生产外部经济，它包括三个方面：第一，地理上集中的产业可以支持专业化投入品的生产者；第二，雇用同一类型工人的厂商集中在一起可相互发挥劳动市场蓄水池作用；第三，厂商之间的地理集中可共享某些有用的信息和基础设施。

　　与上述思想类似，斯蒂格勒（Stigler）在其经典论文中指出，工业集中刺激行业内企业的垂直分散，即企业会从其他专业化生产的供给者手中获得投入品，而不是在一个一体化的工厂中生产它。现实中的众多实例也证明一个地方性工业附近总是分布着众多的专业化供应商。霍姆斯（Holmes）考察了投入品生产在地理上的集中现象，为美国制造业部门地方性工业利益和垂直分散之间的联系提供了初步的证明。他发现，一个工业密集地区的企业垂直分散度要比区域外高。这表明，工业较为密集的地区其分工程度可能也更高。

　　但是，上述垂直分散需要一些条件。首先，中间品供应企业必须为多个下游企业服务，以便取得规模经济的好处，否则，企业就会将中间品供应内部化于企业之内。其次，下游企业只有坐落在工业较为集中的地区才能将其投入需求外包给那些能够提供投入品的生产者，而且只有这样才能降低因分工所带来的交易成本的上升。

　　（三）知识信息的外溢

　　早在1890年马歇尔就认为，从事同样的需要技能的行业的人，互相从邻近的地方所得到的利益是很大的。行业的秘密不再成为秘密，而似乎是公开的了，孩子们在不知不觉中也学到了秘密。优良的工作受到赏识，机械上以及制造方法和企业的一般组织上的发明和改良之成绩，得到迅速的研究；一个人有了新思想就立即为别人所采纳，并与别人的意见综合起来，因此，它就成为更新的思想之源泉……这表明，由于地理上的临近性，具有各种不同技能的劳动力由于相互的接触产生了知识外溢。而正是这种不受限制的知识溢出推动着经济增长。雅各布斯（Jacobs）和卢卡斯（Lucas）指出，当地化信息和知识溢出既是经济活动在城市集聚的原因，也是促使城市经济增长的基本原因。研究与开发以及其他知识溢出不仅会产生外部性，而且也有证据表明企业倾向于在新知识产生的地区集聚。克鲁格曼指出，来自外部规模经济的报酬递增是城市经济增长的关键。而外部规模经济的实现在一定程度上依赖于知识溢出效应。但是，人们接受思想的能力或远离思想源地的距离影响知识的增加，距离越远，思想的交流也相对越难。因此，城市中人口和企业的高度集聚有利于思想在人与人、企业与企业之间的交流[①]。

（四）路径依赖、自我强化与锁定

城市作为人口和经济活动的集聚地，其发展和演变本质上是产业集聚行为推动的结果，产业集聚通过城市劳动力市场作用于城市的人口集聚活动，从而影响城市的规模变化和人口特征。产业集聚还通过城市产品市场主要作用于相关产业的经济集聚活动，而使城市的产业结构和经济特征受到影响。产业在城市中的集聚尤其增强了整个经济的规模报酬递增，知识的临近性增强了知识外溢和人力资本积累程度，并促进了分工演进和新产业的出现。产业集聚具有路径依赖效应，吸引更多产业和劳动力的集聚，从而促进城市人口和经济的再增长。

路径依赖可以理解为初始的偶然集聚事件影响了以后的路径选择。如果初始的集聚引发了积极的、自我增强的反馈，这种集聚会逐步获得集聚的优势。并且这种集聚优势可能会一直不断地叠加，产生自我强化效应，以至达到锁定的结果。虽然随着城市规模的扩大，企业间的竞争增强、生活成本上升，但由于存在自我强化机制，知识和技术仍可以继续发展，产业结构仍可以不断优化，从而继续推动城市的内生增长。

五、城市集聚经济的度量

对于某一行业来说，是行业的本地就业人数——地方化经济，还是所有行业的本地就业总人数（即多样化的城市规模效应）——城市化经济，决定了一个地区的集聚程度？

一般地，集聚经济属性的差异对于城市中生产的空间组织具有巨大影响。Henderson（1974）进行了理念阐述，如果经济是局部化的，城市会倾向于形成只生产一种交易产品或一组相关产品的专业化分工。那么经济中就会有不同类型的城市，

---

① 李高产. 城市集聚经济微观基础理论综述 [J]. 城市问题，2008（5）.

每种类型在一种与其他不同的产品上形成专业化分工，不同类型的城市倾向于形成不同的规模。尽管存在城市化集聚经济，但在多数经济体中，所有生产并不只发生在一个巨型城市。城市规模受限是因为城市规模还有其他不经济的方面。在新城市经济学里，对这种不经济的城市模型化分析是基于日益严重的交通拥挤和不断上升的土地成本。交通拥挤观点考虑的是，厂商必须在城市里集聚以加强信息溢出。工人从周围的居住区去中心上班。随着城市规模的扩大，人均通勤距离和居住成本都会上升。随着城市增长将其分为多中心是限制这一问题（缩短通勤距离）的一种策略。但是，由于这种策略减少了信息溢出，因此限制了集聚优势。

假设有这些对城市规模的限制，如果对某一个行业来说经济是局部化的，那么城市非常可能会专业化。为什么呢？因为将两个不相关的行业放在一起不会从中实现规模收益，带来的只有交通居住方面的规模不经济。如果两个行业在一起，将它们分至不同的城市，那么交通居住环境成本会降低，而且生产效率没有损失。

城市化经济不排除专业化。享有城市化规模经济的行业出于效率的考虑会需要多样化的环境。这样，不同的城市系统中，可能既有专业化的城市也有非专业化的城市。实证结果倾向于支持所有这些推理。

那么，在城市发展中，集聚经济性的两种来源——城市化与产业的地区集中，哪种更重要呢？对于城市集聚经济的测度通常基于以下城市生产函数：

$$Q=G(N)F(L,K) \tag{1.1}$$

式中，Q 代表总产出；F（L，K）为不变规模报酬生产函数，L 和 K 分别表示劳动与资本；G（N）为集聚函数，表示城市规模对产量的作用（可用城市人口近似地表示城市规模）。

集聚因子 G（N）的特殊函数形式为：

$$G(N)=BN^b \tag{1.2}$$

式中，b 为不变集聚弹性。显著地不等于 0 的 b 的估计值表示集聚经济性的存在。

F（L，K）是产业内部所有企业共同的与地理位置无关的内部生产函数。通常使用 Cobb-Douglas（C-D）生产函数的形式：

$$F(L,K)=AL^\alpha K^\beta \tag{1.3}$$

如果存在集聚经济性，那么它是来自城市规模的扩大，还是来源于产业在该地区的集中？为了检验这些假设，我们可以使用以下特殊形式的集聚函数：

$$G(S,N)=S^a N^b \tag{1.4}$$

式中，N 为城市化变量，用城市人口衡量；S 为区域化变量，用区域内该产业中所有企业的总销售量衡量。把（1.4）式中的对数形式和 F（L，K）的特定函数形式代入城市生产函数（1.1）式，就可以对城市若干行业的函数形式进行估算。如果参数 a 比 b 更显著，就表明 S 比 N 的影响更强，说明集聚效应来源于产业在某一地区的集中，而不是城市规模的扩大，区域化的作用比城市化强。否则，则反之。

◈练习与问题讨论

1.结合实例，运用集聚经济原理解释为什么有的城市（或城市中的产业）比其他城市有更快的成长。

2.为什么说集聚经济是城市经济的本质特征？它与强调"人是城市的主体"的观点存在着矛盾吗？

3.假定在一个特定地域内，存在东西两个生产区域，只生产两种产品——纺织品和钢铁，其生产率见表1-2。

表 1-2　　　　　　　　　　　**两种产品的生产率**

	各种商品每日生产一个单位所需工人数量		机会成本	
	东部	西部	东部	西部
纺织品	2	5		
钢铁	20	125		

（1）完成表格内容。填写东部和西部生产纺织品和钢铁的机会成本。

（2）假设运输成本为零，区际交换比率确定为1：15，那么，这个交易对双方意味着什么？

（3）在什么情况下，劳动力生产的差异会导致城市的发展？

4.米尔斯-汉密尔顿模型在描述城市形成过程中的不足及改进。

5.根据城市经济发展的名言："不要把所有的鸡蛋放在一个篮子里，要使经济多样化"，请从地方化经济和城市化经济的重要性的经验事实出发，评价这一名言的合理性所在。

资料链接1-1

城市的类型

资料链接1-2

新经济地理学对集聚经济的研究

资料链接1-3

集聚经济理论模型的探索

第二章 城市化

城市化是人类历史长河中的一个必然过程。它同工业化一起推动经济发展重心从乡村转移到城市，促进城市在数量上急剧扩张，在质量上不断提高，从而改变了经济发展的空间方向和基本方式。本章主要阐明了城市化机制、规律、模式与战略。

第一节　城市化机制

一、城市化的生成机制

（一）对城市化内涵的认识

研究城市化的生成机制，首先要深刻理解城市化的内涵。对于城市化的内涵和本质的认识，不同的学科有不同的见解，意见并不统一。从经济学角度上说，城市化具有如下五个方面的内涵：

第一，城市化是城市人口比重不断提高的过程。城市化首先表现为大批乡村人口进入城市，城市人口在总人口中的比重逐步提高。

第二，城市化是产业结构转变的过程。随着城市化的推进，原来从事传统低效的第一产业的劳动力转向从事现代高效的第二、三产业，产业结构逐步升级转换，国家创造财富的能力不断提高。

第三，城市化是居民收入水平不断提高的过程。城市是高消费群体集聚所在。城市化使得大批低收入居民群体转变为高收入居民群体，因此城市化过程又是一个市场不断扩张、对投资者吸引力不断增强的过程，也是越来越多的国民在发展中享受到实惠的过程，是一国中产阶级形成并占主体的过程。

第四，城市化是一个城市文明不断发展并向广大农村渗透和传播的过程。城市化的过程也是农村和农民的生产方式和生活方式以及文明程度不断提高、不断现代化的过程，也就是城乡一体化的过程。

第五，城市化过程是人的整体素质不断提高的过程。由于大部分的人从事着先进的产业活动，有着较高的生活质量，因此，人们的生活方式、价值观将会发生重大变化，社会将建立起根本区别于农业社会的城市社会新秩序。人们按照既定的游戏规则自由地进行丰富多彩的社会活动。自律、自尊、自强成为社会风尚。这是现代文明的灵魂，是城市社会的真正魅力之所在。

（二）城市化生成机制的内在过程

从城市化的生成机理上看，城市化使一个复杂的社会经济过程的特征表现得更为明显。作为社会现代化重要标志的城市化的发展受经济、社会、政治和文化等诸多因素的影响。在诸多影响城市化发展的因素中，产业结构的非农化转换，经济要素在不同产业及地域间的流动，相关的制度安排与创新是影响乃至决定城市化发展的关键要素之所在。它们的共同作用形成了城市化的生成机制。[①]在这三者之中与城市发展相关的制度安排与变迁是一个内生变量，这种制度安排不仅直接反映在一个国家或地区的城市发展政策上，而且还会通过产业结构转换、制度安排和经济要素流动制度安排，或促进或延缓或阻碍城市化进程。缺乏必要的或有效的制度安排与变迁，即使发生了产业结构变迁、经济要素流动，也可能出现诸如"无城市化的工业化"（industrialization without urbanization）现象。因此，从这个意义上说，相关的制度安排与变迁可以视为影响或决定城市化的基础性因素。城市化的生成机制如图2-1所示。

由此可见，城市化过程所涉及的领域和包含的内容是多元化的，它不仅包括人口城市化，也包括非农产业城市化，还包括空间和生活方式的城市化。城市化是所有要素动态地相互作用的必然结果。

二、产业结构与城市化

（一）城市化过程与产业结构变革相伴生

在一个国家或地区由传统经济向现代化迈进的进程中必然会出现产业结构的转换。早在17世纪中叶，英国古典政治经济学的创始人威廉·配第（William Petty）在分析英国、荷兰等国农业、工业和商业活动时就发现了工业的收益高于农业，而商业的收益又高于工业，并且指出，这种不同产业比较利益的差异会驱使劳动力从农业部门流向非农业部门。亚当·斯密（Adam Smith）也发现另一种生产要素——资本——在不同产业中的投资顺序，他指出，根据事物的自然发展趋势，在任何经济发展过程中的社会资本，其大部分首先是投向农业，然后投向制造业，最后投向国际贸易。后来的许多经济学家如澳大利亚的A.费雪（A.Fisher）、美国的西蒙·库兹涅兹（Sionm Kuznets）、德国的W.霍夫曼（W.G. Hoffmann）、日本的筱原三代平等人均对产业发展及结构转换趋势作了深入研究，其中最著名的当推英国经济学家柯林·克拉克在威廉·配第研究基础之上将产业结构演变规律系统化并以三次产业分类法作为基础，形成的配第-克拉克定理（Petty-Clark theorem）。

① 刘传江. 中国城市化的制度安排与创新 [M]. 武汉：武汉大学出版社，1996：47-59.

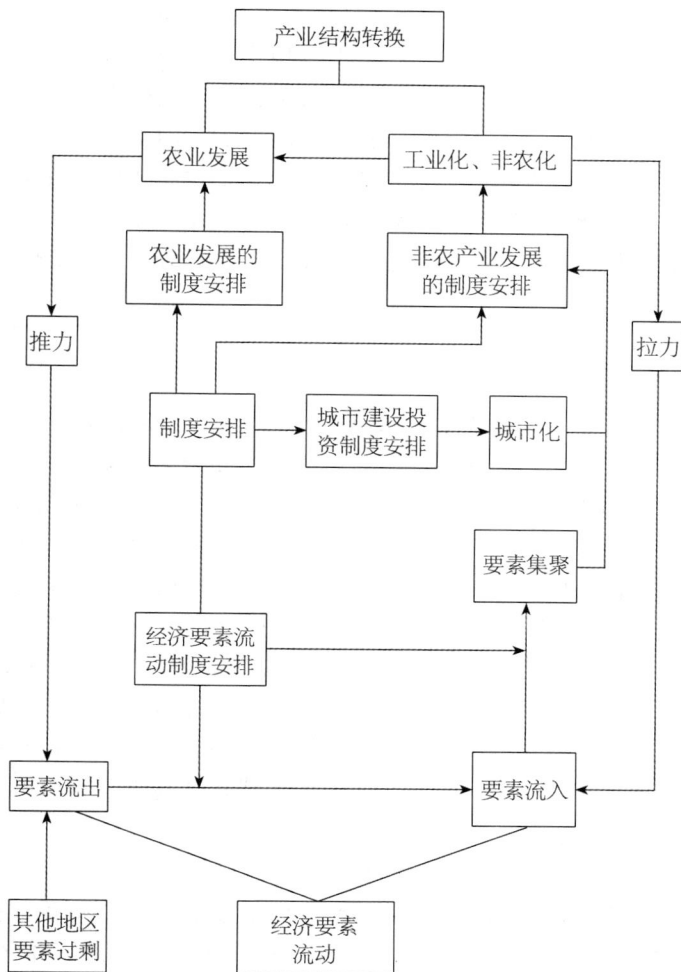

图2-1　城市化生成机制的内在过程

克拉克搜集、整理了不同国家按年代推移的劳动力在第一、二、三产业之间流动的资料,得出如下著名结论:随着经济的发展,即随着人均国民收入的提高,劳动力首先由第一产业向第二产业转移。当人均国民收入水平进一步提高时,劳动力便向第三产业转移。劳动力在三个产业间分布的趋势是,随着经济的发展,第一产业劳动力比重逐步减少,第二、三产业的劳动力比重相应增加。与此同时,随着劳动力在不同产业间的转移,劳动力在空间上也实现了转移。产业转移主要体现为从传统产业向现代产业、从农业向非农产业的转移;结构的演进导致了经济的非农化、工业化和服务化,产业空间布局的转移导致了人口定居方式的聚居化、规模化和城市化。

发达国家和发展中国家的发展经历表明,产业结构变革是城市化的主线之一,城市化过程就是产业结构不断由低层次向高层次演进的伴生发展过程。那么,产业结构的非农化为何导致劳动力和人口的城市化？这是因为农业区别于非农产业的最大特点是农业因依附于土地而分散经营，而近现代工业的特点是使用机器大工业的大规模的集中生产，产业革命必然导致生产规模的扩大和生产的集中或集聚，从而导致就业结构的空间转移和集中。城市的主要特点是集中，集中能够产生规模效益。城市化正好适应了工业化的要求，能够产生集聚效益和规模效益。第三产业也只有在第二产业及人口集聚到一定规模后才满足其成为规模发展的"门槛条件"（threshold）。城市从而成为非农产业的空间载体，产业结构的非农化必然导致城市制度安排的创新。

（二）三次产业在城市化过程中的作用

1.农业发展是城市化的前提条件和基础

农业在城市化进程中的作用主要体现在如下几个方面：①农业生产率的提高和农业剩余的产生是城市化的基础条件。这里的农业剩余是广义的农业剩余，既包括农业劳动和资本等的剩余，也包括农产品的剩余。农业资本的剩余为工业化提供最初的原始资本积累，农业劳动剩余为工业化提供必要的劳动力，农业产品的剩余提供非农业人口生活消费所必需的食品和工业生产所需要的原料。②农业、农村和农民为城市工业生产提供了市场。农民是城市工业品的消费者。离开农村这个大市场，城市工业发展空间变得极为有限。③城市化是农业现代化、工业现代化和城市现代化同步发展的过程。牺牲农业和农村的发展去推进城市化，必然导致城乡二元结构刚性，这与可持续发展的城市化是不相容的。因此，城市化绝不意味着农业的萧条和农村的衰败，相反，只有农业与农村的现代化才能真正为城市化提供坚实的基础。

2.工业化是城市化的主动力和发动机

苏利梵（A.M.Sulltvan）认为，从经济发展的角度来说，城市的形成与发展和以下三个原因有关：①比较优势（comparative advantages）的存在使得不同地区间的贸易有利可图，而这种贸易会导致商业城市的发展；②生产的内部规模经济（internal scale economies in production）使多个厂商的生产效益高于单个厂商独立生产的效益，从而导致工业城市（industrial cities）的发展；③产品生产和市场营销的集聚经济使厂商向城市集中，从而引起城市的发展。这三个原因直接或间接地产生于工业化的发展。各国经济发展史业已表明，城市化是工业化发展进程中必然伴生的社会现象，城市化发展速度与水平和工业化发展速度及进程密切相关。

也就是说，空间集聚经济和规模经济效益是工业化必然引起城市化的内在经济原因。追求集聚效益和规模效益的结果，产生区位上的集聚性，引起人口的集中。结果，不是形成新的城市，就是扩大原有城市的规模和范围。这样，城市化就成了工业化条件下不可避免的社会现象。

3.第三产业是城市化的后续动力

如果说工业化带来的是城市规模的膨胀和城市数目的增多，即主要是城市化在

"量上的扩张"，那么，第三产业促进的是城市在"质上的进步"。从发达国家的实践来看，第三产业正在逐步取代第二产业在城市化过程中的主导地位，这个趋势已不可逆转。

第三产业的崛起，与工业现代化和现代社会经济的发展密切相关。在现代经济条件下，竞争能力对于城市来说十分重要，这就要求围绕城市主导产业的各种生产服务业，如金融、通信、运输、科研机构等不断发展提高。同时，随着居民收入增加和生活水平的提高，要求城市迅速发展起各种生活服务业，如社会保险、法律诉讼、文化娱乐、体育、卫生等。这两类服务业，构成城市中的第三产业，它们在一个很长时期内将保持向上发展的趋势，成为现代城市化的主要动力。

三、制度安排与城市化

（一）制度的作用

长期以来，经济学一直忽略了制度在经济发展中的作用。在主流经济学家的教科书中，制度至多被看成是经济增长的既定前提，而不是原因。以罗纳德·科斯（Ronald H.Coase）和道格拉斯·诺斯（Douglass C.North）为代表的新制度学派以大量历史和现实的研究为依据，对此传统观点提出了针锋相对的挑战。新制度经济学认为，现实的人是在由现实的制度所赋予的制度约束中从事社会经济活动。制度和天赋要素、技术及偏好是新制度经济理论的四大基石。土地、劳动和资本这些要素，在有了制度时才得以发挥功能，制度是最重要的，它对经济行为的有关分析应该居于经济学的核心地位；诺斯等人认为，发明、教育、资本积累等是经济增长本身而非经济增长的有效的制度安排，是促进经济发展的决定性因素。有效率的制度安排会促进经济增长和发展，无效率的制度安排则会抑制甚至阻碍经济增长和发展。在技术不变的条件下，通过制度创新同样可以大大促进经济发展。

城市化作为伴随社会经济增长和结构变迁而出现的社会现象同样与制度安排及其变迁密切相关。如果缺乏有效率的制度安排，或是提供不利于生产要素重新集聚的制度安排，即使发生了结构转换和要素流动亦并不必然导致城市化或城市的正常发展。1949年中华人民共和国成立后至改革开放前，工业化水平有了很大提高，但城市化进程极为缓慢，甚至出现过逆城市化（anti-urbanization）现象，城市化水平相对于工业化水平明显滞后。1952—1978年，中国工业生产增长了16.5倍，城镇人口比重仅上升了5.5个百分点。改革开放以来，随着家庭联产承包责任制的推行，农业剩余劳动力和农业剩余产品大量流向非农产业，但这并未带来城市的同步发展，城市化速度相对于非农化速度以及城市化水平相对于非农化水平依然明显滞后。其中，制度安排及其缺陷是导致这种状况的重要原因。

（二）制度安排对城市化的影响

一般地，制度是通过对各种经济社会运行规则的制定和执行来影响城市化过程的。一个国家的制度一经形成，其对社会经济生活的影响（正面的或负面的）都是强制性的或持久性的。如果一个国家正处于制度的变革之中，那么制度变革本身就会作为一种最为重要和最为强烈的要素，影响着社会经济的发展。根据叶裕民的研究①，制度对城市化的影响主要包括两个方面：一是直接对城市化产生作用和影响；二是通过对工业化的作用而间接地对城市化产生作用和影响。

从直接作用于城市化的制度来看，一切涉及经济要素和人口流动与集聚的制度安排都影响着城市化进程。一般地，市场经济体制较之计划经济体制更有利于城市化进程。因为在市场经济体制下，市场根据自然准则和经济规律配置生产要素，各种经济要素和人口通过比较利益的选择无障碍地在空间上自由流动和集散，进行有效组合。实现有利于城市化的制度安排，实际上就是要建立一个有效的市场机制，但是市场机制是一个总的制度安排，而总体制度作用于城市是通过许多不同的具体制度来实现的。因此，需要深入而具体地研究不同的具体制度对城市化的作用范围和作用特点。以对中国城市化发展影响最大的户籍制度为例，长期以来，我国户籍的主要作用就是限制人们的迁移，主要是限制农村人口向城市迁移，尤其是向大城市迁移，即使已经在城市就业的农村居民也很难得到城市户口，而拥有城市户口是享受城市政府提供基本公共服务的前提条件。这样的户籍制度限制了人口城乡之间的自由流动，阻碍了城市化进程。因此，进行户籍制度改革，有利于劳动资源的配置，为城市经济发展供给大量劳动力，将农村剩余劳动力转移到能发挥作用的行业，有利于城市化进程的加速。

从间接作用于城市化的制度来看，一切作用于工业化的具体制度都会通过工业化而间接地作用于城市化。因为工业化是城市化的经济基础。比如，一些地方先后出台的一些行政法规、部门规章、行业标准等，推动了当地经济的发展、人口移动和城市化的进程。但是，也有的地方对外来人员在务工、经商、就业、住房等方面有限制性规定。需要说明的是，工业化政策对城市化的影响具有一定的张力，而制度对城市化的影响则具有刚性，即使是间接影响，也是如此。

四、城市增长与城市化

城市的空间增长是伴随城市扩张而在地域上显现的变化过程。也就是说，城市增长是由单中心到多中心再到大都市圈的演进过程。城市增长与城市化过程密切关联，它是城市化的一种动力机制。

经济学家认为，城市化现象可分为两个方面（如图2-2所示）：一是经济的基础过程的城市化现象；二是社会的文化过程的城市化现象。后者，也就是城市生活方式的深化和扩大。不过，城市经济学关心的中心问题是前者。

经济的基础过程的城市化可以从以下两方面来分析：

---

① 叶裕民. 中国城市化之路：经济支持与制度创新［M］. 北京：商务印书馆，2001：104-109.

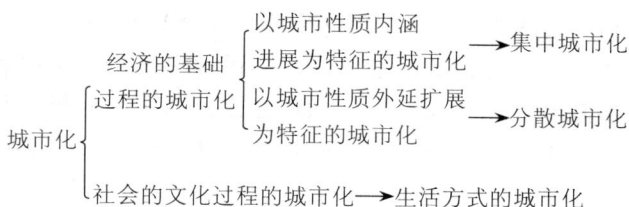

图 2-2　城市化现象

第一，以城市的性质内涵进展为特征的城市化，即在已经城市化的地域，各种城市性质增强，也就是原有的城市地域人口增加，人口密度增大，第二、三产业的比率增大，或者人们的经济活动如产业和职业多样化，生活行动和余暇活动多样化，社会的阶层结构复杂化，人们的社会移动、地域移动增加等。

第二，以城市性质的外延扩张为特征的城市化，即城市的经济活动（分为产业活动和居住活动两类）扩散到郊外、农村地域，城市不断向外膨胀。

当然，现实的城市化过程是以两者的混合形态进行的。不过，以第一种为主进行的城市化在前，或处于支配地位时，称"集中的城市化"，或狭义的城市化。以第二种为主或处于支配地位的城市化，称为"分散的城市化"。

从城市化的地域空间演化上看，城市化过程可以分为集聚化、市郊化和圈域化三个不同的阶段，如图2-3所示。

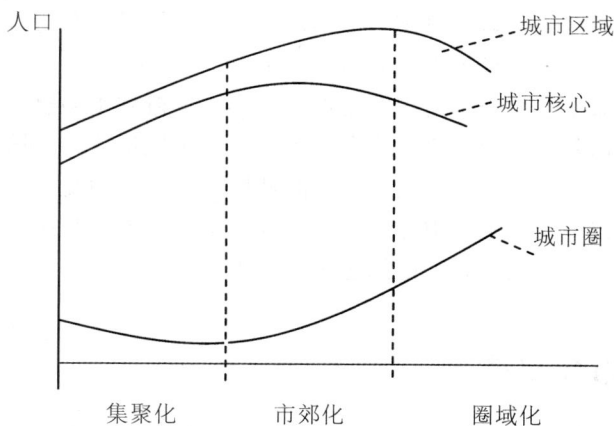

图 2-3　城市化的空间过程

伴随着城市增长的城市化空间变化的三个阶段，有不同的特征表现：

第一阶段：集聚化。城市化前期以各种要素向中心城市集聚为主要特征。伴随着工业化进程，工业提供新的就业机会，过剩的农村劳动力向城市转移，加快了大工业化进程，同时，适宜工业化的地方，新城镇纷纷崛起。

当然，集聚型城市化作为一种现象可以有不同的表现形式。移民大规模涌向大城市，也可能进入全国若干小城镇，这主要由各国历史、政治集权程度和某一城市的工业化潜力决定。

不管怎样，这个阶段最主要的特点是集中发展。城市的空间形态在很大程度上取决于运输工具和交通条件。公共交通仍然是城市的主要交通工具，因而造成城市中极大的居住密度。城市必须为迅速增加的居民提供各种公共福利设施，包括医疗、消防、教育和娱乐。一般地，福利条件总是落后于就业机会和人口的增长速度。因此，社会出现了许多弊病——"城市病"，但是，许多人也因从乡村迁入城市而改善了境遇。

第二阶段：市郊化。市郊区阶段城市化发展进入巩固期，虽然在城市结构方面仍有一些变化，城市仍然在发展，移民继续在流入，但侧重点已转向城市质量的改进。改善住宅条件和公共福利设施已成为当务之急，收入的增加使这种努力有实现的可能。

交通工具的机动化是城市空间布局发生变化的决定性因素。公共交通的发展，私人汽车的使用，大大扩大了人类的居住范围，出现了建立在优美的环境中的舒适的居民区。人们尽可能迁往城市外围，以减少城市公害带来的损害。交通系统越完善，城市的空间发展往往也就越快。

第三阶段：圈域化。由于郊区职工上下班的频繁往来，也由于经济体系中各产业部门的内在联系，加上附近农村地区的城市化进程，城市逐渐发展成为"城市群"，其主要特征是：一个中心区，围绕中心区有若干小城镇或居民点。城市群的结构在城市化发展过程中得到加强，甚至几个城市群联合在一起形成了城市化地带。原来是空白的地区逐渐被填充，这样，先前呈卫星式分布的城市群逐渐向四面八方扩散开，产生了许多星星点点的中小城市。

城市群的内部联系越来越密切，公路网也相应地得到了调整，并与地区性交通体系融为一体。越来越多的人希望住在城市群的边缘地带或外围城镇，致使中心区的居民逐渐减少。城市正在一个越来越大的地域内延伸，因而用"城市地区"一词比用"城镇"一词更为准确。中心城市与周围城镇在功能上是统一的，住宅、工作场所和娱乐游览处所的空间分布范围也比以前扩大了。

第二节　城市化规律

城市化是人类社会的一种普遍现象，它有其自身的内在发展规律，而这种规律是由一系列相互联系的规律体系组成的，忽视城市化规律体系的完整性或结构特征，在实际工作中就有可能误导城市化发展。一般来说，城市化规律是由时间、空间、质态和量态四个维度构成的体系。

一、从时间维度上看

从这个维度上看，城市化规律表现为城乡人口随着工业化进程发展的有序变化而呈现出来的阶段性特征，经济学家称之为城市化阶段。

人类在城市中生活已有几千年历史了，但城市化的历史却没有这么长。城市的出现与城市化是不同的概念。城市化起始于18世纪后半叶英国工业革命时期，自此以后城市才逐渐成为社会经济生活的中心和主导，城市才在质和量上得到了迅猛发展。英国学者范登堡对英国等国的城市化进行研究，得出结论：城市化是阶段性发展的。他依据经济结构变化的三个阶段——农业经济过渡到工业经济，工业经济过渡到第三产业经济，第三产业部门继续发展进一步成熟，将城市化划分为三个阶段：①城市化；②市郊化；③逆城市化与内域的分散。第一阶段是典型的城市化阶段，工业化迅猛发展，城市数量增加迅速，社会经济活动明显向城市集中，尤其是向大城市集中。集中性是该阶段最重要的特征。第二阶段是城市性质的外延和扩散阶段。城市的经济活动和性质向城市郊区和农村地区延伸，重点是城市质量的提高。分散性是该阶段的重要特征。第三阶段是居民和厂商离开市中心，选择自然性质充分的地区居住和生活，从而使市中心衰败下去的阶段。这是社会生产力高度发达的结果，富裕阶层的人们更加追求环境品质所致。

　　城市化的三种形态在现实生活中很有可能交织出现，但在一定时期内总有一种城市化形态占主导地位。依据占主导地位的城市化形态将城市化分为集中型城市化、分散型城市化和逆城市化三个阶段有一定的道理。但我们的观点是，逆城市化不能独立构成城市化的一个阶段，它实质上仍是分散型城市化的一种表现形式，因此，城市化只有集中型城市化与分散型城市化两个阶段。

　　有的学者研究发现，城市化发展过程呈"S"形曲线运动。关于城市化发展过程的"S"形曲线运动轨迹，早在20世纪70年代美国的城市地理学者诺瑟姆就曾做过描述，但他只描述了"S"形曲线，并没有给出该曲线的数学模型，清华大学谢文蕙教授建立了各国城市化阶段规律的数学模型（如图2-4所示）。

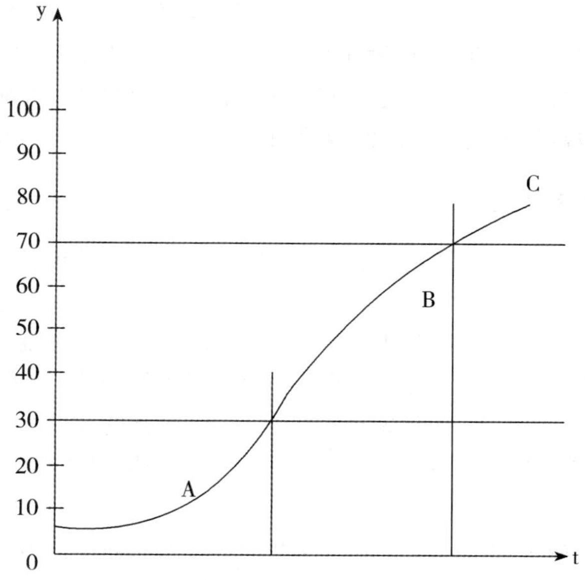

图2-4　城市化的阶段规律

图2-4中，曲线A部分为产生阶段，B部分为发展阶段，C部分为成熟阶段。

曲线表明，城市化在 A 阶段发展变化相当缓慢，到 B 阶段以后变化速度急剧加快，到 C 阶段即城市化率超过 70% 以后，变化速度又趋减缓。由此得出结论：城市化过程要经历产生、发展、成熟三个阶段。然而，不管城市化阶段如何划分，城市化的阶段性规律却不是人为制造的，它是城市化的内在发展规律。这是因为，首先，城市化与工业化是相伴随的。工业化促进了分工和协作，在利益机制的引导下厂商为获得集聚经济效益和规模经济效益向条件优越的区域集中，纷纷涌入大城市，人口也大量涌进城市寻找工作机会，以求得较好的收益和生活质量。其次，从科技发展情况来看，城市化初期，由于科技不发达，生产技术、交通运输、通信事业还处于低级阶段，人们为了节省生产成本、流通成本和生活成本，必然集中到有利的大城市和中心城市。只有科技发达了，能提供现代化的交通通信条件，使分工和协作可在较大空间范围内进行了，人口和产业才有分散的趋势。最后，在城市化后期，已步入富裕社会，大多数居民都有一个较为稳定、颇为丰厚的收入来源，追求高水准的闲暇、舒适和环境品质成为一种新的价值观。同时，雄厚的经济基础和物质技术力量也为人们的这种追求提供了现实可能性，如快速运输工具和道路系统、便捷的通信设施等。于是，出现了所谓的逆城市化现象。

城市化阶段性发展的特点反映了一个普遍的规律，那就是，一国的城市化与它的经济发展水平是相适应的，是双向互促的关系。根据大量的资料分析，城市化水平与国民生产总值（GNP）的人均占有量呈正相关关系。也就是说，在其他条件大致相同的情况下，城市化水平高的国家或地区，其人均 GNP 数量也较高。但是，城市化水平的提高与人均 GNP 的增长之间的关系，并不是一种单向的决定关系，而是一种相辅相成、互促互进的双向因果关系。我们既可以说人均 GNP 随着城市化水平的提高而增长，又可以说城市化水平随着人均 GNP 的增长而提高。总之，人为地超越城市化阶段或滞后于城市化阶段，出现所谓的过度性城市化或滞后性城市化都是不符合城市化发展的阶段性规律的。

二、从空间维度上看

从这个维度上看，城市化规律表现为由城市集聚与扩散机制所决定的城市与区域经济运动规律。

城市与区域之间存在着密不可分的联系，区域是城市的基础，城市是区域的核心。对于区域经济运动来说，城市，尤其是中心城市的功能十分重要，它对区域经济运动规模、运动节奏等运动状态影响极大。中心城市的功能强弱是以经济力量为基础（但又不等同于经济力量），在集聚–扩散–再集聚–再扩散的链式过程中不断得到强化的。

集聚与扩散是城市经济区域形成和发展的内在机制。中心城市的能量集聚和扩散是一个连续的、不断发展的过程，在这个过程中，集聚和扩散具有不可分割的内在联系。简单地说，扩散必须以一定程度的集聚为基础，集聚到一定程度也必然产生扩散，而扩散又扩大了对新的经济活动的集聚力，从而创造了新的集聚条件，新的集聚又为新的扩散创造了条件。那么，推动生产要素在空间上集聚与扩散的动力是什么？在大多数情况下，人们基本上都同意的解释是，比较优势、规模效益与集聚经济效益存在着集聚趋向，而这些方面的东西丧失或出现负的影响则出现扩散。其实，这只是一般性的认识，现实原因比这复杂得多，比如，由一些非经济因素造成的集聚或扩散等。

从地理空间上的表现形式来看，集聚的过程导致集中型城市化，扩散的过程引起扩散型城市化。也就是说，集中是城市人口密度的增加，扩散是城市范围的扩展。实际上，这两种形态的城市化常常是交互起作用的，即城市人口密度的增加与城市范围的扩展是同时出现的。但是，从整个城市化的长河中也可以分出阶段来。集中型城市化一般是城市化前期的主要地理特征，而扩散型城市化则是城市化后期的主要地理特征，如图2-5所示。

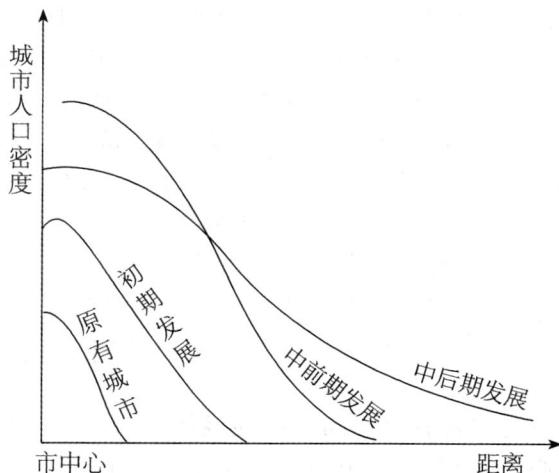

图2-5　集中型城市化与扩散型城市化的主要特征

在初期发展阶段，只有城市人口的增加和密度的升高，城区不断扩大；中前期发展阶段，一般是集中型城市化与扩散型城市化相结合发展，这时城市范围在不断扩大，原有城区人口虽也有一定增加，但增长速度已不如新发展区快；中后期发展阶段，市中心区城市人口减少，人口密度降低，城市影响范围扩大。

集中与扩散的结果，使得城市与区域之间形成一个密切联系的经济系统。城市是相应区域的中心，区域又是相应中心的腹地，它们之间是一种点与面、形与影的对应关系。在这个特定的社会经济系统中，如果城市与区域之间没有严重的封闭边境和人为关卡，城市与区域相互作用，必然形成如下空间结果：①相互作用导致城市与区域间分工。②城市与区域间分工的组织产生组合效应，城区之间分工只有通过空间组织才能形成一个有机整体。这个有组织的城市（镇）群整体，使得城市和区域不再是孤立、分散的个体，而是形成了一个地域社会经济系统，从而使由各基本要素构成的生产力主体得到了充分放大，产生1+1>2的系统组合效应。③城镇群组合效应促进城市（镇）增长序列化，即不同城市有不同的发展速度，在一定外部条件下，城市群内城镇增长趋于有序化，不同规模的中心城市产生。④以中心城市为核心的城市群经济繁荣导致城市经济区形成。

城市经济区的范围由于集聚力和扩散力大小的不同而不同。每个城市在地理空间上都存在着自己的外部效应场，即城市经济影响区。从统计学的观点看，中心城市对周围地区的作用力呈现距离递减规律，即距离城市越近，外部效应越强；反之亦然。按不同的场强可以划分某一城市经济区的边界。不言而喻，城市经济区的大小主要受制于中心城市规模和实力的强弱。城市规模大、实力强，其集聚与辐射力就强，城市经济区也就越大；反之亦然。就城市与区域的关系来说，20世纪以来，对城市和地区形态的认识经历了田园城市（城乡结合的城市）、集合城市（设有卫星城的大城市）、城市组群（又译为城市延绵地区）和大城市及其城镇密集地区（指以特大城市为中心的城镇稠密地区）。

根据周干峙的观点，目前世界上有6~7个大城市延绵地区：①美国东北部，由波士顿-纽约-费城-巴尔的摩-华盛顿组成的城市带；②日本东海道城市带，包括东京-横滨-名古屋，京都-大阪-神户；③德国北部城市带，包括柏林-汉堡-不来梅-慕尼黑、汉诺威地区；④欧洲西北部莱茵河下游城市带，包括阿姆斯特丹、鹿特丹及鲁尔等城市；⑤英国中部城市带，包括伦敦、伯明翰、利物浦、曼彻斯特等城市；⑥中国的长江三角洲城市带；⑦中国的珠江三角洲城市带。

总之，任何一个国家和地区的城市化进程，在集聚与扩散机制的作用下都要经历一个城市经济系统由小到大、由较简单到较复杂，由若干孤立的城市-城市群-以大城市为中心的城市延绵地区的历史过程，这是城市与区域经济变动的一个规律。

经济中心的集聚与扩散使得城市与区域经济总是在不平衡中向前发展。约翰·弗里德曼用核心-边缘的关系来描述这种发展过程。在一定时期内，一个地区的经济增长点只有一个，然而随着城市与区域经济的进一步发展，区域内还会出现新的增长点。新的增长点比原来的经济中心具有更强的比较优势和竞争能力。新增长点具有的比较优势越强，经济活动转移的梯度就越大，转移的速度就越快。新的增长点的形成对于原来的经济中心具有正反两个方面的影响。一方面，新增长点提高了自身的生产能力以后，在许多产品上可以满足自己的需要，不再需要从原有的经济中心输入，并且凭借城市的优势开始和原来的经济中心展开竞争，从而破坏了原有的经济秩序。另一方面，新兴地区变得更为富足以后，需求增加了，特别是对高科技产品、高档商品的需求增加了，而这些产品在相当长的时期内，还会来自于原有的经济中心，从而扩大市场的机会。新增长点的形成不仅对原有的经济中心产生冲击，对于新增长点的四周也会产生重大的影响。新的增长点的出现和成长规律说明：经济增长中心出现扩散效应之日必是另一轮集聚效应开始之时。这个集聚效应落在新的增长点上。城市与区域之间就是在这种平衡-不平衡-新的平衡中发展的。

三、从质态维度上看

从这个维度上看，城市化规律主要表现在城市性状和结构的变动趋势上。它包括城市职能、城市产业结构和城市规模结构的演变，而这三个方面是既相互联系，又相互区别的。

城市现象是体现人类生存的物质、自然、社会和文化诸条件有机联系的一种生活方式。城市之所以成为城市，是因为它是一种同乡村形成鲜明对照的人类社会组织形态。一般说来，城市具有政治、经济、文化和社会中心等几项职能，无论何时何地都不例外。但是，具体到每个历史时代、每个文明区域的城市，其所含职能是有差别的。例如，职能生成的先后顺序、几种职能的主次关系、单项职能在总体职能结构中的地位，是不会完全相同的。古代的罗马城市、封建时代的中国城市，主要是作为政治中心发展，工商业中心、文化中心和社会活动中心等方面的职能则明显次之。中世纪西欧的城市则不然，它们中绝大多数最先表现的是经济中心即工商业中心的职能，然后才衍生出文化中心和社会活动中心等职能，部分城市还成为政治中心。虽然有不少中世纪城市最先是围绕教堂、堡垒或封建领主城堡发展起来的，但这更多地只是表示城市在地理位置上的选择，而并不表明这些城市本身首先具有宗教中心、军事中心或领主的政治中心的职能，更不能说由这些职能引发经济上的功能。从历史上各国城市职能性质和结构发展变化的一些情况可以发现，在不同生产方式下，各种不同类型城市职能结构的发展变化是有一定规律的。这就是，从城市形成之初的单一性阶段，随着生产力的发展进入综合性职能阶段，社会生产力的再进一步发展，又引起城市职能从综合性向专业性发展，而随着未来新技术革命的发展，城市职能可能又会从专业性向综合性发展。

具体到每个城市，它的存在和发展与其主要职能在城市之间比较是否具有优势关系极大，而城市优势职能往往是在一定的自然地理条件优势影响下，通过人的努力和产业的经济行为形成的。一般来说，具有地理和资源优势的城市，其主要职能往往与它在这方面的优势是一致的。但是，仅仅根据资源条件，决定城市的职能往往具有一定局限性，即容易看到自身局部的地理优势或生产上的绝对优势，而不容易看到相互之间的比较优势，而比较优势是城市主要职能确定的更重要的方面。因为一个城市某种自然资源的减少或耗尽，或其他城市某种资源的发现与开发，或某种新的产业的出现等都会使得城市的绝对优势降低或不复存在。比较优势是在竞争中形成的，其核心是比较利益。比较利益学说是一个多世纪前由英国经济学家大卫·李嘉图提出来的。后来经过了历代经济学家的发展，直到赫-俄模型的提出。比较利益学说发展到今天，其中心思想仍然是各个国家应该生产自己相对优势较大或相对劣势较小的产品，通过国际贸易获得利益。这个理论用在城市主要职能的选择上，则意味着城市应该以相对产业优势为出发点，发展那些自己的资源禀赋高的产业，而避开自己的生产要素相对稀缺的产业。但是，比较利益的概念不仅包括横向的、静态的比较利益，而且还包括纵向的、动态的比较利益。这表明，一个城市优势职能与其他城市优势职能除了要有分工，要有互补性外，还要看到这种分工格局会随着各自的发展而变化。因此，不能认为一旦建立起来比较优势，它就会保持不变。比较利益是一个动态概念，这种动态性表现在，地区分工结构随着经济发展水平的不断提高而不断改变的趋势和必然性。当人均收入水平较低时，其城市产业结构的特征一般表现为初级产品的生产、消费品的生产占有很高比重，产品输出也以初级产品和消费品为主；当人均收入持续上升，达到或接近产业结构变化加速期的临界点时，传统的消费品的生产比重下降，中间产品比重上升，产品输入与输出也基本上呈现相同的趋势；至产业结构高度化阶段，资本密集型产业将得到更快发展，输出重点也转向生产资料和耐用消费品。赫-俄模型具体描述了这个发展趋势，它认为随着区域经济由低水平向高水平发展，输出产品中的两要素比例，即劳动力/资本，有一个由大于1到小于1的发展过程。也就是说，在收入水平较低时，资本相对缺乏，劳动力相对丰裕，则应该以劳动密集型产业为主；反之，收入水平较高时，劳动力成本提高，而资本相对丰裕，这时，就该以资本密集型产业为主。因此，输出产品少，也必然以资本密集型产品为主。这说明比较利益或能产生比较利益的要素是可转移的，比较利益在城市间、城乡间、地区间的转移，使得城市主要职能会发生变化。但这种变化在正常情况下，总是以比较优势为前提的。因此得出结论：一般来说，具有相似的资源禀赋的城市有相似的城市优势职能，但结构是经济增长的重要因素，而产业结构的调整变化与比较利益的转移有着因果关系。一个城市总是从自身资源禀赋出发，依据动态比较利益的原则，确定其城市职能结构。

　　城市的职能结构及产业结构与城市规模存在着密切关系。一般来说，城市规模与城市功能具有正相关性。城市规模越大，城市的功能通常是越多。因为规模经济效益法则要求，提供某些公共服务事业或建立某些城市设施，必须有一个相应的人口规模数量作为取得基本收益的前提。因此，城市规模的大小，直接影响着城市功能项目的大小，并且城市规模的大小也直接影响着每个功能项目规模的大小，进而影响着城市辐射能量的大小。大城市具有较多的功能和较强的辐射能量，从而形成较大范围的经济、贸易、通信、科技等综合性功能中心。规模较小的城镇，辐射能量较小，只能形成地域范围的经济、贸易等功能中心。

　　一个国家或地区的城镇体系是由大、中、小不同等级规模的城镇组成的。城镇人口和城镇个数在不同规模等级的分布，形成一个国家或地区的城镇等级规模结构。城镇等级规模结构随着城市化的发展而具有动态的变化特征。一般趋势是城市人口首先在规模较大的城市集中，以后又向中小城市分散。但是，城市规模分布是有规律的，据有的学者研究，城市规模结构的等级与其首位城市有一定比例关系。这就是著名的"规模-顺序法则"，该法则认为，城市人口相对规模与城市经济发展和城市化率有密切关系，就是说，第二大城市往往是最大城市的1/2，第三大城市是第一大城市的1/3，等等。

　　由"规模-顺序法则"衍生出一个重要概念，即城市首位度。它是指一个国家或地区首位城市与第二位城市的人口规模之比。用公式表示为：$I=P/P'$。P为首位城市人口数，P'为第二大城市人口数。根据"规模–顺序法则"，城市首位度一般以2为正常。城市首位度说明一个国家或地区城市人口的集中程度，它从一个侧面反映了一个国家或地区城市规模分布的类型。城市规模与城市效益有关。城市是以人口和经济活动在空间上的集中为特点的，其目的是取得集聚经济效益。虽然城市集聚经济效益不完全等同于规模经济效益，但两者并不是相互排斥的。集聚经济效益是以一定的城市人口规模和经济活动规模为前提的，许多集聚经济效益也是通过城市微观主体的内在规模经济来实现的。因此，随着城市人口规模和经济、社会活动规模的扩大，城市集聚经济效益的人均GNP指标、职工净产值指标，200万人口以上的城市都高于其他级别的城市。20世纪70年代苏联100万人口以上的城市工业劳动生产率比10万~20万人口的城市高29%，单位产值投资低50%；圣保罗市1984年人均收入等于全国其他地区平均收入的两倍。城市规模与城市用地效益也是成正比的。因为城市规模增长后，基础设施利用率提高；同时，城市规模增长后，地价上升，促使人们更加珍惜土地，提高建筑密度和建筑层次。大城市对国家政治生活的影响也不是中小城市所能比拟的，它的社会效益更高。城市规模越大，对污染物的净化技术能力越强，环境质量越能达到较高的水平。当然，在考察城市规模与效益的时候，不能忽视成本因素。事实上，随着城市规模的扩大，城市集聚成本也在缓慢增长，只是在一定规模限度内，集聚效益的增长速度高于集聚成本。如果城市规模过大，集聚成本就会迅速上升。城市规模与效益理论表明，适度的城市规模对提高城市集聚效益是必要的。

总之，城市职能、产业和规模结构是城市化规律的质的规定，它要求城市系统中各个因素之间要保持相互的适应性。在城市化过程中，城市系统诸因素的相互适应状况处于不断的矛盾变化之中，可能出现不适应的情况，因此必须按照城市化的质态协同规律，采取相应措施，不断提高它们的适应水平，以实现质态协同的优化。

四、从量态维度上看

城市化规律除了有质的规定外，还有量的规定。城市化规律在量态维度上的表现，就是城市人口迁移和流动规律作用下的城市数目和人口规模变化的规律。

城市化是伴随着工业化发生的人口劳动力向城市集中的过程。因此，农业剩余劳动力的迁移和流动是城市化的原动力。这里需要指出，人口迁移与人口流动严格说来并不是同一概念。人口迁移是通过改变户籍登记，由一个地域迁往另一个地域的人口空间运动形式；人口流动分为地域流动和职业转换。人口地域流动指的是不改变户籍登记的一种人口空间运动。由于它类似于迁移，一般称之为暂时性人口迁移。而改变户籍的人口迁移则是永久性人口迁移。但是，不同的经济发展阶段会有不同的人口迁移和流动形式，泽林斯基将它分为五个阶段：①存在着居民流动性和自然增长率都很低的工业化前的传统阶段；②早期转变时期，这一阶段，生育率突然增长，同时伴随着大规模的人口从农村向城市的迁移；③转变后期，其特征是人口增长率下降，人口从农村向城市迁移，城市之间的迁移增多了；④先进的工业社会阶段，人口自然增长率达到稳定，人口从农村向城市与从农村向农村的迁移进一步减少；⑤高度现代化的社会，由于交通的发展，工作地点与居住地的距离变得更"近"些。总结泽林斯基的观点：在农业社会，人们被困在土地上面，流动性极低，人口迁移主要采取农村-农村的形式。在产业革命时期，随着非农产业向城镇的集中，人口迁移采取农村-城镇的形式。而在工业化后期，人口迁移主要采取城市-城镇的形式。

可见，人口迁移和流动与城市化之间存在着必然联系：人口迁移和流动是城市化的一种机制。因此，城市化水平提高的关键是城市人口的增长速度快于全部人口的增长速度，城市人口增长与农村人口的绝对数量的下降呈此消彼长的关系。城市人口增长有三种机制：①自然增长，是由原有城市人口的生育导致的城市人口增长。②机械增长，指农村人口迁入城市导致的城市人口增长。③外延增长，指原来属于乡村范围的人口集聚点城市变为独立的城市，和原有的扩张使其邻近的一些农村包容在城市范围内。在上述三种机制中，原有城市人口自然增长可以使城市人口绝对数增加，但只有在城市人口自然增长率高于农村时，才能提高城市化率。因此，城市化主要是由后两种机制推动的。

在一国城市化过程中，就整个城市体系而论，机械增长是原有城市体系内涵的扩大，外延性增长则是外延的扩大。两种机制相对作用的大小对城市规模和城市数目的变化有重大影响。一般情况下，在城市化发展的中前期，城市人口规模的变动具有大城市超先增长的客观必然性。大城市发展快的主要原因是，中小城市升级，不断晋升为大城市，大城市数目增加。同时，大城市的规模也在扩大，自工业革命以来，世界各地大城市的发展速度明显加快。1800年全世界只有伦敦一座城市达到100万人口规模；1850年有3座100万人口城市，占城市总人口的6%；1900年100万人口的城市增加到16座，占城市总人口的13.9%；1950年达到115座，占城市总人口的23.6%；1980年达到234座，占城市总人口的40%，全世界平均每8个人中有1人居住在大城市。从1900年到1980年，世界大城市人口增加速度等于总人口增加速度的3倍，等于城市人口增加速度的1.5倍。另一方面，大城市外延增长的结果，还出现了巨型城市系统，即大城市群或大城市带人口的增长。所谓大城市带或大城市群，是指以一个或几个规模较大的城市为中心，不断向外延伸所形成的广大的城市区域。1950年时，超过200万人口的大城市群共有17个，超过1 000万人口的大城市群只有两个，美国的纽约-新泽西为1 234万人；英国的大伦敦为1 025万人。到1985年，超过200万人口的大城市群发展到99个，超过1 000万人口的大城市群发展到12个。目前世界上有20座人口逾千万的大城市。可见，大城市超先增长规律，从世界城市化整体运动趋势看是存在的，具有客观性和普遍性。

第三节 城市化模式

一、几种不同的城市化模式

模式是一种式样或范式，城市化模式是对城市化实践过程的一种高度抽象。总结中外城市化经验和教训，可以从不同角度对城市化模式进行分类。

（一）按照城市化的驱动力来划分，城市化模式可分为自上而下模式与自下而上模式

城市化的自上而下模式，是指城市化的发起与推动都是由政府依靠行政力量来完成的。从实践上看，自上而下的城市化模式的实行有其内在逻辑性和合理性成分，尤其是在经济发展水平较低的条件下，对于实现国家工业化起到了一定的积极作用。但也应该看到，这种城市化模式也对经济社会的发展造成了一定的负面影响。

自下而上的城市化模式，是由市场或民间发起并推动的。从一定意义上说，它以市场化的经济动力取代了非市场的行政动力，是对政府推动型城市化模式的替代，在一定程度上缓解了自上而下的城市化模式中存在的某些问题。然而，自下而上城市化模式的动力机制的市场性，在某种程度上也意味着自发性和盲目性，因而它不可避免地也会引发一些问题。

（二）按照城市化的发起先后来划分，城市化模式可分为西欧模式与后发国家模式

从城市化的发起时间来看，在城市化问题上存在着两种典型的模式：一种是西欧模式，就是中小城市模式；另一种是后发国家模式，就是城市圈模式。法国、德国、奥地利、瑞士、意大利、捷克、匈牙利等都走的是中小城市化模式的工业化道路。后发国家大都走了大城市化的道路，其中，日本就是一个典型代表。之所以如此，是因为工业化后发国家首先需要的是效率，它不得不选择大城市的发展模式来加速它的工业化进程。日本的工业化和城市化进程就是这样一个典型的写照，比如，日本东京的劳动力就是在急速的工业化背景下，由全国跳跃性集聚而来的。因此，日本重工业化时期的制造业高度集中在东京、大阪、名古屋、福冈这四大都市圈，尤其是集中在四大都市圈临海地区，即所谓的四大临海工业带。

（三）按照城市化的规模政策来划分，城市化模式可分为城市化效率模式与城市化均衡模式

城市化效率模式围绕着大、中、小城市化模式何者效率更高的问题展开，分为大城市派、小城镇派、中等城市派等不同观点。大城市派强调城市的规模效率和效益；小城镇派强调农村劳动力转移的效率；中等城市派则强调大小城市的兼容性。从实际情况来看，各派观点都有一定道理，但又都有一定片面性，这说明城市化模式不存在唯一性。

城市化均衡模式包括两层含义：一是强调大中小城市协调、城乡统筹发展。二是强调城市化过程要与国民经济发展现状相适应。其所达到的水平相对于国民经济发展水平来说，既不"超前"，也不"滞后"；既是该期国民经济发展水平的象征，也成为下期经济增长最大化的条件之一。同时，城市人口分布结构适于各个城市的经济增长在城市体系中的地位。

二、中国传统城市化模式的独特性

（一）城市化的独特形式

在中国，大规模城市化起步很迟，其水平至少在目前与发达国家相比较是较低的。发达国家的城市化水平明显上升开始于20世纪中期，经过100多年的发展，它们的城市人口从那时占总人口的10%左右增加到20世纪60年代中期的略高于70%。发展中国家明显的城市化开始于20世纪20年代，在1920年，它们的城市人口约占总人口的10%，到1980年，增加到30%以上。在中国，以值得注意的规模进行的城市化开始于20世纪50年代，比发达国家迟了一个世纪，比其他发展中国家也迟了约30年。1950年，中国的城市人口占总人口的11.2%，1978年为12.5%，1997年增至29.6%，接近发展中国家1980年的水平。

可是，上述数字并不能说明中国城市化发展的内在过程。显然，在中国，全面、笼统的增长数字掩盖了出现于各个历史阶段的波动。尤其是改革开放以前，城市化进程并没有表现出与经济发展的正相关关系。

中华人民共和国成立至今，中国的城市政策可以分为六个阶段：1949—1952年，恢复阶段；1953—1957年，第一个五年计划阶段；1958—1960年，"大跃进"阶段；1961—1965年，经济恢复、调整和第三个五年计划阶段；1966—1976年，"文化大革命"阶段；1978年至今，改革开放阶段。

中华人民共和国成立后最初10多年间的城市人口的迅速增长是由于第一个五年计划和"大跃进"所推动的非农业经济活动的扩展。比如，在1952—1960年期间，工业生产指数从100上升为535.7，而农业生产总值的年增长率仅为5%左右。

"大跃进"期间，为纠正20世纪50年代的过度城市化，国家采取了一些严格的措施，限制农村人口流入城市。在整个1961—1976年期间，由于经济恢复、调整和"文化大革命"的缘故，城市人口占总人口的比例下降了——1960年为19.7%，至1976年下降为12.2%。特别值得一提的是，"文化大革命"期间，知识青年下农村接受再教育和干部下乡劳动的运动也减少了城市人口。

1977—1987年期间，城市人口增长的主要原因是过去下到农村的几百万人获准回城，而且在这一时期开始了四个现代化建设和经济改革。这时期的变化涉及在"文化大革命"中被送往农村的青年、干部和技术人员，"文化大革命"后恢复高考时从农村招收的学生，通过招收新兵，间接地但合法地进入城市地区的农民，特别是，从1980年起，重新规定了城镇区划，使城镇管辖面积扩大。

同样值得注意的是，过去50年间，由于中国人口的巨大基数，尽管人口增长率和城市化水平都较低，人口增长的绝对数仍然很大。在1984—1987年的4年中，城镇人口增长得更快。至1987年，城镇人口总数令人吃惊地增长到50 390万人。这种显著的增长主要由于1984年实施了镇的建制新标准，使镇的人口发生了变化。同时，为了执行"有力地促进小城镇发展"的方针，鼓励农民自带资金和口粮进入小城镇从事工业或商业活动，从此时起流向城镇的人口大量增长。但是若仅仅从统计数字来衡量，就会高估从20世纪80年代起的城市人口增长水平。当前中国农村人口正经历着居住地区由农村过渡为城市的历史阶段，城镇人口的迅速增长在很大程度上仅具有统计意义。根据当代城市化标准，正在增长中的城镇人口绝不能被视为典型的城市化人口。

中国城市化形式的独特性在于它总是与政治运动和政府的意向相伴，而与经济发展进程缺乏紧密联系。事实上，中国目前仍在执行的城市发展政策可以说是一种兼有控制和发展作用的政策。

（二）独特的政策措施

（1）支持小型城市的方针。中国在不同时期以各种政策发展了小型城市或城镇。消灭工农、城乡和体力劳动、脑力劳动三大差别的政治概念使中国实行了保持城市和农村地区平衡的政策。而中国所奉行的旨在实现空间上平衡而分散的城市发展和经济建设的方针在很长一段时间制约了沿海大城市的发展——这些城市因它们的区位优势，其城市化应该远远超过中国其他城市的一般发展速度。事实上，在1952年，城镇总人口的56.2%集中于沿海地区，而其余的43.8%则分布于广大的内陆地区。但在1955—1985年期间，全国城镇人口总数平均增长率为3.4%，沿海地区的增长率仅为2.9%，而内陆地区的增长率则为3.9%。1985年以后，随着我国沿海优先发展战略的实施，沿海地区尤其是长三角、珠三角和环渤海地区人口集中度大幅度提高，城镇人口增长率才远远超过内陆地区。

（2）控制人口流向城市的措施。中国实行的城市户口登记制度之严格或许是世界上任何其他国家和地区所不及的。这种登记制度把全国人口分为"城市户口"和"农村户口"。其目的之一是使人们固定在他们的故乡，特别是为了防止未经批准即由农村迁入城市。这种制度执行得很有效，因为城市地区的许多生活必需品是由政府控制的，只有正式的城市人口才能购买这些必需品。从20世纪50年代起，在城市地区实行了配给制，在某些时期甚至包括几乎所有的食物和其他消费品。各省实行的配给制度不尽相同，但不论在什么情况下，对个人来说都必须持有城市户口证明，才有资格享受各种福利。

（三）独特的政府干预模式

20世纪80年代以前，中国的城市化始终是以传统计划经济体制为背景的政府推动型。政府在决策中处于主体地位，企业和个人基本上没有决策权。政府主体凭借其在政治力量对比与资源配置权力上的优势地位，成为决定城市化方向、速度、形式、战略安排的主导力量。在此基础上，政府成为发动城市化的唯一主体，城市化所需要的资金几乎由政府一手包揽，而非政府的经济利益从属于政府主体的政治利益，非政府主体对城市化的需求受到压抑而处于隐性状态。这样，城市化的发展只能由政府作为外部力量来"推动"，而不是由内在动力来"拉动"。

三、对经典模式的偏离

中国传统的城市化模式与经典的城市化模式相比，有较大的偏离。从城市化发展的过程来考察，不难发现，城市化发展的变化与一国的经济发展阶段所经历的结构变化存在着某种联系。就一般而言，经济结构的变化可以划分为三个漫长的阶段：①从以农业经济为主过渡到工业经济；②由工业经济过渡到第三产业经济；③第三产业经济继续发展进入成熟阶段。在每个阶段中城市化发展的典型空间变化也表现出鲜明的特征。根据英国经济学家 L.范登堡的研究，城市化一般也分成三个阶段：第一个阶段是农村人口的大量外流，向城市集中，城市集聚效益明显。第二个阶段表现为城市郊区化和城市群区的形成。第三个阶段表现为所谓的"逆城市化"趋势。三个阶段的共同特点在于城市的扩大和向乡村的辐射。经典的城市化模式一般表现为农村剩余劳动力先向城市转移，尤其是向大城市集中。在城市化的中前期，大城市具有超先发展的趋势。然后，才是城市经济活动和城市功能的外延和扩散。从地理空间的表现形式来看，集中的过程导致集中型城市化，扩散的过程引起扩散型城市化。集中是城市人口密度的增加，扩散是城市范围和功能的扩展。集中和扩散的结果，使得城市与区域之间形成一个密切联系的经济系统。纵观世界城市化历史，这是城市的内在发展规律。这是因为：首先，城市化与工业化是相伴随的。工业化促进了分工和协作，在利益机制的引导下，厂商为获得集聚经济效益和规模经济效益向条件优越的区位集中，纷纷涌入大城市；人口也大量涌入城市寻找工作机会，以求得较高的收益和生活质量。其次，从科技发展情况来看，城市化初期，由于科学不发达，生产技术、交通运输、通信事业还处于低级发展阶段，因此人们为了节省生产成本、流动成本和生活费用，必然集中到有利的大城市和中心城市。只有科技发达了，能提供现代的交通通信条件，使分工和协作可以在较大空间范围内进行了，人口和产业才有分散趋势。回顾世界城市化历史，西方发达国家在工业化的同时，通过工业在城市的扩张，吸纳了大量农村人口，走出了一条我们称之为经典的城市化之路。但在中国，所走过的工业化道路并没有按世界工业化的一般模式，实现农业劳动力向第二、三产业转移，农村人口向城市转移，农业国向工业国转变，而是产生了明显的城乡二元经济结构。城市化道路表现出一个独有的特点，那就是，它不仅表现为城市的扩大和向乡村的辐射，更主要地表现为乡村自身的城镇化，即城市的扩展辐射与农村自身城镇化的双向运动。

这条道路与经典的城市化之路的主要区别在于：第一，城市化发展滞后于工业化发展，大量的非农化和工业化在城市以外进行。非农化速度较快，城市化步伐仍然滞后。第二，从规模比较小的小城镇起步，控制人口向大城市迁移并同时引导这部分人向小城镇迁移是目前应用最广泛的一种发展小城镇的政策。各级政府是这一政策系统的主要支持者，大城市的作用受到制约。第三，城市化的动力主要来自于乡村的"推力"，而非城市的吸力。集聚机制在一定程度上不能发挥提高资源配置效率的作用。第四，农村劳动力的职业转换先于地域转移，也就是所谓的"离土不离乡、进厂不进城"的道路。虽然有数以千万计的乡村-城市的流动人口，但不稳定，呈准城市化状态。第五，有形的物质形态上的城市化发展较快，无形的生活方式和价值观念的城市化显著落后。

四、中国城市化制度模式的变迁

中国农村人口向城市的集聚过程实质上是中国现代化过程中面临的一场深刻的制度变迁过程。按照新制度经济学的观点，所谓制度变迁，就是制度的替代、转换与交易过程。制度变迁可以分为两种类型：诱致性制度变迁和强制性制度变迁。诱致性制度变迁是由一个人或一群人在响应获利机会时自发倡导、组织和实行的自下而上的变迁。强制性制度变迁则是由政府命令和法律引入实行的自上而下的变迁。

20世纪50年代以来，中国的城市化出现了两种截然不同的制度变迁模式：自上而下的城市化和自下而上的城市化。自上而下的城市化是政府按照城市发展战略和社会经济发展规划，运用计划手段实施的一种政府包办型的强制性制度变迁模式。自下而上的城市化则是农村社区、乡镇企业、农民家庭或个人等民间力量发动的一种由市场力量诱导的自发型的诱致性制度变迁模式。

20世纪80年代是中国城市化制度模式转型的分界线。80年代以前，中国的城市化模式基本上是自上而下的发展模式。80年代以后，随着中国经济体制改革的逐步深入，民间发动型的自下而上的发展模式开始出现。这种模式的体制背景是：①改革开放以来，体制选择权的分散化，使农民和乡镇企业成为城镇化的策动者；②地方政府独立的利益倾向，增强了地方政府对资源的配置权力和动力；③市场取向改革使非政府主体对城镇化的隐性需求得以显现。

自下而上的城市化是对自上而下的"政府推动型"城市化道路的替代，主要表现为以市场化的经济动力取代非市场的行政动力，是农业剩余的压力（数量庞大的劳动力剩余及资本和农产品剩余）和农民追求收益最大化的动力综合作用的结果。在制度安排上，是一种诱致性安排，即在市场机制下，主要由农村经济利益主体在响应产业非农化获利机会时自发倡导、组织促成的。应该承认，自下而上的城市化模式在一定程度上解决了"政府推动型"城市化模式中存在的某些问题，尤其是使封闭的城乡关系逐渐走向开放，缓和了农村就业压力，使农民直接享受到工业、非农化的利益，并推动了乡村工业的大发展。然而，自下而上城市化的动力机制的市场性，在某种程度上也意味着自发性和盲目性，因而它不可避免地会引发出一些其他问题，如耕地减少、环境污染，大量离农人口处于游离状态，造成资源浪费和种种不稳定，产业结构趋同，以及其他各种外部性和非持续性等。因此，它是一种代价高昂的城市化道路。最直接的代价来自于滥用自然资源及其环境污染，这与中国所倡导的可持续发展的道路背道而驰。美国经济学家埃德加·胡佛指出："区域和城市扭曲了资源的有效配置，其结果也可能比得失游戏还差。这种危险……大部分与利用或滥用自然资源和不注意外部性有关。"因此，如果乡镇工业和小城镇的盲目、粗放发展忽略了资源的配置效率，或者这种发展以资源配置效率的损失为代价，这就很难说是一种成本较低的城市化模式。

第四节 城市化战略

一、城市化战略选择的背景条件

与西方经典的城市化模式相比较，中国的城市化道路表现出一个独有的特点，那就是，不仅表现为城市的扩大和向乡村的辐射，更主要的趋势是乡村自身的城镇化，即城市的扩展辐射与农村自身城镇化的双向运动。由此，形成了两种特色鲜明的城市化模式：基于中心城市集聚与扩散的城市化模式与基于小城镇和乡镇工业的城镇化模式。通常，称前者为"离乡不离土"的"农民进城"的城市化模式，称后者为"离土不离乡"的城镇化模式。这两种城市化模式从一开始就沿着各自的轨道、自成系统地运动着，并以其特有的方式推动着我国的城市化进程。然而，进入21世纪以来，我们发现在我国一些沿海发达地区，两种城市化模式出现了明显的对接和融合趋势。

两种城市化模式的对接与融合，是对现存的两种城市化战略模式分立的一种否定。对接与融合的实质就是两种城市化模式从分立走向边界模糊化的过程。在模式分立的情况下，不论是"离土不离乡"的城镇化模式还是"离乡不离土"的城市化模式，实际上都是将城市化过程看作或在农村地域或在城市地域的独立实现过程。与这种模式分立不同，城市化模式的对接与融合则强调从整体城市化视角考虑两种城市化模式的发展过程。

两种城市化模式的对接与融合，意味着城市化战略模式的基础发生了根本性的变化。在两种模式对接与融合中起支配性作用的因素具体包括户籍制度、要素市场和社会保障三个方面。而这三个方面因素共同作用的结果决定了两种战略模式的对接和融合发生的必然性和作用程度。

从逻辑顺序来说，首先是户籍制度，然后才有与其配套的改革。户籍歧视及其城市偏向政策一直是造成两种城市化模式分立的重要原因之一。户籍制度及其配套政策之所以构成两种模式对接与融合的条件，是因为这个方面的变革和创新可以消除农村劳动力迁移中的"寻租"动机，将其还原于资源的重新配置过程。在现行模式下，无论是"离土不离乡"的城镇化模式还是"离乡不离土"的城市化模式，农村劳动力的流动和迁移都是在城市特权的条件下为了获得某种通常情况下无法取得的收益而进行的。事实上，这不能算是纯粹的资源重新配置过程，而是含有"寻租"的动机。因此，只有通过户籍制度改革，结束城乡之间的分割状态，使劳动力等生产要素能够更多地利用市场机制来配置，才能为两种城市化模式的交互作用创造条件。

两种模式的对接与融合有赖于从生产要素市场发育中获得资源重新配置效率。在我国，乡镇企业和小城镇的遍地开花，是资金积累的分配和使用属地化的必然结果。而资金使用的属地化又是由我国生产要素市场不健全造成的。当投资决策权分散化以后，如果没有生产要素市场来诱导生产要素向最佳区位集聚，那么经济活动在地理上分散的格局就几乎不可避免。同时，由户籍制度及其衍生出的一系列阻碍劳动力市场整合的制度安排的存在，也强化了农村剩余劳动力的属地化倾向。由此可见，两种城市化模式的对接与融合是以要素市场为中介来进行的。

生产要素市场的发育和形成需要一个城乡统筹的社会保障体系来支持。在市场配置资源的作用越来越大时，以三项基本保险制度即失业保险、基本养老保险和城镇职工基本医疗保险为核心的社会保险体系必须进行根本性改革。改革的关键在于，形成一个城乡统筹的社会保障体系，将那些附着在城市户口之上的福利和保障剥离出来，使农村劳动力与城市本地劳动力在就业、住房、养老、医疗和其他公共服务的获得上享有平等的权利，并且都只能通过社会化或市场化的途径获得。这样，农村劳动力将不会为获得城市户口而煞费苦心，因为拥有城市户口不意味着自然就拥有了任何东西，他们的迁移和流动将变得更加理性。

二、战略模式选择：以大都市圈为核心的城市化

（一）大都市圈模式的实质

从城市化空间上看，两种城市化模式的对接与融合就是主张走以大都市圈为核心的城市化道路。大都市圈的范围基本上是以经济城市的空间为边界。大都市圈是经济城市的活动范围，它的空间边界是根据劳动力市场来划定的。也就是说，一个大都市圈可能包含多个不同等级的行政市，其劳动力市场是整合和统一的。一个统一的大都市劳动力市场可以有一个或多个就业中心。在这种城乡结构中，要素流动得越通畅，城乡之间的经济往来活动越频繁，则城市化空间就越易于形成一个开放的、弹性的结构体系。因此，全域城市化意味着中国的城乡结构调整和城市化问题必须放在大都市圈空间中统筹考虑。

其实，走以大都市圈为核心的城市化道路就是城乡统筹发展的过程。城乡统筹是一个地区城市化发展的高级境界。它要求站在一个地区经济和社会发展全局的高度，把城市和农村的经济社会发展作为整体统一筹划，通盘考虑，把城市和农村存在的问题及其相互关系综合起来研究，统筹解决。城市化的重要目标就是改变城乡二元结构，实现城乡一体化发展，因此，走以大都市圈为核心的城市化道路，也必然是一个统筹城乡和区域发展的过程。我国目前在城市化政策方面存在的很多问题都可以放在大都市圈框架里解决，包括如何建立起城乡统一的公共资源配置机制和环境保护的协调机制，怎样才能建立起城乡统一的社会保障体系

和管理体制，如何推进城乡统一的市场体系建设，等等。按照城乡统筹和区域发展的思路，把城市和农村作为一个整体，合理布局，协同推进，是中国城市化道路的正确方向。

（二）选择大都市圈模式的必然性

我国在向城市化迈进过程中选择走以大都市圈为核心的全域城市化道路有其客观必然性。首先，从发展趋势来看，在全球化背景下，后工业化国家的城市化过程往往倾向于大城市模式。我们正在进入一个"大都市圈增长"的时代。全球经济一体化意味着国家"边界"逐步淡化，而国家在国际社会中的地位和实力更多地体现为其大都市圈的地位和实力。大都市圈对全球资源的吸引和配置能力，为国家发展带来巨大动力，成为国家竞争的制高点。同时，一个国家的产业发展也往往具有强烈的大都市圈区位指向。对于任何产业而言，它都需要大都市的专业化服务、基础设施支持、大量的劳动力和靠近它的市场——大都市圈。此外，与那些工业化先发国家不同，作为工业化的后起国家首先考虑的是效率。因为在很短的期间内要走完工业化先发国家几百年走过的道路，它不得不选择大都市的发展模式来加速它的工业化进程。

其次，大都市圈比较容易形成统一的劳动力市场。一个统一而整合的大都市圈劳动力市场可以有一个或多个城市中心（就业中心）或次中心。实证研究表明，大且整合的劳动力市场不仅有利于企业，同时也有利于就业者。对企业而言，大且整合的劳动力市场可以降低劳动力成本。这是因为当一个企业靠近大都市（大劳动力市场）时，它在规模扩张时能很容易和相对廉价地雇到所需劳动力（包括有特殊技能的劳动力）。对就业者而言，大都市圈意味着众多同样的行业或企业的集聚，从而增加了就业机会。每个企业都有其自身的经济周期，一个企业的经济波谷很可能对应的是另一个企业的经济波峰，这样大都市圈的就业机会就会保持相对稳定，有利于就业者相对容易地找到新的就业机会。[1]因此，一体化且整合的大都市圈劳动力市场为农村剩余劳动力在空间上自主选择不同的劳动力市场就业提供了必要条件。由于大都市圈劳动力市场的空间整合使得劳动力市场更富有弹性，农村剩余劳动力的城市化路径也就跳出了过去的"农村-进城打工-回流"这个单向循环过程，变得更加多元化。

最后，从我国的国情来看，现行的所谓"农转城"和泛泛发展松弛的小城镇的做法，不是根本的城市化解决路径。目前，中国的城乡人口和社会结构已经从二元经济转变成三三制结构：大约三分之一的城市户籍人口，三分之一的纯农村人口，三分之一的农民工及其直系亲属游走在城乡之间。迄今为止的城市化过程，基本排斥了已经卷入工业化的占三分之一的农民工及其家属。这个庞大的社会阶层一直处于进不来退不回去的境地。这是当今中国最大的经济和社会结构扭曲和失衡，是现代化发展的首要障碍。"农转城"只解决了部分郊区农民的市民

① 丁成日. 城市增长与对策：国际视角与中国发展 [M]. 北京：高等教育出版社，2009：8-9.

化问题，而鼓励小城镇新的非农就业机会的做法，其后果是取一时之效，留长远之患。大都市圈劳动力市场的一体化为农村劳动力迁居创造了前提条件。面对城乡二元结构条件下的农民市民化的巨大压力，在传统框架里，我们无法找到一条有效的城市化解决方案。而大都市圈劳动力市场的一体化整合则意味着以大都市为核心的"城市化空间"很可能是农民工市民化的基本空间形态。因为它不仅迎合了当前大城市产业转移和城市居民郊区化的发展趋势，整合中小城镇功能，完善城市化空间结构，同时，它也符合农民市民化的择居要求。以这样的途径实现农民工及其家属的市民化，不仅使转移劳动力尽享大都市的文明，同时，也可承受地域转换和职业转换过程中所发生的城市化成本。更重要的是，以大都市圈为核心的城市化可以避开单纯的"大城市化"和分散的"小城镇化"两者的弊端，找到一条有中国特色的城市化之路。

◆ **练习与问题讨论**

1. 你对城市化的内涵如何认识？如何理解城市化的一般规律性及其变异现象？

2. 城市化水平与人均GDP之间存在着相关关系。图2-6反映了这种相关关系。

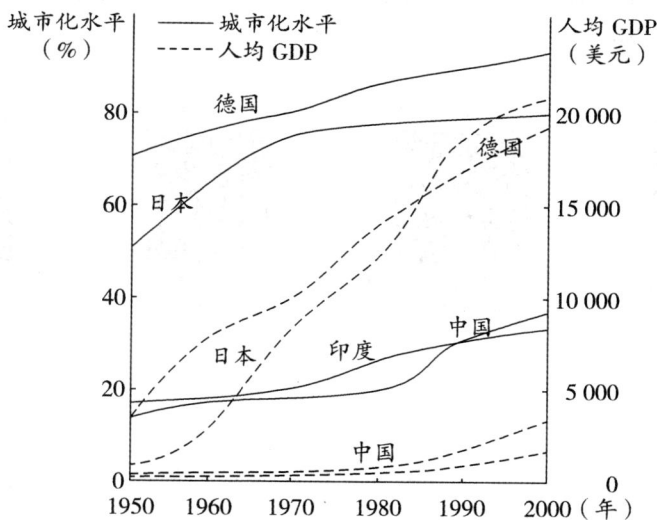

图2-6　城市化水平与人均GDP之间的关系

（1）20世纪50年代至80年代，图2-6中的4个国家中城市化水平最高、人均GDP平均增长速度最快的是哪个国家？与其他3个国家相比，中国的城市化水平是怎样的？

（2）请观察和总结图2-6中显示的城市化水平与人均GDP之间的关系：正相关还是负相关，抑或是不同发展阶段城市化水平与人均GDP水平相互影响的程度不同？这个规律说明了什么？

3. 观察图2-7中城市化水平的变化趋势，并回答下列问题：

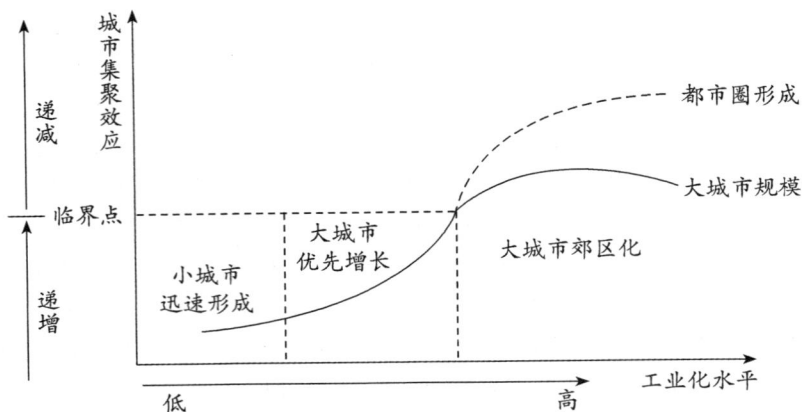

图2-7 城市化水平的变化趋势

（1）根据城市化的阶段性规律，城市的成长有什么规律可循？

（2）城市成长的轨迹与城市集聚效应和工业化水平有什么内在联系？

（3）城市化后期，城市人口比重下降，这种现象是否是逆城市化？为什么？

4.你认同对中国城市化模式的分析吗？你有什么独到见解？

5.中国应该选择哪种城市化模式？为什么？

资料链接2-1

城市化、城镇化与
新型城镇化的区别

资料链接2-2

衡量城市化程度的指
标体系和评价方法

资料链接2-3

二元经济结构模型与
刘易斯拐点

资料链接2-4

都市圈的概念和特征

第三章　城市经济增长

城市经济增长是城市经济学家和城市发展政策制定者最为关心的重要议题之一。本章在阐述城市经济增长一般概念的基础上，介绍了一般城市经济的增长模型，并通过模型的分析阐述了城市经济增长的机制，最后分析了城市经济增长的目标和政策。

第一节　城市经济增长测度

一、城市经济增长的内涵

城市经济增长（urban economic growth）指城市经济的动态演化过程，是城市经济作为一个整体的规模扩张与水平和质量的提高。一个国家（国民经济范畴）的经济增长从数量上看，往往指社会总产品及其生产能力的增加。社会产品的增加通常用国内生产总值（或国民收入）与人均国内生产总值（或人均国民生产总值）的增加来表现，而生产能力的增加，往往由一个国家投入生产中的人力资源、自然资源和资本积累的数量与质量以及技术水平的高低来表现，因为生产能力增长的内涵就是指这些生产要素的增长。对一个城市来说，经济增长有两层含义：一是产品和劳务生产能力的扩大，表现在数量上，通常是国民生产总值（GDP）或人均GDP的增加。对于生产能力增长的内涵，由于决定城市生产能力的诸要素比国民经济复杂得多，不仅包括一个城市的人力资源、自然资源和资本积累的数量与质量，以及技术水平的高低，还包括空间状态的土地经济和自然资源利用上的规模经济、集聚经济、地方化经济、城市化经济等内容，因而经济增长既包括这些决定生产能力的直接生产要素的规模扩大和质量的改进，也包括反映生产能力的生产要素间接影响的程度与水平。二是城市总就业人数的增长，或者是人均收入的增长。如果城市就业水平和人均收入增长率的变化保持在一个较高的水平上，那么它的长期经济增长率必然是递增的。从就业、人均收入水平和经济增长效应上看，一个城市的经济增长率是由资本深化程度（人均资本每年是如何递增的）、技术进步率和人力资本的增长率共同决定的。换言之，这三个方面与就业、人均收入之间是密切相关的。

经济增长的思想源泉可以追溯到亚当·斯密在1776年出版的《国民财富的性

质和原因的研究》，他认为，只要有合适的市场规模和一定量的资本积累，通过劳动分工提高劳动生产率和利润率，增加资本积累，经济增长就可以自行持续下去。随着运输和通信技术的改进，又可以开辟新的生产和扩大对外贸易，加强经济增长的势头，直到自然资源的匮乏而告停止。进入20世纪，人们在以马歇尔为代表的剑桥学派的经济理论基础上，形成了新古典经济学的经济增长模型，比较著名的有哈罗德·多马模型、索洛模型、新剑桥模型以及凯恩斯的经济乘数理论等。与此同时，还先后出现了熊彼特的"技术创新"学说、缪尔达尔的"累积因果效应"理论、罗默的"内生增长"理论、杨小凯的"分工专业化均衡"理论等，它们都是不同于新古典经济学对经济增长现象的全新解释。这些理论，对解释城市的经济增长现象都有重大的影响。

无论是从上述历史文献来看，还是从当代城市化进程的实践来看，城市经济增长都是一个相对独立的研究范畴，它与整个国民经济的经济增长在范畴内涵上有明显的区别。

首先，城市经济增长的特殊属性之一可以归因于规模报酬递增，而研究国民经济范围内经济增长的新古典模型往往限制递增规模经济，对于由规模经济原因引起的经济增长研究甚少。第二章已经指出，城市经济能够增长，城市能够长大的一个本质原因是集聚经济，它是由地方化经济（行业规模经济）和城市化经济（城市规模经济）两个方面的外部经济现象所决定的。因而，探讨城市规模报酬递增的发展机制和过程，是城市经济增长理论的一个研究特色，这是国民经济增长理论所忽略的。

其次，国民经济增长理论往往是抽掉空间因素后的动态分析，而对城市经济增长的讨论必须考虑空间因素，即考虑作为"城"的城市土地资源的利用和基础设施的建设（主要是公共产品），与作为"市"的城市一般产品（主要是竞争性的私人产品）的生产规模和人口规模要相适应。具体来说，研究城市经济增长要考虑空间因素，一要考虑城市土地资源的有效利用，这是空间经济分析问题；二要考虑城市在国民经济体系中，作为经济增长极的空间、区位因素及其增长的扩散及对整个城市体系影响的多种空间经济问题。

再次，城市层面上的经济增长分析与国民经济增长分析相比，更重视制度和政府政策的作用。后者在经济增长分析中，往往把制度性、政治性因素作为既定前提，同时在市场经济条件下，往往忽略对作为供给政策的经济增长方面的政府干预、公共政策的研究，因而经济增长理论更多地是一种技术经济分析，这在城市层面是很不够的。在城市经济增长的分析中，制度、政治、政府、政策是无法回避的重要决定因素，其中最重要的是国家的城市政策和城市政府的公共政策的影响。

最后，城市经济增长的动态规律与国民经济范畴的经济增长规律不同，后者遵循经济周期的一般规律，而城市经济增长虽然受国民经济一般运行周期的影响，但是其增长状态不完全决定于此，城市往往有自己的增长动态和规律，这是由城市的基础部门以及起支撑作用的地理位置、资源条件、历史传统、居民精神等因素决定的。这样，即使在国民经济高涨时期，也会有衰退城市；即使在国民经济衰退时期，也会有居于"发展极"地位的繁荣城市。

综上所述，城市经济增长是一个复杂的概念，它有着丰富的内涵。究竟采用什么样的指标来反映城市经济增长，要根据所研究问题的目的而定。

二、城市经济增长的测度指标

城市经济增长的测度是指采用什么样的指标来反映城市经济增长。在城市经济学中，这种测度既是城市经济增长理论的一个组成部分，又是一个相对独立的研究工具。这种工具的发展并不全都与理论研究同步。考察城市经济增长，最主要的测度指标是国民收入指标和就业量指标。

（一）国民收入指标

国民收入指标是对一般经济增长最基本的测度指标，与国民收入总额（total income）相比，人均国民收入（per capita income）是一个更有意义的指标。在对城市经济增长的考察中，一般采用国民收入指标，若要对城市经济增长进行更全面深入的考察则需要利用人均国民收入这一重要指标。

1.运用国民收入总额的测度

国民收入总额（Y）代表城市经济的总量，实际测算中往往使用城市的国内生产总值。根据研究问题的需要，分析城市经济增长状态可以分别采用定基速度、环比速度和平均速度。三者又分别包括发展速度和增长速度。

（1）定基速度。定基速度是依据某一基础年代（一般用数字0表示基期），研究此后较长一段时期内（可以到t时期）城市经济的发展和增长状态。定基发展速度是某一长时期内城市经济增长的总量水平与某一固定基期水平（0期水平）之比（指数或倍数），公式如下：

$$G=\frac{Y_t}{Y_0}\times100\%=\frac{UGDP_t}{UGDP_0}\times100\% \tag{3.1}$$

定基增长速度是某一时期的城市经济产出水平相对某一固定基期水平的增加量与固定基期水平的比值（经济增长率），公式如下：

$$G=\frac{Y_t-Y_0}{Y_0}\times100\%=\frac{\Delta Y_t}{Y_0}\times100\% \tag{3.2}$$

（2）环比速度。环比速度是对于一个时期内的城市及国内的发展和增长状况，以上一年的水平为基期，研究各个年度逐年的发展和增长情况。环比发展速度是城市经济各个时期（t）的产出总水平与其上一时期（t-1）水平之比（指数或倍数），公式如下：

$$g=\frac{Y_t}{Y_{t-1}}\times100\%=\frac{UGDP_t}{UGDP_{t-1}}\times100\% \tag{3.3}$$

环比增长速度是各个时期的城市经济产出水平相对上一时期水平的增加量与上

一时期水平的比值（经济增长率），公式如下：

$$g=\frac{Y_t - Y_{t-1}}{Y_{t-1}}\times 100\%=\frac{\Delta Y_t}{Y_{t-1}}\times 100\% \tag{3.4}$$

定基速度和环比速度之间存在着换算关系：

$$G=g_1\times g_2\times g_3\times \cdots g_n$$

（3）平均速度。平均速度是某一长时期内城市经济发展和增长每一年度的平均状态。平均发展速度（$\bar{G}$）是对某一长时期内的城市经济增长的定基发展速度的平均值，反映每年平均发展的递增水平，公式如下：

$$\bar{G}=\sqrt[n]{G}=\sqrt[n]{g_1\cdot g_2\cdot g_1, \cdots \cdot g_n} \tag{3.5}$$

平均增长速度是平均发展速度的增量部分，其公式是：

$$\bar{g}=\bar{G}-1 \tag{3.6}$$

2.运用人均国民收入的测度

以人均指标计算的城市经济增长速度更能反映人民生活水平或市民福利的提高幅度，其公式如下：

$$g_p=\frac{Y_t/P_t}{Y_0/P_0}\times 100\% \tag{3.7}$$

可见，人均国民收入的增长率取决于两个因素：国民收入增长率（g）和人口增长率（p），国民收入增长率会提高人均收入增长率，而人口增长率会降低人均收入增长率，即：

$$g_p=g-p^{①} \tag{3.8}$$

上述计算应当注意的是：①国民收入指标本质上是以货币度量的物质财富，但是考察经济增长，不只是物质财富的增加，还有福利的增长。因此要注意国民收入指标相对于市民福利的内涵的全面性，例如国民收入指标没有包括环境污染对增长的副作用，实际使用时要注意这些问题。②测度经济增长使用的是实际城市经济产出，而不是名义产出，即在应用国民收入指标时要以价格指数对名义指标进行修正，从而能够正确反映发展或增长的动态。

（二）就业量指标

就业量（employment）对城市经济来说是一个重要的测度指标，它甚至比国民收入指标更常用，也更有用。在采用就业量作为测度指标时，用一个城市经济系统中的就业量来代表该城市的经济规模，用就业量的变动来表示城市经济的波动。在现实运用中，就业量指标实际上是一个系列指标，总就业量是各部门就业量的总和。总就业量一般被分解为两个部分：向城市域外提供产品和劳务的部门，即"输出部门"的就业量和向城市内部提供产品和劳务的部门，即"本地部门"的就业量。

就业量之所以被作为测度城市经济增长的指标源于两点：一是就业量与人口之

---

① 令国民收入为 Y，人口为 P，人均收入为 R=Y/P，对人均收入式进行微分，可以得到：dR=d（Y/P）=（PdY-YdP）/P² 两端除以 R，并整理得：dR/R=dY/Y-dP/P，令 g_p=dR/R，g=dY/Y，p=dP/P，则：g_p=g-p。

间存在着稳定的对应关系，而人口规模是测度城市化水平最适宜的工具，在城市增长与城市经济增长大部分相通的情况下，就业量自然被用来作为一种测度工具；二是就业量在外部条件不变的前提下，与城市的经济规模存在着稳定的对应关系。考察如下的生产函数：

$$Y=f(L, K, T) \tag{3.9}$$

式中，Y为总收入（总产量）；L为就业量（劳动力）；K为资本；T为技术。在外部条件特别是技术水平不变的前提下，T为常数，资本有机构成不变则K成为L的函数，设K=g（L），于是Y=f[L, g（L）]，可见总收入（经济规模）即成为就业量的函数。

实际上，就业量指标提出的一个重要背景是城市经济模型中的经济基础模型（economic base model），这一模型把城市经济分为向城乡域外提供产品和劳务的基础部门和只向城市内部提供产品和劳务的非基础部门（见本章第二节），城市经济增长取决于两者之比。由于这一模型在城市经济增长中居于重要地位，就业量指标也就相应地成了最主要的测度指标。

就业量指标是由于与总收入的间接关系而成立的，因此，它的有效性取决于这种对应关系是否稳定，甚至是否成立。根据等产量曲线，劳动力L投入量的增加（就业量的上升），如果对总产出有影响，必须是在生产的经济区内，否则，就业量上升并不能促进总收入的提高，而只是表现为劳动力资源的浪费，如图3-1所示。

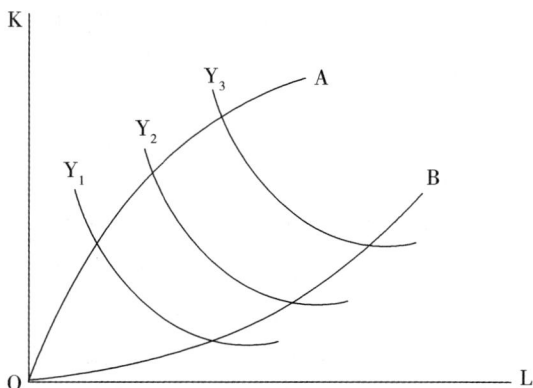

图3-1　城市生产的经济区

图3-1中，Y_1、Y_2、Y_3为等产量线，OA、OB为各等产量线上的拐点与原点之间连线的轨迹，称为脊线。如果生产不在图中两条脊线所围成的经济区内进行，劳动和资本的投入是不可替代的，就业量的增加无法使总收入提高，就业量指标与总收入的对应关系就不成立。这时，就业量就无法成为测度城市经济增长的有效指标。虽然这种情况在成熟的市场经济下，一般不会出现，但是在我国的转轨经济中，由于劳动力市场不完全，这种情况有可能存在，故运用就业量指标时要注意到其运用的有效区间。

第二节　城市经济增长机制

城市经济增长机制，是指引起城市经济增长的城市经济各组成部分之间的相互关系和影响的共同作用方式。这些机制，可以通过一些城市经济增长的模型分析，进而通过观察这些机制的作用来分析城市经济运行的内在结构及关系，从而全面地描述城市经济增长。

模型分析是对复杂现实的抽象化和简单化，使复杂的难以捉摸的城市经济简化为几个部门、几种力量的相互作用，从而可以更清晰地体现出所希望找到的内在机制，这是经济模型的优点。当然，我们在作具体的城市经济问题的分析时，必须认真考虑各种抽象掉的条件，因而不要忘记模型抽象和简化的缺点。城市经济由于本身的复杂性和多变性，以及多种非经济力量对它的影响与作用，不能只用一种经济模型来描述其增长过程。因而人们采用多种模型试图解释复杂的城市经济增长问题。本节从需求与供给两个方面阐述分析城市经济增长问题的几种主要模型。

一、需求指向的城市经济增长模型

需求指向模型（the demand-orientated model）是研究来自城市域外的市场需求为城市经济增长动力的模型，它根据来自城市域外的市场需求，分析城市经济发生增长现象和过程的内在机制，主要包括城市基础部门模型和凯恩斯乘数增长模型。

（一）城市基础部门模型

城市基础部门模型是最早最广泛被用于分析城市经济增长的经济学工具。它把一个城市或者地区的经济划分为两大部门，即基础部门和非基础部门。一方面，城市内的基础部门往往承担该区域或所属国家某种产品的大部分生产，所以这些部门的产出品是外部市场导向的。从这个意义上说，可以把基础部门理解为以出口为基础的产业集合（export-base industries）。另一方面，还有很多产业的产品主要是为当地居民提供服务，比如零售业、餐饮业等，这些服务部门构成了非基础部门。这一模型的核心思想是，城市外部（本国市场或国际市场）向本市的基础部门提出需求，本市基础部门又向本市非基础部门提出需求，城市经济的增长取决于基础部门和非基础部门的比例，这一比例越高则城市经济增长率越高。

上述机制可以用对城市劳动的需求来表现。对城市劳动的需求来自两类活动：一是以来自城市之外（全国本市之外的市场和国际市场）的需求为对象的城市基础部门（basic sector）生产输出商品（export）；二是为满足城市自身多种需求，即为满足由输出产业的生产活动派生出来的各层次生产性需求和由此决定的城市居民的日常生活资料和服务的需求的地方（local）产业，可称之为非基础部门（non-basic sector）。"这是最古老、最常见、最简单的模型"（蔡孝箴等，1998）。"如果只站在什么带来城市成长这种观点上，这个单纯的二分法只能成为一个分析城市成长机制的工具"（山田浩之，1991）。就是说，在输出产业和地方产业之间的关系上，作为城市成长的动因并使其持续成长成为可能的是前者，支持前者并对前者起被动反应的是后者。在这个意义上，前者称之为基础的经济活动（城市的基础经济或支柱产业），后者则称之为非基础经济活动（非支柱产业）。不过，某些产业是否算是输出产业或地方产业，要根据每个城市的特点而有所不同。渔业城市的水产品和水产加工品是输出商品，旅游城市出售的土特产品及其服务也是输出商品，但它们的输出部分必须大于城市自身消费的部分；而输出大于自销的商品在一个城市内可能有多个，反映了城市产业空间的容量；同一个城市，各个不同时期的输出商品不同，反映了城市产业结构的变化。尽管二分法在现实中不是绝对的，但仍然是我们认识城市经济增长机制的方便工具。

如果设 L 为城市就业人员总数，B 为城市输出产业就业人员总数，N 为城市非输出产业就业人员总数，L=B+N，而 N/B=α 为非输出产业就业人员与输出产业就业人员的比例，这种二分法的分析工具，可以写成下面的公式：

$$L=（1+\alpha）B \tag{3.10}$$

该式反映了城市就业人口规模是由城市输出产业的就业规模和非输出产业就业与输出产业就业的人数比例来决定。根据这一规律，也可以探讨城市化的增长机制，即：

$$P=（1+\alpha）（1+\gamma）B \tag{3.11}$$

式中，P 为城市人口总量，γ=e/L 为城市非就业人口与就业人口的比例，公式（3.11）表明，城市化增长从产业的增长角度看，决定于三个因素：①输出产业的就业规模 B；②非输出产业就业与输出产业就业的人数比例 α；③城市全部就业人员的广义抚养系数 γ。这里，B 是根本的决定性因素，α、γ 是引起联动关系的比例，隐含了内在的乘数关系，从而使模型由静态走向动态（饶会林，1999）：

$$P_t=（1+\alpha_t）（1+\gamma_t）B_t \tag{3.12}$$

如果根据统计资料，能够算出某一城市历史上各个年代的 α、γ 值，就能够对该城市的城市化发展前景进行预测，当然必须注意未来进程中由于产业结构变化而导致的 α、γ 值的变化。

把城市就业结构与城市输出产业的关系再做细分，例如设城市输出产业的配套产业的就业人数为 N_1，城市服务业的就业人数为 N_2，城市非就业人口为 e，而 $N_1/B=\alpha$ 为配套产业的就业人数与输出产业就业人数的比例，$N_2/（B+N_1+N_2+e）=\beta$ 为服务业的就业人数占城市人口的比例，并令乘数 $\lambda=（1+\alpha）/（1-\beta-\beta\gamma）$，则上述模型可以进一步扩大为：

$$
\begin{aligned}
P_t &= B_t+N_{1t}+N_{2t}+e \\
&= B_t+\alpha_t B_t+\beta_t（B_t+N_{1t}+N_{2t}+e）+\gamma_t（B_t+N_{1t}+N_{2t}） \\
&= \{[（1+\alpha_t）（1+\gamma_t）]/（1-\beta_t-\beta_t\gamma_t）\}B_t \\
&= \lambda（1+\gamma_t）B_t
\end{aligned}
\tag{3.13}
$$

在（3.13）式中，根据城市输出产业的就业人数 B，城市非输出产业就业系数 α 决定了为城市输出产业配套的产业就业人数 $N_1=\alpha B$；而城市增长的就业乘数 λ，决定了城市的全部就业人数：$B+N_1+N_2=\lambda B$；城市消费（非就业）人口数则由城市输出产业就业人数的就业乘数 λ 和广义抚养系数 γ 共同决定：$e=\lambda\gamma B$；而城市服务业的就业系数 β 在广义抚养系数 γ 的基础上决定了为全城提供共同服务的产业就业人数：$N_2=\lambda(1+\gamma)\beta B$；最后城市总人口：$P=\lambda(1+\gamma)B$，是依存于城市输出产业就业容量的城市生产人口与消费人口的总和。

如果考虑流动人口，设流动人口为 P′，其占总人口的比例为 μ，$P'=\mu P$。在有流动人口的情况下，假定流动人口流向城市服务业，于是城市服务业劳动者人数会增加：$\Delta N_2=[\beta\mu/(1-\beta-\beta\lambda)]B$，从而引起城市消费人口的相应增加：$\Delta e=[\beta\gamma\mu/(1-\beta-\beta\gamma)]B$，于是，流动人口在该城市的常住人口为：

$$\Delta P=\Delta N_2+\Delta e=[(1+\gamma)\beta\mu/(1-\beta-\beta\gamma)]B[1] \tag{3.14}$$

上述方法在实际中应用，可能会遇到同一产业区分输出和非输出就业人数以及统计数字的困难，为此，也可以用区位商表明城市某一行业的产出中用于输出部分的比例。计算公式为：

$$LQ=\cfrac{\cfrac{\text{全国该行业就业量}}{\text{全国总就业量}}}{\cfrac{\text{城市中某一行业就业量}}{\text{城市总就业量}}} \tag{3.15}$$

根据区位商[2]，如果某城市某一行业就业量的就业比重超过全国，意味着该城市的这种产业是输出产业；其超过的倍数，就是该城市从事该产业输出产出的就业人数比重。此时，城市依存于输出产业的增长乘数[3]可以表达为：

$$\lambda'=\frac{T_i}{B_i}=\frac{LQ_i}{LO_i-1} \tag{3.16}$$

式中，T_i 是 i 行业总就业量；B_i 是 i 行业中从事出口生产的就业量；LQ_i 是 i 行业的区位商。该式表明，城市某种输出产业的增长乘数，可以用城市该部门在全国的就业集中度（区位商）与城市该部门就业比重超过全国平均比重的比值来衡量。

上述原理的增长机制基础源于地方收入的乘数效应。城市基础部门的职工收入花在对地方产品（非基础部门产品）的购买上，增加了地方产品的销售。假如这些职工将收入的 60% 用于这种购买，即对地方消费的边际倾向（m）为 0.6，就会使地方部门增加销售收入进而转化为个人收入，其中又有 60% 用于对地方产品的购买，又会增加第二轮的地方收入，等等。最终在地方消费边际倾向的作用下，城市总收入增加若干倍。假设城市基础部门输出销售的初始值为 ΔX，城市总收入最终

---

① 以上数学公式的推导过程比较烦琐，详细推导可参见饶会林. 城市经济学 [M]. 大连：东北财经大学出版社，1999：129-137.
② 区位商的含义是全国对某一产业的产品的全部消费量，多大比重是在某一个城市地区产出，它是从全国角度来看的产业分布；而从一个城市来看，如果某种产业在全国所占的比重较大，就称该城市地区对该产业的集中度较大，因此区位商又可以称为产业集中度。
③ 运用这一方法是假定全国居民的消费倾向、该行业产出没有区别。

可以达到：

$$\Delta 总收入 = \Delta X \frac{1}{1-m} \tag{3.17}$$

这种依存于输出产业的城市增长理论（城市就业乘数、收入乘数）受到需求指向批评论者的指责，他们认为，城市政府通过政策降低生产成本刺激城域内产业间的联系获得增长，或者通过刺激技术进步导致劳动生产率提高增加收入，都不必依赖于输出产业。[1]但是对于发展之初和发展中的城市来说，二分法的分析是有重要意义的。"供给主义"者忽略了"比较优势"。实际上，根据二分法，可以建立城市经济增长的系统分析模型，如鲍莫尔（W.S.Baumol）的非均衡增长模型，奥特斯（W.E.Oates）的城市增长与恶化关系模型，凯德（N.Kaldor）的中心-边缘模型等都建立在这种二部门的分析基础之上。[2]当然，当城市发展到一定的阶段，形成区域内的产业链时，城市基础部门的作用可能会减弱，然而"外溢效应"仍然会使城市产生乘数，这时城市所基于的不是单纯的物质产品的输出，而是智能产品的输出。因此，在内生城市化的经济运行中，需求是重要的决定因素。

美国学者雅各布斯（J.Jacobs，1969）说："假如它是城市，那个城市就有输出产业。"但是同时她又说："只有输出产品是不够的——从城市的最早输出产业和面向输出产业的供给产业（地方产业）出发，使城市经济多样化，并使其通过派生的过程，城市才得以成长。"她从19世纪二三十年代底特律的最早输出产品面粉开始，通过制粉机零件-制粉机-船舶发动机零件-船舶发动机-船舶，形成了船舶输出产业。其后的专业化推动了底特律作为船舶用发动机的输出基地。再其后的输出产业是机器部件加工-冶炼业-铜。后来矿石枯竭，但在已形成一定规模的涂料、蒸汽发动机、水泵、药品、家具产品的基础上，又形成了许多输出产品，从而在弥补了铜冶炼业衰退的同时，还有剩余的资金积累。最终，汽车成为底特律最大的输出产业。吉河布斯把这一过程称为城市化经济的"反复体系"（reciprocating system）[3]。这一体系中导致城市化经济不断增长的内在基础性机制是城市的输出乘数，包括收入乘数和就业乘数。内生城市化的发展都经历了这样的增长过程，因此，要借助于市场机制使城市不断长大，就要建设这种城市经济增长机制并形成与其相适应的经济增长体系。为了使乘数分析更一般化，需要进一步了解凯恩斯乘数增长模型。

（二）凯恩斯乘数增长模型

乘数概念最早由英国经济学家卡恩（R.E.Kahn）在1931年提出。凯恩斯（J.M. Keynes）在《就业、利息与货币通论》中进一步发展成乘数原理。把凯恩斯乘数运用于城市经济增长的分析，首先要根据城市经济的特点对各种经济增长的变量作一些有针对性的规定：用 Y_u 表示城市的总收入，C_u 表示城市的消费量，I_u 表示该城市的总投资水平，G_u 表示城市政府的支出，X_u 表示城市向其他地区输出的商品，M_u

① 蔡孝箴. 城市经济学 [M]. 天津：南开大学出版社，1997：157.
② 孟晓晨. 西方城市经济学 [M]. 北京：北京大学出版社，1992：33-41.
③ 山田浩之. 城市经济学 [M]. 魏浩光，等译. 大连：东北财经大学出版社，1991：23-26.

表示城市从其他地区输入的商品，城市的总需求方程及总需求各构成部分的决定式如下：

总需求方程：$Y_u = C_u + I_u + G_u + X_u - M_u$ (3.18)

消费方程：$C_u = a + bY_u(1-t)$ (3.19)

输入方程：$M_u = c + dY_u(1-t)$ (3.20)

投资方程：$I_u = I_0 + eY_u(1-t)$ (3.21)

税收方程：$T_u = tY_u$ (3.22)

政府支出方程：$G_u = G_0 - fY_u(1-t)$ (3.23)

上述方程中的参数都是根据城市经济的特点定义的，其中：①消费方程中的a是城市基本消费水平，是外生决定的，b是城市居民边际消费倾向，这与全国范围的增长模型是一样的。②输入方程中的c是城市必须从外地输入的商品量，d是城市边际输入倾向。这里的城市输入除了供应本地的消费品外，主要是用于中间产品消耗以满足本地输出产品的生产需要。因而城市与其外部关系的着眼点是输出水平的提高，为此，假定输出水平X_u是外生给定的。这是城市经济不同于全国经济的区别之一。③投资方程中的e是城市总投资相对于当地经济总收入规模的边际倾向，即城市总收入的边际投资倾向。这种对投资行为的模拟与全国范围的增长模型完全不同，它不是把投资完全地作为外生变量，除了考虑受全国经济的影响而外生决定的投资部分外，城市相当一部分投资是由本地的收入情况决定的。城市内的投资者和银行往往要根据本地经济水平来发放贷款（McCann，2001），同时企业和居民在城市内的集聚会提高当地劳动力市场的效率，从而借助集聚的外部性来增加当地的收入水平，这是城市经济不同于全国经济的突出区别。④政府支出方程中的G_0是城市政府根据实际需要计划支出的水平，f是城市政府依存于本市收入规模而需要变动或调整的边际倾向。国家范围的模型往往把政府支出G看作是与总收入无关的外生变量，但是在城市中，政府在做出有关财政支出的决定时却必须考虑到当地居民的收入水平。政府的财政支出计划具有逆向于当地收入水平的特点，为了弥补市民的需求缺口，当市民收入水平比较高时，政府的支出（公共投资与补贴）就少（从G_0中减掉较大的一部分调整量使G_u变得更少），而收入水平比较低时，政府的支出就高一些（从G_0中减掉较小的一部分调整量使G_u不太低），于是在一定程度上与当地居民的收入呈反方向变动关系，故f前的符号为负。这是城市范围的增长模型与国家范围的增长模型之间的第三类差别。

如果假定城市政府有固定的支出G_u，按照固定的税率t在本地征税，这样居民的税后可支配收入就是$Y_u(1-t)$。把（3.19）、（3.20）、（3.21）、（3.22）、（3.23）式都代入到（3.18）式中，我们可以得到：

$Y_u = a + bY_u(1-t) + I_0 + eY_u(1-t) + G_0 - fY_u(1-t) + X_u - [c + dY_u(1-t)]$ (3.24)

整理后得到：

$$Y_u = \frac{a - c + I_0 + G_0 + X_u}{1 - [(b-d) + (e-f)](1-t)}$$ (3.25)

　　这就是凯恩斯的城市经济增长模型，式中的 $1/\{1-[(b-d)+(e-f)](1-t)\}$ 是城市经济增长的乘数。它表明，当地方投资、政府支出或输出增加一个单位的时候，城市地区的总需求就会按照这个乘数的数量来增长。在城市地方税率 t 不发生变化的情况下，这个乘数的取值就完全依赖于 (b-d) 和 (e-f) 的大小。(b-d) 的内涵是城市居民消费本地商品的边际倾向与消费外地商品的边际倾向的差异，这种差异越明显，乘数值就会越大，因为相对较高的本地商品边际消费倾向意味着更多的城市居民收入将进入本地区厂商生产的本地消费品的经济循环，这样乘数效应就会更加明显；而 (e-f) 的内涵是本地投资的边际倾向，反映了和本地收入水平相联系的本地投资规模。e 描述了市民的私人投资行为，f 描述了城市政府进行公共投资和补贴根据市民收入的调整行为，如果 e>f，则表明由于收入的增长，市民私人投资超过了城市政府依据收入的调整量，这时本地的收入增长速度和私人与公共部门的投资差距呈现正相关关系（Black，1981）。也就是说，私人投资与城市政府投资的调整量差距越大，城市地区总收入的增长速度就越快。这种包含了城市居民-厂商之间的商品流动 (b-d) 传导机制和地方投资 (e-f) 传导机制的乘数，就是"城市经济增长的复合乘数"。根据这一乘数，可以进行城市经济增长的需求因素分析。

　　凯恩斯思想的城市经济增长模型与城市基础部门模型有着密切的关系。对于（3.25）式，可以进一步地分解为两项内容，即：

$$Y_u = \frac{a - c + I_0 + G_0 + X_u}{1 - [(b-d)+(e-f)](1-t)}$$

$$= \frac{X_u}{1 - [(b-d)+(e-f)](1-t)} + \frac{a - c + I_0 + G_0}{1 - [(b-d)+(e-f)](1-t)} \tag{3.26}$$

　　构成城市经济增长的两部分内容（等式的右端）：第一项是出口乘数，它的内涵是收入意义上的而不是就业意义上的城市基础乘数；第二项是城市总需求中其他部分对城市总收入的影响乘数。

　　对于第一项内容，如果城市输出产业有一个增加的输出量 ΔX_u，就会使城市总收入有一个增加量 ΔY_u，即：

$$\Delta Y_u = \frac{\Delta X_u}{1 - [(b-d)+(e-f)](1-t)} \tag{3.27}$$

　　将（3.27）式与前面的城市基础部门模型（3.10）式 $L=(1+\alpha)B$ 相比，可以发现，两者的内涵是一样的。不过城市基础部门模型中的 α 是城市基础部门（输出部门）的就业人数引起整个城市就业人数变化的一个乘数，而在凯恩斯模型中，是城市产品输出引起城市总产出（总收入）相应变化的乘数关系。因此，也可以用凯恩斯模型来分析城市基础部门（输出部门）和非基础部门（非输出部门或本地部门）的相互关系。城市基础部门模型中的就业乘数也可以看成是城市输出产品对当地中间消费品和投入要素使用的一个衡量，因为城市基础和非基础部门就业变动的联系是由于这两个部门的生产交易所引起的，它的强度由两个方面来决定：对该城市的本地化产出的边际消费倾向 (b-d) 和当地投资带来的引致支出即城市内的公共投资与私人投资的边际倾向（e-f）。这些分析使我们能够明确认识到城市经济的增长机制在城市经济总量上是如何运作的，那么，不断进入城市的具体经济个体，例如新进入城市的一个企业，对城市经济增长有什么影响呢？

一个厂商迁入某一城市，由于它的市场范围比该城市的规模要大，所以迁入厂商将会增大城市的商品输出，但是，新迁入的厂商和当地其他部门的产业联系在初期往往会比较弱，表现为厂商对当地产出的消费低于当地的平均水平（Sinclair，1978；Sutcliffe，1983）。因此，一个新进入城市的企业对城市经济增长乘数有两方面的影响：一是新迁入厂商对当地产品和服务的初始消费量，用 ΔX_f 来表示；二是新迁入厂商的初始消费行为引起的对本地经济的多层次的连锁影响所形成的总影响量，可以用 $\Delta X_f (b_s - d_s)(1-t_s)$ 来表示，其中 b_s 是新迁入厂商的边际消费倾向，d_s 是新迁入厂商的边际输入倾向，t_s 是新迁入厂商要承担的税率。这样，新迁入厂商在本市的每一轮的产出循环的总影响可以表示为如下的方程式：

$$\Delta Y_f = \Delta X_f + \frac{\Delta X_f (b_s - d_s)(1 - t_s)}{1 - [(b-d)+(e-f)](1-t)}$$

$$= \Delta X_f \left\{ \frac{1 + (b_s - d_s)(1-t_s) - [(b-d)+(e-f)](1-t)}{1 - [(b-d)+(e-f)](1-t)} \right\} \qquad (3.28)$$

（3.28）式通过把一些特殊的收入乘数变动从一般的增长乘数中提取出来，实现了对城市经济增长乘数更为精确的描述，我们可以运用它对城市经济增长进行更细致的分析，这种分析可以帮助我们更加清楚地认识城市产业结构变化，特别是厂商迁徙或新厂商出现对城市经济增长的影响。当然，（3.28）式没有告诉我们乘数效应要多少时间才会发挥作用，这需要从时间与空间两个维度进一步展开收入变动的乘数分析，这方面的工作展现在一些经济学家的研究中。目前已经实现用离散时间的方法重新刻画每一轮的城市收入-支出的变动，这个方法从本质上说是将经济基础模型与乘数加速模型结合起来，在这种研究中，（3.28）式中的系数决定了对现实城市经济的模拟效果。

（3.28）式中的系数，$(b_s - d_s)(1-t_s)$ 是新迁入厂商的地方化供给条件，而 $[(b-d)+(e-f)](1-t)$ 是该地区厂商商务行为的平均水平，也是新迁入厂商要逐渐达到的目标。新迁入的厂商进入本地后，可能会遇到与以前完全不同的供给条件，不过随着时间的推移，该厂商可能通过不断搜寻新的要素供给者来努力实现地方化供给条件。但是，也存在着这样的可能，即新厂商无法得到足够多的地方要素供应者的支持，这样厂商的边际支出系数会和当地其他厂商非常不同。从长期来看，这类迁徙厂商的逐渐增多可能会改变本部门乃至于整个城市的输出系数模式。而且如果这个新转移厂商的规模相对于当地经济来说非常大的话，可以预计城市的输出乘数会变化得非常快。有趣的是，不同厂商的迁入会在不同的方面改变城市的经济增长乘数，因为不同类型的厂商会表现出多种对中间投入品和生产要素的需求模式。若要深入讨论这些问题，必须通过城市投入产出模型，分析城市内的每个部门的支出联系，以便能够比较精确地研究由城市产业结构变化所带来的整个城市增长乘数的变化。本节第三部分将进行这种分析。

二、供给基础的城市经济增长模型

供给基础模型（the supply-base model）认为：城市经济增长取决于城市内部的供给情况。城市区位资源和生产能力条件好，就能获得城市经济增长的动力。供给基础决定的城市经济增长模型，就是根据城市资源和要素的生产能力，分析城市经济增长的内在机制，主要包括新古典城市经济增长模型、累积因果效应城市经济增长模型。

（一）新古典城市经济增长模型

新古典城市经济增长模型是从供给角度，即生产要素对经济增长的贡献角度来分析经济增长机制的经典模型。它最初是由经济学家索洛（Solow，1957）在柯布-道格拉斯生产函数的基础上建立的新古典经济增长模型。1978年，盖里、秋山和藤原（Chali，Akiyama and Fujiwara，1978）根据城市经济的特点，建立了一个简单的柯布-道格拉斯式的城市经济的生产函数：

$$Y_{ut}=A^{ert}K_{ut}^{\alpha}L_{ut}^{1-\alpha} \tag{3.29}$$

式中，Y 为城市产出，u 和 t 分别为某个城市和某个时期，A 为技术水平，e 为自然对数，r 为一个反映技术进步速度的数值，K 和 L 分别为投入的资本和劳动，α 和 $1-\alpha$ 分别为产出对资本及劳动的弹性。对上式全微分，可以得到：

$$\frac{\Delta Y_{ut}}{Y_{ut}}=\frac{\Delta A_t}{A_t}+\alpha\frac{\Delta K_{ut}}{K_{ut}}+（1-\alpha）\frac{\Delta L_{ut}}{L_{ut}} \tag{3.30}$$

（3.30）式中的 α（资本产出弹性）和 $1-\alpha$（劳动产出弹性）两者之和等于1，表示假定城市生产的规模收益不变。运用这一公式，可以对城市经济增长作如下的政策分析：

1.测算各生产要素对城市经济增长的贡献

各种生产要素对城市经济增长的贡献分为绝对贡献和相对贡献两种。绝对贡献由 $\Delta A/A$、$\Delta K/K$、$\Delta L/L$ 的数值给出，相对贡献由 $\dfrac{\Delta A/A}{\Delta Y/Y}$、$\dfrac{\Delta K/K}{\Delta Y/Y}$ 和 $\dfrac{\Delta L/L}{\Delta Y/Y}$ 的数值给出。

2.测算技术进步的成效

在新古典经济增长模型中，$\Delta K/K$、$\Delta L/L$、$\Delta Y/Y$ 的数值可以通过统计数字的搜集计算得出，但 $\Delta A/A$ 无法由统计数字得出，因而采取剩余法计算，即由：

$$\frac{\Delta A_t}{A_t}=\frac{\Delta Y_{ut}}{Y_{ut}}-\alpha\frac{\Delta K_{ut}}{K_{ut}}-（1-\alpha）\frac{\Delta L_{ut}}{L_{ut}} \tag{3.31}$$

计算得出。

3.制定城市生产要素组合的调控政策

根据新古典城市经济增长模型，可以分析资本与劳动两种要素的内在依存性，从而分析采取何种要素投入政策更有效。如果暂不考虑技术进步，假定城市经济增长只由资本和劳动决定，城市经济增长的新古典模型可以变为：

$$\frac{\Delta Y_{ut}}{Y_{ut}} = \alpha \frac{\Delta K_{ut}}{K_{ut}} + (1-\alpha) \frac{\Delta L_{ut}}{L_{ut}} \tag{3.32}$$

两端分别减去 $\Delta L/L$，可得：

$$\frac{\Delta Y_{ut}}{Y_{ut}} - \frac{\Delta L_{ut}}{L_{ut}} = \alpha \left(\frac{\Delta K_{ut}}{K_{ut}} - \frac{\Delta L_{ut}}{L_{ut}} \right) \tag{3.33}$$

（3.33）式左端是城市劳动者创造的人均收入的增长率，右端是城市劳动者人均技术装备的增长率，两者之间的关系由 α 系数权衡；而劳动者创造的人均收入是否有增长，取决于城市的资本增长率与城市劳动增长率之间的关系。资本增长率大于劳动增长率时，城市人均收入会增长；两者相等时，城市人均收入就没有增长；资本增长率小于劳动增长率时，城市人均收入就会负增长。可见人均收入增长依存于劳动者人均的技术装备，这是现代城市生产的突出特点。因此，适当使资本略高于劳动的要素组合方案是促进城市现代经济增长的基本经济政策。

不同城市投入要素的不同比率，是影响城市经济不同增长水平的一个原因。为了分析城市间要素流动对城市经济增长的影响，盖里等人假定每个城市的产出弹性和技术进步的速度是完全相同的，但是城市间的资本和劳动力的边际产出存在着差异，并且这些边际产出是由城市的资本和劳动力的比率所决定的。这样，盖里等人采用美国城市的数据，建立了下列模型。他们从城市要素市场的完全竞争性假定出发，提出了在均衡状态下，城市工资水平将会等于劳动的边际产出，而资本的租金即利率水平将等于资本的边际产出的模型，即：

$$W_{ut} = P_t \left(\frac{\partial Y}{\partial K} \right)_{ut} \tag{3.34}$$

$$R_{ut} = P_t \left(\frac{\partial Y}{\partial K} \right)_{ut} \tag{3.35}$$

（3.34）式和（3.35）式分别是城市劳动要素和资本要素的报酬公式，其中，P 是产品的价格。可见，如果假定产品价格 P 在每个城市都是相同的数值，那么，资本和劳动的比率将会决定城市间的要素报酬的差异。这样，各城市不同的资本和劳动力的比率，就会影响到劳动者和资本的投资者根据城市间要素报酬的差异而选择在不同的城市进行工作或者投资，从而发生要素在城市间的流动。这意味着每个城市劳动力的增长应该包括本地劳动力的自然增长量和由于要素价格差异而从外部地区吸引过来的劳动力数量。对于城市资本的积累也存在着类似的情况。

城市间的要素流动是以劳动力和资本对于要素价格差异的调整不是"瞬间"完成的假定为前提的，即要素市场的调整机制具有一定的时间滞后性。但是在长期上，生产要素的流动肯定能够消除城市间要素报酬的差异。那些劳动资本比例比较高的城市一般来说工资水平比较低而资本利息比较高。所以，这些地区会出现劳动力外流与资本流入并存的现象。一些城市的情况则刚好相反，它们的劳动资本比例比较低，所以相应的工资水平比较高而使用资本的费用比较低。如果假定资本对要素市场的价格变动是敏感的，那么低工资的城市将会因为具有较慢的劳动力流出速度和较快的资本流入速度而获得更多的生产投入要素，从而其经济增长速度也会高于那些高工资水平的城市。最终所有地区的工资水平会趋向一个稳定的均值。[①] 不过也有一些证据表明现实情况更为复杂，例如有些城市的工资率一直高于其他城市，而且增长速度更快。这种现象不能由假定要素是替代关系的新古典经济增长模型解释，而必须开辟新的研究途径。

（二）累积因果效应城市经济增长模型

在城市经济中，供给的基础包括城市产业的物质与技术基础、专业化协作程度和投资环境。这三方面相互影响，会使城市在不增加要素投入的情况下获得经济增长。增长的原因除了技术进步外，最主要的就是城市集聚经济的影响。城市集聚经济会使城市经济产生一种极其奇特的现象——规模报酬递增现象（Richardson，1985）。这种规模报酬递增的客观存在意味着城市间经济增长的差距可能会长期存在，甚至可能不断扩大，这是一种"累积因果效应"。这一思想的系统阐述最早是由发展经济学家缪尔达尔（Myrdal，1957）完成的。他认为，不发达国家经济中存在着一种地理上的"二元经济"，即经济发达地区和不发达地区并存的现象。这种状况的根本原因是地区间人均收入水平存在着差距，它使得经济系统中比较发达的地区获得更快的发展速度，而落后地区发展会更慢。如果规模经济的假设条件能够在城市范围内成立，那么资本和劳动力就不一定存在着替代关系，它们可以同时流入城市，而不像前面所描述的这两类要素呈现反方向的流动趋势。就是这种规模报酬递增现象，将会使发达地区经济的快速增长长期地持续存在。为了明确这一理论中所阐述的城市经济增长机制，我们以城市间的劳动力要素的转移为例，用与新古典均衡理论比较的方法说明城市经济增长的累积因果效应。

假设有两个城市 A 和 B，它们的初始经济状态完全相同。在图 3-2 中，城市 A 的初始劳动力供给和需求曲线是 S_a 和 D_a，相应的均衡工资水平是 W_{a0}；而城市 B 的初始劳动力供给和需求曲线是 S_b 和 D_b，这个地区的工资水平和城市 A 是相等的，为 W_{b0}。现在，假如城市 A 由于某种外生的原因，经济得到快速增长，对劳动力的需求增大，使劳动力的需求曲线向右上方向移动，达到 D_{a1}，均衡劳动力数量由 L_{a0} 增加到 L_{a1}。而在短期内由于地区的劳动力供给的变化比较小，从而造成了城市 A 的工资水平高于城市 B 的工资水平，达到了 W_{a1}。所以，城市 B 的工人有动力向城市 A 迁移。随着这种迁移，城市 B 的劳动供给下降，劳动供给曲线向左移动，从 S_b 降低到 S_{b1}，均衡劳动力数量由 L_{b0} 降低到 L_{b1}，均衡工资水平由 W_{b0} 上升到 W_{b1}；而城市 A 的劳动供给，由于吸收了来自城市 B 的迁移劳动力，劳动供给曲线向右移动，由 S_a 增加到 S_{a1}，均衡劳动力数量由 L_{a1} 继续增加到 L_{a2}，均衡工资水平则下降到 W_{a2}。这样一直到城市 A 的工资水平与城市 B 的工资水平相等，即当 $W_{a2}=W_{b1}$ 时，城市间的

---

① 有关城市间工资和人均收入趋同的假说一直是城市经济学实证研究中的经典命题之一，这方面的大量研究支持了存在城市和区域间的人均收入长期收敛的情况，但也有证据表明实际经济中存在着收入梯度。

劳动力转移才会停止。这就是新古典理论解释在城市经济增长中劳动力转移的基本原理。

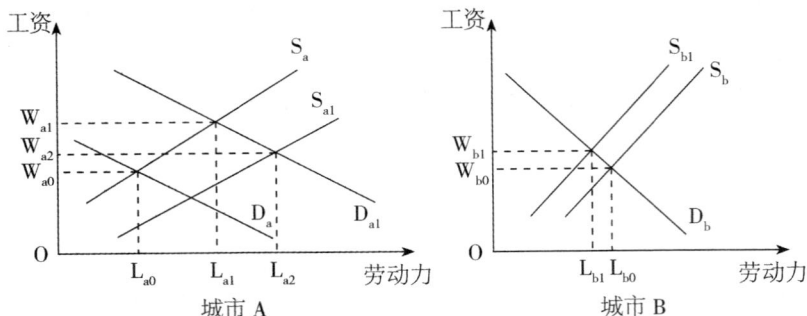

图3-2 新古典理论在城市经济增长中的劳动力转移

但是，在现实经济中，至少在发展中国家，城市的经济增长并不完全像新古典模型所描述的那样进行。缪尔达尔强调，在经济快速增长过程中，发展速度比较快的城市和地区（城市A）的确会因为具有比较高的工资水平而对落后的城市和地区（城市B）的劳动力产生吸引力，但是城市A由于具有比较多的资本和技术积累，但是城市A由于具有比较多的资本和技术积累，所以在生产领域很可能具备规模报酬递增的特点，这样它就会倾向于从城市B吸收高技术水平的劳动力，从而获得更快的发展速度。因此，可以认为城市A的工资水平不会稳定在W_{a2}，高技术劳动力的大量流入所带来的快速经济增长，会使城市A对劳动力的需求进一步增大（即需求曲线从D_{a1}右移至D_{a2}），从而再次提高工资水平，达到W_{a3}，并继续对地区B的劳动力产生吸引力；另一方面，人力资本的持续外流将会使B地区的经济增长速度放慢，从而进一步减少对劳动力和其他要素的需求，这样新的需求曲线D_{b1}和供给曲线S_{b1}的交点决定了新的工资水平W_{b2}，这个值仍低于城市A的新均衡工资水平，从而继续推动该地区的劳动力流向城市A。所以，他认为，这两方面的作用会产生"累积性因果循环"，发达城市借助规模报酬递增的优势可以从落后地区持续地获得劳动力供给，从而实现持续的增长并越来越发达，而落后城市则越来越落后。这样，地区间的工资差距、人均收入差距和经济发展水平差距将会越来越大。这一过程如图3-3所示。

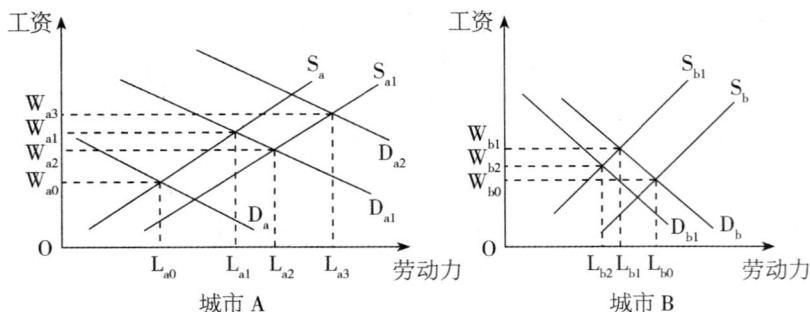

图3-3 累积因果模型在城市经济增长中的劳动力转移

缪尔达尔的累积因果模型发表以后，得到了很多学者的应用。普里德（Pred，1966）利用累积因果模型分析了美国制造业在1860—1900年间的发展过程。他认为，拥有开发某种新产品技术的企业家，一般都会把企业设立在那些能够为该产业提供各类服务的城市中。而新的企业又会为本行业的发展创造更多的需求，并为其他相关企业带来产业城市化经济的好处。另外，从供给的角度分析，产业内具有创新能力的企业不断增加，也会反过来进一步推动这个行业的技术进步。而这两方面的合力将会推动制造业在大城市带不断集聚。很明显，这个过程具有很强的积累因果的特性，其内在机制或其重要原因就是制造业本身存在着广泛的规模报酬递增现象，特别是在产业成长时期，这种状态更加明显。布拉德福德和凯莱基安（Bradford and Kelejian，1973）也对城市经济增长的循环因果模型进行了深入的实证研究，发现累积因果模型的确可以用来解释很多城市中心的衰退过程。他们发现，一旦城市政府出台一些不利于中等收入家庭的公共税收政策或低收入家庭在城市中心过度集聚的话，中等收入家庭就会从城市中心迁向郊区。而这样的结果，会使城市中心的税收进一步下降，低收入家庭占城市中心比例继续增大，就更不利于中产家庭在城市中心的生活条件和生活环境，从而进一步推动中产家庭加速迁离市中心。这项研究对众多城市管理者的启示是：在制定城市经济政策时，需要研究该计划（特别是一些管制措施）是否在长期具有累积因果的特性，是否会给城市经济的持续增长带来不利影响。从这些成果的分析中可以深刻体会到，累积因果模型同一般新古典城市经济增长模型的最大区别是它强调城市经济中普遍存在着规模报酬递增现象。这一理论对新古典理论的线性增长模式与思想提出了巨大的挑战，如何运用这一理论深入研究和解释现代经济增长中的区域差距和城市经济增长的集聚机制，是经济理论界的重要任务。

三、城市经济增长的投入产出模型

观察城市经济增长可以分别从需求的角度和供给的角度来分析，而将两种角度的分析结合起来，一般可以采用投入产出（input-output）模型。投入产出模型运用于城市经济，可以更方便地研究城市经济增长中的部门作用和要素作用。

假设城市中有三个生产部门：制造业部门、生产服务部门和生活服务部门。其中，制造业部门是城市基础部门，生产电脑、机器装备、纺织品、钢材等产品，其大部分产品输出，少量供应本地的消费和投资需要；生产服务部门是为城市生产提供上游产品的部门，生产煤、机械产品、化工材料、零配件等产品，它主要用于满足中间需求，但也有少量用于投资需求和输出需求；生活服务部门是一个非常多样化的部门，包括商业服务、医疗服务和其他各项私人服务，如餐馆、杂货店、干洗店等，它是为地方生活服务进行生产的部门，它只由城市居民购买，不用于中间需求和投资需求。城市各生产部门的生产活动除了消耗本市的中间产品外，还要消耗域外的输入产品，同时需要大量的初始要素投入，包括资本、劳动和土地要素。这些要素都是由当地居民来提供的，具体到某一部门，其要素投入的内在结构存在着差异，有的劳动多些，有的资本多些，这里为了简化，没有进行细分，而是放到一行里。生活服务部门与前两个部门比起来，所需要的初始要素投入中的劳动要素比重更大一些。这些投入品经过生产后会有一个增值的过程，假设劳动力、资本和土地完全被该市居民控制，于是城市生产要素的收入将会完全地计入当地的经济中。

表3-1就是某城市的投入产出表，行表示产出品和要素的供应去向，列表示城市生产部门对中间投入的需求结构和各种经济主体对城市最终产品需求的部门结构。于是可以清楚地看到城市各生产部门经济活动的来龙去脉。例如城市的制造业部门，从纵列来看，在年度生产中，需要18亿元制造业本部门的产品投入、18亿元的地方生产服务、27亿元的劳动资本等初始要素投入和27亿元的输入产品投入，从而生产90亿元的产品价值。这里包括了两类需求：对中间产品的投入需求和对初始要素的投入需求。每一个部门都有这样的一个生产过程。从横行来看，制造业部门生产出的90亿元产品，分配给本部门18亿元、生产服务部门6亿元和生活服务部门10亿元作为中间产品使用，分配给居民消费4亿元、投资11亿元用于最终产品使用，还有41亿元的产品输出本市，这是城市经济增长的关键性力量。

本市的居民需要购买76亿元的消费品和24亿元的投资品，正好用完他们提供的初始要素投入的报酬100亿元。城市在本年度的输出产品共有50亿元，与各部门的总输入价值相等。表3-1的最后一列被称为"总产出"，它代表了每个部门的总产出价值。对于一个生产周期（年度）来说，各部门的总投入价值等于其总产出价值，因而制造业的产出价值等于其相关投入品的总价值90亿元，整个城市投入产出总价值则是350亿元。可见，表3-1中存在着中间产品与中间消耗、总投入与总产出、居民要素报酬与消费和投资的支付以及城市输出输入等方面的静态平衡。若要从动态角度分析城市投入产出的比例，还必须掌握城市生产部门中的各种投入产出系数。

表3-1 　　　　　　　　　　　　　城市投入产出表 　　　　　　　　　　　单位：亿元

流量　产出 投入		产出品						总产出
		中间需求			最终需求			
		制造业	生产服务	生活服务	消费	投资	输出	
中间投入	制造业	18	6	10	4	11	41	90
	生产服务	18	10	3	0	10	9	50
	生活服务	0	0	0	60	0	0	60
初始要素投入		27	29	44	0	0	0	100
输入产品		27	5	3	12	3		50
总投入品		90	50	60	76	24	50	

直接投入系数被定义为每个部门所使用的某个投入品数量与该投入品总价值的

比例，设 a_{ij} 为直接投入系数，X_{ij} 为中间产品流量，X_j 为城市生产部门的总产出，其公式为：

$$a_{ij} = \frac{X_{ij}}{X_j} \quad 0 \leqslant a_{ij} \leqslant 1 \tag{3.36}$$

在表3-1中，生产服务业生产50亿元产出，需要6单位的制造业产品投入，相应的投入系数就是6/50=0.12，类似地还可以计算出生产服务业对本部门投入品的消耗系数为10/50=0.2，对劳动、资本和土地的消耗系数29/50=0.58以及输入系数5/50=0.1。居民分别由消费和投资行为构成对各种最终产品的消费过程，例如居民每消费和投资1元产品，需要制造业产品0.15元、生产服务业产品0.1元、生活服务业产品0.6元和输入产品0.15元。这些投入系数的总和恒等于1[①]。根据表3-1计算的投入系数列于表3-2中。

表3-2 投入系数表

	制造业（M）	生产服务（SP）	生活服务（SL）	居民（I）			输出
				消费	投资	小计	
制造业	0.2	0.12	0.1667	0.0526	0.4583	0.15	0.8
生产服务	0.2	0.2	0.05	0	0.4167	0.1	0.2
生活服务	0	0	0	0.7895	0	0.6	0
初始要素投入	0.3	0.58	0.7333	0	0	0	0
输入产品	0.3	0.1	0.05	0.1579	0.125	0.15	
总投入品	1	1	1	1	1	1	1

根据表3-1和表3-2的信息，我们可以得到每个部门的产出方程。设 M 表示制造业的总产出水平，SP 表示生产服务部门的总产出水平，SL 表示生活服务部门的总产出水平，E_m 和 E_s 分别表示城市制造业和生产服务部门的输出产品数量，I 表示城市居民的总收入。于是，城市各个部门的总产出可以表示如下：

$$M = 0.2M + 0.12SP + 0.1667SL + 0.15I + E_m \tag{3.37}$$

$$SP = 0.2M + 0.2SP + 0.05SL + 0.1I + E_s \tag{3.38}$$

$$SL = 0.6I \tag{3.39}$$

$$I = 0.3M + 0.58SP + 0.7333SL \tag{3.40}$$

在城市经济中，城市输出一般作为外生变量，这一假定基于在城市中输出产品能够在多大程度上支持城市经济增长。这是人们十分关注的问题。因而要把上述式子表达为依存于城市输出产品的总产出变化的公式，通过矩阵代数的方法可以达到这一目的。把上述（3.37）式到（3.40）式用矩阵表示为：

---

① 投入系数的总和恒等于1意味着生产系统是稳定的。它依存于几个关键性的假定：城市内所有的商品与服务的价格不变；所有的商品和服务都在规模报酬不变的前提下生产；投入系数不会因为产业生产规模的扩大而发生改变。

$$\begin{bmatrix} 0.8 & -0.12 & -0.1667 & -0.15 \\ -0.2 & 0.8 & -0.05 & -0.1 \\ 0 & 0 & 1 & -0.6 \\ -0.3 & -0.58 & -0.7333 & 1 \end{bmatrix} \begin{bmatrix} M \\ SP \\ SL \\ I \end{bmatrix} = \begin{bmatrix} E_m \\ E_s \\ 0 \\ 0 \end{bmatrix} \tag{3.41}$$

解上述矩阵，可以得到：

$$M = 1.9512E_m + 1.1113E_s \tag{3.42}$$
$$SP = 0.7907E_m + 1.9533E_s \tag{3.43}$$
$$SL = 1.1185E_m + 1.5709E_s = 0.6I \tag{3.44}$$
$$I = 1.8642E_m + 2.6183E_s \tag{3.45}$$

从上述方程中可以看到，城市内厂商对外贸易量的变化对该城市内不同产业的影响存在着明显差异。例如，在（3.42）式中，当城市制造业产出的输出产品增加1元时，会使制造业总产出增加1.9512元。但是同样是制造业产出增加1元，却只能让生产服务业的总产出增加0.7907元，让生活服务业总产出增加1.1185元。这使人们注意到，制造业的输出使总产出增加较多的是生活服务业，而不是生产服务业。制造业的输出增加一个单位，还会使地区总收入增加1.8642个单位，进而会牵动城市生活服务部门总产出增加1.1185元（1.8642×0.6）。与此类似，城市生产服务业的输出产品增加1元，也会对不同的部门产生不同的乘数效应。另外，投入产出模型还向我们展示了城市内每个部门经济扩张所需要变动的输出数量。比如，要增加1元的生产服务业输出产品，城市内的制造业必须能够有0.7907元的产出增加，同时生产服务业本部门的总产出也要增加1.9533元。从这个意义上说，投入产出模型可以用来衡量一个城市经济的规模是否足以支持大量的输出扩张。

这些分析中所得出的不能被人们直接看到的产业间关系的信息，实际上是由人们忽略的产业间大量的间接关系所决定的。例如人们可能关注制造业输出一单位产品对本市生产服务业的影响，很少关注它对城市生活服务业的影响。可是上例中，制造业输出一单位产品，影响较大的却是生活服务业。这是由于产业间存在着大量的间接消耗关系。这种关系不能由直接投入系数反映，需要由完全投入系数反映。它的内涵是直接投入和间接投入的总和，其公式为：

$$b_{ij} = a_{ij} + \sum_{l=1}^{n} b_{il} a_{lj} \qquad (i, j=1, 2, \cdots, n) \tag{3.46}$$

根据（3.43）式，可以得到投入产出分析的基本公式：$X=(I-A)^{-1}Y$，其中$(I-A)^{-1}$被称为列昂惕夫逆矩阵[①]，通过它可以分析城市产业间的各种复杂关系。可见，投入产出模型是研究城市经济增长的有效工具。城市投入系数表可以告诉地方政府官员，输出产业需要本地多少中间投入品，如果地方供给相对不足，那么应该考虑如何解决这个问题；该系数表还可以帮助地方政府官员认识生产技术进步使投入系数发生改变后对城市经济增长产生的影响；在公共项目的决策上，该系数表可以使城市项目管理者很方便地评估某个外生的投资项目对城市总需求的影响。比如要新建一个大型游乐场，那么投入产出模型可以告诉决策者这个项目将会为这个城

---

① 列昂惕夫逆矩阵是包括n个生产部门的所有投入品系数的n×n矩阵。

市的每个部门带来多少新增就业人口与产出。

第三节　城市经济增长方式

一、城市经济增长的两种模式

城市经济增长方式是指城市经济实现长期增长所依赖的基本源泉、机制与路径以及由此表现出来的总体特征。一般说来，按照资源和要素利用程度划分，城市经济增长有两种模式，即粗放型增长模式和集约型增长模式。城市经济增长模式虽然与我国目前所讨论的增长方式的"粗放型"和"集约型"有联系，但并不完全等同。就其联系的主要方面来说，二者都指的是两种性质不同的要素利用方式，即"要素投入增加"和"要素生产率提高"。不同点主要在于，经济增长方式理论基本上是考察一国国民经济整体的动态演化过程，而城市经济增长则是将一特定的城市系统作为研究对象。更为重要的是，经济增长方式理论是抽象掉空间因素之后的动态分析，而在城市经济增长模式的讨论中必须考虑空间因素，这是由城市经济自身特性所决定的，比如，集聚规模经济是城市经济增长中的重要变量，而这在一般经济增长理论中是得不到反映的。

（一）粗放（外延）型增长模式

城市粗放型增长模式就是以资源趋于充分供给为假定条件，通过不断增加要素资源投入，并以外延性扩张的形式放大城市经济规模总量为特征，以达到城市经济增长的目的。这一增长模式的主要缺陷有两点：一是忽略和遗忘了城市发展过程中资源有限性这一逻辑前提和经验事实；二是忽视了资源重新配置包括规模经济因素对城市经济增长的贡献。

1.粗放型增长模式是不可持续的，因而也是低效的

粗放型增长模式表现为高投入、高消耗、低产出、低质量，是一种以产值、数量、速度为经济突进目标，以物质资源投入为主的经济增长方式。实践证明，这种模式具有"非持续性"（unsustainability）。因为它的核心是追求经济增长，并以增长为唯一目标，忽略了对资源和环境的保护。换句话说，经济增长使社会生产力得到极大提高，在物质财富大大增加的同时，却造成了大量的外溢性影响，使社会承受着各种片面发展的代价和社会外部性成本。以我国城市发展为例，多年来，我国城市发展从总体上看，仍未摆脱传统的重数量轻质量、重速度轻效益、粗放式、高消耗的城市发展模式，而且由于自身的特点，给我国的资源和生态基础造成了巨大的压力。

这种模式的特点之一是物质生产的内部不经济性。在这种模式中，环境的高耗行为与资源利用的低效行为相联系，无视生态效益与忽略经济效益相伴生，外部不经济性导致的短期行为与内部不经济产生的短期行为共生。这种状况从两方面损害着中国的生态基础：一方面，企业单位物耗过高，资源浪费惊人。我国工业企业普

遍存在着原料消耗高，加工深度不够，利用率低的现象，从而造成"三废"排放量大，资源浪费，污染严重的后果。据统计，我国城市发展中所排放的废水、废气、固体废弃物的比重占全国排放量的80%，环境污染造成的损失每年近千亿元。另一方面，效率低又造成环境补偿能力的严重滞后。由于大量的资源投入和环境损耗未能形成相应的有效产出和相应的经济、技术能力，因此缺少用于治理环境的资金。如果不解决内部经济性的问题，便无法降低单位物耗量和单位污染量，无法为大规模治理环境积聚技术和资金。

这种模式的特点之二是物质生产的外部不经济性。市场主体对权属范围之外的、带有公共性质的资源缺乏效益追求，环境成本被排除在企业的成本-收益核算之外，缺乏对环境损耗的自我约束能力，必然导致对公共环境的大规模损害。环境是一种与外部效应（extermalites）相联系的公共物品，环境污染是一种公害或坏的公共物品（public bads）。我国的城市环境问题主要就是环境污染。正如《全国环境保护工作纲要（1993—1998）》中指出的：以城市为中心的环境污染仍在加剧，并蔓延到农村，一些经济发达、人口稠密地区的环境污染问题尤为严重。生态环境破坏的范围在扩大、程度在加剧。环境污染和生态破坏已成为制约经济发展、影响改革开放的一个重要因素。造成这种状况的原因，主要是我国在推进工业化的过程中，企业在大量支取自然环境成本时，并没有建立起最佳利用环境成本的激励-约束机制。城市环境问题在很大程度上是由于市场主体缺少有效的环境成本约束而产生的外延扩张和短期行为所致。显然，这与粗放型增长模式密切相关。

这种模式的特点之三是政府目标结构中的增长偏好。地方城市政府兼有多重身份，它既是地方资产和资源的所有者（代表国家行使所有者职能），又是地方经济社会活动的管理者。地方城市政府身份的多重性实际上就构成了它的多元目标结构：①经济增长：不断扩大地方财政收入和居民收入，壮大地方经济实力；②社会保障和稳定：扩大就业、稳定物价、保障社会公平；③社会进步：城市建设、改善教育医疗等。这些目标之间，并非完全协调一致，往往会有不同程度的冲突和矛盾。地方政府目标的实现，无一不对地方城市财政构成强大的压力。由于强大的财政支出压力和拮据的财政现状，在地方政府"几乎不存在任何确实能够自由处置的投资资源"的情况下，实现经济增长、扩大财政收入往往就成了一些地方城市政府的目标结构中最突出的目标。在各项目标难以兼顾的时候，经济增长就可能成为压倒一切的目标，其他目标如环境质量可能因为与增长目标的冲突而被延迟或部分地放弃了。尤其是当地方城市政府扩张经济的动机占据主导地位时，更容易出现这种情况。比如，某项工业项目，可能给当地环境造成污染危害，但预计该项目有良好的经济效益，地方政府则倾向于上马，甚至还经常以上级身份出面说服对这一选择持反对态度的部门或人士。同样，如果地方一些污染密集型产业（也称之为最"脏"的产业）属于城市基础产业范围，对地方增长贡献比较大，城市政府对这些产业或部门也常常采取保护的态度，以保证整个地区的经济发展。

粗放型增长模式由于不考虑经济社会的长期发展和效益，在资源配置方面片面强调产出，导致了资源短缺、环境污染和生态破坏，加剧了效率与公平、速度与效益、质量与数量、城市与乡村的矛盾，加剧了人类与自然、今天与未来之间的矛盾。因此，这样的城市增长是不可持续的。

2.粗放型增长模式往往伴随着规模效益的损失

粗放型增长模式在资源的空间配置上还表现为外延式、分散化的特征，而这种分散化又总是与分散化的投资决策体系及投资规模小型化相联系的。分散化投资行为的直接后果是资源的分散配置，造成生产力分散化的空间布局。在要素不能自由流动的条件下，资产存量不能进行空间再配置，其结果必然是产业发展的分散化和同构化。对于工业来说，分散化割裂了企业之间的经济联系，难以展开分工协作，使企业的规模难以扩大，损失的是规模经济利益。同时，现代工业发展与城市发展具有相互依存、相互促进的关系。现代工业要以城市为依托，因此，分散化还使企业不能充分获得城市规模经济效益和外部经济效益，从而对城市化的推进形成阻力。

（二）集约（内涵）型增长模式

集约型增长模式是以资源供给有限为前提条件，通过不断提高要素利用效率和重新配置资源而提高城市增长质量的一种增长模式。它强调城市功能的协调发展，注重城市整体效益的提高和技术进步的作用，着眼于城市的可持续发展。

城市增长是许多因素共同作用的结果，毫无疑问，投入更多资源的城市比资源投入不足的城市将有更快的增长速度。然而，城市的集约型增长不会与城市的粗放型增长采取相同的增长模式。有几个重要的方面值得注意，这就是城市增长大大受益于集约发展——增长的主要来源是要素组合质量、知识程度的提高、技术发展与所掌握资源的重新配置（包括规模经济）。现在我们对这些因素进行简要分析。

1.第一个因素是要素组合质量

城市是由诸生产要素组合形态整合而成的，集约型增长可视为构成城市发展的各种要素的组合优化。从资源配置的角度来看，要素组合的目标，就是要确定怎样的组合结构才能把诸要素结合成合理的关联链，以获得最大的产出和效益。因此，这种组合质量的实践形态实际上就是结构经济。具体体现在要素组合的比例关系上，也表现在要素因集聚程度高低而形成的规模和空间结构上。W.罗斯托指出，一个社会要维持较高的增长速度，就必须克服最初的增长高潮可能带来的结构性危机，它要求这个社会不断地引进新的技术，不断地创新，用新的主导产业来代替已经陈旧的主导产业。而这需要从根本上改变体制结构、社会传统、技术构成以及人们的心理。显然，这一转变是整个城市结构模式的转换与变革。对于城市集约化增长来说，关键在于在调整产业结构的同时，也要求产业在空间上进行置换和调整。如果要素组合结构处于非优化状态，势必难以形成优化的城市整体功能。

2.第二个因素是知识程度的提高

这是城市集约型增长的最根本的基础条件。因为决定集约化增长的诸要素，如制度、技术、物质资本和人力资本等都不过是知识载体而已。广义的知识可分成四类：①物化于资本品中的知识，随着资本品的折旧而消失，随新的资本品的出现而更新。②蕴涵于劳动者的知识，随着劳动者的死亡而消失，并通过教育与模仿部分地转移到下一代身上，其特征是可以随个人的流动而流动。③蕴涵于制度的知识，随制度的延续而积累，随制度的更迭而改变。④可以见诸文字的知识，这包括所有前三类知识的"溢出"。前三类知识属于专门知识，大部分无法交流，而第四类通常表现为一般性知识，是可以广泛交流的。这几类知识总是互相依存、互相促进，并在历史发展中逐步积累的。对于城市增长来说，这四类知识都十分重要，缺一不可。例如，我们看到，一旦城市发展出现对人才的巨大需求，人力资本投资就有利可图，从而促进人力资本投资的增加。人力资本的积累反过来加速知识的获取和积累。知识程度的提高又推动技术进步，使得知识对城市经济增长的贡献，通过新技术运用和新产品开发越来越明显。当然，仅仅增加知识是不够的，知识还应传播，还得应用于实践。知识积累及传播与应用是城市长期增长的最终支撑点，也是集约型增长模式得以实现的基础。

3.第三个因素来自资源的重新配置

城市增长基本上是由两种因素决定的：一是要素投入增加的程度；二是资源重新配置的规模。如果要素投入和资源重新配置能够结合起来，就成为城市增长的主要动力。资源重新配置理论是现代经济学20世纪60年代以来的一个重要发展。这一理论强调国家经济增长与资源再配置密切相关。对于城市增长来说，它对于揭示城市发展过程中劳动力和资金的重新配置作为城市增长的决定因素是非常重要的。在集约型增长模式中，资源重新配置对城市发展影响的一个重要方面就是资源配置在空间上相对集中，这一点突出地体现为城市经济在国民经济中起着主导的作用。各国的经验表明，资源的形成和使用都要以城市经济为背景。近代科学技术的进步发源于城市，资本市场存在于城市，企业的资本运营依赖于城市的市场，所有这一切都会支配资源进一步地向城市集中。因此可以说，城市集约型增长过程实际上就是资源的重新配置过程。

4.第四个因素是集聚规模经济

集聚规模经济意味着由于城市规模的适度扩大而使投入系数减少。在此提出的观点是，在自然资源和资金既定状态下，城市投入产出效益的更高水平是可以通过城市规模经济来达到的。人们普遍认为，大城市人均产出远远超过小城市，表明城市规模与劳动生产率之间实际上存在着某种关系。丹尼逊的研究证明了下列观点："从规模经济获得的收益是劳动生产率的一个重要来源。"他通过对1950—1962年经济发展的分析，估算出与美国经济增长相联系的规模经济对美国经济增长率的贡献较大，超过了所有其他生产要素贡献的10%。应该说，丹尼逊所指的规模经济主要还是企业规模经济，如果考虑到地区化和城市化经济带来的集聚规模利益，那么，这个贡献率肯定要高得多。

二、城市经济集约化增长：质的规定性

与工业和农业相比，城市发展中的"集约化"强调"密集、深化、内涵"，其关键问题仍然是"要素生产率的提高"，也就是提高构成城市系统诸要素的投入产出效益。所不同的是，这种投入产出效益更主要的是体现在生产力的集约化布局与资源的集约化使用的有机结合。这一点是由城市经济的本质所决定的。"一般公认所谓城市经济是以地理上的接近、生产专业化以及财富与技术的集中为特征"（赫希，1973）。因此，城市经济实质上是一种空间经济。从这个意义上说，城市经济增长的"集约化"就意味着城市功能要素在空间上和规模上的集约利用。

当然，城市集约化增长是一个更综合的概念，它是城市质量的反映，包括经济发展水平、城市运转效率、用地结构、生活质量、环境质量、基础设施状况等许多方面。城市的高质量必须是城市系统的全面优化，即城市各种资源要素的时空优化配置和利用。

从上述认识出发，城市集约化增长的基本特征可以归纳为以下几点：

1.要素集聚是城市集约化增长的基础

生产要素具有向最大效益区位推移、集聚的客观趋势，这种寻优推移实质上是资源丰裕度、比较利益、生产边际效益、规模效益等多元化的选择与比较的结果。集聚利益是城市发展的重要推动力。城市，特别是中心城市的功能大小必须以能量的一定程度的集聚为基础。它可分为量的集聚和质的集聚。量的集聚表现为经济门类的增多和经济活动规模的扩大，它以规模经济为基本特征；质的集聚表现为经济门类之间协作、组合程度的提高和经济效益的改善，它以集约经济为基本特征。一个城市如果不以能量的集聚为基础，要发挥经济中心的辐射、传导作用，是根本不可能的。要素集聚不仅使区域经济由分散走向集中，由粗放走向集约，实现了规模经济，展开了经济门类之间的专业化协作，极大地提高了劳动生产率和经济效益，而且还通过要素集聚后所产生的能量的外向释放功能，带动城市和区域产业结构的调整和转移，使资源配置合理化，在新一轮优化的产业结构基础上形成更强大的经济能量。因此可以说，要素的集聚是城市走向协同和集约的基础。

2.结构优化是城市集约化增长的本质

研究结构主义分析理论的 H.钱纳里教授指出，不同发展水平和发展阶段的经济具有不同的经济结构。这说明无论是一个国家还是一个地区或城市，经济发展过程中的不同历史转折时期总要经历一个经济结构转换和主导产业部门置换的过程，这就是结构转换规律。结构转换可以分成空间结构和时间结构来考察。空间结构是相互作用的各种经济关系在空间上形成的一种共时态的结合方式；时间结构主要表现为各种经济或产业转换之间的历史逻辑关系。城市集约化发展是一个过程，即由粗放向集约转变的过程，这个过程也是城市经济结构调整和城市空间结构不断优化的过程。集约化很大程度上依赖于由城市经济结构和空间结构所构

成的城市整体结构的优化水平。城市经济结构与空间结构之间是一个共生体，是相互作用的，二者之间存在着内在的逻辑联系。其中，一种结构的转换势必会带动其他分体结构的变化，一种结构的优化或经济，必然会引起其他分体结构的优化或经济，并使总体结构发生变化，朝着优化或经济方向转换。从我国城市发展的现状出发，生产要素的空间结构优化在城市整体结构优化中具有极其重要的作用，它主宰着城市整体结构，其他分体结构依附于它生存和发展。同时，它的合理化对要素和资源配置的规模、结构、方向的合理化，自始至终起着一种催化剂、助动器的作用。因为资源要素的空间配置是一个资源存量调整与重新配置的过程，它的意义绝不仅仅是空间布局合理化，更深远的意义还在于利用要素结构间的关系，促成城市整体结构，包括产业结构、投资结构、规模结构、技术结构等的根本转换。一个富有效率和效益的城市整体结构与集约型增长模式相适应，才能保证城市持续稳步向前发展。

3.配置效率是城市集约化增长的核心

集约化强调城市运行的质量和效益，其中，集中体现在城市经济运行中的资源配置效率上。传统的经济理论最初将经济资源分为土地、劳动和资本三种类型，并认为上述三种资源的总量和相对比例关系，决定一国的实际经济规模和在国际分工中的比较优势。然而，随着现代科学技术的进步，20世纪60年代以来经济学理论对经济资源的认识开始出现了重大的变化，其中最突出的一点是制度、知识、信息和科学技术作为一种重要的生产资源或投入要素得到了广泛承认。对于这些可供利用的资源，我们认为可以从另一种角度来进行划分：传统上被高度关注和开发利用的主要是实物形态的经济资源，它们能看得见摸得着，可简称为有形资源。而现代经济生活中人们更多地重视的是本身没有独立形态的，不容易直观地把握的资源，即无形资源。无形资源是社会经济运行过程中发挥作用的除有形资源之外的各种经济要素。如果从资源配置即无形资源和有形资源相对作用来分析，城市集约型增长同粗放型增长的差异主要就在于：粗放型增长以实物性资源的数量扩张作为城市产出总量增长的基本推动因素，在整个城市经济运行中，有形资源发挥着支配性作用，无形资源总体上只是起着补充性作用；而集约型增长则将无形资源的有效利用作为提高城市产出总量的关键所在。因此，在城市发展过程中，有形资源向第二、三产业相对集中，总是需要有密集的无形资源来发挥作用，并且依赖于对无形资源的开发来提高产出的质量和效率。从资源的空间配置上看，当无形资源在经济运行中发挥着主导作用的时候，它会支配着有形资源进一步向城市集中。

由此可见，无形资源对城市资源配置有激活效应，使资源配置效率得到提高。城市增长和发展的关键是效益，这个效益通过效率的途径才能达到，而资源配置效率尤其是城市无形资源配置效率是集约型经济增长的核心，这是我们的基本论点。

4.持续发展是城市集约化增长的目标

城市持续发展是指在一定的时空尺度上,以长期持续的城市增长及结构进化为目标,实现城市社会、经济、生态系统协调有序、良性循环。就宏观而言,城市持续发展是指一个地区的城市在数量上的持续增长和规模结构上的协调发展,最终实现城乡一体化;就微观而言,城市持续发展是指城市在规模(人口、用地、生产)、结构、功能等方面的持续变化与扩大,以实现城市结构的持续性转换。总而言之,城市持续发展是城市数量、规模和结构由小到大、由低级到高级、由不协调到协调、由非可持续到可持续的变化过程。对城市系统发展来说,城市持续发展是指城市系统的发展过程受到某种干扰时,具备的一种通过自身改造不断保持其组织机能的优化能力,是以稳定性和协调性为必要条件的动态变化过程。

城市持续发展与集约化增长的关系表现在以下两个方面:第一,集约化增长是城市可持续发展的基础和内在要求。如前所述,粗放型城市发展过分依赖对资源的粗放利用,即资源的投入单纯地以量的扩张为特征。粗放型城市发展潜藏着危机,因为城市的物质容量有限、资源有限,这种城市增长方式必然阻碍城市的持续、健康发展。而集约化增长表现在资源配置状况的效率改善、规模节约和知识进展(包括技术进步)等方面,它是以资源的有效利用和提高城市质量为特征的。因此,集约化增长本质上与城市持续发展是一致的,而且它构成了城市持续发展的基础和内在要求。第二,持续发展是城市集约化增长的关键和最终目标。我们说集约化,当然不是为集约而集约,其目的是城市持续、稳定、健康地增长和发展。城市持续发展是建立在集约化增长之上的。城市持续发展作为一种发展观和行为准则,是集约化增长的一个总的努力方向。

三、城市经济集约化增长:量的规定性

究竟什么样的城市经济增长才可称得上"集约化"?显然,回答这个问题,必须有一整套评价和测定城市集约化增长的指标体系。然而,现实中,存在着两方面的困难使得这种指标设计显得非常复杂:一是城市集约化增长的动态性,即集约化增长是一个动态的转变过程,在不同的发展阶段城市集约化增长面临的问题和目标可能不同,因而也会产生不同的数量特征和质量特征。测定指标应该用统一的标准反映城市发展不同时期的不同特征。二是城市集约化增长内涵的广泛性,即集约化增长的内容既包括量态变化,也包括质态变化,集约化增长的内容过于广泛,决定了其目标的多元性及度量指标的复杂性。

城市集约化增长的综合评价,应该较好地反映它的质的规定性,并便于将集约化概念实际应用到政策制定和政策评价中去。因此我们认为,指标设计应该遵循全面性、相关性、动态性和可比较性的原则。全面性是指测定指标体系应全面涵盖城市集约化增长目标的内涵,集约发展的量态特征和质态特征、时间特征和空间特征都应在指标体系中得到反映。这就要求必须形成一个多目标、多层次的指标体系来包容集约化增长的主要方面。相关性是指各项指标要有内在联系,而

不应该是单项指标的简单相加。为避免指标堆砌、交叉重复，要对一般指标进行取舍，尽可能地选择最能突出地表现集约化增长特征的指标。动态性是指测定指标体系不应该是一个固定的模式，要以能够正确反映不同阶段城市发展规律和具体特征为出发点，来进行适当的调整，以适应客观环境的动态变化。可比较性是指所选取的指标应能易于进行地区间和国家间的比较，易于在一定时间跨度上进行自身的发展对比。

现行用于测度的指标种类繁多，要想从中选择评价城市集约化增长的几项指标，并使它们符合上述四项原则，是一件极难的工作。一个可行的办法是从城市集约化增长的内涵和本质出发，即从集约化增长的质的规定性出发，因为这些特征也是决定集约化增长的主要因素。如前所述，我们将城市集约化增长的基本因素或特征规定为空间因素、结构因素、效率因素和生态因素等几个方面。我们认为，应该将反映这些因素变化的指标综合起来构造一个体系，以反映城市发展的集约程度，即集约度。

集约度是用来衡量城市集约化增长水平的综合指标。集约度是对城市系统结构、功能及运行效率的总体认识。测定集约度，需要选择描述性指标和评估性指标，使其在时间尺度上反映城市系统的发展速度和变化趋势，在空间尺度上反映整体布局和结构特征，在数量上反映其总体发展规模，在质量上反映城市质量和功能及现代化水平。这里将示例性地探讨一下指标的构成，并对部分指标做出大致的描述和分析，目的是把若干个相互联系，从不同角度、不同侧面反映城市增长集约程度的指标连接在一起，以对城市集约化的数量关系及质态变化进行评价和判断。

1. 集聚规模节约

要素集聚规模的经济性或带来的节约是综合要素生产率提高的途径之一，也是影响集约发展的重要因素。只有先衡量城市经济总量的规模，才能谈及城市增长的优劣程度。

反映集聚规模节约的一个总量指标是集聚经济贡献率。对集聚规模经济贡献率的测量，经济学家们曾做过有益的探索：一种方法就是在生产函数分析框架内测量集聚规模的经济性。城市集聚与经济增长公式是：

$$Q = g(A) f(K, L) t^h \tag{3.47}$$

式中，Q、K 和 L 分别表示产出、资本和劳动力；A 表示城市间或产业间劳动生产率的差异。如果采用时间序列数据，t 为时间，h 为递增规模报酬。当 $h=1$ 时，生产函数在城市间是相同的。$g(A)$ 表示集聚经济在城市或产业之间的差异。

这种方法引起了对城市制造业规模经济的一些有意义的研究，但是，没有显示城市化经济的性质，而 Henderson 和 Segal 等人的研究更进了一步。Henderson（1988）用计量经济模型来预测地区化及城市化经济，他考察了在劳动生产率一定的条件下，集聚经济与工业及城市规模变化的关系。假设关系式如下：

$$Q=(k, e, q, N) \tag{3.48}$$

式中，Q表示某一产业部门中的职工的人均产出；k表示职工人均资本设备量；e表示职工的受教育程度（劳动技巧与生产率的度量）；q表示这一产业部门的总产出；N表示城市或城市地区的总人口数。人均产出会随着人均资本量及职工受教育程度的提高而提高，如果存在地区化经济，那么人均产出会随着q的提高而提高；如果存在城市化经济，人均产出会随着N的提高而提高。统计分析可用于衡量q的变化对人均产出的独立影响，也可衡量N的变化对人均产出的独立影响，即城市规模变化对劳动生产率的影响。Segal（1976）的研究证明，大城市（超过200万人口）的生产率要比小城市高8%，可以认为，这就是由集聚规模带来的经济收益。

2.结构优化水平

结构优化水平首先体现在结构效益上。一个能够综合考虑结构经济效益的指标是综合结构效益指数。它的特点是将技术进步与产业结构分析相结合，不仅反映各产业的技术进步状况，而且反映在技术进步方面，产业结构的状况是否良好。通过这项指标，可以一目了然地看出整个城市经济结构的效益是好还是坏，是逐年上升还是下降，因而是评价集约化增长的重要指标之一，该项指标的公式为：

$$Z = \sum_{i=1}^{n} W_i T_i - T \tag{3.49}$$

式中，Z为结构综合效益指数；W为权数；i为产业部门编号；n为产业部门总数。另外，T_i和T是某项反映技术进步的综合指标，如劳动/资金产出率、科技进步贡献率等。其中，使用劳动资金产值率尤为方便，其公式为：

$$T_i = \frac{Y_i^2}{K_i L_i} \tag{3.50}$$

式中，Y、K和L分别代表第i个部门的总产值、资金总额和劳动力人数。把它们用于分析城市产业结构指标的公式中，能把技术进步的因素融合到产业结构的分析中去。当然，还可以用整个城市系统的经济总量计算出T。在正常情况下，指标Z的值应该是大于零的。在一段历史时期的分析中，如果该值趋于上升，说明产业结构趋于合理化，结构的调整对经济效益的提高起到了好的作用；反之，则反映结构调整中可能存在一些问题。

3.资源利用效率

对城市系统效率高低的评判应以资源的系统最优利用为标准。资源的系统最优利用是城市系统综合考虑科技进步所带来的效率潜力后，而采取的有形资源利用和无形资源利用的最优组合。

如果用投入转化为产出的效率来描述城市系统的资源利用水平，借用生产力水平的定义，则有：

$$L = \frac{O}{I} \times 100\% \tag{3.51}$$

式中，城市/产业系统正常运行中单位时段的投入为I，产出为O。因为集约发展，关键的问题是"要素生产率"的提高，提高产出量对投入量之比，即提高投入产出效益。那么，在此基础上，我们可以得到城市/产业系统的资源利用效率的几个重要评估指标。其中，反映投资集约化程度的一个重要指标是资本投入产出率。该指标在西方经济学中，常用"资本投入-产出比率"来表示，如以 K 表示资本投入量，G 表示产出量，则资本投入-产出比率为 $\dfrac{G}{K}$，$\dfrac{G}{K}$ 的倒数为 $\dfrac{K}{G}$，即每单位资本投入的产出量，可称"资本投入效率"，提高资本投入产出率，就是提高资本投入效率。

与资本投入产出率密切联系的是劳动投入产出率。劳动投入产出率是每单位劳动的产出量，即"劳动投入-产出率"，或通常所说的劳动生产率，它是从活劳动的角度来考察集约发展程度的。

需要指出的是，在传统增长理论中，投入产出效益是以资本或劳动投入量和技术进步相分离为假设的。它将影响经济增长率的因素分解为劳动、资本和技术进步三个主要方面，并分析各自对经济增长的贡献。实际上，在集约化增长条件下，资本或劳动投入量的增加往往是与无形资源的开发利用（包括技术进步）相结合的。而城市集约化增长更强调对无形资源的开发利用，因此无形资源利用效率自然也应该包括在资源利用效率指标之中。

另一个衡量资源利用效率的重要指标是能源有效利用率。这一指标是国内生产总值与能源消耗的比率，其中能源消耗是指城市用于各种消费的一次性能源。该指标的数值高低，反映了能源有效利用的程度，比值越大，表明能源产出率越高，能源越能得到有效利用，经济效益越好。这一指标也可表述成每万元国内生产总值消耗的能源，其数值越小，反映产出效益的水平越高。

土地是城市中最稀缺的资源之一，城市土地利用效率也是城市集约化增长的最主要的特征指标之一。城市土地利用效率可分为宏观的结构效率和微观的边际效率两个层次。结构效率用以衡量城市或区域的土地利用优化水平，它主要由城市各类土地的配置合理程度、基础设施水平和城市建设与开发的容量控制标准来体现。边际效率用以衡量局部地段的土地利用效率，它主要取决于土地使用方式，即土地使用的用途和开发强度。

4.增长的持续性

增长的持续性是评价城市集约化增长的一个重要指标。关于持续性的概念已有很多不尽相同的解释，在不同学科范围内也以多种方式应用持续性这个概念。如达斯曼用这个词来表示基本需求的满足、自我依赖和生态持续性；在农业系统的分析中，阿尔提瑞把持续性定义为地力的可恢复性、环境的健全性、经济上的合理性和社会可接受性。应用最广泛的持续性概念是道格拉斯提出的三重定义，即环境重要性、食物充足性和社会公平性。布朗等人的思想与此类似，提法为生态持续性、社会持续性和经济持续性。在研究城市发展时，布朗的定义与我国学者将城市系统视为经济、社会和环境的人工复合系统的三维分析框架基本一致，在此，我们将其作为评价城市集约化增长的三套要素来加以考察。对城市经济增长来说，要达到持续性的目标，其充要条件就是做到社会、经济、生态系统之间的协调。因此，考察城市发展状况是否符合可持续发展的要求，必须考察城市三个系统是否达到了协调发展。这样，城市持续增长能力的度量就落在了对城市三个子系统的相互协调度的衡量上。

为进一步简化，我们引入一个"协调系数"的概念。其计算公式是：

$$a=\frac{r}{g} \tag{3.52}$$

$$b=\frac{r}{s} \tag{3.53}$$

式中，r为污染物排放量年平均增长率；g为经济系统某量值年平均增长率；s为社会系统某量值年平均增长率。

根据这些公式，我们可以得到若干个反映城市三大系统间协调程度的指标。其中比较重要的有，水环境协调系数、大气环境协调系数、工业环境协调系数、人口环境协调系数等。

根据其物理意义，可能出现的情况是：a>1，极不协调型；a=1，不协调型；0<a<1，基本协调型；a=0，中等协调型；a<0，协调型。协调程度越高，说明集约发展能力越强；反之，则集约发展能力越弱。

5.知识的进展

新增长理论认为，知识积累、技术创新及专业化人力资本是经济长期增长的动力。从资源利用的角度看，这三个方面的因素都属于无形资源。在以往的分析中，劳动者素质、技术创新、规模经济和人力资本投资等都包括在广义的科技进步之中，称全要素生产率，并以此来分析和判断增长方式的类型。应该说这对于宏观经济分析是很有用的。但对于城市集约发展的研究来说，为了揭示知识经济与集约发展的关系，我们认为，应该将那些真正影响城市发展的"知识因素"，从广泛的技术进步中剥离出来，以便更详细地考察知识进步对于城市发展的推动作用。

我们知道，知识经济与传统的资源型经济相比，它更强调在经济发展中对智力资源的占有和配置。其中，知识、智力、无形资产的投入起决定性作用，创新是知识经济的灵魂。因此，知识经济对劳动者素质提出了更高的要求。

在城市经济增长中，提高人的素质是城市能否成为真正现代化城市的关键。劳动者作为城市经济增长中的最重要的智力资源，其积极性和能力素质状况也就成为评价城市集约化增长的一个综合性指标。

为了揭示劳动者素质与集约发展的关系，我国学者王佳元等人将劳动力素质系数引入柯布-道格拉斯生产函数，给出了一个包含劳动力素质系数的增长模型：

$$G=TK^{\alpha}(ZL)^{\beta} \tag{3.54}$$

即：

$$G=TK^{\alpha}(Z_1Z_2L)^{\beta} \tag{3.55}$$

式中，G 为产出；T 为技术进步水平；K 为投入的资本；L 为投入的劳动力人数；α 为资金产出弹性系数；β 为劳动产出弹性系数；Z 为劳动力素质系数；Z_1 为劳动力能力素质系数；Z_2 为劳动力积极性系数。

上述分析说明，劳动力素质提高所实现的经济增长是集约型增长，而且，劳动力素质提高可以节约资本投入，大大提高劳动生产率。

与劳动力素质直接相联系的一个指标是人力资本生产率。事实上，劳动力素质的提高就是教育、医疗保健等人力投资在劳动者身上的凝固。舒尔茨把这种投资称为人力资本。人力资本生产率指人力资本数量的增长和质量的改善引起的生产率的增长。它可以反映城市用于教育、医疗保健等人力资本投资对城市经济增长的贡献程度。人力资本作为一种投资是有收益的。据国外经济学家估计，一个具有小学文化程度的劳动者，可以提高劳动生产率43%；一个具有中学文化程度的劳动者，可提高劳动生产率108%；一个具有大学文化水平的劳动者，可提高劳动生产率300%。世界银行进行的一项研究表明，劳动力受教育的平均时间每增加一年，GDP 会增加9%。这是指头三年的教育，即受三年教育与不受三年教育相比，能使 GDP 提高27%。

当然，除了劳动力素质或人力资本生产率外，还有很多反映知识进展的指标，如科技进步贡献率、高新技术产业化率、新产品产值率、技术改造投资占全部投资的比重等，尤其是高新技术产业化率指标，它可以从高新技术产业的发展进程、工业结构的高度化程度，以及高科技商品化、产业化的角度，来考察城市经济向集约化转变的状态。

第四节　城市经济增长政策

上述城市经济增长模型和机制理论在实践方面的一个重要价值是为城市管理者制定发展政策提供重要的理论依据。本节将引导大家深入讨论城市经济增长作为一个价值判断问题，其增长方向、增长速度以及增长结构应当如何确定？一项城市经济增长政策，是否已经考虑清楚了它的最终目的？它们是否能够得到城市经济学理论的支持？回答这些问题，要研究城市经济增长的模式和相应的调节政策。

一、城市经济增长的目标模式

城市经济学家们在制定城市经济增长政策时一般追求两个目标：资源配置的帕累托最优与社会福利的公平化。

（一）资源配置的帕累托最优

主流城市经济学家普遍认为，帕累托最优是用来衡量城市范围内的资源是否实现了优化配置的重要标准，大多数城市经济发展政策都是要努力让现有的城市资源配置趋向于帕累托最优的水平。帕累托最优效率是这样一种状态：当前整个经济体系中每个经济主体的社会福利在现有条件下，已经达到最佳状态，不能再做任何改善了，任何改变都会降低某些人的福利。

　　假设在一个只有一个城市的社会里，城市政府要对有限的城市资源做两种性质不同的分配：用于当前扩建城市的投资和用于研究城市环境保护以实现城市的可持续发展。前者是当期的生产行为，后者是长期的投资行为。现在假设城市政府每年研制的环境保护措施能够使未来每一年都能持续获得 Δx 的城市产出。而这样做的机会成本是，如果用环保的费用去扩建城市，可以获得 ΔX 的当期产出。所以，城市的报酬率是 $\Delta x/\Delta X$，图3-4中的XX线清楚地表明了这个跨期替代的过程。

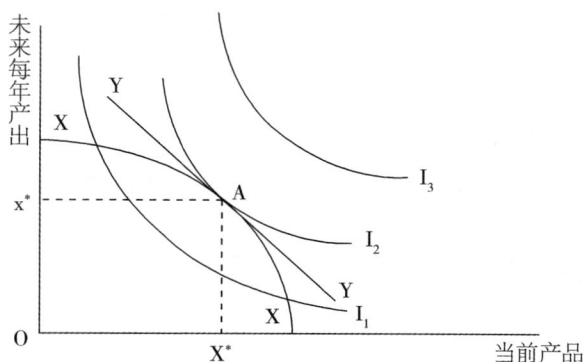

图 3-4　城市生产的帕累托最优分析

　　为了讨论城市的消费，我们把城市的效用函数定义为：

$$U=U（X，x）\tag{3.56}$$

　　式中，X 为当期产出；x 为未来的产出。在图3-4中，XX线表明了城市的资源潜力。I_1、I_2、I_3 曲线从城市的生产主体看，是一组效用曲线或福利函数，根据生产者行为理论，城市必然选择A点来确定其生产行为，以使资源的利用达到最大效率；而从消费主体看，则是一组无差异曲线簇，根据消费者行为理论，城市将会选择A点来确定其消费行为，因为这个决策可以使得城市的投资报酬率（生产的边际替代率）$\Delta x/\Delta X$ 为最高的那个无差异曲线切线（图3-4中的YY线）的斜率，从而实现有效率的城市投资活动。

　　如果把这个单个城市经济拓展到整个城市体系的市场经济的情况，那么，城市现在不再是自给自足的独立经济单位，城市把自己的产品拿到市场上去出售以获得收入，并进一步用所获收入去购买其他产品。这时，城市的最优行为将遵循 $\Delta z/\Delta Z=MRS$ 的原则，z 是放弃当期收入 Z 后所获的持续性未来收入，MRS 是城市效用函数的边际替代率。对市场中众多的生产者而言，他们都要面临同样的选择，即如何将资源或时间合理配置在投资将来或者生产当期就能被消费掉的产品。在此基础上，他们还要决定需要使用多少当期收入来消费，进而可以把多余的钱借给那些愿意牺牲当期消费并投资未来的人。所以，就需要在借贷市场上融通资金。在这个市场上，拥有良好投资机会的生产者愿意为得到投资所需的资金而支付利息。利息率越高，他们对借贷资金的需求DD就越小；相反，借贷资金的供给SS是利息率的增函数，两者相交于 B 点，从而决定了均衡的利息率水平和货币借贷量 m^*。这样，城市可以把部分收入用于投资并获得持续的回报 $\Delta z/\Delta Z$，或者把它借出去以获得利息 r^*，这意味着：$\Delta z/\Delta Z=r^*=MRS$。换句话说，城市投资的未来回报必须等于其在借贷市场所能得到的利息。在这个均衡条件下，每个人具有相同的收入边际替代率，它们在数值上等于市场利息率。可见，完全竞争市场经济使得每个人投资的未来收益和当期收入的边际替代率完全相同，所以除非某些人的福利下降，否则我们找不到其他方法来提高社会中另外一些人的福利，因此实现了资源配置的帕累托最优。当然，我们知道，完全竞争市场经济配置资源的结果往往会因为如下几方面条件的影响而出现低效率：垄断、公共产品、外部性和信息的不对称。所以从这个意义上说，将帕累托最优效率设立为城市经济增长的目标模式，也就是要努力改善这几方面的低效率情况。

（二）社会福利的公平化

城市经济学家在强调经济增长的同时，也提出了衡量社会福利水平的各种方法，因为良好的经济增长必须实现社会的公平，才具有社会意义；增长的收益只为部分人所得，不能为全体城市居民造福，不能说实现了城市经济增长的目的。

假设城市社会由 n 个人组成，U 是每个人的效用，社会福利函数可以被定义为：

$$S=S（U_1，U_2，U_3，\cdots，U_n）\tag{3.57}$$

社会福利函数的具体公式有多种，根据福利经济学的分析，帕累托最优只是社会福利最大化的必要条件，社会福利最大化的充分条件依托于不同社会福利的价值标准。例如庇古标准、卡尔多-希克斯的补偿检验法则标准、西托夫斯基的补偿检验标准、李特尔标准等。一种考虑权重的社会福利函数反映了对各个社会层次的人们的社会福利的不同要求，即：

$$S=b_1U_1+b_2U_2+b_3U_3+\cdots+b_nU_n\tag{3.58}$$

但是，城市经济学家认为，合理的社会福利函数必须依赖于那些福利最低的人的处境得到改善，例如罗尔斯（Rawls，1971）认为：

$$T（U_1，U_2，\cdots，U_k）=min（U_1，U_2，\cdots，U_k）\tag{3.59}$$

罗尔斯设想社会中的每个成员都会对某个状态产生一致的意见。这个状态指的是社会中的每个人不需要特殊的知识就达成共识，而社会中的理性人不会预先赞同一个将会使其利益受损从而提升他人利益的社会福利函数。相反，他们会根据最坏情况排列的最大化来进行选择，当然这种行为主要适合于那些风险规避型的人。这里，需要注意的是，在罗尔斯主义的模型框架下，社会契约并没有要求每个人的最终福利完全相同，而是强调要在最大化原理的基础上实现每个人权利和机会的等同化。米尔（Mier，1993）把罗尔斯的思想引入了对城市经济发展的研究中，同时，作为城市发展的规划者，他努力把城市发展政策的核心思想定位为"帮助那些福利最低下的人"并取得了成功。

综上所述，城市经济增长的目标既要在当前消费和未来投资的权衡中体现资源配置的效率，又要在满足最大多数人的需要上体现社会福利。这一目标的实现，无法完全依赖自由市场机制，需要城市政府的经济增长政策。

二、城市经济增长政策

城市经济增长政策是使城市经济围绕城市经济增长目标而实现城市经济增长的管理手段，它对城市经济的增长效果有重要的影响。推动城市经济增长的政策方法有很多，这里从产业政策、要素投入和收益政策、公共环境政策三个方面介绍城市经济增长的推动政策。

（一）城市输出部门和地方化部门的产业政策

从前面介绍的城市基础部门模型和凯恩斯乘数增长模型中，我们了解到城市输出部门是城市经济增长的重要源泉。因此，城市发展政策的决策者应该努力寻找到那些具有发展潜力的城市输出产品的生产部门，并为这些部门的发展制定产业政策。推动城市经济增长的产业政策，其制定工作主要有如下内容：

（1）确定城市基础部门。城市基础部门的经济特征一般表现在：①输出产品的产值占本市总产出的比重很大；②较多地采用本地投入品，增长乘数高；③较高的边际输入倾向转化为输出产品；④在全国具有较高的收入弹性。城市增长政策制定者要搜集足够的资料研究哪些产业具有这样的特征。这可以通过城市基础部门模型、乘数增长模型和投入产出模型来进行分析。

（2）制定扶持城市基础部门的产业政策。确定了城市基础部门，然后要研究采用哪些政策措施扶持其迅速发展，以带动城市经济的高速增长。从城市政府的角度看，要在国家总体产业政策的指导下，确定本市的产业政策重点，通过地方财政税收政策、信贷政策、资源政策及收益政策等扶持城市基础部门的发展。

（3）发展城市地方化部门的政策。地方化部门是城市经济增长的重要依托力量，它的作用主要在于：①为城市基础部门提供中间产品；②为城市的各种生产活动提供配套产品和生产性服务；③为城市居民提供各种生活性、发展性和享受性的服务。使本地的一般需求尽可能实现地方化，是现代经济发展的特点之一，因此，城市政府要努力扶持地区的本地化，可以在税收、信贷、资源和收益等政策上采取有针对性的政策措施，发展本地产业。

（4）培育产业集群。产业集群现象在城市地区往往是由城市基础部门的发展吸引它的上游和下游的生产过程，以及集聚经济原因形成的本行业规模的扩大而导致的经济现象。它是现代区域性发展的主要原因。城市经济要发展，没有一个产业集群的过程是不可能的。因此，城市政府应当根据本地条件，积极培育产业集群，其主要做法是：①积极促成本地主导产业的中间产品的本地化，实现其与上游产品的产业链。主导产业不是指支柱产业，是指有较高的收入弹性、生产率上升率和产业关联的发展性产业。发展主导产业和其中间产品投入是形成产业集聚的基本途径。②以优惠措施吸引城市域外与本城市基础部门类同的产业进入本市，以壮大本地基础产业规模，形成产业集群。③支持本地的各种技术进步和新产品的开发，以核心性产品的开发牵出系列产品群，实现创新性产业集群。这些做法，需要配合以各项经济优惠政策。

（二）城市经济增长的要素投入和收益政策

城市经济增长依存于要素的投入和投入的积极性：一是要素在城市经济中的主要内容包括劳动、资本、技术进步、企业家精神等；二是要素投入的积极性与要素的报酬政策密切相关。

（1）城市劳动力投入及其报酬政策。在劳动生产率一定的情况下，劳动力持续稳定的增长是城市经济增长的重要动力。而城市劳动力供给的基本来源之一是外部劳动力的流入。现在很多研究表明，更大的劳动力转移将会促使城市对劳动力需求的进一步提升，从而促使更多的劳动力流入该地区。所以，城市政府应制定促使劳动力合理流动和充分利用的政策。例如，防止劳动力歧视政策、同工同酬保证政策、最低工资政策等，使城市经常性地保持吸收就业的经济增长的活力。同时，政府提供劳动力的公共培训，以便最大限度地提高劳动者的人力资本，使城市经济增长能够得到素质不断提高的劳动者。

（2）城市资本投入及其报酬政策。持续的资本投入是支撑城市经济长期增长的重要条件。根据我国的情况，城市政府一般应考虑如下一些资本利用和开发的政策：①积极采取提高私人投资形成水平的政策措施。目前很多发展中国家都存在着私人资本总体投入不足的情况，并且在地方范围内的私人资本投资往往没有得到充分利用。为此，城市政府应当通过制定各项政策来引导私人资本流向那些资本利用率更高的部门。例如，政府的税收减免、投资补助及对中小企业的扶助计划都会对地方经济增长产生显著影响。这里，城市政府的地方官员需要全面理解私人投资的重要性，特别是要注意研究私人投资对当地经济长期发展的影响。②充分实现中央政府和地方政府对公共产品投资的政策。对公共产品进行投资，是政府部门责无旁贷的决策权力和社会义务。例如，政府往往大量投资于城市大型机场、高速公路和运输管道等，为了实现对现有投资存量的维护，城市政府也必须投入相当规模的资金。所以，城市政府的一个重要工作是在众多的大规模投资项目中，寻找到那些社会公益性强和回报率最高的项目。③完善城市资金市场，广泛利用社会闲散资金从事城市建设。这里最主要的是疏通城市融资渠道，保证社会资金的市场流通，能够使投资人安全地获得市场收益，以便能够吸引更多的资金，并提高资金的使用效率。这部分详细内容请参看第十三章。

（3）城市经济增长的技术进步政策。技术进步具有多样化的形式：新的改进型产品的出现、更好的生产工艺及新技术扩散到更多的生产部门等。它是促进城市经济增长的根本性机制。为此，城市政府应积极实施促进城市技术进步的经济政策：①知识创新政策。很多发达国家在快速城市化过程中，城市政府往往制定大量政策来鼓励技术进步。它们为高校和研究机构的很多基础性和应用性研究提供各类资金支持，这是获得城市经济增长的重要源泉。②中小企业技术进步政策。城市中小企业技术开发能力薄弱，需要城市政府的扶持。由于这些企业往往在城市经济增长中具有重要的作用，为此城市政府应尽可能鼓励和帮助他们采用先进的新技术开展生产，从而需要一些政策扶持，如优惠技术贷款、提供公共实验室、一般技术的公共供给等。③技术开发和生产关联政策。技术的开发过程往往和本地区的重要产业发展有紧密的联系，美国的一些实证研究结果表明，高校研发中心的发展和美国6个部门的地方化增长呈现显著的正相关关系。因此，城市地方政府应订立一些重要的技术开发和生产关联政策支持本地区的技术开发和经济增长。

（4）城市发展创新和企业家精神政策。城市内部有活力的新兴产业发展需要富有创新精神的企业家和他们开展风险投资的行为。因此，可以把企业家精神看作是一种发现市场中的机会并借助开办企业的方式来抓住这个机会的能力。为此，城市政府应制定鼓励创业的政策，采用一些降低和分散投资风险的政策措施。

（三）城市经济增长的公共环境政策

城市经济增长的公共环境是指城市的自然环境、文化和公共产品（或者统称为"社会适宜度"）供给的状态，它是决定一个城市经济增长的重要因素。随着技术的进步，生产摆脱了以往的资源、地理、气候、运输等约束条件，很多工业企业的选址都逐步摆脱了传统意义上的资源、中间投入品或市场导向，转而关注企业发展的社会环境。拥有一个比较理想的"社会适宜度"的城市可以让该地区的企业更容易雇到有能力的劳动力。但是，到目前为止，很少有实证研究确切地估计不同的社会适宜程度对当地经济增长的影响。从我国的情况来看，完善城市经济增长的公共服务环境是当前城市发展的重要方面。为此，城市政府可以采取如下一些政策：

1.城市投资环境的建设

城市投资环境包括多种内容，主要指投资的硬环境和软环境。硬环境是指城市的资源、自然环境及基础设施和服务的功能状态。每一个城市都有其区位特点，城市政府应充分发挥本地硬环境的潜力，结合本地环境状况进行基础设施建设和提供优质的基础设施服务。软环境主要是指城市的市场发育水平和政府公共服务的水平。城市市场发育水平将直接影响从事商务活动的效率，特别是要素市场的水平，直接影响投资者的决策。为此，城市政府应不断地完善市场建设，保证要素市场的功能；城市政府公共服务的水平也是影响投资者决策的重要因素，为此提高政府自身建设将对城市经济增长有重要的促进作用。

2.商业孵化环境的建设

商业孵化环境是指适宜创新发展的社会环境。目前世界各地很多城市政府都在利用各种措施来营造一种催生有能力企业家的商业孵化氛围。商业孵化氛围有多种形式。在多数情况下，一些高校通过直接兴办技术和商业开发区来促使新技术或商务活动的发展。这种方法的目的是借助学校的研究人员的力量更快地把技术和科学发现转化为市场化的产品。现在，有关技术和商业开发区的案例研究非常之多，但对于一个成功的商业孵化基地背后究竟是由哪些因素决定的，还是当前城市经济中需要深入探讨的问题。城市政府可以在这方面的建设中不断地总结经验。

3. 城市经济增长的公共服务政策

城市经济增长需要大量的公共服务，如供水、供电、通信等公共企业服务和办理各种手续的政府服务。这些服务过去在我国一直是由政府直接提供，随着市场机制的完善，这些功能可以逐步地过渡到民间的公共企业和各种中介咨询经营的方式。政府则主要以法律为依据对这些活动实行监督管理。为此，要实施一些旨在提高效率的、促进城市经济增长的民间公共供给政策。

➡ 练习与问题讨论

1. 城市经济增长与一般经济增长的区别是什么？为什么强调城市经济增长与一般经济增长存在的差别性？

2. 现行评判城市经济绩效的指标体系基本上是以GDP为中心的。而城市经济增长的驱动力通常被定义为"三驾马车"：投资+消费+出口。城市经济增长指标体系就是基于这三个方面展开的。

（1）这样的评价城市经济增长的指标体系有什么问题？

（2）作为一个城市来说，提出经济增长要从投资驱动转向消费驱动的政策导向，对吗？如果这个提法成立，需要具备怎样的条件？

（3）修改以GDP为中心的指标测量体系。试着提出一个城市经济增长测度的新指标体系。

3. 表3-3是某城市各生产要素对经济增长的贡献测算情况。

表3-3　　　　　某城市各生产要素对经济增长的贡献测算情况

时期	GDP年均增长率（%）	资本年均增长率（%）	劳动年均增长率（%）	资本增长的贡献率（%）	劳动增长的贡献率（%）	全要素生产率贡献率（%）
1978—1990年	10.43	11.99	51.73	20.37	12.50	35.72
1991—2000年	8.04	8.33	5.26	46.62	35.98	37.39
2001—2010年	15.23	14.96	-2.18	44.20	-7.87	63.67

（1）仔细观察这张表格，看看该城市各种生产要素对经济增长的贡献有怎样的变化趋势。

（2）这种变化趋势说明了什么？全要素生产率贡献率的提高意味着什么？

（3）从各种生产要素贡献率出发，集约型经济增长的含义是什么？集约型经济增长涉及哪些因素？

4. 在一些地方某些污染密集型产业（也称为最"脏"的产业）如果属于城市主导产业范围，或对地方增长贡献较大，城市政府对此也常常采取保护的态度。怎么解释地方政府决策者的这种行为？为什么城市粗放型增长模式转为城市集约型增长模式如此之难？

5.对于制定促进城市经济增长的产业政策，你有什么建议？请分析一个具体的城市，说明产业政策对城市经济增长的作用。

资料链接3-1

"粗放"与"集约"的
概念辨析

资料链接3-2

几种城市经济增长模式

资料链接3-3

经济增长与经济
发展的关系

第四章　城市规模

城市化进程所形成的大大小小的城市，构成了城市体系和城市区域。那么，从单个城市来看，城市会形成和应当形成多大规模，能够获得规模经济；从一个区域来说，会形成和应当具有多少大城市、中城市和小城市所构成的城市体系，能够获得整个区域的规模经济？哪些因素影响和决定了城市规模？城市规模的分布有没有规律性？而政府应当制定怎样的城市规模政策？这些都是关系到城市化效益的重要问题，它对于后发国家的城市化进程有重要指导意义。本章将讨论这些内容。

第一节　城市规模经济与适度规模

一、城市规模问题溯源

城市规模表现在人口和用地两个方面，两者之比可用城市人口密度或人均占地面积来反映。一般来说，城市的用地规模与人口规模成正相关关系，但是，不同地区的城市，同样的人口规模，用地规模差异很大。由于城市的社会、经济问题主要是在人口规模上表现出来，因此，通常用城市人口规模来表示城市规模。

最初的城市人口数量比较少，大城市也较少。公元1世纪的罗马城，人口达到了35万，人口密度为2.5万人/平方公里，就是世界性的巨大城市了。产业革命之后，社会生产力迅速发展，交通运输更加发达，经济型城市逐渐形成，原有的政治、宗教和军事型城市逐渐融入经济因素形成综合型城市，使得城市规模逐渐扩大，全世界进入一个城市化的时代。这个时代中，出现了大大小小的规模不等的城市，它们或者是沿江沿海的新兴商贸城市，或者是铁路、公路、港口的交通枢纽城市，或者是劳动者密集的工业加工城市，或者是濒临矿区、油田、森林等资源地的某种资源型城市等等。在这些城市的形成中，有的城市逐渐演变成巨大的综合型城市，有的成为规模差距巨大的工商业专业化城市，还有一些宜人居住的风景旅游文化城市和政治经济文化中心城市，其所容纳的人数不等。

这种城市化过程，在第二次世界大战后的发展中国家，问题表现得十分突出。由于发展中国家存在大量的农村人口，随着经济发展，进入了一个城市化快速发展的时期，诸如墨西哥城等特大城市，已经而且正在继续出现。由于发展过度，这些城市产生了严重的"城市病"，于是在理论界出现了要不要对城市化速度进行控制的争论。这种争论实际上是发展中国家要走什么样的城市化道路的问题。于是，对于形成什么样的城市规模比较合适，各个不同区域的城市究竟以多大为宜，就成为发展中国家政府发展政策的研究对象，也是城市经济学的一个重要理论问题。

对于城市的适度规模问题，早在古希腊，柏拉图就曾经提出，一个城市的人口规模不应超过广场中心的容量，大约为 5 040 人。后人继续在这个问题上提出看法。英国经济学家 E.舒马赫认为：城市合适规模的上限大约为 50 万居民，超出这个规模对城市的价值毫无增进。另一些人虽不像他那样肯定，但也对城市合适规模提出了大概范围。美国发展经济学家金德尔伯格认为，城市规模以不超过 200 万~300 万人为宜。可见，人们心目中的城市适合规模差异非常之大。事实上，人们在提出他们的观点时，并没有进行相应的理论论证，只不过是他们价值观的一种反映。柏拉图的城市规模标准在性质上是政治性的。因为他认为如果城市人口超过广场容量，就会妨碍公民之间的思想交流，因而不利于民主制的实行。从经济学角度看，柏拉图的思想是要求用民主制的制度成本决定城市规模。由此我们发现，上述人们对城市规模标准的讨论，是基于某种成本的分析。例如，人们从行政管理角度探讨最优城市规模，认为城市规模应该由城市行政管理组织的最高效率，即市政服务的人均最低费用来决定。这些反映了人们对组织城市的某种愿望。

实际上，产业革命后的经济性城市形成什么样的规模，不是人们主观臆断的结果，而是社会经济发展和城市区位因素选择决定的结果。一个城市为什么能够长大，为什么有的城市长不大？其根本原因是城市经济的特性使然。这一特性主要在于城市的集聚经济。集聚经济的内涵和作用在第一章已经介绍过，这里就构成集聚经济效应的内在本质现象——规模经济进行阐述，正是基于不同区位条件的规模经济作用，使得城市形成了大、中、小的不同规模。

二、城市规模经济

城市的规模决定于城市的规模经济。那么，城市规模效益是怎样产生的呢？

假定把城市作为一个生产单位，它把投入（如土地、资本、劳动）转化为产出。投入要素具有流动性，一个城市可得到的投入量是变化的，其数量多少取决于其边际产出是否高于其他城市。在图 4-1 中，给出了大小两种城市的总产出（Q）和资本-劳动投入系数（K/L），假设资本与劳动的投入比例在同一规模的城市里都一样，而不同的城市不一样（用 L、S 分别表示规模较大的城市和规模较小的城市的投入比例系数），那么，两种不同规模城市的投入-产出状况可能有三种不同的情况：

（1）当大小城市的产出均在同一生产函数 Q 上时，由于大城市资本多，人均资本占有量高于小城市，或是因为劳动力的质量高，而使其资本-劳动投入系数高于小城市（L>S）。这样在线性函数 Q 上，大城市产出位于 a 点，而小城市产出位于 b 点，相对应的产出量为 A、B。

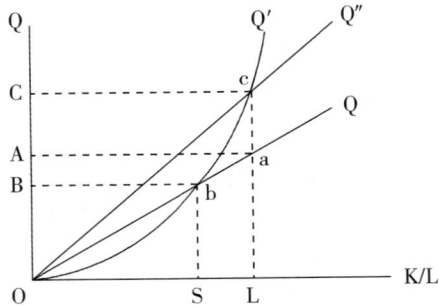

图4-1 不同规模城市的投入-产出差异

（2）当生产函数由曲线 Q′表示时，城市收益将随着资本-劳动投入系数的增加而增加，大小城市产出分别位于 c、b 点，对应的产出量分别为 C、B 点，其收益展现出规模报酬递增的差异。

（3）当大小城市有着相同的资本-劳动投入系数，但是有着不同的投入-产出比例，即相同的投入会带来不同的产出时，两者的生产函数分别表现为 Q″与 Q。其收益和产出点分别是 c、a 点和 C、A 点。很明显，这里的内在机制是规模经济。

可见，资本效率、规模报酬递增和规模收益是城市规模效益的基本机制。然而，资本效率和规模报酬递增都是建立在规模经济基础之上的。在总投入不变的情况下，更高的资本-劳动投入比例的产出效果要高于较低的资本-劳动投入比例的产出效果，是由于城市的生产结构更适于技术进步下的资本最小规模，当城市的区位条件或技术水平适宜于更多的资本量时，这个城市将会迅速扩大；而规模报酬递增紧密地依存于规模经济，在实现了最小规模之后，才会出现规模报酬递增。因此，城市规模经济是城市发展的基础。

城市规模经济的具体表现可以从居民个人、企业和城市三个层面分析。

首先，从居民个人的角度考察，城市规模效益主要表现在居民货币收入和公共设施的便利两个方面。

居民货币收入可以用工资水平来表示。R.S.戈尔德法布和 A.M.耶齐以美国的有关数据为基础的研究表明，不同规模城市的工资水平之间的差异，似乎不能用其他因素来解释，而只能是城市规模的一种函数，工资大体上是随着城市规模的扩大而以递减的速率上升的。假设城市生产函数是柯布-道格拉斯（Cobb-Douglas）函数：

$$Q_i = AS^\gamma C_i^\delta K_i^\alpha L_i^{\sum_k \beta_k q_{ik}} \tag{4.1}$$

式中，Q_i 为产出增加值；K_i 为城市资本存量；L_i 为城市就业人数；α 与 β 分别为资本和劳动的产出弹性；q_{ik} 为劳动力质量向量；C_i 为城市的区位特征；δ 为城市区位特征的产出弹性；A 为参数；S 为城市规模的虚构变量；γ 是它的产出弹性。对（4.1）式求偏微分，可以得出城市工资的估计方程：

$$W_i = \frac{\partial Q_i}{\partial L_i} = \left(\sum_k \beta_k q_{ik}\right) AS^\gamma C_i^\delta K_i^\alpha L_i^{\sum_k \beta_k q_{ik}-1} \tag{4.2}$$

戴维·塞哥尔（David Segal）曾经用美国 58 个大都市 1967 年的统计资料对上

述方程做了检验，结果证明，规模变量确实造成了产出的差异，200 万人口以上的大城市生产率要比规模较小的城市高出 8%，即方程（4.1）中的 γ 是显著的，约为 0.08。如果规模较小的城市追求规模效益，他们的工人工资将是现状的（1+γ）倍。据推测，这些收益都是纯规模经济，如果小城市的 S 值为 1 的话，大城市的 S 值将为 e。

城市在一定规模上能够具有的公共设施给城市居民提供了广泛的便利，如公共交通、商店、剧院、俱乐部、体育设施和文化活动等。这些便利是随着城市规模的扩大而增长的。邓肯曾经指出："在城市人口有 25 000 人以上时，出现了擦鞋、女子理发、洗帽子、修皮货商店，而在人口超过 50 000 人时，才会出现婴儿服务。"[①]因此，较大规模的城市相对更多地使居民从广泛的便利中得益。

其次，从企业的角度考察，相应的城市规模效益的主要内容来自生产效率和市场容量两方面。有大量证据证实，生产效率随城市规模的扩大而增加，对私人企业和公共事业都是如此。例如，斯维考特曾经发现，城市人口增加一倍，与之相联系的似乎是劳动生产率增长 6%；而市场容量无疑是与城市规模正相关的。市场容量越大，企业的生产就可以有足够的需求来支撑，并且市场容量越大，劳动队伍以及这种队伍所擅长的技能范围越广泛，可以迅速获得的服务与物资等的范围也越广阔。所有这些因素，都趋向于增加厂商的利益。

实际上，生产效率和市场容量是互为促进的。与规模经济相联系的生产效率和市场容量主要表现为地方化经济。它是一种行业的规模经济，即表现为居于城市中的某行业的单个企业的成本，随着整个行业总产量的提高而下降。行业规模经济的出现主要基于中间投入品的规模经济，生产中的内部范围经济与关联经济[②]（丹尼尔·F.史普博，1999），商品交易中的规模经济与集聚外在性，熟练劳动力市场共享的效率以及信息传递的规模经济和外部经济。这些因素使生产效率提高，并促进了交易效率的提高，进而扩大了市场容量，后者又促进了城市规模的提高。

最后，从整个城市的角度来看，城市规模的效益表现为城市化经济。城市化经济也称都市经济，是指整个城市范围内的规模经济，即在整个城市区域内，当单个企业的生产成本随着城市总规模的上升而出现了下降的情况。城市化经济出现的原因与地方化经济的原因基本相同，只是在内容上有所扩大：①从中间投入品的规模经济来看，城市公共投入的非排他性和非竞争性使企业能够共享城市基础设施和公共服务的好处。②从范围经济与关联经济来看，单一企业变成企业集团、企业集群和企业网络，这使范围经济和关联经济在更广阔的空间中实现。③从商品交易的规

---

① 巴顿. 城市经济学：理论与政策 [M]. 上海社会科学院城市经济研究室，译. 北京：商务印书馆，1984：91.

② 丹尼尔·F.史普博（1999）认为关联经济不同于规模经济和范围经济。规模经济的成本函数显示递增的规模收益，即：$C(Q) \geqslant \sum_{i=1}^{m} C_i(Q)Q_i$。范围经济表明产品的独立成本超过追加成本，即：$C(Q_S) + C(Q_T) \geqslant C(Q_{SUT})$。而关联经济指 $C(Q; w) \leqslant C^U(X; w) + C^D(Q; X, w)$，满足所有的 X 与 w，则技术（$C, C^U, C^D$）在产出为 Q 时显示出关联经济，从而证明纵向兼并或纵向一体化可以使产出在与两段分割生产总产出同样的情况下，实现成本下降。

模经济来看，单店经营发展到超市和连锁经营，使消费者节省购物时间的同时享受到商店的规模经济。④从共享熟练劳动力市场的效率来看，大城市所提供的劳动力市场的共享服务更完善。⑤从信息外部经济来看，信息和知识的交流由行业内部扩展到行业之间，一方面加深了社会化，使人力资本形成获得正外部性；另一方面这种交流作用于生产活动，提高了人们的生产力和工资水平。

三、城市适度规模

城市规模经济的确是一种客观存在。那么是否可以说，为了追求和得到规模经济效益，城市规模就可以无限地扩大下去呢？大城市比小城市的工资高，劳动力是不是就会不断地流向大城市，使大城市人满为患，形成城市病？

不是的。城市规模经济超过一定限度会转向它的反面，即出现规模不经济。就是说，一定的城市规模能够带来效益，但是也要付出成本。前面提到的柏拉图实际上是研究了城市规模的政治成本。而城市规模的经济成本主要表现在城市租金上。城市租金是一个广义的概念，它既表现为一般的房（地）租房（地）价（居住或场地成本），也表现为一般的空间移动费用（交通通信、运输和迁移通勤成本），又表现为一般的共享城市基础设施及其公共服务的成本（社会成本），还表现为拥挤和环境污染的成本（集聚成本）。前两种成本的性质一般应是城市规模的私人成本，后两种一般应是城市规模的公共社会成本。在规模经济下，这些成本将随着城市规模的扩大而下降，表现为同样的城市产出量每单位产出的成本下降；当城市规模小于规模经济点时，城市每单位产出中无论由私人还是由社会承担的公共社会成本都会较大，而高于规模经济点时，上述成本又都会急速上升，形成城市规模不经济。从城市经济的角度看，这些城市规模的经济成本现实地表现为门槛成本和外部性成本两种。

城市门槛成本突出地反映了规模经济的特性。城市规模经济要求在提供某些公共服务事业之前，需要有一个最低限度的人口规模。以交通运输业为例，只有几十个人行走的地方，肯定不需开设公共汽车路线，甚至不宜铺设道路。英国政府在规划汽车公路建设时就曾经规定："凡是人口超过 25 万的城市，应直接同对全局具有重要意义的公路网联结起来，所有超过 8 万人的城市，则应该处于该公路网 10 英里以内。"①这些与规模经济要求相适应的投资往往具有一次性巨额投资的特点，这既是城市基础设施建设的技术性要求，也是需求和供给不可分性决定的投资要求，这就是所谓的"门槛"成本。当然，一旦这些投资形成资本发挥效益，就可以通过所获得的规模效益来偿还这些投资成本，然而这需要一个较长的时期，城市能否在较短的时期内，筹集大量的资金用于可以使用几十年、上百年甚至几百年的城市设施的建设，这确实是城市发展的一种"门槛"。

城市外部性成本是指一些企业或家庭的生产和生活活动，对其他企业或家庭的

① 巴顿. 城市经济学：理论与政策［M］. 上海社会科学院城市经济研究室，译. 北京：商务印书馆，1984：21.

生产或生活造成了负面影响，为克服这些负面影响所需承担的费用或福利损失。例如，城市人口增加带来的小区噪声会使某些家庭失去宁静安逸的生活环境，这些家庭也许需要购买一些高质量的隔音材料，把门窗封闭好，从而支付相应的费用；或者直接要求其邻居付费，请他们不要制造噪声。又如，当商业区扩展到住宅区时，引起地价上涨，附近居民不得不承担更高的房租（价）。这种外部性成本说到底仍然是由城市规模引起的，因而是规模成本的一部分。

那么，城市在多大规模上可以保持规模经济呢？这需要通过城市规模的成本效益分析来回答。人口和经济活动在城市中的集聚，一方面可以从中获取多方面的利益，但另一方面又得为此付出一定的代价（成本）。如果集聚的利益大于集聚的成本，集聚过程就会继续，城市规模不断扩张，直到两者相等为止；一旦集聚成本大于集聚利益，那么，满足理性假设的各种行为主体就会从城市迁出，从而出现城市人口分散的过程，城市规模将随之收缩，直至集聚利益与集聚成本相等时为止。当集聚利益等于集聚成本时，就会形成一个均衡点，这就是城市的适度规模。在图4-2中，成本曲线C与效益曲线R相交的E点所对应的城市规模A，就是一个适度城市规模（optimum city size）。

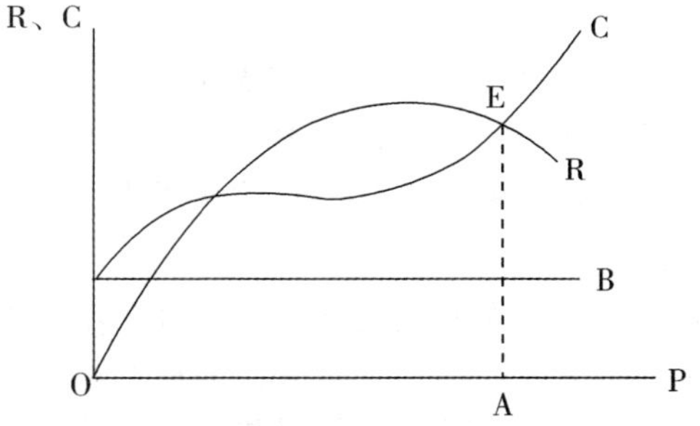

图4-2　城市适度规模

在图4-2中，横轴为由人口表现的城市规模，纵轴为城市收益和成本，B为城市基础设施投入，C是城市总投入成本，R是城市总产出收益。整个坐标系反映了一种理论上的综合，意在说明理论上存在的城市适度规模。图4-2中的E点，从直观上看，表明达到此点城市规模的成本和效益相等，即一定的投入数量价值等于它的产出数量价值；而实际上的经济内涵的意义是：由一定的城市投入要素比例限定的城市人口规模所体现的成本，与城市的总产出价值或效益相等，这时意味着城市的规模收益不变；在A点之左，由于投入的价值小于它的产出价值，这时会出现规模收益持续上升的现象，而在A点之右，由于投入的价值大于它的产出价值，这时规模收益下降，如果不能通过技术进步等因素使城市产出上升，城市规模就会停止发展。

在现实中，人们对适度城市规模的考察，存在着千差万别的认识，例如，K.J.巴顿列举的几种研究文献对城市最佳行政人口的估算，反映了人们从行政管理角度对城市规模的不同认识（见表4-1）。

表4-1 城市最佳行政管理人口的估算

研究文献	适度人口规模（千人）
贝克（Baker，1910）	90
巴尼特住房调查委员会（Barmert，1938）	100~250
洛马克斯（Lomax，1943）	100~150
克拉克（Clark，1945）	100~200
邓肯（Duncan，1956）	500~1 000
赫希（Hirsch，1959）	50~100
大伦敦地方政府皇家委员会（1960）	100~250
斯韦美兹（Svimez，1967）	30~250
英国地方政府皇家委员会（1969）	250~1 000

资料来源 巴顿. 城市经济学：理论与政策 [M]. 上海社会科学院城市经济研究室，译. 北京：商务印书馆，1984：89.

由于所考察的城市政府类型不同，其政府支出范围和数量都不同，表4-1从行政管理角度探讨的城市适度规模，其见解有很大差异。这些差异，反映了城市管理者考察城市适度规模的角度和对象的差异，也反映了人们对城市规模的成本和效益所涵盖范围的认识的差异。

而从经济角度来考察城市规模的适度性，也有许多不同的认识。假定城市所需的各种投入都按照相同比例进行，并且是以人口为核心而构成的投入束，既代表了城市的经济投入规模，也表明了这种投入规模与城市规模经济的内在关系，我们就可以对城市各种均衡收益决定的规模效益点进行考察。进行这种考察，须注意的是，要把城市规模和城市规模经济的概念区分开来。城市规模是指城市的容量大小，通常以人口数量来衡量；而城市规模经济是指在一定的城市人口规模下，由于外部性等原因所出现的在既定产出规模时的单位产出的成本下降的情况，它只在一定范围内的城市规模水平上出现。强调这一点，是为了能够把边际效益分析和规模经济分析的内涵统一起来。以人口表现的城市规模，是建立在城市人口与土地资本等其他生产要素的一定投入比例的假定前提下的，就是说，城市人口的一定规模是以一定的土地资本等其他生产要素的投入比例为条件的。这样，城市规模是否会产生规模经济，反映的就是城市人口和城市土地资本等各种要素的集合力量与产出之间的关系。把以与城市土地资本等要素一定比例关系为条件的城市人口作为城市投入的集中表现，就可以通过以这一投入为解释变量的城市产出函数的变化，来分析城市各种规模的产出效益。图4-3中，横轴表示城市人口规模，纵轴表示城市效益与成本，根据城市经济的各种收益和成本之间的关系，我们可以考察各种城市规模的适宜情况。

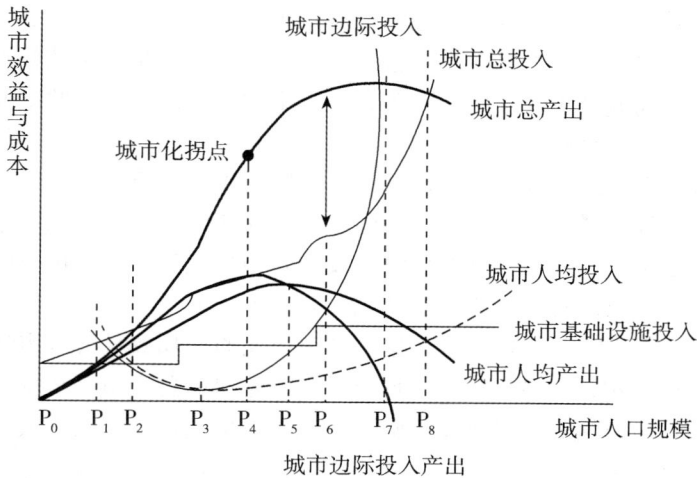

图4-3　城市规模的成本与收益

　　这里我们把城市看作一个集聚的生产单位，总产出曲线形状呈"S"形，并存在拐点，在拐点以前，城市总产出随着城市人口的增加呈加速增长（指数增长），在拐点以后，城市总产出随着城市人口的增加呈减速增长（对数增长），并最终到达最高点，然后开始下降；而城市总投入曲线与总产出曲线正好相反，在拐点以前，随着城市规模扩大呈减速增长，在拐点以后，呈加速增长，并最终超过城市总产出。城市总投入分为城市基础设施投入和一般生产活动投入，它们有不同的特征。城市基础设施投入是一种相对固定的城市成本，它在一定的时间段有一个较大的提高，而一般生产活动投入与企业投入曲线相似。城市总产出与总投入两者之差是一种规模效益，最初为负值，随着城市规模扩大迅速增加为正值，在城市边际收益等于边际产出时达到最大，然后城市规模效益持续下降，最终下降到零并变为负值。

　　此外，城市平均（人均）投入曲线，先随城市规模扩大而下降，超过某一点后转为上升。这是城市经济的一般规律，以城市交通为例，交通流等于速度乘以密度，当交通系统中的交通流很小时，增加密度并不影响速度，而且可以使道路网得到更有效的利用，因而曲线下降；但是当城市规模扩大到某一程度并且使交通密度过大影响到速度时，就会产生拥挤与堵塞，就需要新的道路网投资，因而曲线上升。即使不新建道路，旧的路网拥挤损失也会使曲线上升。而边际成本是每增加一个或减少一个城市人口而使总成本变动的数值，它也给我们提供了大量有用信息。我们把这些投入和产出的情况对城市适度规模的影响作综合分析如下：

　　图4-3中的P_0点为城市发展起点。

　　P_1点是城市功能基本形成点。这时城市总产出等于基础设施投入存量价值，城市功能开始运行，依托于城市的最初功能，形成城市经济活动的最初规模。

　　P_2点是城市的最小门槛规模，这点是城市总产出和总投入、城市人均产出和人均投入的左交点，是成本等于效益的城市最小规模。此点之前，城市成本不能得到补充；此点之后，收益超过成本，城市功能开始产生正收益。

P_3点是城市的最低成本规模。在这一点城市边际成本曲线通过城市人均成本曲线的最低点，意味着城市收支正好相等，城市平均成本最小，是城市能够以规模效益吸引企业的最小城市规模。

P_4点是城市边际效益最高点，即城市化发展的拐点规模。从这一点开始城市进入适度规模发展期。虽然这时的城市边际收益由递增变为递减，但城市总产出增长率呈持续上升趋势，因而城市规模将继续发展。中央政府往往从可持续发展的目标出发，希望城市规模以此为核心进行调整。

P_5点是城市人均效益最高规模。这时城市企业的平均效益或城市居民的人均收入最大。在此点之左，人口规模随着城市呈上升趋势的总产出增长率而上升；在此点之右，虽然总产出增长率呈下降趋势，但绝对额仍然增加，因而人口规模仍然增加。可见，此点无论城市总产出还是人均产出，效益都很大，所以是城市居民收入最高的城市适度规模。

P_6点是城市最大经济效益的规模，因为在此规模点上，城市边际产出等于边际投入，即城市总产出减掉城市总投入的收益最大。这是城市生产单位希望的稳定经济环境，这时一般根据城市性质与职能需要扩大城市基础设施供给，以便使城市规模能够进一步扩大，因而它是企业意愿的城市规模。

P_7点是城市最大总产出规模。此点城市总产出规模最高，边际产出为零，超过这一点，城市总产出绝对数量下降，边际产出为负数，因而应当是城市人口的控制规模。但是由于这时的城市总效益仍然为正数，城市规模仍然可以在控制中相应少量扩大。

P_8点是城市的最大人口规模。它是城市人均产出与城市人均投入的右交点，这时城市总产出等于总投入，城市总效益为零。超过这一点，城市总产出、城市人均产出的绝对额全部下降，城市总投入、城市人均投入都不能由相应的产出弥补，因而应当是城市总规模停止增长时期。

以上P_3~P_8点的人口规模，都可以在某种程度上称其为适度规模。社会的各个不同经济主体，从各自的目标出发，对于成本最低、期望收益最大，还是城市人口容量最大，会有各种不同的选择。一般来说，中央政府往往希望城市能够实现可持续发展，因而希望城市规模保持在P_4点，在城市化拐点上寻求最大的城市边际收益；而城市政府总是希望总产出最大，愿意把城市规模发展到P_7点，获得城市最大产出；城市居民则希望人均的收益最大，故要求把城市规模保持在P_5点，获得最高的城市平均收入；而进入城市的企业都是按市场规律的要求，期望获得可以得到的全部利润，因而希望城市保持P_6点的社会最大经济效益规模；农村剩余劳动者为了向城市转移，得到城市社会的共享利益，希望发展到P_8点的城市最大规模。

可见，适度城市规模是一个相对的概念，从不同的目标出发会得到不同的结论。如果我们仅仅从迁移者的角度分析城市规模，可以得到一个城市均衡规模的表达式：

$$\frac{\bar{M}}{P}=M\left[\left(\frac{W}{P^*}\right),\ \frac{M}{P},\ A,\ S\right] \tag{4.3}$$

式中，$\bar{M}/P$ 为净迁入率；M 为净迁入量；$\bar{M}$ 为它的偏微分 $\partial M/\partial t$；P 为城市总人口；W/P^* 为城市的真实工资率；P^* 为消费者价格的增长指数，用以消除价格变化的影响；M/P 为移民存量，即一个城市中移民占人口的百分比；A 为描述城市环境舒适与否的向量；S 为城市规模变量。假设 $\partial(\bar{M}/P)/\partial(W/P^*)>0$，以保证劳动力供给曲线并不是完全无弹性的，同时 $\partial(\bar{M}/P)/\partial(W/P)$ 据推测也是正值。这样，A 的各种不同成分的变化会引起 $\bar{M}/P$ 的变化，变化方向取决于 A 中各成分的性质，其中的城市便利性会是同向的发展，污染会是反向的发展。最后，$\partial(\bar{M}/P)/\partial S$ 会告诉我们城市规模系统是否处于均衡。$\partial(\bar{M}/P)/\partial S>0$ 说明城市规模经济效益仍然存在，城市规模可以继续扩大；$\partial(\bar{M}/P)/\partial S=0$ 说明城市处于均衡规模，人口流动会停止；而 $\partial(\bar{M}/P)/\partial S<0$ 说明城市规模过大，规模不经济已经超过了规模效益，应向外移民。

上面只是从理论上以抽象的或泛指的城市为对象讨论了适度城市规模问题。由于考察的角度不同，是对成本还是对效益的确认，从而对适度城市规模有不同的认识。如果引入一些现实因素，即城市赖以生存和发展的基础或条件，它们决定着成本与效益曲线的位置和形状，这样就能够使适度城市规模理论用于城市发展的实际决策。这些现实的因素主要有：

（1）城市区位。城市地理位置是对城市规模有决定作用的一个因素，地理位置有着丰富的内涵。首先，地理位置意味着城市规模扩张的资源可获得性，主要是土地资源和水资源的可获得性。其次，地理位置还意味着城市的通达性和开放性，这主要是指交通条件，位于江河入海口、铁路公路交会处的城市规模都在持续增大。

（2）城市基础设施构成城市规模容量的支撑基础。实际的城市规模超过规模容量时，会导致一系列的"城市病"，从而降低城市集聚经济效益，而要克服这些"城市病"，则必然要跨越门槛成本。基础设施对城市规模的制约作用，不仅表现在总量方面，还表现在结构方面。城市基础设施是由多个小系统组成的大系统，里面存在着性质不同的各类基础设施，不同性质和类型的基础设施之间，必须相互配套、协调发展，否则"短边规则"将起作用。如城市交通系统，如果交通车辆增加了，而道路没有相应拓宽延长，交通堵塞状况就会加剧。

（3）城市内部布局。主要指城市内部土地利用结构，即不同的功能用地在城市内部的配置情况，这个问题在第五章将专门论述，这里要指出的是，城市的内部布局对成本与效益曲线的形状有很大影响：①直接影响城市外在成本。良好的城市布局，会减少不同用地单元之间的负面影响。美国在 20 世纪 70 年代后兴起的"绩效分区"（performance zoning）区划法，在允许功能混杂的同时，要求不同功能的用地单元之间留有起隔离作用的缓冲地带，从而减少由不同功能的用地单元之间相互影响所带来的外在成本。②影响通勤成本。过于分散的内部布局，会延长通勤距离，增加通勤成本；而过于集中的内部布局，又会造成交通拥挤和道路堵塞，从而也使通勤成本上升。

在实践中，规划城市的合理规模，必须从兼顾城市经济效益、社会效益和生态环境效益的目标出发，确定城市合理的经济结构、人口结构和用地结构。为此，需要注意的问题是：

（1）合理正确的城市定位。要调查分析城市发展条件及在全国或区域的地位和作用，正确评价其地理位置、建设条件、历史发展特点、现有基础和存在问题等。

（2）合理正确的发展目标。要根据国家或地区经济发展规划及其自身发展条件，确定其经济社会发展目标，特别是确定城市的性质和发展方向，建立具有自身特色的经济结构。

（3）正确测算城市容量。在上述分析基础上，运用科学方法测算和正确认定城市的环境容量和用地容量。

（4）选择最佳规模方案。最后通过综合平衡，对不同发展规模方案进行比较，均衡得失，确定合理的城市人口规模。

第二节 城市成长与规模边界

一、城市规模的成长性

城市规模扩张不仅带来城市集聚经济效益的变化，也必然带来城市结构的变迁。对于一个城市来说，要使其规模优势能够形成和转换为集聚效益，是有一定条件的。它至少包括以下几个方面：第一，城市规模与其自身承担的社会分工和专业化协作相适应；第二，城市生态系统处在良性循环状态，整个城市运行正常、效率提高；第三，城市三次产业发展系统有序、同步协调、互促互补、效益增长；第四，物流和信息流在城市内外的传递迅速、畅通无阻，城市社会服务和保障体系建立，人力资源素质提高和充分合理利用；第五，技术吸收和接纳能力强，科学技术能迅速转化为生产力和经济效益。显然，不具备以上条件，即使城市规模大、集聚的企业多，同样不可能取得理想的集聚效益。也就是说，城市集聚效益的取得不仅取决于量的集聚，更重要的是取决于质的集聚，这种质的集聚具体反映在建立在专业化分工基础上的产业结构的合理度和各产业间协同的关联链上，亦即合理的产业结构，生产力布局协同性和系统性的强化上。只有建立和发展合理的城市产业结构，才能使众多的生产要素得以集聚、优化组合，形成一定的经济聚合力、辐射力和吸引力，使城市规模经济效益的取得真正实现。

从这个意义上说，与城市一定时点的规模所带来的经济性不同，城市成长与规模的关系更关注的是城市的动态经济性。成长是一种过程，规模是一种状态。成长的结果是大规模化，规模是成长的"副产品"。因此，一个富有生机的城市，是拥有不断的扩张刺激的城市。对于这样的城市，不存在任何绝对规模的界限，所存在的只是相对规模的界限。世界银行《1984年世界发展报告》指出，"从来还未清楚地证实城市大到什么程度会出现不经济现象，"并认为"过分担心城市增长的副作用，往往使决策者忽略了国内移民和都市化所带来的一些收益。结果，许多政府不惜一切代价地去实行重新分布人口的规划，而其经济效益往往不佳"。可见，我们提出的这个命题和最优规模的命题不同。两个命题最大的区别在于：城市规模分为空间规模和经济规模。前者是一种以"人的尺度"来衡量的自然规模，是绝对规模，而这种绝对规模受资源、地理、交通条件等因素的制约，存在着"规模边界"。而后者则不受上述条件的限制，它是一种以"经济的尺度"来衡量的经济规模，是相对规模。从理论上讲，这种相对规模不存在一个绝对的"规模边界"。

但是，在城市成长过程中，相对规模的扩张也不可能是一路高奏凯歌，它同样存在着限制因素，在一定时期内，抑制着城市经济规模的扩张。这些限制因素包括创新能力不强、管理制度不完善、结构性障碍等等（如图4-4所示）。

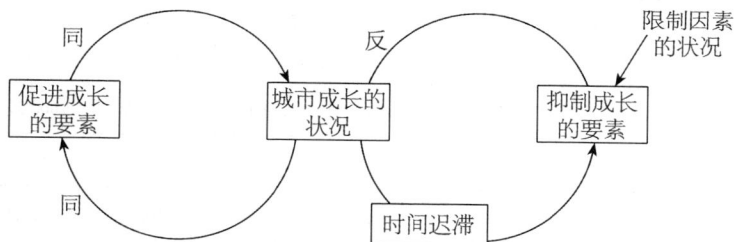

图4-4　城市规模的成长过程

可见，城市经济规模成长的"上限"的形成，是城市系统运行中系统结构动态性运动的结果。如图4-4所示，城市从产生、高速成长到成熟，从系统思考的角度来说，是一个不断增强的反馈环路，这个环路本身应该促进城市经济规模的进一步成长（如图4-4左半部分所示）。但不幸的是，城市成长总会碰到各种限制或"瓶颈"，而解开这种"瓶颈"又往往存在一个"时间滞延"。这并不是说城市的经济规模成长已达到了真正的极限，而是因为一个抑制成长的调节环路开始运作（如图4-4右半部分所示），这种抑制成长的调节环路完全有可能使城市成长减缓、停顿，甚至下滑。总之，城市成长是城市机能的演进和结构变迁的过程，它反映的是城市规模的"质态"特征。而"经济机能的变化几乎总是包含着经济规模的变化"①。

二、城市规模效益与"城市病"

（一）不同等级城市的规模经济效益

在城市规模效益的分析中，通常存在着两种不同的角度：一是正向规模效益比较；二是规模负效益即"城市病"严重程度的比较。在上述两种不同角度的分析比较中，都需要考虑两个问题：一是不同规模城市之间效益（或负效益）的差别，或效益（负效益）与城市规模的相关性；二是这种差别在多大程度上真正是由规模因

---

① 金德尔伯格，赫里克. 经济发展 [M]. 张欣，陈鸿仪，蒋洪，等译. 上海：上海译文出版社，1986：6.

素造成的。

对于城市经济效益与规模的关系及其规律性，国内外学者们已进行过大量研究和反复论证，得出的比较一致的结论是：城市经济效益与规模之间存在着正相关关系。亦即城市规模愈大，其总体经济效益也愈高。在世界上不同的国家中，普遍存在着这种规律性。例如，法国经济学家维德马耳就曾根据瑞士的资料进行过科学的定量分析，并做出城市人口规模（X）与城市国民收入总额（Y）之间的相关关系模型：

$$Y=230.97+498.91\log X \tag{4.4}$$

根据这个模型，100万人口的城市经济效益要比2万人口的城市高2.2倍，比20万人口的城市高40%，比40万人口的城市高19%。

中国的城市规模经济效益也十分明显（见表4-2）。

表4-2   中国不同规模城市经济效益比较

类别 \ 项目	200万人口以上	100万~200万人口	50万~100万人口	20万~50万人口	20万人口以下	全国城市
人均GDP（元）	5 112.82	3 855.77	3 949.98	2 750.85	1 600.29	2 701.17
每百元固定资产原值提供利税（元）	18.91	15.77	13.48	11.05	12.70	14.20
每百元资金提供利税（元）	15.91	14.60	12.92	10.44	11.23	12.90
单位面积GDP（元/km²）	1 036.15	472.18	187.43	103.96	26.62	75.00

资料来源　蔡孝箴. 城市经济学［M］. 修订本. 天津：南开大学出版社，1998：103.

在表4-2的各项指标中，产值效益、资金效益和土地效益三种要素的效益均与城市规模呈正相关。其中，以土地效益指标的差别最为显著，如果比较200万人口以上城市与20万人口以下城市效益指标的倍数表示，那么，200万人口以上城市单位面积的GDP约为20万人口以下城市的39倍；产值指标次之，200万人口以上城市百元固定资产原值提供利税是20万人口以下城市的1.5倍。资金效益指标的差别最小，百元资金利税为1.4倍。从总的效益指标上看，随着城市规模级的提高，城市人均GDP水平有逐级提高的总趋势。如果以20万人口以下城市的人均GDP指标为100，5个规模层次由小及大的指标变化指数依次为：100、172、247、241、318。

企业的规模效益和城市集聚效益是产生上述不同规模城市之间经济效益差别的重要原因，也是经济效益与城市规模正相关的重要原因。但是，如果更深入地分析，对大中小城市效益的差距不能笼统地归因于由城市规模不同引起规模效益不同。

首先，就企业规模效益来说，大城市的企业便于实行专业化分工，获得规模经济效益。在分工发达的条件下，中小企业也能通过专门化生产来扩大批量。因此，大城市的中小企业也容易获得规模经济。但是，在条块分割的体制下，各城市形成自我封闭的发展格局，大城市是大而全，小城市是小而全，中小城市很少发展成专业化城市。如果说，大而全城市还有可能通过内部分工获得一定程度的规模经济，那么，小而全城市则几乎与规模经济无缘。在城市间分工不发达的条件下，中小城市工业生产难以标准化、专业化，生产批量难以扩大。

其次，从地方化经济效益来说，地方化经济效益是通过城市内企业间在经济上的有机联系而产生的，在区域间分工发达、交通便利、信息畅通的情况下，地方化集聚效益并不显得特别重要，至少大城市的地方化集聚效益并不比中小城市具有绝对的优势。但是在区域间分工不发达、交通不便利的情况下，城市内的分工就成为分工的主要形式。因此，城市规模大小，对分工的范围和程度起决定性作用，大城市从分工中享有的利益远远大于中小城市。不过，我国城市中的一些企业规模小，专业化水平低，生产规模不经济，主要是由小而全、大而全的企业生产方式造成的，而与城市规模关系不太密切。

最后，从城市化经济效益来说，城市化经济通常只有在大城市才较为显著。城市化经济与第三产业相联系，城市发达的第三产业是城市化经济的重要源泉，尤其是现代经济生活所需的高级商业服务系统。大城市的第三产业服务范围越广泛，效益越显著。大城市第三产业的服务范围通常扩大到周围地区，甚至扩大到全国（如全国性的金融中心）。因此，大城市第三产业的集聚效益比大城市工业的集聚效益更为显著。

除了上述条件的存在使得我们不能简单地将不同规模城市经济效益差别归之于规模因素之外，一些非规模因素也是造成城市规模效益差别的重要原因。一般来说，大城市在自然地理位置、社会文化、劳动力质量以及各种制度方面等非规模经济因素上也占有一定的优势地位。由这些非规模因素产生的不同规模城市间经济效益上的差别显然不同于规模经济。周一星利用多因素分析方法对中国城市经济效益进行的分析表明，影响中国城市间工业经济效益差异的决定因素不是城市规模，而是对城市工业的投资水平和城市产业结构（见表4-3）。

表4-3　　　　　　　　　中国城市经济效益与七个因素的多元回归

影响职均工业净产值的因素排序		影响百元资金利税率的因素排序	
1.职均固定资产	0.6935	1.工业结构指数	0.5924
2.工业结构指数	0.3747	2.城市规模	0.3322
3.大型企业比重	-0.1960	3.职均固定资产	-0.1722
4.离港口距离	-0.1570	4.交通条件指数	0.1678
5.城市规模	0.1371	5.离港口距离	-0.1402
6.专业化指数	0.0918	6.专业化指数	0.1341
7.交通条件指数	0.0656	7.大型企业比重	-0.1113

资料来源　周一星. 论中国城市发展的规模政策 [J]. 管理世界，1996（6）.

这个结果说明，非规模因素对不同规模城市间经济效益的影响也是造成效益差异的重要因素。这种非规模因素除了表4-3中所列出的以外，还包括技术水平、文化、制度安排等方面。如中国不同规模城市在土地效益上的差别，除大城市土地利用集约度高，小城镇对土地的浪费性占用现象较普遍外，恐怕土地制度的不完善也是造成这种差别的原因之一。

（二）城市规模与"城市病"

与城市集聚有关的负效益通常被称为"城市病"。"城市病"包括多方面的内容，如交通拥挤、住宅紧张、环境污染、社会治安不良等等。一些学者将"城市病"与城市规模联系起来，认为二者呈正相关关系，即城市愈大，"城市病"愈严重，由此得出"控制大城市发展"的政策性结论。

该结论过于武断。"城市病"的严重程度与城市规模之间存在着复杂的关系，就中国目前的情况，二者并不是无条件地呈线性关系，而是存在着如下五种情况（如图4-5所示）。

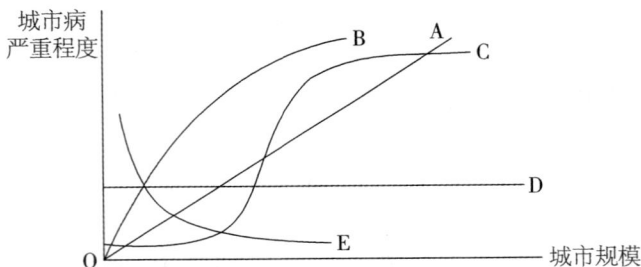

图4-5　"城市病"的表现形态

A：有些"病状"与城市规模之间呈线性关系，如交通拥挤、交通事故、住宅紧张程度等。例如，我国人均居住面积，基本上从200万人口以上城市到20万人口以下城市呈线性递减的趋势。各等级城市每10万人中交通事故死伤人数与城市规模的线性关系基本上是成立的。

B：二者呈边际递减的趋势。许多"病状"都表现出这种特征，即在城市发展过程中，由于"滞延效应"的存在，造成若干发展的"瓶颈"，从而引起种种"城市病"。但随着城市内部结构的调整和改善，发展中所表现出来的"城市病"的严重程度逐渐趋于减弱，但却很难从根本上消除。

C：二者呈"S"形曲线变动。也就是说，在城市成长的不同阶段，"城市病"表现出不同的严重程度。环境污染就是一例。城市发展之初，环境污染较轻，随着城市高速增长，污染也往往变得严重起来。发展到一定程度后，随着城市治理污染的能力和技术增强，环境状况就会得到较大改善。

D：一些"病状"与城市规模相关性不大。如城市犯罪、城市卫生状况等基本上与城市规模没有直接关系。

E：二者呈负相关关系。城市失业率就存在这种规律。研究表明，中国城市失业率的高低，大致依城市规模大小从低向高排列。城市规模越大，失业率越低；城市规模越小，失业率越高。而且这种差别非常显著。

就总体而言，"城市病"与城市规模有一定关系，但正如城市规模效益的差别一样，这种负效益的差别也不能完全归咎于规模因素。从我国的实际情况看，下面三个非规模因素是引发"城市病"的重要原因：①城市用地不足及其结构不合理。城市经济是一种密集经济。合理的经济密度，有明显的优越性。密度不合理，"利"就转化为"弊"。"城市病"主要症状是拥挤，这种拥挤程度在不同规模城市间的差别在很大程度上是由城市人均占地面积和城市用地结构的差别造成的。②城市基础设施供给短缺。基础设施供给短缺一直是我国城市普遍存在的严重问题。尽管20世纪80年代以后，这种情况有了明显改变，但由于城市人口增长过快，超过了城市基础设施有限的承受能力和供给速度，使本身就拥挤不堪的城市更加拥挤，基础设施供给能力不能满足城市化快速发展的需要。③城市生态环境的"透支"。环境有其一定的承载容量。城市所在地域的环境对城市建设发展的规模以及人们在城市中的各项活动的强度提出了容许限度，超过了这个限度，由此会引发严重的"城市病"。

三、城市蔓延与城市增长边界

（一）城市蔓延的表现

城市蔓延（urban sprawl）是指在城市核心区以外的一种低密度、蛙跳式的空间发展模式。这种模式将居住与就业、购物、娱乐、教育等分离，因而需要借助于小汽车来实现空间移动。当然，不同的学科对城市蔓延内涵的界定也不完全一样。环境主义者关注城市蔓延对人类健康与生态环境的影响；经济学家认为，城市蔓延意味着过度郊区化；社会学家通常关注蔓延对社会和谐的损害。

度量城市蔓延的一个指标是经济活动的密度。密度越低，说明都市区内需要容纳固定人口的区域越大，它规模扩张或者蔓延的速度也就越快。城市蔓延一般存在三种方式：低密度的连续发展、沿主干道的带状发展，以及不连续的蛙跳式发展。不管是哪种方式，在城市蔓延过程中都涉及农业用地、开敞空间向建设用地的转化问题，并伴生一系列经济的、社会的，以及环境的问题。其中，经济问题主要指低密度扩展造成了人均服务设施成本增加、土地资源浪费，以及城市中心区发展的衰退等；社会问题主要指蔓延造成了种族、贫富在空间上的隔离，增加了社会暴力和种族主义等；环境问题主要指蔓延造成农业用地、湿地的减少，以及蔓延式发展增加了机动车的使用，致使环境污染加重[1]。

（二）城市蔓延发生的原因

城市蔓延的原因很复杂，许多学者对城市蔓延的发生机理作了一些经验性的判断，并提出解决方法。比如，有的学者总结垄断竞争者的独立决策、土地持有者的投机行为、自然地形状况、公共政策、小汽车的普及、地方政府的土地利用规划，

---

① 李强，杨开忠. 城市蔓延 [M]. 北京：机械工业出版社，2007：20.

以及人们的生活方式等，都可能导致城市蔓延的发生。结合中国大都市蔓延的现实，从经济学上可以将城市蔓延的主要原因归纳为如下几个方面：

（1）居民收入水平的提高。人们对住宅的消费会随着收入的增加而逐渐增长，因而随着经济发展和居民生活水平的提高，城市居民追求环境品质的需求就变得越来越强烈。而对更大的人均面积的需求刺激了人们向地价较低、环境优美的郊区迁移。

（2）城市化进程加快带来的人口转移。我国进入了城市化加速发展时期，大量的农业人口正在完成职业和地域的转移。然而，大都市核心区的地价和生活成本高昂，农村转移劳动力基本上不具备城市生活能力。在这样的情况下，大都市区外围的新城、新市镇往往成为那些怀有乡土情结的转移人口迁居的重要选择。

（3）交通成本降低与家用轿车的普及。随着城市交通条件的改善，交通成本下降，从而使得更远距离的通勤成为可能。同样，家用轿车的普及也扩大了人们活动的半径。这样的例子很常见，比如，伴随着小汽车进入寻常百姓家，特别是北京中心城与通州区的交通联系得到改善后，人们到通州购买住房就成为一种现实的选择，因此导致通州的快速发展。

（4）郊区土地利用规制失灵。改革开放以来，随着国家财政分权体制的逐步形成，地方政府对城市空间的决定权逐步增大，土地供给及需求也逐步走向市场化。在市场的冲击下，计划决定城市空间的土地利用规制模式彻底瓦解。国家为了规避土地供求市场化过程中出现的城市土地利用问题，逐步在传统的城市规划之外，产生了一套基于地方土地财政之上的郊区土地利用规划的制度安排。在此背景下，地方政府往往以城市区划调整等名义，将郊区土地改变为城市建设用地。

（5）农地征用制度的缺陷。实践表明，当农地征用补偿价格低于实际农业地租时，城区和郊区的边界都会扩大。这可以部分解释转型时期我国一些大都市空间的快速扩张和盲目的蔓延增长。

（三）城市增长边界与理性增长

城市蔓延带来了一个不断增长的大都市地区范围的确定问题。城市增长边界作为一种控制城市无序蔓延的规划手段越来越引起人们的注意。

简言之，城市增长边界就是城市土地和农村土地的分界线。城市蔓延的一个巨大问题就是城乡边界趋于模糊。因此，如何清晰区分城乡边界，保护自然景观和农业区域是控制蔓延的核心内容。实践证明，城市增长边界的作用不仅仅是设置一道屏障和界限以防止城市的无序蔓延，还需要划出重要的自然保护区域和市民休闲游憩之地，更重要的是为城市未来的发展提供合理的疏导。

随着我国城市化进程的加速发展，城市增长中的矛盾已经日益凸显，主要体现在：城市用地数量增长过快而耕地资源极其短缺；城市过度扩张而土地利用效率低下；新区开发建设迅猛而浪费严重；外延式增长突出而内部空间结构失衡等。故倡导何种管理模式去引导城市空间扩张是当前十分迫切的研究课题。从这个意义上说，设置"城市增长边界"不仅仅是为了限制城市发展，而且是为了保护重要的自然环境和资源。区域的生态格局常常是决定边界形态的最重要因素，在此基础上进一步为城市的未来发展制定切实可行的规划，能够实现保护自然环境和引导城市合理增长的综合途径和兼容方式。在处于城市化加速期的中国城市发展过程中，还会出现新的城市增长与扩张，而制定具体可操作的空间战略对于控制城市的无序蔓延，维护区域生态安全十分关键。

针对城市蔓延带来的后果，城市理性增长在一些发达国家发展并盛行开来。理性增长涉及对城市增长边界和非建设用地的理解以及相关规划和管理等方面的一系列问题，是可持续导向城市发展观的深化。它强调的不是将土地保护与发展孤立或对立起来，而是充分考虑土地开发、城市增长以及市政基础设施规划的需求。因此它不同于传统的开放空间规划途径，被认为具有先见性、整体性等特征，同时承认自然与人的不同需求，提供一个保护与开发并重的框架。

城市理性增长有三个主要因素：第一，保护城市周边的乡村土地；第二，鼓励嵌入式开发和城市更新；第三，发展公共交通，减少对小汽车的依赖。城市理性增长的目的首先是城市发展要使每个人受益；其次，要实现经济、社会、环境公平；最后，要使新、旧城区均获得投资机会并得到良好发展。因此，理性增长强调对城市外围有所限制，它涉及城市发展的社会与经济、空间与环境、城市规划的设计与管理、法制与实施等各个方面的行动计划，需要政府宏观调控和全民参与。

城市增长边界和理性增长的概念是西方发达国家提出来的，由于中西方城市的政治、经济、文化、社会背景的差异性，这些理论具有很强的本土性，但是从促进城市可持续发展的意义上讲，城市增长控制一致主张的核心思想无疑对我国大都市区开发具有重要的借鉴价值和警示意义，它为我国大城市的和谐发展提供了有益的启示。

第三节 城市规模分布与等级体系

一、城市密度与城市规模

从经济本质上讲，城市人口规模可以看作是一个人或企业在这个城市中可得机会的反映，机会越多，吸引力越大，规模也就越大。这种状态是建立在与其他城市比较的城市机会和城市间的距离上的。阿隆索教授用美国211个城市1959年的资料做了一个检验。他定义了一个收入潜能的概念 V_i，表示 i 城市的人或企业接近其他城市的机会。设 i 城市到 j 城市的距离为 D_{ij}，则：

$$V_i = \sum_{j=1}^{n} \frac{M_j P_j}{D_{ij}} \tag{4.5a}$$

式中，P 为城市总人口；M 为城市平均收入；V_i 与城市总人口和平均收入成正比，与距离成反比。又设Y为城市产出，对211个城市的回归得出一个方程：

$$Y=e^{5.07}P^{0.0661}V^{0.0866} \qquad R^2=0.26 \tag{4.5b}$$

虽然由于上式忽略了资源、地理、气候等区位优势和社会、经济、政治等因素，使得城市人口和收入潜能这两个独立变量只能部分地解释城市产出，但是却清楚地表明了，城市产出可以是规模和收入潜能的函数。如果大城市规模的不经济性很强，即规模超过了规模经济点，城市要素就会向外移动，大城市周围的小城市就有了发展的机会；而平均收入较高和距离大城市较近的小城市有较高的收入潜能，会先一步得到迅速发展。这一规律的结果就是使19世纪的特大单中心城市转变为20世纪的多中心大都市区，并形成了星座式的城市群。人们发现，在一个经济区域里，每个城市有着各种不同的经济分工和规模，它们几乎都有十分规律的地理分布。一个国家的主要生产活动，一般都由几个比较大的城市承担了大部分，而这些城市一般都坐落在人口稠密的地方，同时大中小城市呈现出非常规律的降次排列（如图4-6所示）。

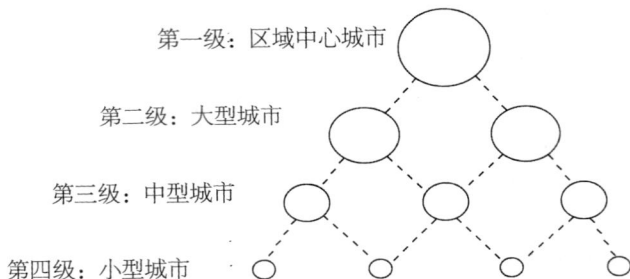

图4-6 一定区域中的城市规模分布

可见，城市规模是与城市密度密切联系的，在一定的区域内，城市密度高的地区城市规模会小一些，城市密度低的地区城市规模会大一些。不同的分布状况会影响区域的经济效率。这就提出了一个城市规模的分布理论问题。

二、"位序–规模"分布理论

城市非常规律的分布现象早就引起了人们的广泛关注。20世纪初，人们就对城市的规模与它在国家所有城市中按人口规模排列所处位置之间的关系进行了研究。1913年，F.奥尔巴克通过对5个欧洲国家和美国的城市人口数据的实证检验，提出了"位序–规模"分布理论，其表达式为：

$$P_iR_i=K \tag{4.6}$$

式中，P_i为城市i的人口规模；R_i为所有按人口规模排列的城市中的i城的位序，即属于第几级，处于第一级的城市通常叫作首位城市；K为一个常数。该式表明，任何一个城市的人口规模与它所处的位序的乘积恒等于某个常数。1925年，A.洛特卡验证了（4.6）式的关系，得出了$P_i=500\,000$的估计式，他用美国1920年排在前100位的城市规模进行拟合，效果很好。到了1936年，H.辛格给出了关于"位序–规模"分布的一般性关系式：

$$lgP_i=lgK-\alpha lgR_i \qquad 或 \qquad P_iR_i^\alpha=K \tag{4.7}$$

式中，P_i 为首位城市的人口规模；α 为位序变量的指数。该式的相关系数 R 越大，说明该体系越符合"位序-规模"分布；如果相关系数不够大，有可能是首位分布（见后面分析）或者有多个大城市中心并存或别的特殊类型。lgK 值为回归线的截距项，它反映了首位城市的规模，α 值为回归线的斜率，当 $|\alpha|=1$ 时，是标准的"位序-规模"分布；当 $|\alpha|>1$ 时，说明城市规模分布比较集中，高位次城市比较突出，而低位城市发育不够，首位度较高；当 $|\alpha|<1$ 时，说明城市规模分布比较分散，位次较低的中小城市发育较好，高位次城市规模不很突出。在极端情况下，当 $|\alpha|=\infty$ 时，表示该国只有一个城市，而 $|\alpha|=0$ 时，则表明该国所有城市的规模都相等。对于 $|\alpha|$ 取值不同的原因，贝里认为，一个国家的经济发展水平、城市发展的历史、人口规模和土地面积等因素都会影响该国的城市规模分布形式。在城市发展的早期，只有一些高位次的大城市，这时的 $|\alpha|$ 值非常大；随着国家经济、政治和社会生活的日益复杂化，低位次的城市不断成长，$|\alpha|$ 值也不断下降，直到成熟的城市体系形成时，该国的城市规模结构将趋向于"位序-规模"分布，走向城市体系的稳定状态。

这种描述后来被人们总结为帕累托分布，其公式为：

$$y=Ax^{-\alpha} \qquad 或 \qquad lgy=lgA-\alpha lgx \tag{4.8}$$

式中，x 为特定人口规模；y 为人口规模超过 x 的城市的数量；A 和 α 为常数。α 正如"位序-规模"分布描述的那样，是分布模式的有效测度，一般是大城市化指数；而 A 是表明城市规模与城市数量关系的参数，它在 $\alpha=1$ 时，常常与大城市的规模是一致的，具体表明了"位序-规模"分布法则。帕累托分布是从顶部开始至某一个门槛规模 $\overline{P}$ 为止的累积频率分布，它与对数正态分布一样都描述了城市规模等级与相应的城市数量之间的关系。

这种"位序-规模"分布定律是通过经验观察得出来的，人们自然也会怀着极大的兴趣去探究隐藏在这个定律背后的支配力量。有意思的是，在过去的几十年中，经济学者几乎都是借助同样的一个理论框架来分析这种由城市规模引起的城市结构特征，这就是非常有名的中心地理论（central place theory）。迄今为止的研究者已经通过许多不同的路径来推导这个重要的结论。

三、城市规模等级分布理论

"位序-规模"分布理论是从统计分析中得出、侧重于描述城市规模与它所处的位序之间的关系的城市规模分布理论。城市规模等级分布理论则是建立在由克里斯塔勒提出，并经勒施和胡佛发展完成的中心地理论的基础之上，侧重于描述城市规模等级与处于某等级的城市数量之间关系的城市规模分布理论。两者之间可以互相转化。

1.克里斯塔勒中心地等级分布理论

克里斯塔勒（Christaller，1933）在《南德中心地》一书中，以对德国南部城镇的调查为基础，系统阐明了中心地的数量、规模和分布模式，从而建立了中心地理论①。理论要点主要有：

（1）假设前提：地表均质，即均匀的资源、人口、收入的空间分布，需求和消费方式一致，同一规模的所有城市间交通便捷性相同，交通费用只与距离成正比，理性的生产者和消费者（分别追求利润或效用最大化）。

（2）市场区形状的决定。假设一个生产点（中心地）只供应一种商品，它的市场区在地理上初始是圆形的。如果它的利润可观，必将引起外地生产者陆续进入，使原有生产者的最大销售范围逐渐缩小，直到其门槛范围为止。门槛范围指一个生产者维持其生产经营活动所必须赚取最低收入的销售区域空间，或者是具有最低人口数（消费者）的地理空间。这样，这个匀质平原上供应该货物的生产点将达到饱和，每个生产者的市场区都是彼此相切的圆形。但是，相切的圆之间存在空角，为了使空角内的消费者也得到相应服务，市场区先是出现重叠，在重叠的市场区中，假设消费者会按照到最近距离供应点购物而平均分割，这样，圆形的市场区就演化成六边形的市场区（如图4-7所示）。

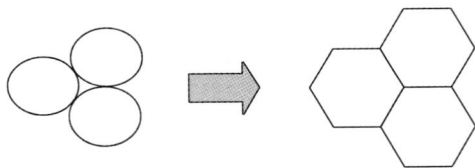

图4-7 市场区形状的演变

（3）城市规模等级体系。每种货物的门槛范围和最大销售范围都不同，如果把门槛较低、最大销售范围较小的货物称为低级货物（low-order goods），而把门槛较高、最大销售范围较大的货物称为高级货物（high-order goods），那么提供不同等级货物的中心地也就有了等级之分。高级货物由于门槛较高，只有少数地方才能提供；同理，较低等级的中心地数量就会较多。因此，克里斯塔勒认为，所有的中心地都能按其提供货物等级的高低，有序地排列成一个等级体系。在这个等级体系中，一定等级的中心地只向同等级别和低层次级别的地方供应货物，较低等级的中心地不能向高等级的中心地供应货物。

（4）城市规模影响力K值。根据上述中心地等级体系中的商品流向假定，一定等级的中心地会对数个下一等级的中心地产生影响，这个影响量用K值描述。克里斯塔勒认为，由于建立中心地等级体系的原则不同，K值也不相同。按市场原则组建的中心地等级体系的K值为3，而按交通原则组建的K值为4，而按行政原则组建的K值为7。

这样，中心地等级分布的关系可以由图4-8给出。

① 这里只简单介绍克里斯塔勒的中心地理论，勒施和胡佛对中心地理论的贡献可分别参阅：勒施. 经济空间秩序 [M]. 汪守礼，译. 北京：商务印书馆；胡佛. 区域经济学导论 [M]. 王翼飞，译. 北京：商务印书馆，1990.

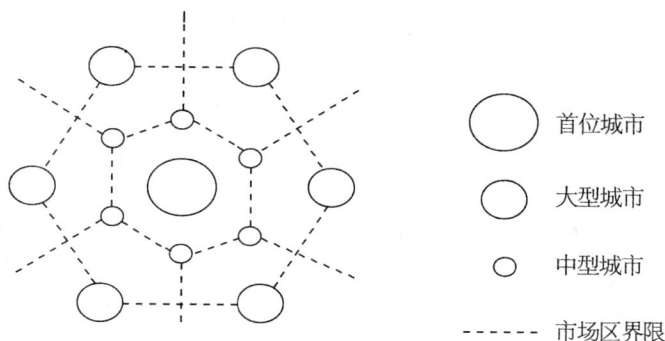

首位城市

大型城市

中型城市

------ 市场区界限

图4-8　克里斯塔勒中心地等级分布

2. 贝克曼中心地模型

贝克曼于1958年建立了中心地模型，试图把中心地、市场区的等级体系与城市规模分布联系起来。他认为，城市为周围的人口服务，由于等级不同，商品的门槛范围和最大销售范围把城市组织成不同的等级体系，并决定了每一等级城市的规模和数量。他首先假设，城市的规模与它所服务的人口数量成正比，即：

$$P_m = kT_m \tag{4.9a}$$

式中，P_m为第m级城市的人口规模；T_m则为该城市所服务的总人口；k为比例因子，是0~1之间的正小数。接着他又假设，每一级城市都辖有固定数量（S）的下一级城市。这样，由该城市服务的总人口为：

$$T_m = P_m + SP_m - 1 \tag{4.9b}$$

将（4.9a）式代入（4.9b）式，经整理可得：

$$T_m = \frac{SP_m - 1}{1 - k} \tag{4.9c}$$

由于最低一级城镇的服务总人口包括其自身人口和基本农村人口（r_1），因此：

$$T_1 = \frac{r_1}{1 - k} \tag{4.9d}$$

经过递推置换和整理可得出第m级城市的人口规模，即：

$$P_m = \frac{KS^{m-1}r_1}{(1 - k)^m} \tag{4.9e}$$

从（4.9e）式可以看出，$P_m/P_{m-1} = S/(1-k)$，所以城市规模将按它在等级体系中的级别以指数形式增加。因此，贝克曼的模型虽然是从中心地理论出发，但经过演绎推理得出的结论却和位序-规模定律具有一致性。

3. 丁伯根的输出等级模型

这一模型同样也以中心地理论作为建模的基础。在模型中，丁伯根假定最小的中心地生产Ⅰ型商品，供应当地居民和农村消费，其他商品则全部从外地输入；稍大的中心地生产Ⅰ型和Ⅱ型商品，供本地居民需求，并将Ⅱ型商品向较小的中心地输出；更大的中心地则生产Ⅰ、Ⅱ和Ⅲ型商品，并输出Ⅲ型商品，如此等等。他假设每个中心地都输出其最高等级的商品并从中获得收入；所获收入全部花掉，没有储蓄，这样他得出了不同等级的城市数量与其相应的等级序位之间的关系，即：

$$n^m = n_h \frac{a_0}{1 - \sum\limits_h a_h} \tag{4.10}$$

式中，n^m 为序位是 m 的城市数量；n_h 为生产第 h 级产品的厂商数量；a_h 为用于消费第 h 级产品的收入比率。产品的级别越高，需要的厂商越少，城市的数量也越少。

因为使用了收入变量，因此丁伯根的模型既适用于城市的中心地职能（向本地和周围地区供应商品的中心地的经济任务），也适用于非中心地（制造业）职能。但是该模型的隐含假设，仍然是只有较大城市中的厂商向较小的城市地区输出产品，而较小城市则不向较大城市输出，这显然不符合实际情况。

四、首位分布理论

首位分布是指由少数几个大城市占据主导地位的城市规模分布，在这种城市规模体系中，第一大的城市的作用十分突出。首位分布实际上是"位序-规模"分布的一个特例，在"位序-规模"分布模型中，如果 α 值足够大，城市规模分布的集中趋势明显，就是这里所讲的"首位分布"。反映首位分布水平的指标是"首位度"，即首位城市与第二位城市之间人口规模的比率，公式为：

$$P_c = \frac{P_1}{P_2} \tag{4.11}$$

首位度的内涵是最大的城市人口数是次一级的城市人口数的几倍。一般来说，首位度越接近 2，城市规模分布越接近"位序-规模"规律。只有在 P_c 足够大时，首位分布才会存在。但是 P_c 应在多大值以上，目前没有定论。这种首位分布的分析更能突出中心地或者城市的结构特点，有较高的应用分析价值。因此，首位分布一经提出，人们便想了解，是什么原因导致了首位城市的形成？常见的原因和解释如下：

（1）经济因素。一些研究认为首位度的高水平直接与经济结构相关，可以用二元经济模型或"核心-边缘"理论来解释首位分布的形成。他们认为，在二元经济条件下或核心-边缘结构中，乡村（边缘地区）居民取得的人均收入较低，而他们花费在市场上的收入又只占他们收入的很小比例，导致乡村市场得不到发展，从而使市场发育表现出空间上的差异。这种差异越显著，倾向于首位分布的力量就越大。

（2）政治因素。一些研究则认为国家的政治导向会促进人口和其他一些活动的集中。J.弗里德曼曾经宣称："在工业化早期，受到经营欲望强烈影响的区位选择倾向于直接接近相关的政治权力中心。"一般认为，对城市规模分布的集中程度起影响作用的政治变量主要有三个：国家集权的程度，高度集权会使首位度提高；城市政府的类型，"强市长制"往往会使首位度处于较高水平；政策力度，国家政策对某些决策或过程的控制、筛选的程度越高，私人企业紧靠国家行政中心布局的刺激就越强。

（3）文化因素。杰斐逊在发现首位分布的同时，第一个提出用文化因素来解释首位分布。他认为首位分布与民族主义精神的强度相关。而弗里德曼则从另一个角度强调了文化因素的作用，他的分析指出，那些拥有非标准的商业活动的国家将增加面对面交易的需要，这种力量是有利于首位分布的。

（4）国际关系。运用世界体系模型的观点从国际关系和世界体系的动态性，即国家的开放性角度解释首位分布的形成。这方面最早的研究着眼于殖民主义的行政和政治功能以及输出经济的影响。最近的世界体系模型则强调国家间的相互依赖在决定国家城市规模分布中的作用。例如，麦格里维把人均出口量与首位度的变化相联系，而蔡斯·邓恩则区分了国际经济依赖的三种类型，即援助依赖、贸易依赖和投资依赖，他指出每一种依赖都与首位分布的形成有关，但并未说明三种不同的国际经济依赖对首位分布形成的不同作用机制和过程。

尽管人们在首位分布形成的原因方面有很大的分歧，但这些观点并不是相互对立的。目前有意义的争论是如何看待首位分布所引发的后果。一些研究认为，首位度反映了社会经济方面的区域不平等。因为首位城市代表着一种超国家的力量，它使人口和资源过度集中，阻挠着对全国资源的有效利用，因而对国家的经济发展不利；而相反的研究结论却认为，首位分布具有积极效应：首位城市对资本和人才的更大积累，可以使知识专门化和进行更广泛的思想交流，从而促进技术进步；首位城市的规模效益通常要比一般城市要高，规模成本要低，而劳动生产率往往最高。应该指出，从短期来看，首位城市需要集中较多的人口和资源，形成对周边地区的"掠夺"，可能会造成周边地区的相对衰退，产生区域的不平等。但从一个较长时期来看，首位城市能够通过产品和技术的扩散以及收入回流等方式对周边地区实行"反哺"，带动周边地区的发展，最终对整个国家经济有利。因此，首位分布作为一种自然经济历程，对经济发展具有牵头作用。

◆ 练习与问题讨论

1.城市经济规模与适度规模有何异同？理论上的城市经济规模是如何决定的？

2.有人主张把我国城市分级进行整体规划和设计，对各类城市人口规模设置上限，实行严格控制。你怎么看？

3.表4-4给出了一个简单的例子，以说明城市规模与居民效用水平之间的关系。

表4-4　　　　　　　　城市规模与居民效用水平之间的关系

城市人口（百万）	小时工资①	劳动力收入②=①×8	通勤成本③	效用④=②-③
1	8	64	5	59
2	10	80	10	70
4	11	88	22	66

（1）观察表4-4中的数据，说明城市规模的成本与收益是怎样的关系。

（2）利用表4-4提供的数据，画出效用与城市规模的曲线图，并阐述最优城市规模的决定因素。

4."城市病"与城市规模之间存在着怎样的关系？联系实际说明我国大城市中普遍存在的"城市病"的成因。

5.针对城市"摊大饼"式的扩张，应该如何确定城市空间成长的合理边界，实现理性成长？

资料链接4-1

城市大小取决于市场

资料链接4-2

城市规模的经济学

资料链接4-3

城市多中心结构

第五章　城市土地利用

城市土地既是城市的生产要素，又是城市功能分区的空间载体。土地供应状况直接关系到城市的发展空间、发展潜力和发展方向。

本章通过对城市土地概况的描述，从对城市土地价格和地租的分析入手，揭示了城市土地市场的运行机制和城市土地制度；进而研究了土地竞租与城市土地利用问题，包括土地租金与土地区位、不同产业的投标租金模型和城市土地利用的一般均衡；最后对城市土地利用的功能分区和城市扩张中的土地有效利用及农地保护等问题进行了阐述。

第一节　城市土地市场与土地制度

一、城市地租与地价

（一）地租、经济租与级差地租

在经济学上，地租有两种解释：狭义解释为契约地租，又称商业地租，是指为使用固定资源的报偿，或者是土地承租人与出租人签订的租赁合同中约定的租金；广义解释则为经济租金，或称经济租，即生产要素的所有者获得的收入中超过其机会成本的那部分收入。简单地可表示为：经济租=要素收入-机会成本（次优用途上的收入）。

地租本质上是一种经济租。更准确地说，地租是某块土地的使用价格与其转移收益之间的差额。在土地具有多种用途时，地租由两部分组成：转移收益加上经济租金。转移收益类似于机会成本这一概念，它等于土地可用于次佳用途时应得到的收入。

作为经济租的地租具有两种不同的性质：一种是生产性租金，即创新租、风险租以及由创新、稀缺、风险所形成的垄断租，都属于生产性超额利润，是社会需要的。这种租金能产生强大的激励，促进技术进步，提高土地的集约利用水平。另一种是非生产性的租金，即谋求政府特权和优惠所形成的垄断租，以及由这种特权所派生的各种非法行为所取得的收入。寻租就是一种非生产性行为，因为它是寻求人为短缺资源的租金。

现实中，城市地租主要体现为一种级差地租，即由土地位置、效用和投入形成的租金。具体来说，它包括三种形式：

1.城市区位级差地租

城市内部区位效益差别极大，中心区与外围区的效益相差甚远。一般地，城市级差地租的分布呈现出从中心区到边缘区逐渐递减的规律。同时，沿着城市主要道路两侧的土地地租、地价也呈明显凸起。对于任何一个微观主体来说，位于地租峰价区位上，获得的土地级差收益最高。离峰价区位越远，获得的土地级差收益越小。

2.产业功能级差地租

城市产业功能级差地租是由城市不同产业综合效益不同而形成的收入级差。由产业功能不同所形成的地租，其性质比较复杂。一方面，城市产业功能级差地租是企业追加投资形成的。但另一方面，城市产业功能之所以不同，也与城市产业所处地理位置及附近资源（如毗邻消费中心、港口等）不同有关。

3.溢出效益级差地租

在城市除了各产业使用单位自身的投资外，还有大量的城市公共投资，即一般所说的城市建设投资。它的特点是，城市建设投资主要部分是直接投在城市工商用地之旁的，如交通、道路、邮电、供水、供热、供气等设施，都是作为生产和流通的必备条件而发挥作用的。这些追加投资，能提高城市整体功能，从而促进城市效率的提高。因此，城市建设具有溢出效益，即它可以使基础设施之外的任何土地使用单位受益。这种溢出效益是城市级差地租形成的重要来源。

（二）城市土地价格的本质和形式

城市土地价格是土地出让年限内地租的贴现值总和，即地租（土地收益）的资本化。城市土地的未来收益可以用地租来体现，由于土地使用具有耐久性，因此，地租是一种永久的收益流，一旦土地的所有权发生转移，收益流的归属就会发生转移。所以说，地价是地租的转换形式，将地租还原为货币形式一次性表现出来，就是城市土地价格。但这个城市土地价格只是理论地价，或称均衡地价，即市场上的实际地价不会长期偏离它。而现代地价理论认为，当土地被当作一种可交易的资产看待时，与其说"地价间接地由地租决定"，倒不如说"地价直接由土地资产的买卖所决定"。在这种场合，地价不仅受到持有者土地利用收益的影响，同时还受到将来卖掉土地时所产生的收益（称为资本收益或土地增值收益）的影响。并且各个经济主体的资产选择行为可以影响土地的保有量，从而使其成为在资产市场上决定地价的又一重要因素。

我们知道，人们购买土地并不是为了购买土地本身，而是为了购买土地的某种权利。土地权利有丰富的内容，是一束权利的集合，包括土地所有权、使用权、租赁权、抵押权等。土地买卖意味着某种权利的转移，获得该项权利者可获得某种利益，也要为获得此项权利付出代价。可见，城市土地价格实际上是土地的一种未来收益权利，是土地某种权利的购买价格。

从城市土地价格的本质可以看出，城市地价是由城市土地产权制度决定的。因城市产权土地制度结构不同，城市土地价格具有多种多样的形式和种类。通常来说，城市地价由城市土地所有权价格、土地使用权价格和土地年租价格三部分组成。

城市土地所有权价格，也就是城市土地买卖价格；城市土地使用权价格，就是现实中的城市土地批租价格；而城市土地年租价格，亦即城市土地零租价格。

在我国，城市土地所有权归国家所有，按《宪法》规定不能买卖，因此不存在城市土地所有权价格。但《宪法》允许城市土地使用权在一定年限内出让给土地使用者，土地使用者依法取得土地使用权后，在使用年限内还可以将土地使用权转让、出租、抵押或者用于其他经济活动，所以，在我国经常采用土地使用权价格，且具有多种形式。

（三）城市地租与地价的关系

如前述，城市土地价格是土地收益即地租的资本化。土地收益应是付租能力较强的企业经营该土地所能获得的收益。根据城市土地价格是土地收益资本化的理论，若干年期限的城市土地使用权价格的一般形式是：

$$PV = \sum_{t=1}^{n} \frac{R}{(1+i)^t} = R \cdot \frac{1-(1+i)^{-n}}{i} \tag{5.1}$$

式中，PV 是土地价格；i 是资本还原利率；R 为每年土地纯收益（地租）；n 是土地使用出让年限。计算若干年限的土地使用权价格，必须计算土地出让年限内所产生的租金收益流的现值，因此，（5.1）式是根据现值或贴现的原理得到的若干年限的土地批租价格的一般形式。

假定土地年租金持续到永远或收益流永远持续下去，当 $n \to \infty$ 时，$(1+i)^{-n} \to 0$，那么，（5.1）式就会变成如下形式：

$$PV = \frac{R}{i} \tag{5.2}$$

这是购买土地所有权价格的公式。由这个公式可知，城市土地所有权价格与使用权价格有极大的关联度：当城市土地使用权让渡的年期为无限时，就会产生由量变到质变的飞跃，城市土地使用权价格就变为所有权价格了。

城市地租和地价的关系可以直观地理解成：完整的地价是土地的"整卖"，即购买土地所有权，是土地所有权的交换；地租是使用土地支付的费用，是土地的"零售"，是土地使用权的转让。

二、城市土地供求与市场特性

城市土地资源配置是在一定土地供求环境下的配置，目的是在有限的土地供给和日益增长的土地需求之间寻求平衡，并使土地得到最佳利用。为了更好地理解城市土地市场的均衡，必须清楚认识城市土地市场不同于其他要素市场的特殊的供给与需求特征①。

（一）城市土地市场的自然供给与经济供给

城市土地供给是指城市范围内提供给人们可资利用的各类生产和生活用地的数量。城市土地供给可以分为自然供给和经济供给。自然供给是指地表可供利用的土地数量，自然供给是相对稳定的，这是因为城市可资利用的地表面积是固定的，是没有弹性的土地供给；经济供给是指经人们开发以后可以直接用于生产或生活的土地数量。土地的经济供给是有效供给，它是变化的、有弹性的。二者的特点可用表5-1进行描述。

表 5-1 城市土地的自然供给与经济供给的特点比较

特点＼类型	供给弹性	供给数量	供给方式	土地利用
自然供给	无弹性	天然的、有限的	外延式	不规定利用方向
经济供给	有弹性	已开发的、可置换的	内涵式	有具体用途

由于城市土地有多种用途，因此城市土地供给又可细分为多种类型的土地供给，比如城市居住用地供给、工业用地供给、商业用地供给等。这些土地供给都是土地的经济供给的一部分。根据各类用途对城市区位条件的要求，各类城市土地供给的供给弹性也是存在差异的。虽然它们的供给弹性相对农业要大一些，但是与人们对城市土地的需求相比，供给量仍然十分有限。为了弥补城市土地的供求缺口，有效地增加城市土地供给量是缓解供求矛盾的重要途径。

增加城市土地供给主要有两种方式：一是外延式扩大城市土地供给规模，即通过减少其他用地，如农业用地，绝对地增加城市土地供给面积。二是内涵式扩大城市土地供给，即通过规划调整或者增加单位土地投入的方法，更集约地利用现有城市土地。旧城改造属于此种方式。它可以在现有城市土地数量不增加的情况下，相对地扩大城市土地经济供给，这是一种比较间接地扩大城市土地供给的方式。

（二）城市土地市场的扩张需求与内敛需求

城市土地需求是一种引致需求，是一种派生的间接需求。它是人们对城市土地产品（包括各类房屋在内的地上构筑物）在生产与生活方面的需求所引起的。城市用地需求也是各种各样的，按需求方式也可分为扩张式需求与内敛式需求两种类型。

城市土地扩张式需求往往伴随着城市的郊区化过程，因此它通常是通过农业用地向建设用地的转换改变来实现的；而内敛式需求是对现有土地的集约使用过程，它多数情况下是通过土地在各类产业之间、部门之间的土地置换途径来实现的。

---

① 黄桐城，黄碧云. 城市土地经济学 [M]. 上海：上海交通大学出版社，1999：86-87.

城市增长对土地的需求是多方面的，土地供给的稀缺性永远不可能使人类对土地需求都得到满足，在土地总量一定的条件下，各类用地需求之间必然产生矛盾，此消彼长。城市用地增加了，农业用地就会相应减少。在一个城市中，交通运输和公共用地增加了，其他工商业或居住用地就会减少。而且土地作用一经确定，要改变为其他用途就必须投入大量的资金和劳动力。在这种情况下，科学制订城市土地规划，运用各种经济杠杆对每类土地供求进行调控，使城市土地供给与需求达到相对均衡就显得十分重要。

（三）城市土地市场的特殊性

城市土地市场并不是完全竞争市场。多数商品和服务，虽然供给主体不同，但它们几乎同质。因此，他们在同一个市场中进行竞争。城市土地市场作为市场体系的组成部分，具有市场的一般规定性。但是，土地是一种特殊形态的商品，具有区别于一般商品市场的明显特点。

（1）交易实体的非移动性。一般市场交换表现为商品实体的运动，而土地在交易过程中，交易对象不移动，只发生货币运动和使用者的移动，其实质是土地产权契约的交易。因此，土地交易往往以一定的契据等法律文件为依据，权利的取得必须以法律为依据方为有效，并按权属管理和市场管理的需要进行变更登记，使其权属的变更得到法律确认。

（2）土地市场的地域性。由于位置固定的特性，使得土地市场基本上是一个地方市场，土地必须原地出售。因此，不同地区由于经济发展水平不同，土地市场产生和发展的动力也不完全相同，因而也就导致了不同地区土地市场状况的不均衡。如我国目前土地市场明显地存在着沿海开放城市与内地一般城市、东部地区与中西部地区的差异。

（3）土地市场的垄断性。土地资源的稀缺性和位置固定性，以及土地市场的地域性分割，导致地方性市场的不完全竞争和土地价格不完全由供求关系来决定，加之土地交易数额较大，所以土地市场容易形成垄断。在实行土地公有制的国家和地区，所谓的土地买卖只是一定年限土地使用权的买卖，而不是所有权的买卖。土地的最终产权始终掌握在国家手中，用途由土地利用规划和城市建设规划限定，不能任意改变。所以，土地市场实际上是由政府控制的市场，因而价格机制、竞争机制等对土地供求关系的调节作用就不如一般商品那样明显。

（4）流通方式的多样性。土地作为耐用、高值商品，有使用期限长短、利用方式、开发程度、收益高低的不同组合，创造出多种不同形式的土地权属、利益关系，以打破市场流通的局限，满足不同层次的需要。如除买卖外，租赁、转让、分期付款、产权交换、拍卖、招标、协议成交、抵押等交易方式在土地市场中相当普遍。这种流通方式的多样化是土地市场特有的。

三、城市土地制度

城市土地制度是指一定社会条件下，城市土地经济运行中各种经济规则和经济关系的总和。城市土地制度主要包括城市土地产权制度和城市土地管理制度两个方面，如图5-1所示。

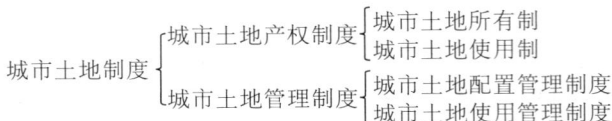

$$
\text{城市土地制度}
\begin{cases}
\text{城市土地产权制度}
\begin{cases}
\text{城市土地所有制} \\
\text{城市土地使用制}
\end{cases} \\
\text{城市土地管理制度}
\begin{cases}
\text{城市土地配置管理制度} \\
\text{城市土地使用管理制度}
\end{cases}
\end{cases}
$$

图5-1 城市土地制度分类

因为城市土地的所有、占有、处置和使用等经济关系都是通过产权形式予以规定的，所以城市土地制度的核心是土地产权制度。城市土地产权是指各权益主体对城市土地资产拥有的"权利束"，包括城市土地所有权、占用权、使用权、收益权和处置权等。这些权利，在城市土地利用中扮演着重要作用，所以又称"产权权能"。其中，城市土地所有权是城市土地权利束中最充分的一项物权。其他权能都是由所有权派生的，但同时在一定条件下和所有权相分离，成为相对独立的土地产权权能。简单地说，城市土地产权可理解为由两个权利束组成：其一是土地所有权权利束；其二是土地使用权权利束。两个权利束的所有权利都是可以分离的独立权能，其中很多可以在不丧失所有权的条件下，通过土地市场进行转让和配置。因此，城市土地产权制度可分成城市土地所有制和城市土地使用制两个方面。

在土地产权制度中，土地所有制是最基本的制度，土地所有制是指人们在一定社会条件下拥有土地的经济形式。土地所有权是土地所有制的法律体现形式，土地所有权的主体是土地所有者，客体是土地。土地所有制要具体规定土地所有权的形式，即土地属于公有还是私有，公有中属于国家所有还是集体所有，因此土地所有权总是在一定的土地所有制基础上产生的，是对既定土地所有制的确认和规范，但是一旦土地所有权确立以后，又具有相对独立性，能反作用于土地所有制。城市土地使用制是在土地所有制基础上，对土地使用的程序、条件和形式的规定，土地使用制的法律体现的是土地使用权，土地使用权是土地使用权主体依法对一定的土地进行利用、管理并取得收益的权利。

城市土地管理制度是国家对全国或某一区域的城市土地在宏观上进行管理、监督和调控的制度。城市土地管理的基本目的是维护已经确定的土地所有制和土地使用制，最大限度地满足全社会对城市土地的需求，保证城市土地资源有效和充分的利用。城市土地管理主要包括两个基本内容，即土地配置管理和土地使用管理。城市土地配置管理的目标是使有限的城市土地资源得到最有效的利用，以满足城市对土地日益增长的需求。一般来说，土地配置管理可分为计划配置管理和市场配置管理两个层次。前者的主要内容是根据城市发展规划，制订城市土地资源利用长远计划、近期计划以及空间布局计划，以保证城市土地资源在国民经济各个部门、各个项目上的正确分配和合理利用。城市土地资源配置管理的本质是城市土地权属管理，土地资源配置过程也是城市土地权属变动过程。后者是在土地资源合理配置的基础上，对城市土地的开发、经营和整治等活动进行管理和监督，主要内容包括根据城市土地利用规划和功能分区制，对每一块城市土地的用途、建筑物高度、容积率、建筑密度等指标进行限制和管理，其目的是保证城市土地利用规划的实施，提高土地利用效果，并为城市居民创造一个舒适、健康、优美的生产和生活环境。

第二节　土地竞租与城市土地利用

一、土地租金与土地区位

最早分析土地区位与土地利用、地租之间关系的是德国的地理学家杜能。尽管杜能模型是研究农业土地利用的，但其分析方法却同样适用于城市土地利用，因而成为空间经济学和城市空间结构理论分析的基本模型。这一模型经过不断的发展和创新，目前已成为城市土地利用和空间结构分析的基本模型。

杜能模型是围绕一个固定的地点（城镇）展开的，主要考察了运输成本空间上的差异对农业地租的影响，其主要假定包括以下几方面：①固定的价格。由于产出品和投入品的价格由统一的市场供求所决定，因而对于农民而言所有价格都是既定的。②市场区。所有的产品均由农场以每英里单位产品t美元的运费运至中心市场（城镇）。③完全竞争性的农产品市场。任何人均可自由进出该农产品市场，所有农民获得零经济利润即仅获得正常利润。④所有区位的土地肥力相等，因此各个区位的产品生产成本相等。

同其他生产要素一样，土地可以为所有者提供一定的经济效益，也就是说，土地的所有者在将土地出租给使用者时，必须取得相应的经济补偿，这种补偿就是土地所有者获得的地租。另一方面，作为土地的使用者，在获得一定时期的土地使用权的同时，也获得了土地在该时期内提供的相应的产生收益的能力。因此，可以说，土地租金的本质是土地在一定时期内提供的服务流量的价格。[①]

由于土地区位的差异，土地的肥沃程度、交通条件、市场影响等方面会有很大的差距，从而导致单位土地上提供等量产品或服务的成本不同。因此，由于土地区位不同，从等量土地获得的收益也会不同。在市场竞争条件下，追求利润最大化的行为最终会使所有厂商获得正常利润，从而土地使用权价格——地租的支付就会因土地区位不同而不同。

根据土地肥沃程度、距离市场区位远近和气候条件等方面所决定的土地生产力的不同，可以将土地分为不同的等级。一般而言，对土地的利用会根据社会产品需求的大小，由优至劣依次进行。生产产品的价格必须不小于最劣土地的平均成本是土地开发的基本前提。如果最劣土地的平均成本等于市场价格，就不会产生级差地

---

①　蔡孝箴. 城市经济学 [M]. 修订本. 天津：南开大学出版社，1998：212.

租，这种不会产生级差地租的土地在经济学上一般被称为边际土地。处于边际土地以上的土地产品平均成本较低，故可以得到平均成本以外的剩余报酬。这种市场价格与边际土地以上土地产品平均成本之间的差额，就是级差地租。[1]杜能的这些思想对后来的以单一中心城市模型为核心的城市空间结构的研究起到了奠基石的作用。

20世纪60年代，杜能模型重新焕发了生机。当时，阿隆索（1964）把杜能模型中的引力中心（城市）换成中央商业区（CBD），并把农民换成通勤者对这个模型进行了重新解释。通勤者来往于居住地和商业区的工作地之间，也面临运输成本的问题。当然，城市附近的土地租金是最高的，并随着距离的增加而降低。同样，通勤者之间也存在对土地的竞争，也会带来土地的有效分配。

二、不同产业的投标租金模型

通常，企业的市内选址决策是其利润最大化行为所决定的。根据假定，企业之间无差异，从而企业选址的影响因素可抽象为区位、地租和企业间的竞争。在不同的区位上，企业获得的便利程度是不同的，因而，在充分竞争条件下，不同区位上的企业其支付地租的能力有所差异。所以，企业的区位选择决策本质上可以通过其竞租函数表现出来，竞租曲线则反映了该部门在城市内的土地利用状况。

（一）制造业的投标租金模型

在完全竞争条件下，企业产品的价格、非土地要素的价格都是既定的，不随区位的不同而改变。假定技术不变，市内不同区位的成本不变。在这种情况下，企业的区位选择是市场指向的，每单位产品单位距离的运输成本为常数t，均衡产量为B，产品价格为P_b，生产成本为C，地租为R，土地使用量为T，则企业的经济利润为：

$$\pi = P_b \times B - C - t \times B \times u - R \times T \tag{5.3}$$

式中，u为企业与CBD的距离。

在完全竞争市场下，企业经济利润为零，从而有投标租金模型：

$$R = \frac{P_b \times B - C - t \times B \times u}{T} \tag{5.4}$$

对u求偏微分可得：

$$\frac{\partial R}{\partial u} = -\frac{t \times B}{T} < 0 \tag{5.5}$$

随着距CBD距离u的增加，制造性企业对土地租金的出价逐渐降低。而随着u的缩短，地租上升，土地要素相对变得昂贵，企业将更多地投入相对便宜的非土地要素，即存在非土地要素对土地的替代，从而随着R的增加T将减少。

（二）服务业的投标租金模型

服务业是位于市中心地区的重要产业部门，具有高速、快捷的信息传递和交流

---

① 蔡孝箴. 城市经济学［M］. 修订本. 天津：南开大学出版社，1998：213-214.

功能，从而可以更多地获得市中心的集聚利益。这类企业多以写字间为主，非土地要素与土地的比率较高，也就是说，对土地的替代性很强。服务性企业的经营成本主要包括非土地成本、地租和交通成本。与制造业的不同之处在于，服务业的交通成本是指写字间所在区位与中心区顾客之间通行的机会成本，除了包括交通费外，更重要的是还包括时间成本。所以服务业的交通成本多以时间计量。假定单位距离的通行时间为t，单位时间的机会成本为W，业务量为A次，则总的交通成本为：

$$TC=t\times W\times A\times u \tag{5.6}$$

于是，企业的经济利润为：

$$\pi=P_a\times A-C-R\times T-t\times W\times A\times u \tag{5.7}$$

在完全竞争条件下，企业的经济利润为零，从而其投标租金模型为：

$$R=\frac{P_a\times A-C-t\times W\times A\times u}{T} \tag{5.8}$$

式中，P_a为服务的价格；C为非土地要素成本。

这一模型表明服务性企业在市内不同区位上所愿意支付的土地费用也存在要素替代。与制造业相比，服务业中非土地要素对土地的替代性更强。

（三）居民住房的投标租金模型

居民家庭住房消费的区位选择，本质上也是一种追求总效用最大化的行为。扣除交通费用支出，居民的消费支出可分为两类：一是住房支出；二是非住房商品支出。在不同的区位上，居民可能支付不同的住房支出，从而对非住房商品的消费也可能不同，但不同的住房与非住房商品组合则可能为消费者带来等量的总效用。因此，这里我们有一个假设是：房屋消费取决于房屋租金。所谓房屋租金，是指每平方米房屋建筑面积的月租金。房屋租金函数表明了城市家庭愿意为市内不同地点的住房各支付多少租金。家庭住房消费遵循需求规律，当价格上升时，就减少需求量，即当一个家庭向市中心搬迁，房屋租金增加时，就用非房屋商品（精致的家具、家用电器、食品等）来替代房屋消费，减少房屋租赁面积。

由于住房价格随着区位不同而不同，而非住房商品的价格是由商品市场决定的，因而是既定的。同时，随着距市中心距离的增加，居民交通费用的支出也将增加。因此，在不同区位上存在着一个消费均衡的问题。

均衡的房屋租金函数使居民在市内任何地点居住都一样，因为上下班成本的差异可以由房屋成本的不同得到弥补。向着市中心迁移1公里，好处是上下班的成本减少了t（每公里上下班成本），坏处是房屋成本增加了Δr（每平方米面积租金的增加量）乘以H（房屋面积），如果上下班成本的减少量等于房屋成本的增加量，即：

$$t=-\Delta r\times H \tag{5.9}$$

这是从总量上来分析上下班成本与住房成本之间的平衡关系，如果从边际角度来分析二者之间的关系，房屋租金函数的斜率可以用简单的代数方法表示，因为房屋租金r和房屋消费H都随到市中心距离u的变化而变化，所以上下班成本和住房成本之间的平衡关系可以看成为：

$$\Delta u \times t = -\Delta r(u) \times H(u) \qquad (5.10)$$

式中，t 为每公里上下班成本；Δu 为到市中心距离的改变量；$\Delta r(u)$ 为房屋租金的改变量；$H(u)$ 为在 u 处住房的消费量。

于是，房屋租金函数的斜率为：

$$\frac{\Delta r(u)}{\Delta u} = \frac{-t}{H(u)} \qquad (5.11)$$

当离市中心距离增加时，房屋租金下降的速度可以用"房屋租金梯度"来表示，房屋租金梯度定义为每公里房屋租金百分比的变化。将上述等式两边同时除以 r，则有：

$$\frac{\frac{\Delta r(u)}{r}}{\Delta u} = \frac{-t}{H(u) \cdot r(u)} \qquad (5.12)$$

因此，房屋租金梯度等于每公里上下班成本除以住房消费额。

三、城市土地利用的一般均衡

在城市经济中，土地利用要达到均衡状态必须同时满足以下几个条件：

（1）企业选址的均衡。在充分竞争的市场机制下，只有所有区位上的企业均达到零经济利润状态时，企业才没有改变区位的动机。优越的区位节省了成本，但租金的上升又起到了平衡作用，从而各个区位上各企业的总成本支付均是无差异的。

（2）家庭选址的均衡。所有家庭（无差异的典型家庭）在市内各区位上获得的效用相同，从而任何家庭都没有改变区位的动机。这一条件也是通过租金来调节的，通过竞争优越的区位支付较高的租金，从而在各个区位上家庭的住房总支出也是无差异的。

（3）区位竞价的均衡。在充分竞争条件下，土地总是被出价最高的使用者获得。在同一区位上，不同的企业或家庭的竞租水平不同，只有出价最高者才能获得该区位上的土地。企业的最高租金出价取决于其土地要素的边际生产力、交通费用和产品价格，否则企业将难以达到生产均衡，而家庭的最高地租出价则是由其效用最大化下的消费均衡所决定的。所以，某一区位上具体配置哪种类型的经济部门，是通过土地市场上的竞价均衡来实现的。

（4）劳动力市场的均衡。在开放城市模型中，还必须满足这一条件。也就是说，市内工商业的劳动力需求必须与居住区的劳动力供给相适应，否则就会有城市人口的迁入或迁出，从而影响地租乃至土地利用的变动。

（5）土地利用边界的均衡。在两类土地利用的边界，两类土地的地租必须一致，否则边界就会移动。在城市土地利用边界，城市地租必须等于农业地租。若前者大于后者，则城市用地必然侵占农用土地而向外扩张；反之，则不能形成城市用地。

满足上述几个条件后，城市用地结构就达到了均衡状态，从而决定了城市内部空间结构的形成（如图5-2所示）。

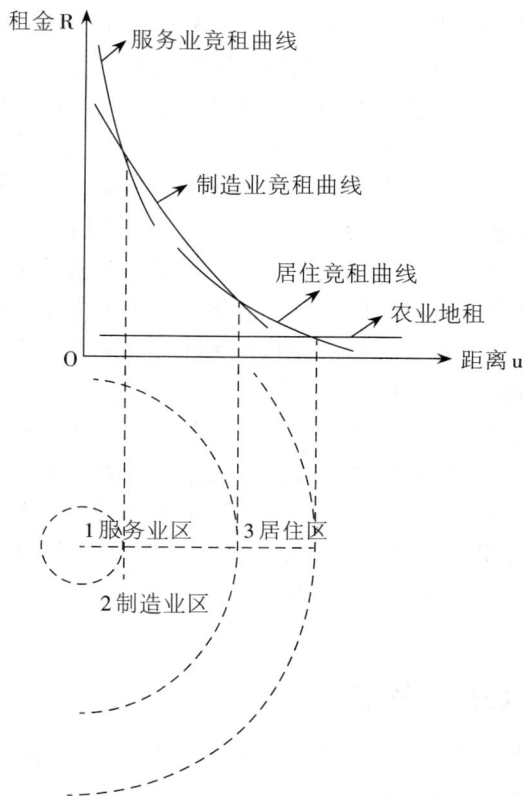

图 5-2　土地利用的均衡与城市内部结构形成①

　　一般来说，服务业中非土地要素对土地的替代性较强，在市中心地区土地的边际生产价值较高，从而地租出价较高，因而占据了市中心地区的土地。制造业、住房依次次之，因而分别居于中间和边缘地带，所以，从理论上，在市场机制下均衡的土地利用形成了同心圆形的分层结构模式。

第三节　城市土地利用的功能分区

一、城市功能分区规划

　　城市功能分区规划，也称土地利用分区规划（zoning），简称土地区划或分区规划，是最普遍的土地利用控制手段。城市可以通过分区规划控制建筑密度、人口规模和土地利用方式。功能分区规划对城市面貌有重大影响，它规定了空间在一点的土地利用类型、强度、建筑高度、地块最小或最大面积，以及其他土地利用限制等。

　　迄今为止，我们已经做了土地将配置给最高竞价者的假设。实际上，在土地利用分区规划的指引下，可将不同类型的城市土地——商业用地、工业用地和住宅用

---

① 蔡孝箴. 城市经济学［M］. 修订本. 天津：南开大学出版社，1998：225.

地——进一步划分成不同的区（如住宅区可以分成低密度住宅区和高密度住宅区）。任何土地利用类型或者任何类型的土地利用密度及集约度都可以进行分区。分区是政府当局对土地用于某种用途或不能用于某种用途的限定，它代表了对自由市场情况下的可能的修正。由于分区和自由市场所形成的最终结果通常是一致的，因此，分区并不总是一种修正，分区也不是固定不变的。事实上，尽管有时候是被动调整的结果，但分区边界通常符合市场自发形成的边界，有时候分区甚至需要积极参与到土地市场当中，无论在该制度形成还是在制度解除及变迁中，就如在大地块分区规划的情况下，经常会有这样的观点：分区规划在短期内是对抗市场力量的，但从长远来看，政府当局通过持有土地，并且在条件成熟的情况下再允许土地入市，可以达到长远上更好地服务市场的目的。

总之，分区规划规定了每一块土地所允许的利用方式。分区规划规定每个分区内土地的哪些用途是合法的，哪些需要经过批准。开发商必须遵循分区规划对土地使用的目的和地理位置的规定以及对开发限度的具体规定。分区规划的目标是防止对土地进行掠夺性使用，限制那些支出大收益小的土地利用方式，以提高公众健康、安全和福利水平。城市功能分区规划的基本思想是，将那些功能上"不协调"的土地分开利用。

二、分区规划的理论依据

城市规划通过分区规划或功能分区，来最小化土地利用的负面效应，以此来提高城市效率。支持分区规划的理论依据主要有两个：一是消除土地利用的负面影响或外部性，保护和提升城市房地产价值，进而保护财产拥有者的利益和权益；二是作为政府实施城市总体规划的主要工具之一，实现土地利用管理和控制的目的。

城市里有各种各样的土地利用类型，如住宅、工业、交通、商业、办公等。有时一种土地利用类型对其他土地利用类型有负面的影响，如污染工业、飞机场噪声、垃圾处理场所等对住宅的负面影响。有学者研究发现，垃圾处理场所的存在可能降低附近房地产价格的7%~12%。房地产不仅对个人或家庭的财富很重要，而且是地方政府的重要财政来源。因而，保护房地产价值既符合房地产拥有者的利益，又符合地方政府的自身利益。而最常规消除或弱化不同土地利用之间的负面外部效应的规划手段就是土地利用功能分区。城市土地利用功能分区将互不相容的土地利用类型在空间上分隔开，有效地保护了房地产价值和房地产拥有者的利益和权利。比如，将污染工业（产生噪声、空气污染物、水污染物等）集中布置在远离居住区的地方，并与生活区用绿色带和空地隔离开来。分区规划之所以有这些积极的作用，其原因是它有效地消除了土地利用的负外部性。

推动分区规划的另一个重要因素是通过协调土地用途能够促使城市规划的落实，进而达到有效管理的目标。比如，通过分区规划限制城市蔓延式发展，鼓励紧凑密集型理性发展，减少城市基础设施需求和政府财政负担，同时减少土地需求和进行环境保护。可见，分区规划以土地利用地域分异规律为理论基础，是城市土地利用规划的关键内容，也是实行土地用途管制的重要手段，对科学制定土地利用方向、合理确定土地利用结构、提高土地利用集约化程度、促进区域协调发展具有重要意义；它也是合理开发利用和保护土地资源、因地制宜调整土地利用结构和确定土地利用方向的重要科学依据。

三、分区制的几种常见方式

阿瑟·奥沙利文把具有外部性的分区称为公害分区（nuisance zoning），其目的在于把不相容的土地利用分离开来，如把有空气污染的企业搬迁到远离住宅区的工业区等。这种功能分区按照其有效性又可以分为工业分区、性能分区和立体排污费三种政策类型[①]：

1.工业分区制

工业分区制可以将住宅用地与工业用地相分离，将污染源与潜在的受害者分开，限制工业污染的外部性，这种土地利用方式有助于提高社会福利，简便易行，可操作性强。

这种政策的弊端是，由于工业分区制没有为企业提供降低污染的激励因素，只是迫使污染源迁移，因而不能减少污染总量，是一种缺乏效率的权宜之计。

2.性能分区制

性能分区（performance zoning）制是对传统工业分区制的改进。政府为每个区设定性能标准，对企业污染设定上限，是一种鼓励消除污染的政策，给无污染企业更多选择生产地点的机会。

按照性能分区制，只要商业网点符合有关停车场、交通和噪声的性能标准，政府就允许其在特定地区分布，这是对传统的通过设立专门商业区减少外部性的改进。性能分区制允许商业用地和居住用地混合使用。同样，如果高密度住宅区能够消除破坏风景和遮挡阳光等负外部性，也可以与低密度住宅相邻，而不必被排斥在独立的高密度住宅区之外。

3.立体排污费制

立体排污费是一种针对污染征收的税收，出于效率的目的，这种收费应等于污染的边际外部成本，即增加一单位污染所带来的社会成本。理论上，立体排污费制度能使污染水平和污染源在空间上的分布达到最佳。如果排污费随着立地空间的不同而不同，那么企业在住宅区等敏感地区选址将支付较高的排污费。

如图5-3所示，立体排污费政策优于分区制政策的原因在于：一是立体排污费政策允许企业将生产地点选择在总成本（劳动力成本与排污费成本的总和）最小处。从全社会角度看，企业在总成本最小处立地，工人节省的通勤成本（劳动力成本）大于增加的污染成本，所以新的立地更有效率。二是立体排污费政策迫使企业缴纳排污费，使污染降低到合理水平。

---

① 奥沙利文. 城市经济学 [M]. 苏晓燕，等译. 北京：中信出版社，2003：284.

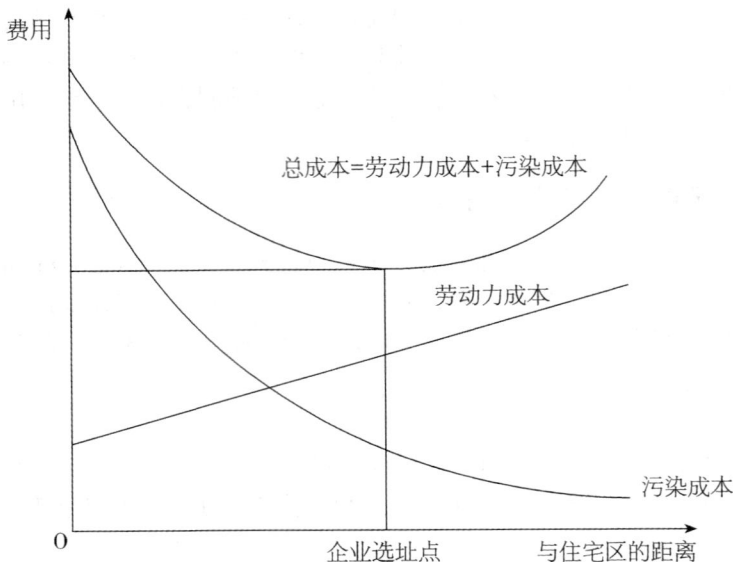

图 5-3　立体排污费和最佳选址

资料来源　奥沙利文. 城市经济学 [M]. 苏晓燕，等译. 北京：中信出版社，2003：286.

　　如果工人节省的通勤成本小于污染成本的增加，则总成本增加，企业仍会留在工业区，但这并不表明工业分区制优于立体排污费制度，因为立体排污费制能降低污染水平。而城市政府热衷于工业分区制的原因在于，立体排污费制度需要评价城市内部不同地区的污染边际外部成本，为了收费，政府必须对污染企业进行监督，这些都比把所有的污染企业集中到一个工业区的传统分区制烦琐且不易操作；同时，立体排污费制可能带来加重某些邻近地区污染的危险而使政府踌躇不前。

　　上述分区制主要是以防止污染为核心，如果从土地利用效率角度出发，通常，分区制还分为损害分区制、财政分区制和设计分区制。这种分区制是为了规定每一块土地所允许的利用方式，以防止对土地进行掠夺性使用，限制那些支出大收益小的土地利用方式。

　　所谓损害分区制，是指把同类型的土地利用方式集中在同一区域内。为什么叫损害？因为土地利用过程中存在着负外部性，如污染、噪声等。如何实现这种分区制？办法有三个：一是功能分区法，即把互不相容的土地利用方式相分离，如商业、工业、住宅区分离。二是征收污染排放费，提高企业社会成本，可迫使企业离开某区域。三是设定绩效标准。政府对城市每一个地区设定一个绩效标准，如污染排放量的上限。在标准允许内，企业可在本区域生存下去。

　　财政分区制是指通过经济手段，对处于功能区内给政府带来财政负担的家庭或企业用地进行限制或补助。通常有以下办法：一是排斥分区法，即规定住宅开发的最小建筑用地面积，排斥那些居住小面积住宅或公寓房屋的家庭。二是包容分区法，即政府迫使开发商为低收入家庭建造低于建筑成本的房屋。三是征收开发税。四是限制工商用地开发。

设计分区制是指通过政府规划使功能区内的土地利用与经济活动、基础设施承载力形成合理的比例关系，其中，它特别关注公共用地面积。

四、城市用地功能分区规划的新理念

当今社会，城市功能日趋复杂化。根据土地的用途将城市划分为"不可兼容"的不同功能区域的传统城市分区规划正逐步被新的分区规划理念取代。近年来，国内外各种新的城市规划思想融入城市分区规划，增加了城市分区规划的灵活性及管理强度，同时考虑到特定地块的独特性，新兴城市分区规则从生态、人文、公共利益、艺术等角度大大增加了功能区的种类，既丰富了功能区的内涵，同时也满足了城市人口对城市功能的需求。

1.主体功能区规划

主体功能区规划，就是根据不同区域的资源环境承载能力、现有开发密度和发展潜力，统筹谋划未来人口分布、经济布局、国土利用和城镇化格局，将国土空间划分为优化开发、重点开发、限制开发和禁止开发四类，确定主体功能定位，明确开发方向，控制开发强度，规范开发秩序，完善开发政策，逐步形成人口、经济、资源环境相协调的空间开发格局。虽说主体功能区主要是针对国土开发进行的规划，但对于城市土地区划来说也同样适用。因为主体功能区划从资源和环境角度在大空间尺度上把握了城市适宜的经济活动的类型和规模，规范城市发展规模，形成合理的城市空间开发结构。城市规划可根据四类主体功能区的划定，针对不同功能区提出因地制宜的方案。

2.复合功能社区规划

传统的城市分区规划是根据土地使用的单一用途或同类用途来划分不同的功能区的。随着城市功能的复杂化，人们的需求多样化，人们越来越意识到单一功能分区的局限性和不可持续性。特别是伴随着当代美国"新城市主义"的城市规划思潮的兴起，复合功能社区的规划理念引起了人们的关注。"新城市主义"规划主张的核心思想为：重视区域规划，强调从区域整体的高度看待和解决问题；以人为中心，强调建成环境的宜人性以及对人类社会生活的支持性；尊重历史与自然，强调规划设计与自然、人文、历史环境的和谐性。因此，"新城市主义"主张用复合功能来代替分区功能，以满足人们对工作生活等各方面的需求，不仅从物质上实现了供给与需求的平衡，而且丰富了城市居民的精神生活。

3.多目标分区规划

在城市分区规划过程中，应综合考虑土地利用、经济发展、交通运输、环境保护、旧城改造、历史保护、社区建设、文化艺术等多元化因素，在规划目标中不应再单纯考虑空间布局，而应更多融入城市的经济、社会、文化等发展政策和维护社会公共利益的目标。这样分区规划不仅表现在城市分区功能的细化，而且体现了城市分区功能的拓展，反映了城市分区规划在城市的功能针对性方面不断地改进和强化。分区规划不仅包含了居住与工作等传统功能因素，还凸现出经济、社会、文化等方面的功能，并拓展到对类似公众利益、美观、环保和生态价值等方面的关注①。

第四节　城市扩张与土地有效利用

一、次中心崛起与多中心结构

伴随城市市郊化过程，城市的郊外转化为多个次级中心城镇，并从社会和经济上与原中心城区形成具有整体关系的城市地域。如果把原有城市和城市边缘的次级中心结合起来的圈域看作是城市地域，便有了大都市区的概念。

大都市区是一个大的城市人口核心，以及与其有着密切社会经济联系的、具有一体化倾向的邻接地域的组合，它是国际上进行城市统计和研究的基本地域单元，是城市化发展到较高阶段时产生的城市空间组织形式。在大城市区的外侧，有通勤圈，它是到城市的中心地区通勤的最大圈域。有时在中心城市的周围，也有城市功能相当集中的地域，这个区域叫卫星城。为了区别，把郊外的卫星城称为近郊卫星城，把通勤圈外的卫星城称为远郊卫星城。它们共同构成了大都市区的特定空间。

在大都市区范围内，大城市增长本身带来了新的形态，即形成了作为新增长空间的次级中心——新城市区或新产业空间。这种次级中心充满活力，已成为一个地区经济增长的重要推动力量。新增长中心倾向于向更大的地理范围扩散，它引导大都市区向多中心城市演进，逐步形成了一个与大都市核心区互补与竞争的现代多中心城市结构模式。

次级中心的崛起，使得大都市区内部的经济结构和社会景观变得非常复杂。根据次级中心与中心城区的关系及次级中心的功能不同，可以将次级中心分为以下五种情况：

（1）副中心区。副中心区通常与城市中心区保持快捷便利的交通联系，从空间分布来看，一般与城市中心区在空间上保持一定距离②。当城市中心区出现集聚不经济时，城市通过建立副中心区把部分功能分散出去，以避免中心区商务功能过度集中对城市造成负面影响。

（2）边缘新区或新城。边缘新区或新城一般居于大城市核心区边缘，有些以"飞地"的形式存在，它是伴随着城市郊区化发展的加速，中心城区功能逐步外迁，而在大都市边缘逐步形成的功能比较完善且相对独立于大都市的新城区。

（3）新产业空间。它是以中心城市为依托，以新的生产方式或新的产业组织模式为基本特征的区域。新产业空间往往是在以一种或多种产业为主导的工业园或产业园的形式上建立起来的相对独立的地理区域。新产业空间之"新"，最根本的在于它是新产业、新技术、新模式与新的城市空间的有机结合。

① 孙久文，彭薇. 塑造多目的分区规划——优化城市分区规划和土地规划 [J]. 广东社会科学，2010（3）.
② 陈劲松. 新城模式：国际大都市发展实证案例 [M]. 北京：机械工业出版社，2006：14.

（4）发展走廊。由两个大城市或多个大城市相互向对方扩散形成新的发展区域，这些新区域大多沿着交通通道发展，比较容易被纳入到大都市圈的空间经济系统之中，故称发展走廊。发展走廊是一种"准城市化地区"，它是城市与农村各种要素在一定地理区位上高度混合而形成的一种特殊的空间结构形态。

（5）专业化城镇。它们是指在大都市外围形成的具有相当规模和实力的专业特色城镇。这些专业化城镇或者依靠兴办专业市场而发展壮大起来，带动了城镇产业和人口的集聚，或者依靠自身的区位交通、商贸物流、历史文化、自然资源、农优产品等优势条件而发展成为独具特色的小城镇。

上述五种次级中心之间有时存在着重叠关系。比如，边缘新城区可能同时又是副中心区和产业园区的载体。20世纪80年代以来，我国一些沿海发达的大都市中的企业纷纷向城市边缘区迁移，新兴产业在边缘区兴起，大规模的工业园和商业服务网点也有的落户于此，具有完善城市功能的新城区逐渐形成。这些次级中心有的是在新产业区基础上形成的，有的则依托边缘城镇发展起来，不论哪种情况，它们往往都是异军突起，扮演了区域新增长中心的角色。

总之，次级中心的崛起，不仅使大都市由单中心城市结构向多中心城市结构演进，而且次级中心自身的结构也呈现明显的变化。一方面，大都市的部分职能逐步分散到了这些新的次级中心之中，从而减轻了大都市区的压力。另一方面，又逐渐形成了组团式的卫星城市结构，从而提高了大都市区的空间容量。

二、城市地区的地价与地租结构的变化

城市地区人口空间分布变动突出表现在人口密度的空间分布变化上。不管大城市地区的人口城市化发展到什么阶段，人口密度的空间分布发生多大变化，作为整个大城市地区人口密度空间分布的一般模式，总是市中心区域较高，由此向外逐渐降低。

从土地经济的角度看，首先是地价差异促进了人口郊区化及人口密度的变化。级差地租作为对城市地域结构最强烈的作用机制，显然也强烈地作用于人口郊区化过程。一般而言，城市地价高于农村地价，而市中心地价又高于市郊边缘区，如图5-4所示。

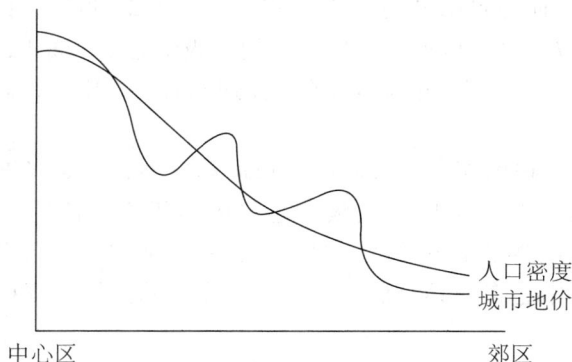

图5-4　城市地价与人口密度

级差地租机制在调节城市人口的郊区化分散中起着重要的基础性作用。也就是说，级差地租机制对城市人口向心集聚和离心扩散具有一种双向调节制衡作用。与城市边缘地区相比，中心城区是"高收益、高地租"的高差区位，"高收益"体现向心集聚机制，"高地租"体现离心扩散机制。

当然，人口密度分布还受交通的深刻影响。其中，交通工具革新是市郊化的技术基础，包括小汽车的普及和快捷运输系统的完善。交通网络的改善使城市在更大范围内发展成为可能，促使城市布局形态分散化，沿着汽车干道迅速蔓延。交通也使得郊区地价优势日趋明显。制造业率先做出调整，制造企业开始向外搬迁。人口分布往往受制于生产力布局。同时，由于市区中心旧城改造成本大，房地产商纷纷投资郊区，建设大量价格低廉、环境优美的郊区住宅，对市区居民是一个很大诱惑。

随着城市的不断增长和人口密度分布的变化，中心城市的净集聚利益不断被日益增加的集聚不经济所消耗，从而改变了城市的地租结构，在周边地区可能形成新的次级增长中心。假设城市中心（CBD）和次级中心的工资相等，在城市居民都同质的情况下，无论住在哪里、工作在哪里，在均衡时都达成相同的效用水平，如图5-5所示。

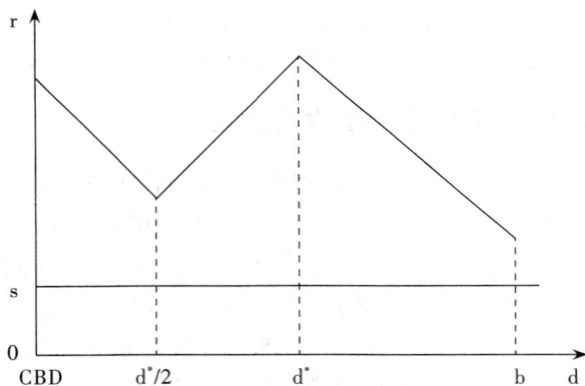

图5-5　城市的地租结构

从图5-5可见，通勤到CBD的居民居住在 $[0, d^*/2]$ 区间，因此竞价地租曲线往右下方倾斜。$[d^*/2, d^*]$ 区间的居民通勤到次级中心 d^*，离 d^* 越近，竞价地租越高，往右上方倾斜。从 d^* 到城市边界b的居民通勤到次级中心，此区间的竞价地租曲线往右下方倾斜。

显然，伴随着区域内新的次级中心的形成和发展，集聚经济利益的空间分布也在发生新的转变。毫无疑问，次级中心将成为新的区位利益核心。正因为如此，次级中心的出现会吸引相关产业的集聚，从而增加新集聚中心周围的集聚经济利益。由于次级中心自身具有活力和优势，原来的区域空间格局和空间均衡被打破。

当然，次级中心可能不止一个。当次级中心达到一定规模后，这个新的地区增长中心就可能成为与原中心城市存在着竞合关系的另一座充满活力的城市。由于次级中心只是对原来中心城市职能的补充或局部替代，它还没有取代原城市中心的地位。

三、城市扩展用地的合理性

城市扩展的过程也是在大都市区范围内为居民提供生产与生活活动的物质源泉的过程。非农业人口增长是以不断占用城市建设用地为前提的。也就是说，大都市区周边人口和大量外地人口不断涌入城市，促使对土地输出产品需求量的增加，刺激了大都市区的扩展。因此，采用用地扩展弹性系数（城市用地增长率除以城市人口增长率）表示城市用地扩展对由于城市人口增长或就业增长引起的新增用地需求的保障程度。也就是说，判定合理性可通过比较两个城市化参数，即城市用地增长率（U）和城市人口增长率（P）。前者与后者之比为城市用地扩展的合理性系数（L=U/P）。在一般情况下，为了提高城市居民的占地水平和出于城市环境保护的需要，系数应该大于1，即前者应该略高于后者。该值过大，势必出现城市占地过多，土地利用效率过低现象。

从城市空间增长的机制来看，城市扩展可以简单地看作是一个两维的过程，即城市用地的增长和城市人口的增加。城市扩展用地与人口增长应该保持协调和均衡发展。有学者据此提出了二者的协调性指数（C_{lt}）：

$$C_{lt} = \left| \frac{L + T}{\sqrt{2}} \right| / \sqrt{L^2 + T^2} \quad (0 \leqslant C_{lt} \leqslant 1) \tag{5.13}$$

式中，L表示城市人口的增长率；T表示城市建成区面积的增长率。当L、T同为正值或同为负值，且绝对值相等时，$C_{lt}=1$，表示此时城市土地扩张与城市人口增长最为协调；当L、T符号相反，且绝对值相等时，$C_{lt}=0$，表示两者最不协调；其他情况介于两者之间，当城市用地扩展与城市人口增长速度越匹配时，协调性指数越高。

在人口、资本、土地等要素能够自由流动的条件下，城市用地扩展与人口增长二者之间并不会相互排斥，而是相互包容、同步进行的。然而，在一些特殊的制度结构下，二者会相互排斥。一种情况是，城市用地扩展单维度不断提高的同时，城市吸收外来人口的能力却较弱；另一种情况是，城市人口增速过快，城市扩展用地规模和速度缓慢，导致诸如贫民窟扩大化、基础设施陈旧等的偏差，如图5-6所示。

在图5-6中，L_1代表了城市扩张过程中城市人口增长率和城市用地水平的合理比例。在这一比例上，城市的集聚效应正好被穷尽，城市的人口规模正好由集聚效应的边际收益曲线和边际成本曲线的交点所决定。L_3代表城市用地水平相对城市人口规模偏高的情况，BC代表在给定的城市用地水平下的城市化率的损失。而L_2代表城市人口规模相对于城市用地水平而言偏高的情况，出现所谓过程城市化的问题。

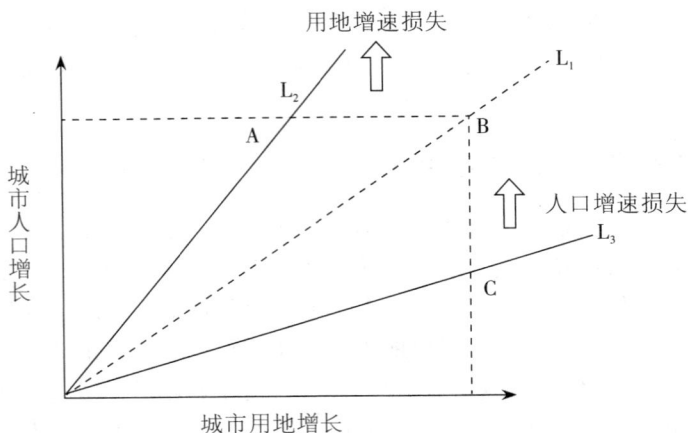

图 5-6　城市用地与人口增长的合理比例

　　如果只是城市用地扩展，城市人口却没有相应的增长，城市化率没有同步提高，说明城市规模扩张是建立在对外来人口的排斥之上，必然导致城市集聚效应的巨大浪费。其特征是通过大量征用土地和集聚资金进行外延性扩张，形成资本和土地密集型的城市自我现代化。这种增长模式虽然短期内能大幅度提升城市经济总量，却陷入了与低碳、绿色经济增长趋势背道而驰的泥潭。

四、城市扩张与农地保护

　　随着城市化加快，处理好大都市区扩展用地与农地保护的关系，是可持续发展的关键问题。在城市扩张中，由于农业用地为边际土地，因此，可及性最佳的农地为优先扩张的对象。换句话说，最后受到竞用而流失的土地面积，其承受者多为农地。

　　就农地位置而言，城市边缘农地由于具有预期上涨的价值，因此，随着城市成长的加速，城市边缘土地使用会带来极大的变更使用的压力。尤其市地与农地价值的差异从数倍到数十倍、百倍的差距都可能发生，因此，由于巨大利益的诱因，农地持有人自然会期待能有机会变更为市地利用，如图5-7所示。

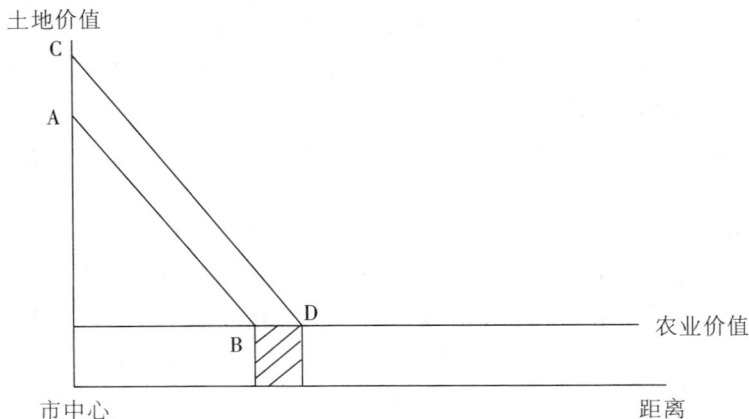

图 5-7　假设的土地价值

AB地租线为市地使用的土地租线，B点所在的位置为都市边缘（称乡村-城市区）。B点以后由于交通可及性利益极低或完全没有，仅能得到农地地租。B点的乡村-城市区由于具有未来的预期变更使用价值，所以仍然具有区位可达性利益。AB地租线反映未来发展后会延伸成CD地租线。B点城市边缘区会因为城市的预期成长而有市地地租的价值。因此，城市边缘的农地容易成为优先变更的对象。

为什么城市边缘的农地容易成为优先变更的对象？换句话说，市地与农地冲突的原因何在？

（1）城市化带来的用地压力。一方面，农业劳动力转化为工业劳动力，农村人口转化为城市人口，从而使城镇人口增加，城镇人口占总人口的比重提高；另一方面，大量农业用地转化为工业用地，农村用地转化为城市用地，从而导致城镇用地扩大和相应的耕地减少。

（2）土地集约利用的竞争。除农工争地外，商业、住宅等更集约的土地利用需求越来越大。

（3）城市产业结构的调整。从我国的城市用地结构来看，过去许多城市都存在着第三产业用地偏低、第二产业用地比例较大的情况。低效、耗能多、有污染的工业用地占据了城市中心区或高地价地区，造成"优地劣用""圈而不用，空置浪费"现象。近年来，许多城市开始进行产业结构的空间调整，从而使大量工业项目外移。

（4）城市规划的扩大或变更。在我国城市建设中，不按规划办事，盲目占地建设，或规划中对用地宽打宽算，无限制地对外扩张的现象十分严重，盲目建设的结果，吞噬了大量农田耕地。

研究表明：城市扩张是农地保护的主要威胁。城市扩张造成农地流失的原因在于大都市外延扩张的主要土地来源于增量土地，城市扩张引发的农地增值与市场价格扭曲可能会加剧农地的过度流失，同时，城市扩张也导致农地质量下降与生态问题的出现。因此，农地保护的一个重要课题是农业土地释出区位与大都市区扩展用地的平衡。

◈ 练习与问题讨论

1.许多人把城市地租看成是土地所有者凭借土地所有权获得的报酬。但也有学者认为，城市地租是一种经济租。它应该是土地获得的超过自身并且在次优用途中使用的收入。请阐述你对城市地租本质的认识。

2.随着城市的扩张，对农地的征用成为城市快速增长的前提，也成为土地财政的源泉。相应地，征地过程中农民的利益往往得不到保障。为什么在"征地合约"中农民的利益总得不到保护？现行农地制度的缺陷在哪里？

3.在大规模城市更新和改造的过程中，为什么"城中村"却顽固地存在着？土地竞租机制为何失效了？

4.根据国家土地管理局的数据，上海等24个城市1950—2010年的实际和规划建成区面积、人口调查统计与预测、城市扩展占地情况见表5-2。

表5-2　　　　　　　　　　　　　资料统计表

年份	建成区内农业与常住人口（万人）	建成区用地规模（平方千米）	人均用地（平方米/人）
1950	1 580.6	675.6	42.7
1980	3 412.8	1 841.2	53.9
1985	3 840.2	2 390.9	62.3
1990	4 435.3	3 067.2	69.2
1995	4 819.4	3 511.0	72.9
2000	5 690.6	4 890.3	85.9
2010	6 518.8	6 037.7	92.6

（1）计算城市用地扩展合理性系数。

（2）对城市用地扩展合理性系数进行简要分析，并就如何提高城市扩张中的土地利用率提出自己的见解。

5. 城市土地利用的分区制分为哪些政策类型？每种类型的优势和局限性是什么？

6. 一个地区有1 200万就业人口。当就业人数达到300万时，城市效用达到最大化，此时可以出现的组合见表5-3。

表5-3　　　　　　　　　　就业人数和效用的组合

职工（百万人）	1	2	3	4	6	8	9	10	11	12
效用（美元）	32	56	70	65	55	45	40	35	30	25

在初始状态下，有一个孤立的城市，拥有1 200万人口。假设政府建立一座拥有100万人口的新城，剩下的1 100万人仍留在原先的城市里。

（1）假设仅保留两个城市，将会发生什么？在新的均衡下城市规模将会多大？

（2）假设政府建立了3个新城，每个城市有100万人口（剩下900万人口留在旧城市），下一步将会发生什么？该地区会形成由4个城市组成，且每个城市拥有300万人口的最优结构吗？

（3）假设你的目标是达到最优结构，且可以构建3个新城，那么，每个新城最低的就业人数是多少呢？

7. 次级增长中心的崛起会对城市区域空间结构带来怎样的影响？

资料链接5-1

日本森林城市的功能区
分布构想

资料链接5-2

国外六种典型的新城
模式

资料链接5-3

城市土地价值潜力的
决定机理

第六章　城市基础设施

在经济学中，"基础设施"一般指那些为社会生产提供一般条件和服务的部门和行业。"城市基础设施"是限定了空间适用范围的"基础设施"，它既是城市生产、生活的物质基础，也是城市经济体系中的重要产业部门。它为生产又为人民生活提供一般条件的公共设施，是城市赖以生存和发展的基础。本章将讨论城市基础设施的构成、特点、发展模式与建设规模，以及城市基础设施产业化等方面的问题。

第一节　城市基础设施的构成与特征

在西方国家，一般把城市基础设施分为社会性（福利性）基础设施和技术性基础设施两类，前者包括居民住宅、医疗卫生、文化教育、幼儿保健等设施，后者包括市政工程、公用事业、环境卫生、园林绿化和电力、通信等。在中国，按照提供服务范围的宽窄，把城市基础设施分为广义基础设施和狭义基础设施。其中，狭义基础设施是指向城市提供给排水、能源、交通运输、邮电通信、环境清洁保护等服务的设施和产业部门。它们构成了城市的主要物质支撑体系，是确保城市经济和社会活动得以正常进行的基本要素。而广义基础设施除了上述内容以外，还包括文化、教育、科学、卫生等部门。

一、城市基础设施的分类

根据目的的不同，城市基础设施可以从多重角度进行分类。本章从系统论角度、城市管理角度和建设投资及其经营权的市场化程度对其进行分类。

（一）从系统论角度分类

从一般意义上讲，城市基础设施包含设施、产品（服务）和产业三种形态。其中，设施指城市基础设施自身的物质形态，是城市地区中在地上或地下提供服务、通道、便利的实体结构，如道路、给排水管道、电话与电力线路等，有时也泛指物质及社会性的基础结构；产品是指借助于城市基础设施而开展的经济活动所生产和提供的产品或服务；产业是指把基础设施实体或产品（服务）作为经营对象的产业和行业。通信产业、自来水经营企业、公共交通企业等类企业，一般称为公用事业。

现在，城市基础设施一般指的是狭义的概念。其中主要由城市地方政府负责组织实施和运营管理的部分又称为市政公用设施，它又可以分为公用事业与市政建设两部分，前者包括市内交通、自来水与煤气的生产和供应；后者则包括市政工程（公共照明、排水、防灾等设施）、园林绿化、清洁卫生、环境保护等部门。

按照国内外比较通行的观点，从系统论角度，可以把狭义的城市基础设施分为6个大的系统。具体内容分别是：

1.城市供水与排水系统

该系统主要包括：城市水资源的开发、利用与管理系统；自来水生产与供应系统；污水排放及处理系统；雨水排放系统等。

2.城市能源系统

该系统主要包括：城市电力生产与输送系统；人工煤气的生产及煤气、天然气、石油液化气的供应系统；集中供热的热源生产与热力输送系统等。

3.城市交通系统

该系统主要包括：城市道路与停车设施系统；公共交通系统（如公共汽车、无轨电车、出租汽车等）；快速交通系统（如地铁、轻轨等）；对外交通系统（如铁路、机场、高速公路、港口）等。

4.城市通信系统

该系统主要包括：邮电设施系统；电信设施系统等。

5.城市环境系统

该系统主要包括：环境卫生系统；环境保护系统；园林绿化系统等。

6.城市防灾系统

该系统主要包括：消防系统；防洪系统；抗震及防地沉系统；人防备战系统等。

以上6个系统及其分系统既各成一体、相对独立，又紧密配合、协调运转，共同构成了城市基础设施系统，从而保证了城市生产与生活的顺利进行。并且，随着城市经济活动的不断深化，不断有新的项目和行业进入城市基础设施范畴，因此，作为城市生产和生活发展的产物，城市基础设施的内容和范围也始终处于扩展和变化之中。

（二）从城市管理角度分类

按照政府对基础设施所有权控制程度及其客观属性来分，还可以把城市基础设施划分为垄断性城市基础设施和非垄断性城市基础设施两类。

1.垄断性城市基础设施

垄断性城市基础设施是指决定国计民生、影响重大、因客观或其他社会经济原因形成的，在生产和生活中不能替代、不可缺少的城市基础设施。这类城市基础设施必须由城市政府控制其所有权，经营权可以按市场规律放开，但对其产品和服务的价格或收费标准要进行必要的合法干预，如城市供水、供电、有线通信、对外交通、防灾设施等。

2.非垄断性城市基础设施

非垄断性城市基础设施是相对于垄断性城市基础设施而言的，其基础地位虽然重要，但可以通过多元化经营、竞争来降低成本，实现自然资源和社会资源的合理配置，如城市燃气、供热、园林、绿化、环境卫生等设施。

（三）按照建设投资及其经营权的市场化程度分类

按照建设投资及其经营权的市场化程度来划分，可以把城市基础设施分为经营性城市基础设施和非完全经营性城市基础设施两类：

1.经营性城市基础设施

经营性城市基础设施可以以国家的立法作保证，以经营权的市场化为手段，采取投资、融资、建设、合理定价（收费），实现建设、经营、发展的良性循环。根据国外经验，城市供水、供电、邮电通信、污水处理、环卫、燃气、供热等基础设施属于这一类。

2.非完全经营性城市基础设施

非完全经营性城市基础设施是那些公益性极强、难以明确具体服务对象、以达到社会和环境效益为主要目的的基础设施，必须由政府财政投资及补贴来维持其经营和发展，如城市道路、防灾、绿地、环境监测等设施。

二、城市基础设施的重要特征

作为城市建筑物系统的整体基础和骨架，城市基础设施是一个综合系统，它以特定的方式直接或间接地参与城市的生产过程，一般具有以下一些重要的性质和特点：

（一）城市发展的先决性

首先，任何现代城市的建设都是从平整土地，修筑道路，铺设上下水、煤气和热力管网、通电、通信线路等"七通一平"的城市基础设施开始的，并且，城市基础设施的布局决定着城市建筑的基本布局。城市基础设施的空间地域规模，决定了整个城市的空间地域规模和发展潜力；城市基础设施的数量和质量及功能和效率是制约城市经济运行的直接因素。因此，城市基础设施是城市存在和发展的物质基础，是现代城市的物质表现和载体。这种无可替代的"硬件"是城市生产和居民生活的先决性条件。

与此同时，城市基础设施又为市民享受高质量的生活品质创造了条件。如现代公共交通、通信可以使市民享受现代生活的乐趣，污水处理等环保设施等可以消除环境污染的威胁，各种防灾设施可以抵御和减少由于洪水、台风、风沙和暴风雪等自然灾害袭击所带来的损失，等等。可以说，生活水平越高，市民对基础设施的依赖性越强。对于城市现代化来说，城市基础设施的先进和完善是决定性的条件和标志。

（二）系统的整体性

城市基础设施是作为一个整体的系统来提供其特殊的产品和服务的，它涉及两大产业（第二、第三产业）的几十个行业，是一个综合性极强的大系统，因此，其建设和经营都需要从整体上考虑。这种整体性具体体现在两个方面：一是城市基础设施的服务能力是由各个子系统综合形成的，缺一不可，在基础设施的开发、建设、运营、管理中要注意全盘考虑、统筹安排。二是从城市基础设施的功能发挥和效率提高上看，它不仅要与城市社会经济的发展保持同步，也要在自身内部的各个子系统之间保持合理的协调比例关系。从系统的角度看，它像一只旧式木板拼成的水桶，其容量不取决于最长的木板，而取决于其中最短的木板。

城市基础设施联系城市的千家万户，服务于城市的各个经济部门，其运转具有强烈的系统协调性。如城市的交通运输、供水、排水、供热、供气等系统，均以全覆盖、网络状的管线系统存在。这种特点对城市基础设施的运营提出了两方面的要求：一是必须具备足够的产品和服务规模，以达到必要的行业规模经济效益；二是需要在一个统一的管理调度体系下运行，以实现系统的协调和高效运转。上述两个方面的要求直接导致了相当多的城市基础设施行业的经营具有程度不同的自然垄断特色。

（三）建设上的超前性

城市基础设施是城市生产和生活的物质承载，起支撑作用，在经济发展和城市基础设施建设的相互时序关系上，要求城市基础设施建设保持适当的超前性。所谓超前性，是指城市基础设施的开发建设在时序安排上，要领先于城市经济活动主体设施的建设。城市基础设施建设的整体性和超前性，决定了它的发展是一种阶段式的跳跃性发展，呈现出台阶状而不是平滑的发展曲线。

城市基础设施内容广泛，其建设项目一般都具有规模大、投资多、施工周期长等特点。城市供电、供气、供热、供水、道路管线等设施项目，其能力的形成和增长是以某项工程的建造竣工为标志，阶梯式一次性跳跃增长的，一经建成，该项基础设施的能力和容量在一段时期内也就相对固定了，不可能随着城市人口和经济活动需求的逐渐增长而随时调整。所以，城市基础设施建设要真正做到与城市经济、社会发展的需求相协调，必须在时序上一定程度地超前于国民经济和社会发展。超前发展虽然在一定时期，尤其是设施建成的初期，会降低城市基础设施自身的运行经济效益，但是由此给城市经济发展带来的整体经济效益的提高却大大超过了项目自身局部利益的损失。

（四）公共物品的地方性

城市基础设施面向城市的所有居民和经济活动单位提供社会化服务，是一个公共的开放系统，因此，绝大多数的城市基础设施所提供的服务和产品具有十分明显的公共物品（public goods）特征，即一个人的使用不能以排斥其他人的使用为前提（如收费公园、收费公路），具有"共享性"（共同性）和"非排他性"。其中，共享性是指公共物品可以由多个消费者共同消费而不损害其他消费者的效用；非排他性是指要排斥其他人对该物品或服务的消费，不是技术上不可能，就是成本过高以至于不可行。但与一般的公共物品相比，城市基础设施还具有地方公共物品特性，即有地域的限制。只有在一定的地域范围内才具有消费的共享性和非排他性。因此，城市基础设施的共享性往往是不纯的，有一定条件限制。突出的例子是城市道路的使用，一方面，城市道路可以多人共同使用，难以用收费的方法排斥不付费的人使用（成本太高）。另一方面，城市道路如果同时使用者过多，则会导致拥挤堵塞，从而影响、降低其效用。

与公共特性相联系，城市基础设施产品的生产或服务的提供除了具有直接的经济效益外，还具有相当巨大的外在效益。这些外在效益并不能直接由城市基础设施的经营者和投资者所获得，即不直接体现为投资方的经济效益，而是通过城市整体的社会效益、环境效益的改善和提高间接地体现出来。一些城市基础设施项目，如城市生态环境系统、城市防灾系统等，其效益几乎全部体现在间接的外在效益之上。

鉴于城市基础设施的上述特点，可以看出，随着经济全球化的迅速发展，企业之间的竞争除了企业自身的技术水平、经济实力等因素外，还取决于城市的经济环境，特别是基础设施的先进性和完善程度。企业的竞争力与城市的竞争力是联系在一起的，两者难以分割开来。从这个角度看，城市基础设施又是城市的竞争手段和竞争力的表现。

第二节 城市基础设施发展的协调性

一、城市基础设施供给与人口匹配度

城市基础设施供给与人口是否协调匹配发展是影响一个城市或地区未来发展的关键问题，正确理解和准确测度基础设施与人口之间的匹配度具有一定的理论价值和实践意义。

构建科学合理的评价指标，判断城市基础设施供给水平与人口的匹配情况，可以按照城市基础设施的交通系统、能源系统、给排水系统、环境系统、通信系统五个子系统建立二级指标评价体系及其权重，同时，确立标准值，当评价地区指标值达到标准值时，就认为该指标是达标的，与人口是匹配的，达不到标准值时，则认为是不合理的。

然后，根据构建的城市基础设施水平评价指标，确定的指标权重以及指标标准值，可采用线性加权的方法来构建城市基础设施水平评价模型，用以判断一个地区的城市基础设施与人口的匹配关系。该模型具体计算公式为：

$$Y_i = \sum_{j=1}^{n} w_j B_{ij} \qquad 1 \leq i \leq m, \ 1 \leq j \leq n \tag{6.1}$$

式中，Y_i 表示该城市第 i 年基础设施与人口匹配度；w_j 表示第 j 个指标的权重；

B_{ij}表示该城市第 i 年第 j 个指标标准化后的数值。

按照各评价指标的标准值、指标权重及评价模型得出的城市基础设施供给水平与人口匹配度为1。具体划分为：①第 I 类：当 $0 < Y \leqslant 0.4$ 时，表明城市基础设施的建设与城市人口的发展处于较低的匹配层次上，此时城市往往比较注重人口数量的增长，然而城市基础设施方面的投资不够，没有认识到基础设施的重要性，城市基础设施的建设不能满足人民的需要。②第 II 类：$0.4 < Y \leqslant 0.6$ 时，表明城市基础设施供给与城市人口处于中等匹配层次上，此时，随着城市规模的扩大、外部环境的多变，城市开始将注意力转向城市基础设施，它的重要性得到显现，同时使居民的满意度提高，两者共同促进城市的进一步发展。③第 III 类：当 $0.6 < Y \leqslant 0.8$ 时，城市基础设施供给与城市人口处于较高的匹配层次上，此时，城市基础设施能够较好地适应城市人口的需要，两者共同为城市发展带来良好的效益。④第 IV 类：当 $0.8 < Y \leqslant 1$ 时，表明城市基础设施供给与城市人口处于完全匹配的层次上，说明城市基础设施完全满足城市人口的需要，在此状态下，城市能够得到最大发展，这是城市基础设施与人口的最佳匹配状态①。

二、城市基础设施的发展模式

城市基础设施的发展模式是指城市为实现其发展目标所确定的基础设施与直接生产部门的投资优先次序和投资比例上的战略筹划与安排。在经济资源总量有限的情况下，面对着城市现代化对基础设施的巨大需求，如何协调基础设施与直接生产部门之间的优先建设次序和投资比例，避免基础设施"瓶颈"的生成制约经济发展，这是城市政府必须认真做出的选择。

关于如何处理好城市基础设施建设与直接生产部门发展的顺序，在理论上，一般均借鉴西方发展经济学家和增长经济学家的研究结果。其中的代表性理论，一是罗森斯坦·罗丹主张的"大推进"式的"优先发展论"，它认为发展中国家要迅速改变经济落后面貌，必须在国民经济发展的初期，集中精力，一次性投入大量资金优先发展基础设施建设；二是赫希曼提出的"压力论"，它认为经济发展自身要保持较强的能动力量，产业建设应实行不平衡增长战略，集中资金优先发展直接生产部门，利用直接生产部门先行发展所增加的收入及其所形成的"瓶颈"压力，扩大基础设施投资，从而引导基础设施发展起来。

与上述理论相对应，从实践上看，基础设施建设主要有如下几种发展类型：

（一）超前型发展模式

超前型发展模式的典型特点是基础设施的发展超前于工业高速发展阶段，也就是说，它的发展超过直接生产活动在一个时期的需要。19世纪中叶的英国，基础设施的建设就属于超前型发展模式。以交通运输为例，当时主要的运输方式是铁路运输和水路运输。英国在1830年就形成了全国性的水路运输网，是当时水运最发

---

① 向鹏成，曹园园. 城市基础设施供给与城市人口匹配度研究——以重庆市为例 [J]. 人口与发展，2016（2）.

达的国家。到1840年，英国的主要铁路干线已大部分建成。1840—1850年，英国铁路里程由0.135万公里增加到1.065万公里，增加了6.89倍。这一时期英国铁路长度和铁路密度的增长速度远远超过了煤和生铁的增长速度。到1850—1870年，英国工业高涨时期才到来。因此，英国全国性水路运输网的形成和主要铁路干线大部分建成比工业高涨期的到来早了几十年。

一般来说，超前型发展模式能够促进经济的发展。但是，基础设施超前发展引致基础设施存量超过了直接生产部门的需求，也使得基础设施的利用效率低、投资效果差。更主要的是，采用超前型发展模式需要在工业化以前就进行充分的资本原始积累。

（二）同步型发展模式

同步型发展模式的典型特点是基础设施发展大致上与直接生产部门的发展同步。美国是这种发展模式的典型代表。1850年，美国开始了工业与铁路的同步迅速发展。此时，美国铁路密度为0.41，仅为同期英国水平的1/10左右。在19世纪后30年，当美国的经济发展水平超过英国时，其基础设施发展水平虽尚未赶上英国，但基础设施的总体技术完善程度，已大大超过了英国。这说明美国的基础设施发展与工业化进程基本是同步的。

同步型发展模式使得基础设施的发展与直接生产部门的发展相适应。基础设施基本上不存在大量的、非正常的设施闲置和能力多余的问题，因此，基础设施部门自身投资的效果比超前型要好，同时，由于它及时保证了国民经济各部门正常运转、协调发展以及满足了居民生活的需要、促进了经济的发展，因而其综合经济效果较好。

（三）滞后型发展模式

滞后型发展模式即基础设施的发展落后于直接生产部门的需要。在滞后型发展模式下，由于基础设施的发展滞后于国民经济发展的需要，所以在一定时期内阻碍了经济的发展，不利于整体经济效率的提高。虽然集中资金于直接生产部门的建设，短期内加速了工业的发展，但是，实践证明，基础设施滞后会导致国民经济的比例严重失调，从而终将变为阻碍经济发展的"瓶颈"。从长远看，这实际上是阻碍了生产的进一步增长和宏观经济效益的提高。这种滞后型发展基础设施的做法能够使工业在一个不长的时期内得到提前发展。但是工业经过一个不长时期的快速发展，基础设施的发展就会出现比例失调现象，从而妨碍生产的进一步增长和生产效果以及人民生活水平的提高。

第三节　城市基础设施与经济增长

纵观世界近代城市经济的发展历史，可以发现各国的城市都是伴随着交通运输、动力、通信等基础设施的发展而发展的。城市基础设施对城市经济发展的影响首先在于其对经济增长的促进作用。它是直接生产部门赖以建立和发展的基本条件。基础设施的发展水平，直接和间接地影响生产部门的成本和效率，影响其供给的数量和质量。而且，基础设施为城市的专业化分工创造了要素和产品转移空间以及市场交易的便利，使建立在专业化基础上的大规模生产得以进行，从而导致生产部门和企业的平均成本降低，使规模经济效益得以实现。此外，完善的基础设施还是决定城市国际竞争力的关键因素，这些都是确定无疑的。

但是，限于资料的不完整以及计量方法、理论假设等因素，到目前为止，还没有关于基础设施对城市经济增长产生影响的确切的数量统计。我们只能从宏观层面上对基础设施与经济增长的关系进行研究，即就公共资本总支出与总产出的关系、基础设施物质资本存量与总产出的关系、基础设施与部门产出的关系以及基础设施与地区经济增长差异等方面进行研究分析。近年来，在世界银行的推动下，有关专家就基础设施投资对经济增长的影响做了大量的实证研究，这些研究表明：基础设施即便不能称为牵动经济活动的火车头，也是促进其发展的车轮。

一、公共资本总支出与总产出的关系

由于基础设施的特性，无论是发达国家还是发展中国家，政府在基础设施的建设与管理运营中都发挥着主导作用。基础设施支出成为政府公共支出的一个主要部分，因而，基础设施往往被看作不用付费的生产要素投入，它通过使劳动力和其他资本有效率来发挥生产函数的作用。由此，可以通过观察基础设施存量的增长（通过公共资本支出间接估计）和其刺激产出及生产率增长的关系来分析基础设施对经济增长的影响。

近年来，许多学者在估计基础设施投资的生产率方面做了大量的研究工作。结果显示，基础设施的总支出与总产出之间有一个较为明确的弹性系数，见表6-1。

表6-1 对基础设施生产力的研究结果

样本	弹性[1]	对收益率的影响[2]	作者/年份	所测算的基础设施
美国	0.39	60	Aschauer/1989	非军用公共资本
美国	0.34	60	Munnell/1990	非军用公共资本
美国48个州	0	0	Holtz-Eakin/1992	公共资本
美国5个大都市	0.08	—	Duffy-Deno/1991	公共资本
日本各地区	0.20	96	Mera/1973	工业基础设施
法国各地区	0.08	12	Prudhomme/1993	公共资本

样本	弹性 [1]	对收益率的影响 [2]	作者/年份	所测算的基础设施
中国台湾	0.24	77	Uchimura，Gao/1993	交通运输、供水和通信
韩国	0.19	51	Uchimura，Gao /1993	交通运输、供水和通信
以色列	0.31~0.44	54~70	Bergman /1993	交通运输、供水、电力和卫生设施
墨西哥	0.05	5~7	Shah /1988，1992	电力、电信与交通运输
多个OECD国家	0.07	19	Ganing，Fay/1993	交通运输
多个发展中国家	0.07	95	Ganing，Fay /1993	交通运输
多个OECD国家和发展中国家	0.01~0.16	—	Baffes，Shah/1993	基础设施资本存量
多个发展中国家	0.16	63	Easterly，Rebelo	交通运输和通信

注：（1）基础设施水平一个百分比的变化对产出百分比变化的影响。

（2）贴现值比率的增加取决于可变的基础设施投资的贴现值。

二、基础设施物质资本存量与总产出的关系

坎宁（Canning）和费伊（Fay）在1993年使用基础设施存量（铺砌公路和铁路的公里数、安装电话数）的物质估计方法，解释了104个国家（包括发达国家和发展中国家）的经济增长。他们把这104个国家作为一个整体，以5年为间距对1960—1980年间这些国家的增长情况进行了研究。研究发现，交通运输和电信基础设施对增长率均有较大的影响。美国基础设施的投资回报率高达40%，有的国家甚至更高，但基础设施与总产出的比例较低。结论是，基础设施的投资回报开始时发展缓慢，但最终会很大。

在随后的研究中，坎宁和费伊扩展了来自同样数据资料的分析。他们将不同收入水平的国家进行分组，考察交通基础设施的投资回报率。他们发现，发达国家、高收入国家的交通基础设施投资回报率正常，而韩国和智利这样的经济高速增长的新兴工业化国家有很高的投资回报率；在不发达国家，诸如南亚的农业国，其基础设施的投资回报率与高收入国家接近。他们发现，产出水平与基础设施数量有明显的联系，但从时间序列分析来看，很少有证据表明，基础设施的增长会带来产出的立即增长。他们得出结论，基础设施不应当被看作生产要素，而是经济高速增长的条件；基础设施的作用主要在于促进全要素生产率的提高。

有一点已得到证实，某些基础设施——电信（尤其重要）、电力、公路、安全

的饮用水——与人均GDP的增长之间存在着十分紧密的联系。对基础设施存量价值的一项分析表明，随着收入的增长，其构成会发生很大变化。在低收入国家，最基本的基础设施十分重要——如供水、灌溉，运输的重要性稍差一些；在中等收入国家，对水的基本需求大体上都能得到满足，农业在经济中的比例下降，交通基础设施供给增加；在高收入国家，电力和电信在基础设施存量和投资中所占的比重变得十分重要。1990年的数据表明，人均GDP每增加一个百分点，则基础设施总量增加一个百分点，居民获得安全饮用水增长0.3%，铺砌的公路增长0.8%，电力增加1.5%，电信增加1.7%。

三、基础设施与部门产出的研究

有关基础设施与部门产出的研究侧重于某些发展中国家农村的基础设施对地方经济的影响。研究人员研究了印度13个邦中85个区的历史资料后发现，降低运输成本有助于农民更多地进入市场，进而带动农业大发展；现代灌溉方式大大提高了农作物的收成。与此同时，通信条件的改善使得商业活动所支付的银行费用降低；银行增加了对农户的贷款，农民利用贷款购买化肥，促使产量进一步增加。据一份有关孟加拉国农村和家庭情况的考察反映，按照交通基础设施发展程度分类的"最发达"村庄的经济状况，远远胜过按照农业生产、收入、劳动力需求和健康条件确定的"欠发达"村庄。

四、基础设施与地区经济增长的差异

罗默（Romer）和卢卡斯（Lucas）的研究表明，生产率增长的地区差异与公共基础设施的地区差异是相关的。基础设施创造了外部性，而外部经济导致地区内规模经济和投资回报率的增长。而且，基础设施建设比较好，尤其是生产性基础设施好的地区，能够使投资者节省资金、缩短工期、降低成本，从而获得较好的投资效益。在生产要素自由流动的情况下，根据资源最佳配置的条件，生产要素往往倾向于流向基础设施较好的地方。有关美国制造业产出增长的地区间差异有力地证明了这一点。福克斯（Fox）和默里（Murray）进行的研究表明，基础设施在吸引私人投资方面具有非常重要的作用，这已被商业投资的地区选择所证明。研究还发现，交通运输比其他的基础设施在投资决策中更为重要。

第四节 城市新型基础设施建设

一、新型基础设施建设的内涵、领域与特征

（一）新型基础设施建设（简称"新基建"）的内涵

新型基础设施是一个宽泛的概念，可以指所有新型的、新式的基础设施。在当前新一代科技革命和产业变革的背景下，新型基础设施是指由新一代城市技术驱动

的基础设施。更确切地说，新型基础设施基于新一代信息技术和数字化，这是新型基础设施乃至整个数字经济发展的核心，它使新型基础设施相对传统基础设施具有更强的成长性，有更多创新的变化。

目前，学术界对"新基建"的内涵和所包含的范围的理解也存在一定差异。有学者认为，"新基建"主要体现为代码、软件、标识和标准等虚拟形态。还有学者认为，"新基建"是在数字化、智能化、网络化发展的背景下，以适应5G、人工智能等新一轮科技革命变革需要为导向，以连接为基础，以计算为核心，面向现代化建设和数字经济发展，支撑数据的感知、连接、汇聚、融合、分析、决策、执行、安全等各环节运行，并提供智能化产品和服务的新一代数字基础设施体系。国家发展和改革委员会对"新基建"的概念及范围进行了界定，认为"新基建"是以新发展理念为引领，以技术创新为驱动，以信息网络为基础，面向高质量发展需要，提供数字转型、智能升级、融合创新等服务的基础设施体系。

"新基建"是第四次工业革命发展的必然要求，也是信息技术发展演进的必然结果。"新基建"代表着现代基础设施体系的发展方向。"新基建"以数字化基础设施为核心，其本质就是数字经济。数字经济以数字产业化和产业数字化为重点，以数字化治理为保障，以数据价值化为基础，"新基建"迎合了数字经济时代产业升级的需要，与新产业、新业态、新商业模式及新产品、新服务联系紧密，推动传统产业实现数字化转型及传统基础设施的数字化改造，并具有乘数效应，是繁荣数字经济的基石和数字时代的新结构性力量。

（二）新型基础设施建设的重点领域

"新基建"涉及的重点领域，主要包括基于新一代信息技术演化生成的通信网络、新技术、算力等信息基础设施，融合应用新信息技术支撑传统基础设施升级的融合基础设施，以及支撑科学研究、技术开发、产品研制并具有公益属性的创新基础设施，如图6-1所示。

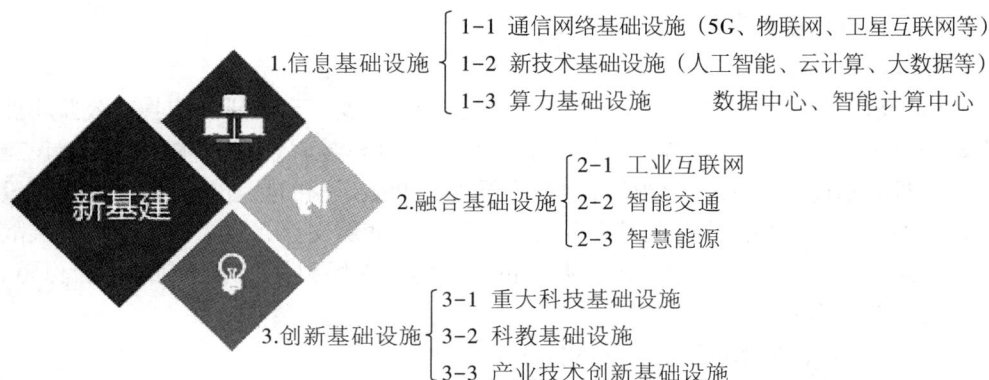

图6-1　"新基建"的重点领域

1.信息基础设施

信息基础设施，主要是指基于新一代信息技术演化生成的基础设施，比如，以 5G、物联网、工业互联网、卫星互联网为代表的通信网络基础设施，以人工智能、云计算、区块链等为代表的新技术基础设施，以数据中心、智能计算中心为代表的算力基础设施等。从发展来看，新一代信息技术的发展正在形成很多新的基础设施形态。一些通用性强的信息技术会发展成为新型设施，例如，5G 技术的成熟加快了 5G 网络设施的部署；大数据技术的应用促进了大数据基础设施的发展；更好地提供区块链、人工智能服务的需求也在加快形成区块链服务网络、人工智能通用算法平台等设施。一些信息技术的应用不是直接形成新型设施，而是促进原有的基础设施升级。在信息技术应用的过程中，共性能力、工具、应用、数据的建设获得越来越多的认可，城市物联网公共管理平台、工业互联网平台、车联网平台、GIS 平台、城市信息模型等很多共性功能平台都在走向统筹建设和开放共享，基础设施属性逐步凸显出来，这些也是"新基建"重点关注和培育的发展方向。

2.融合基础设施

融合基础设施，主要是指深度应用互联网、大数据、人工智能等技术，支撑传统基础设施转型升级，进而形成的融合基础设施，比如，智能交通基础设施、智慧能源基础设施等。新一代信息技术不仅自身在向新型信息基础设施进化，同时也在通过技术、设施、共性能力等方式赋能其他领域基础设施向融合基础设施演进。根据发展模式不同，融合基础设施可以概括为如下两种形态：一是传统基础设施智能化形态，主要是指传统基础设施进行数字化、网络化、智能化升级形成的新型基础设施形态，例如智能路网、智慧医院、智慧学校等。传统基础设施智能化形态是基础设施高质量发展的重要方向。二是数字世界中的传统基础设施形态，主要是指在数字世界构建过程中正在发展形成的一些具备传统基础设施功能的新型基础设施形态，例如互联网医院、网上课堂、数字银行、城市数字孪生体等。数字世界中的新型基础设施形态具有明显的互联网特点，打破了地理限制，具有广泛共享、高度可访问性，普惠程度更高。

3.创新基础设施

创新基础设施，主要是指支撑科学研究、技术开发、产品研制的具有公益属性的基础设施，比如，重大科技基础设施、科教基础设施、产业技术创新基础设施等。创新基础设施是支撑科学研究、技术开发、产品研制的具有公益属性的基础设施，更加注重打造面向未来的基础能力，注重夯实底层支撑，将为创新驱动发展战略在原始创新能力强化和增强创新源头供给能力上提供创新环境、创新平台保障，持续激发创新活力。

（三）新型基础设施建设的基本特征

与传统基建相比，"新基建"内涵更加丰富，涵盖范围更广，更能体现数字经济特征。"新基建"更加侧重突出产业转型升级的新方向，体现加快推进产业高端化发展的大趋势，见表6-2。

表6-2   传统基建与"新基建"的差异

差异	传统基建	新基建
包含领域	铁路、公路、桥梁等	5G网络、工业互联网、人工智能等
服务对象	服务于人流和物流,重在提供有形的生产资源和要素	承载人息流和数据流,重在提供无形的数据和信息资源
技术经济特征	资本密集型行业、技术进步空间较小	技术迭代快、上游技术进步对新基建的服务质量和水平具有重大影响
应用场景	主要提供公共产品和公共服务,支撑农业、制造业等传统产业发展	为数字经济和"互联网+"经济的发展提供基础和保障

资料来源 王晓冬,关忠诚,董超.新型基础设施建设的内在规律、面临风险与规避策略研究〔J〕.电子政务,2021(4).

新型基础设施属于现代基础设施体系的重要组成部分,具备基础设施的本质属性:基础性、公共性、强外部性。此外,新型基础设施也具有系统性、网络性、规模经济性、长周期性等特点。

相对于传统基础设施建设,"新基建"还存在三个方面的新特征:一是巨大的发展潜能和极强的赋能效应。传统基础设施建设投资,受边际效应递减、地方政府债务约束影响,后续发展空间十分有限。以数字技术为核心的新一轮基础设施建设投资存在巨大发展潜能。合理规划布局"新基建",不仅能发挥投资行为的基本乘数效应,还具有极强的赋能效应,以先进的数字信息技术驱动传统工业、农业等产业结构调整和业态革新。二是企业和社会资本占主导。"新基建"在推动万物互联过程中大量运用5G网络、人工智能、云计算等通用目的技术,这些技术在市场、技术、组织架构上具有多方不确定性。追求市场效率的企业对前沿技术变革更加敏感,能更迅速、准确地把握技术迭代和市场变化趋势。就全球趋势来看,大型科技企业已经成为发展数字经济的主导力量。传统上的以政府为主导进行投资,功能设计、运营管理等,难以有效满足上下游产业链的定向需求。新型基础设施投资应构建以政府起带头引导作用、企业和社会资本占主导地位、多方主体共同发力的格局,依托科技领军企业,全方位加速数字基础设施建设,以进一步强化其战略引领地位。三是创新迭代快、建设周期短、投资风险大。传统基建的技术成熟稳定、技术迭代较慢、存续周期也很长,铁路、公路、机场等的使用寿命可在百年以上,且能通过升级维护不断延展其功能。"新基建"则处于快速技术迭代周期之下,存续周期一般在十年左右。同时,新技术的不断出现也对现有技术体系形成了替代性挑战。因此,"新基建"的技术建设周期较短,地区之间的投资热情高、竞争程度高。"新基建"是技术密集型的创新设施,比传统基建的决策风险更大,盲目扩大"新基建"范畴、混淆建设重点,极易误导政策制定和投资决策。

二、城市新型基础设施的技术迭代规律

(一)摩尔定律与技术迭代

18世纪中叶以来,人类历史上先后发生了三次工业革命。第一次工业革命所开创了"蒸汽时代"(18世纪60年代—19世纪40年代),标志着农耕文明向工业文明的过渡,是人类发展史上的一个伟大奇迹;第二次工业革命进入了"电气时代"(19世纪60年代开始),使得电力、钢铁、铁路、化工、汽车等重工业兴起,石油成为新能源,并促使交通迅速发展;第三次工业革命更是开创了"信息时代"(第二次世界大战之后开始),全球信息和资源交流变得更为迅速,大多数国家和地区都被卷入到全球化进程之中。进入21世纪,人类面临空前的全球能源与资源危机、全球生态与环境危机、全球气候变化危机的多重挑战,由此引发了第四次工业革命——绿色工业革命,一系列生产函数发生以自然要素投入为特征,到以绿色要素投入为特征的跃迁,并普及至整个社会。

前三次工业革命分别是蒸汽技术革命、电力技术革命、计算机及信息技术革命。第四次工业革命是以人工智能、新材料技术、分子工程、石墨烯、虚拟现实、量子信息技术、可控核聚变、清洁能源以及生物技术等为技术突破口的工业革命。就技术范畴而言,这四次工业革命有一个共同特点,就是技术迭代的速度越来越快,技术迭代的形态越来越富含多样性。

有学者将技术浪潮的发展历程概括为七波技术迭代,如图6-2所示。

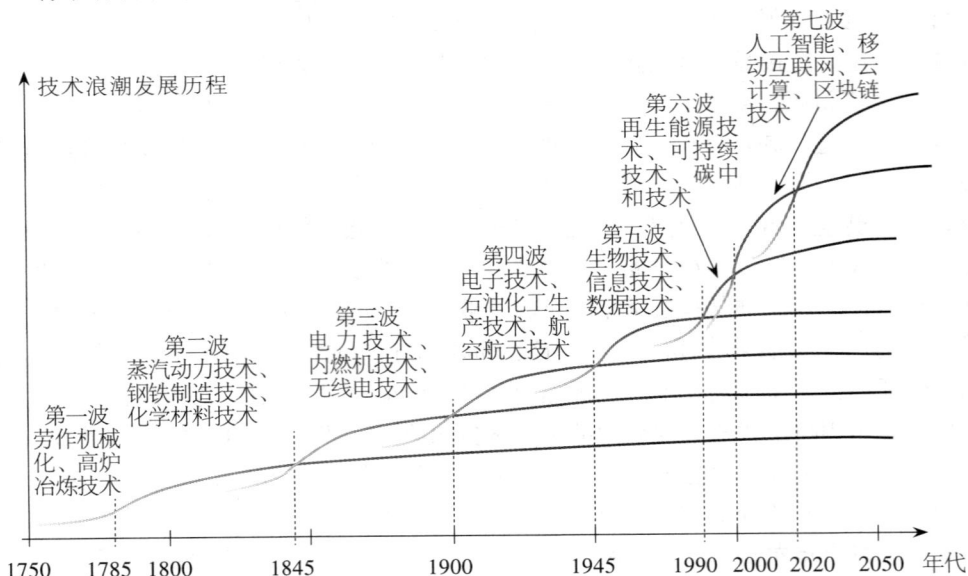

图6-2 技术的迭代过程

资料来源 吴志强,何睿,徐浩文,等.论新型基础设施建设的迭代规律 [J].城市规划,2021(3).

由图6-2可见,随着时间推移,不同阶段上的技术迭代曲线的斜率越来越陡,

它表明技术迭代速度不断加快的趋势非常明显。可以预料，在市场需求和技术创新的双重驱动下，主流技术仍将不断迭代演进，通过渐进式创新提升消费者体验。

摩尔定律描述了在数字化时代，这种技术迭代速度的奇迹。戈登·摩尔（Gordon Moore）是英特尔公司的共同创始人，1965 年他应《电子学》杂志的邀请，撰写了《让集成电路填满更多元件》一文，在这篇文章中，他做了一个最出名的预测，因此让摩尔的名字家喻户晓。他写道："在保持元件成本价格最低的情况下，其结构复杂程度每年大约增加两倍。"这就是摩尔定律原始的阐述，它的深刻含义是，技术增长的速度会成倍，甚至会以指数级速度增长。

指数增长的魔力说明，技术迭代速度变得越来越快。"新基建"是由新一代技术驱动的基础设施实施建设和运行管理的全过程，它所面临的就是第五、六、七波技术。具体地说，大体上就是现在所关注的 5G 基建、特高压、城际高速铁路和城际轨道交通、新能源汽车充电桩、大数据中心、人工智能和工业互联网七大领域。驱动新型基础设施的新一代城市技术处于快速发展中，"新基建"必须要与技术迭代紧密结合，规划建设适度超前，否则将造成设施的建设周期远远长于技术迭代周期，二者始终处于不匹配的局面。

（二）新型基础设施的技术迭代与城市应用

摩尔定律揭示了信息技术进步的速度，也预示着"新基建""智慧城市"快速发展变化的可能性。纵观城市发展的历史，每一次突破性的技术变革都会引起城市超乎寻常的变化。

首先，新技术的不断更新和迭代，促进了城市产业结构转型。20 世纪中叶以来，城市经济正在大步跨入数字经济时代。数字经济是以数字化的知识和信息作为关键生产要素，以数字技术为核心驱动力量，以现代信息网络为重要载体，通过数字技术与实体经济深度融合，不断提高经济社会的数字化、网络化、智能化水平，加速重构城市经济发展与治理模式的新型经济形态。

数字经济重在转型发展与产业创新。"新基建"以数字化基础设施为核心，其本质就是数字经济。"新基建"迎合了数字经济时代产业升级的需要，与新产业、新业态、新商业模式及新产品、新服务联系紧密，推动传统产业实现数字化转型及传统基础设施的数字化改造。

其次，在新一代技术浪潮的影响下，新型基础设施和新兴的城市空间伴随产生、不断涌现。城市空间是基础设施的载体。技术只有转化为产品、服务和设施，落地到空间才能真正实现其功能。比如，信息技术的发展，产生了科技产业集群这一全新的空间形态，以硅谷为例，其在 20 世纪后期作为首个科技产业集群出现。水能、风能、太阳能等可再生能源的生态技术在城市中逐步应用，一批城市在可持续技术支持下，构建"海绵城市""韧性城市"。近十年，人工智能、移动互联网、云计算等技术快速应用，全面引发基础设施的升级，在智能技术的辅助下，城市居民在工作、教育、生活、购物、娱乐等方面对办公室、学校、购物中心等空间场所依赖性减弱，城市空间布局结构呈现扩散化趋向。

最后，城市基础设施建设中的技术迭代，带来了智慧城市的升级发展。智慧城市是新型基础设施最广阔的应用场景，随着5G、物联网、大数据、人工智能等信息化技术的快速发展，智慧城市的发展理念、实现路径、运营模式日臻完善。新一代信息技术为实现智慧城市的全面感知、泛在互联、协同运作、智能处理提供了先进的核心使能技术与手段，不仅为智慧产业提供新的动力，带动智慧城市产业模式和业务形态的创新，同时催生众多的智慧城市新兴产业形态。

三、城市新型基础设施建设的多重效应

（一）投资乘数效应

所谓乘数效应，是指城市新型基础设施投资需求诱发了其他产业活动，进而涉及个人消费和其他投资领域，最终放大了城市经济总量的增长。城市新型基础设施的投资需求在其动态过程中，会不断派生和引发其他需求：（1）与新型基础设施建设直接关联的投资需求，如新能源、新材料等投资品的需求。（2）与基础设施相配套的投资需求，如房地产、公用服务、咨询业、金融保险等行业的投资比重都有较大幅度的上升。（3）带动相关消费需求的上升。因为一些城市生活设施构成了消费需求的使用条件，这方面的投资必然会刺激消费需求的上升。城市新型基础设施投资规模的扩大，从需求方面为它所涉及的产业或产品形成市场，它日益要求扩大这些产品的供给，于是导致了明显的乘数效应。

实践也表明，"新基建"关联度高、带动性强、就业面广，具有一定的倍扩效应。以5G基建为例，预计至2025年，我国5G基站建设直接投资约2.5万亿元，带动全产业链相关投资将超5万亿元，带动多类型终端及人工智能、虚拟现实、高清视频等行业应用市场规模快速上升，从而推动经济社会平稳健康发展。由此可见，"新基建"犹如催化剂，加速行业转型升级、社会经济发展的化学反应。

当然，城市新型基础设施的投资对经济增长影响的大小，因不同的经济效益而异，不能一概而论。在一般情况下，城市新型基础设施投资规模的扩大能使城市经济中的有效需求增大，这一点是确定无疑的。

（二）产业赋能效应

城市新型基础设施建设对产业发展的赋能效应，主要体现在三个层面：（1）作为数字化平台，"新基建"为城市经济发展提供了新动能，推动产业融合发展，形成产业新生态。"新基建"预示着新科技的迅速兴起与发展，为未来的智能化、数字化社会的到来铺平道路，必将孕育产生一系列新产业、新业态，进而促进总体产业结构的优化升级。（2）"新基建"的本质归根结底是创新与发展的深度融合，即内核的数字、数据和网络技术的创新与经过新技术、新材料、新能源融合后发展起来的新型基础设施。"新基建"促进了城市产业的跨界融合。未来产业具有多领域交叉的特点，发展过程中容易产生新理论、新载体、新空间、新模式和新业态。"新基建"带来的技术之间、产业领域之间的深度渗透将催生"N+X"新业态，大数据、生物、材料、智能技术与生产、消费、能源等应用场景的深度

融合，有望催生一批未来产业新领域、新业态。（3）"新基建"为城市传统产业改造和转型创新发展提供智能化的数据支撑，为很多非数字创新领域的产业提供相对完备的数据、数字和网络平台，从而大大提高这些产业创新活动的生产效率。"新基建"天然地具有市场开拓与培育新动能的作用。它能够广泛地依托平台第一时间将前沿技术应用到传统产业改造过程之中，同时又通过在实际生产中反复试错与验证，推动创新技术的进一步深化与成熟，从深层次上促进城市经济数字化转型和高质量发展。

（三）空间溢出效应

"新基建"的空间结构决定了基础设施在区域及城市经济中的关联规模与关联程度，进而影响到区域经济空间结构。"新基建"的空间溢出效应主要表现在三个方面：（1）空间经济的近邻效应与扩散效应。由于城市之间的空间位置关系及其相互联系，"新基建"都不是孤岛式的服务于自身需要的。新型基础设施具有典型的空间网络特性，通过以网络化基础设施为载体的经济活动扩散，与周边城市产生互动。"新基建"中的5G、云计算、大数据和人工智能等数字技术，解决了数据的连接、交互和处理，场景数字化完全打破时空限制，从而给毗邻城市带来积极影响。（2）信息、知识和技术的外溢与空间转移。新型基础设施建设过程中信息、知识与技术通过示范效应、竞争效应、人员流动和产业关联等途径产生溢出效应，这方面的溢出在很大程度上可以提高生产效率，激发价值链高附加值区段的活力，成为提升城市之间协作关系的重要引擎。（3）"新基建"中的城市"虹吸效应"。竞争力强的城市在经济发展过程中存在对周边地区的不对称的资源、人才、资本的吸纳现象。新型基础设施投资能够改变其所在地区的可达性和吸引力，进而提升该区域的区位优势，改变企业和居民的区位选择模式，诱发和推动经济资源、企业、人才技术等向优势区位移动，在一定时期内，可能会对非中心城市产生负面影响。

（四）社会附加效应

通过城市新型基础设施投资，改善城市功能所带来的社会附加价值是巨大的，只不过创造附加价值的形式不同而已。据美国麻省理工学院与埃及开罗大学在埃及进行的联合调查提供的数据表明，通讯设施投资的直接效益与对其他产业部门产生的间接效益之比为：商业1:69；服务业1:85；设备制造业1:126；手工业1:78。除此之外，这种附加效益还包括大量难以准确计量的社会效益和环境效益。除投资效益外，"新基建"还可以降低交易成本，提高生产效率，同时创造更多高质量的就业机会。

从民生角度来看，在城市新型基础设施建设中，与人们生活相关的基础设施投资占有举足轻重的地位。"新基建"有助于满足人民对美好生活的向往与需要，扩大这方面的投资，有助于人民过上安定、舒适和富足的生活。同时，生活设施条件的改善也带动了多层次、多热点的消费需求，旺盛的消费需求必然会反过来进一步拉动投资需求的扩张，从而使城市经济发展步入良性循环轨道。

四、城市新型基础设施的发展路径

（一）明确"新基建"的发展定位、建设标准与建设方向

城市新型基础设施建设要全面考虑城市发展的现实基础，立足于城市比较优势，合理确定与未来城市发展相适应的"新基建"目标定位，不能一哄而上，盲目追赶潮流。新型基础设施的建设标准通常是由国家和行业从顶层进行推进的，如统一的区块链服务基础设施标准等，同时，随着新技术的发展，这些标准也会不断变化提升，因此，城市"新基建"必须严格按照这些标准进行。"新基建"的方向要根据新型基础设施发展的阶段性，统筹规划。现阶段"新基建"有两个重点方向：一是以数字化为核心的全新基础设施，譬如5G、数据中心、人工智能和工业互联网等。二是强化新老基建的融合。应根据特色化、专业化与多元化的发展原则，合理确定城市"新基建"的建设方向。另外，"新基建"的特性决定了其实施将跨区域、跨部门、跨层级、跨系统，应统筹规划、凝聚合力、深化部门协作、企业联动和空间协同，加强政府的扶持与推动力度，汇聚社会各方智慧和力量，鼓励不同主体运用市场机制，灵活开展多种形式的合作。

（二）采取差异化策略，构建特色鲜明的"新基建"系统

当前，新型基础设施建设已成为城市经济发展的新"风口"。各城市都在抢抓机遇，勾勒"新基建"的发展蓝图。虽然信息、融合和创新基础设施三者共同构成整个城市"新基建"中最为基础的几个领域，也是具有最大市场空间的方向，但各城市在"新基建"上的视野是不同的，所采取的策略也存在差异性。总体上说，"新基建"应与地方经济发展水平、产业发展基础和设施建设情况等相匹配，从助推数字经济发展、加快新旧动能转换和城市能级提升、保证高质量发展要求的角度出发，构建符合城市实际、特色鲜明的新型基础设施系统。

（三）探索新业态、新模式，推进产业结构转型升级

通过基础建设投资、传统工业赋能、新兴产业孕育驱动城市产业转型升级，是城市新型基础设施建设的重要方面。党的二十大报告指出："推动战略性新兴产业融合集群发展，构建新一代信息技术、人工智能、生物技术、新能源、新材料、高端装备、绿色环保等一批新的增长引擎。"城市要不断探索数字经济发展的新业态和新模式，加强创新驱动引领，把握数字经济发展趋势，瞄准数字经济领域的前沿技术，强化信息化技术的开发和应用创新，通过"新基建"提高资源配置效率，实现农业、制造业和服务业等的数字化、网络化、智能化转型。同时，针对不同人群的需求和未来城市的发展，识别"新基建"与数字经济发展可能出现的未来新业态、新服务，在补短板、强弱项、促创新上形成协调推进的整体格局及互联、互通、互补的融合共享新模式，共同促进数字经济与新经济的发展，谋划城市未来的发展。

（四）系统规划新型基础设施的空间布局和应用场景

城市"新基建"的各类设施涉及不同的布局原则和选址要求，以及设施建设标准。因此，"新基建"规划应分类明确和制定设施的布局方案，并提出包括建设形

态、配套设施和节能环保等方面的有针对性的规划建设指引。从不同空间层次确定整体空间结构，优化功能用地布局，加强景观风貌的控制引导，提升城市空间品质，同时结合相关建设标准与要求，对各类重要设施和产业项目进行合理选址，测算并明确用地规模与建筑规模需求。构建以新型基础设施为基础，涵盖数字运营平台和智慧应用场景的数字化支撑系统。同时，与实际生产、生活有机结合，增强交通、设施和服务等方面的应用场景体验，实现场景空间化与空间场景化相互融合，为人们提供多元化的空间感受①。

（五）把握技术迭代规律，循序渐进推进"新基建"进程

新型基础设施形成是一个渐进过程。当前，很多新兴信息技术还在快速发展中，虽然部分技术的通用目的性已经得到公认，但还不具备规模效应和普适性作用，例如人工智能、区块链、物联网、工业互联网平台、大数据基础设施等。一种新兴技术从实验试用到规模应用、从内部系统到基础设施，是一个长期演进的过程，也是基础设施属性逐步显现的过程。在这个演进过程中，不同的技术通常会有不同的建设运营模式和服务提供方式，形成不同的发展路径，显现出来的基础设施属性强弱也不同，稳定的基础设施形态形成的早晚也有差异。因此，对于这些处于起步阶段的新兴基础设施需要加强引导和培育，应准确把握不同技术的应用特点和发展阶段，探索合适的建设运营模式，加速基础设施形态的形成，尽早发挥基础设施的战略性、基础性和先导性作用。

第五节　城市基础设施的产业化机制

一、理论依据与现实需要

城市基础设施产业化是指在市场经济条件下，把城市基础设施建设作为一项产业逐步实现市场化的过程。把市场机制引入城市基础设施建设之中的理论依据源于人们对基础设施自然垄断性的重新认识。

20世纪80年代以来，西方经济学家用部分可加性（subadditivity，又译为次可加性、劣可加性）重新定义了自然垄断之后，人们对自然垄断的性质有了重新认识。简单地说，即是把自然垄断分成了强自然垄断和弱自然垄断两种情况。当自然垄断性较弱时，基础设施兼有公共消费和个人消费的特性，处于纯公共产品与纯个人产品之间的过渡状态，即具有很强的"混合产品"性质，可理解为"准公共物品"。对于城市基础设施产品来说，城市的地域性又决定了它的"地方公共物品"特性，使其"准公共物品"的特色更加突出。因此，国外对自然垄断行业的管制，特别是对城市基础设施领域的管制，已经由传统的只要是自然垄断就要管，转变为需要因时制宜。有时要管，有时不要管，要根据平均成本的升降、企业承受力的有

---

① 吴琳，周海泉，张斌.未来城市发展逻辑下新型基础设施建设规划思考与实践［J］.规划师，2021（1）.

无，分别考虑采取不同对策。

由此，作为"准公共物品"的城市基础设施便兼有公益性、垄断性与收费性、竞争性的特点。公益性与垄断性的特点，决定了它们提供的产品和服务是社会性的，公众对基础设施的消费不具有竞争性和排斥性。它们以公共产品的身份构成各种经济活动和生活娱乐活动的基础条件，属于"纯基础设施"。收费性（私人性）与竞争性的特点，则又决定了这类设施的建设是市场性行为。可以采取收费形式来弥补其成本并取得利润，如电讯、电力、自来水等，可称为"准基础设施"。它们的活动应当以市场盈利为目的，采用市场手段来进行。这样就使得在城市基础设施领域引入竞争由可能变为现实。因此，过去那种基础设施建设由国家统包下来的做法，从理论上说在现代的市场经济条件下已经行不通了。

在最近20年来的实践中，随着社会经济和科技水平的迅速提高，市场规模迅速扩大，也使原来自然垄断行业中的垄断性开始逐渐降低，替代技术（能源）的出现也使细分的行业之间出现了竞争，如电信业等。因此，过去长期被视为公共物品的多数城市设施已发展成为准公共物品甚至是私人物品。在调查总结了许多国家特别是发展中国家的经验之后，世界银行在1994年的发展报告《为发展提供基础设施》中指出，凡是具有以下三个特点的城市基础设施即可进行有效的商业运营：①对提供服务有明确的、连贯的目的性；②拥有经营自主权，管理者和雇员都对经营效果承担责任；③享有财务上的独立性。这样，城市基础设施中的准公共产品和服务就可以分别由公有公营、公有私营、私有经营和社区及使用者提供四种不同体制的实体来经营。因此，城市建设本身就已经具备了产业化经营的基础，完全可以将市场竞争机制引入城市基础设施建设产业之中。这已经成为世界上许多国家的成功经验。

随着科学技术和社会生产力的发展，城市基础设施中已经有越来越多的系统形成独立的产业或行业，如能源产业、交通产业、运输产业、通信产业、环保产业等。它们带动了其他一系列产业的发展，如基础材料产业、房地产业、汽车产业、装备工业等。因此，城市基础设施产业是城市经济乃至国民经济的支柱产业，是新的经济增长点，城市基础设施产业化是城市经济发展的趋势所在。

首先，产业化适应了基础设施建设量和投资量不断扩大的需要。社会生产力的发展，经济社会化程度的提高，基础设施内容越来越广泛，城市经济对基础设施的需求日趋扩大，从而对基础设施的依存性也越来越大。城市现代化在很大程度上取决于基础设施现代化。在城市现代化过程中，基础设施建设量迅速增加。只有不断实现产业化，才能适应城市基础设施投资和建设增长的需要；反过来，投资和建设的增加，又要求基础设施实现产业化。

其次，产业化有利于提高城市基础设施的使用效率。提高效率和追求公平，是社会经济发展的两大目标。城市基础设施是重要的经济领域和管理领域，一方面，城市基础设施的投资和建设量越来越大；另一方面，城市基础设施与每一个企业、每一个居民都有着密切的关系，因此这个领域的公平和效率对整个社会的公平和效率有着重大的影响。目前，中国城市中的许多企业效益不高，不能说同城市基础设施落后没有关系。通过市场交换，推行产业化经营是目前条件下维持公平和提高效率的手段，甚至是最重要的手段。所以，近几十年来，许多国家把城市基础设施的建设、管理和经营，同其他生产经营领域一样交给企业，实行产业化经营。大量事实证明，不少城市基础设施项目由政府投资、建设和管理，往往投资很大、效率低下、分配不公，而交给企业家投资、建设和管理后效率明显提高。产业化经营和管理是城市基础设施发展的趋势和方向。

再次，城市政府职能的转变和有限的财力也需要基础设施产业化。随着城市的急剧发展，一方面，城市公共管理任务越来越繁重，越来越细致；另一方面，城市政府机构又受到财力的限制，不可能无限制地扩大，相反需要尽可能地精简，以减轻企业和居民的负担。城市政府要把一部分基础设施的建设和管理交给企业去办，变成企业的经营活动，以集中精力办好只能由城市政府办的事。这样，可以更有力、更灵活地筹集资金，动员更多的社会资金投入城市基础设施建设。有的城市成立城市建设投资公司，承担原来由政府承担的一部分任务，已经收到较好的效果。

最后，科学技术进步为产业化提供了技术条件。一方面，城市基础设施建设已成为科学技术的重要应用领域。专家预测，在未来30年间，全球在能源、环境、农业、食品、信息技术、制造业、生物医学等领域将出现"十大新兴技术"，其中有关"垃圾处理"的新兴技术被排在第二位。近年来，世界各国纷纷开发垃圾资源化技术，通过回收垃圾中的有用成分实现垃圾的减量化和资源化。一些国家，如瑞士、澳大利亚、丹麦等利用垃圾焚烧发电已占垃圾处理的65%~75%，荷兰、澳大利亚等国利用垃圾进行堆肥的比例也逐年上升。国内也在这方面取得了很好的经验。另一方面，科学技术的发展，特别是计量技术的发展，对许多基础设施的使用和消费都可以直接计量，即原来不能分割出售的，现在能精确地按单位出售，这也为产业化经营创造了技术条件。

二、城市基础设施产业化的规划、建设与运营

从目前世界各国的城市管理模式看，"企业家化治理模式"在促进城市基础设施产业化方面取得了非常好的效果。其主要特征是：①政府部门在运营城市的过程中，要像企业家那样勇于创新，注重实效；②以发展地方经济为目标的公共决策的形成和实施主要通过"公-私合作伙伴"来完成。

一般地，城市基础设施的建设可以划分为规划、基本建设和日常运行三个环节。其中，规划是灵魂，建设是主体，日常运行是关键。因此，可以从这三方面入手，从整体上加快城市基础设施产业化的步伐。

首先，科学规划是城市基础设施产业化的起点。城市规划作为城市发展战略的重要组成部分，要求从市场需求角度出发，科学确定城市的性质、功能、定位，并为城市建设提供"蓝本"。在市场经济条件下，需求始终是拉动经济发展的决定性力量。城市基础设施建设的规模、重点及所需的资本、技术作为城市经济发展需求

的反映，共同决定了城市基础设施产业化的市场空间大小。因此，科学的城市规划是城市基础设施建设产业化的"先天性"决定因素。

由于城市基础设施具有物质承载的作用，城市基础设施规划一般要与现有城市经济发展需求的水平保持适当的超前性，领先于城市经济活动主体设施的建设。在建设时序上要在一定程度上超前于城市经济和社会发展水平，由此保证和促进城市经济发展所带来的整体经济效益的提高。但是，超前多少、在哪些领域超前等具体问题的解决则基本取决于城市总体规划。城市规划从某种程度上说是对城市基础设施建设市场的"事前"调控。

因此，城市基础设施产业化必须坚持先规划、后建设，切实加强规划的科学性、权威性和严肃性。发挥规划的控制和引领作用，严格依据城市总体规划和土地利用总体规划，充分考虑资源环境影响和文物保护的要求，有序推进城市基础设施建设工作。要牢固树立规划先行理念，遵循城镇化和城乡发展客观规律，以资源环境承载力为基础，科学编制城市总体规划，做好与土地利用总体规划的衔接，统筹安排城市基础设施建设。突出民生为本，节约集约利用土地，严格禁止不切实际的"政绩工程""形象工程"和滋生腐败的"豆腐渣工程"。强化城市总体规划对空间布局的统筹协调。严格按照规划进行建设，防止各类开发活动无序蔓延。开展地下空间资源调查与评估，制定城市地下空间开发利用规划，统筹地下各类设施、管线布局，实现合理开发利用。要完善和落实城市基础设施建设专项规划。城市基础设施建设要着力提高科学性和前瞻性，避免盲目和无序建设。尽快编制完成城市综合交通、电力、排水防涝和北方采暖地区集中供热老旧管网改造规划。还要加强公共服务配套基础设施规划统筹。城市基础设施规划建设过程中，要统筹考虑城乡医疗、教育、治安、文化、体育、社区服务等公共服务设施建设。合理布局和建设专业性农产品批发市场、物流配送场站等，完善城市公共厕所建设和管理，加强公共消防设施、人防设施以及防灾避险场所等设施建设。

其次，在城市基础设施的建设和运营过程中，"公-私合作伙伴"强调要发挥企业作为市场主体地位的作用，使其具备内在的激励机制和外在的竞争压力，最大限度地开拓城市建设的运作空间。对于提供纯公共产品的企业，由于其具有规模经济性，如电力工业中的电力传输系统、自来水管道系统等，可以采取公司化改造之后的国有国营形式；大部分非自然垄断和半自然垄断性质的国有基础设施企业则应采取国有民营和私营形式，如电力生产和销售、收费的公路、货运和客运、电信和通信服务等行业，可通过竞争性的招投标，以租赁和特许权的方式实行，如BOT（build-operate-transfer，建设-经营-转让）等；对于一些私人物品特性（竞争性）较强的基础设施，则可以允许私人进入基础设施领域建立新企业，或通过国有中小企业的产权转让等形式，实现私有私营，以增加供给，提高效率。

在投融资体制上，要建立"谁投资，谁受益"的有效投资回报机制，打破政府主管部门对基础设施投资建设的独家垄断，建立起模拟竞争市场，全面引进竞争机制，鼓励国有资本与其他经济成分的资本相互渗透，逐步形成政府财政投入、银行信贷投入、企业投入、社会投入、经营收益二次投入的多渠道建设格局，最大限度盘活城市资产存量，从而推进城市基础设施建设产业化的加速发展，达到以城建城、以城养城的城市目标。

不断拓展城市基础设施建设空间。拓展基础设施建设空间，要与培育发展新动力、深入实施创新驱动发展战略、构建产业新体系、形成发展新体制等一并考虑，与拓展产业发展空间等统筹起来，与扩大开放、加强合作、共赢共建共享统一起来，探索拓展发展新空间的路径、方式和举措。拓展基础设施建设空间，要准确把握拓展基础设施建设空间的方向和重点，突出重点领域，加强薄弱环节，优化布局结构，提升保障能力，有效支撑经济社会发展重大战略的实施，优化区域和城乡发展结构。拓展基础设施建设空间，要着力形成基础设施平衡发展结构，推动基础设施区域协调发展，加快提升基础设施互联互通水平，同时要加快推动基础设施绿色低碳循环发展。

最后，与高起点规划、高标准建设相匹配的是高效能的运营管理。由于城市基础设施具有公益属性和产业化特征，必然使得政府行为和市场行为的矛盾冲突表现得更加集中和激烈，这是城市基础设施产业化有别于其他行业产业化的最典型特点。虽然从国内外城市的实践中可以看出城市基础设施产业化是大势所趋，但城市基础设施产业化步伐的加快，必须要以城市基础设施管理和运营的整体水平提高为基础。过去，我国城市建设领域长期存在着"重建设轻管理"的倾向。因此，在城市基础设施建设产品的日常运营过程中，创造培育出基础设施产业有效竞争的制度环境至关重要。对自然垄断企业，应建立模拟竞争机制的管理体制。通过经营许可证制度和恰当的定价策略，提高其竞争意识，规范其经营行为；对于非自然垄断的企业，则应完全引入市场竞争机制；而要使经营工作有法可依，维护城市建设产品经营市场的秩序，则必须建立和健全完善的法律体系，加大对市场的监督制约力度。目前，这方面的理论还落后于实践，国家和地方政府应该加快研究制定一批配套的规范性指导文件，积极推动城市建设产业化向健康有序的方向发展。

◈ 练习与问题讨论

1.什么是城市基础设施？试找出10个身边的城市基础设施，进行分类，并分析它们都有哪些特性。

2.城市有些基础设施或服务（如供水、供电、煤气等）属于典型的私人产品，那么，应该由政府提供还是由市场提供？抑或二者协作共同提供比较好？

3.在我国城市基础设施建设中，存在两种不同的观点：一种观点认为城市基础设施投资拉动经济增长效果明显，应该加大投资；另一种观点认为一些基础设施产能过剩，浪费严重，应该压缩投资规模，以防范投资风险。对这两种不同的主张，你持何种立场，理由何在？

4.不同类型的城市基础设施，其投资主体不同，投融资方式各异，具体见表6-3。

表6-3 城市基础设施投融资差异

项目属性		基础设施实例	投资主体	融资方案
经营性项目	纯经营性项目	收费高速公路、桥梁、隧道等		
	准经营性项目	煤气厂、地铁、轻轨、自来水厂、垃圾焚烧厂等		
非经营性项目		敞开式城市道路、公共绿化等		

（1）填写表格。确定不同类型城市基础设施项目的投资主体。

（2）给出不同类型城市基础设施投资项目的融资解决方案，并说明为什么要选择这投融资方式。

5.讨论：城市基础设施如何与城市规模相匹配？

6.城市新型基础设施投资规模与城市经济发展需求二者之间存在着怎样的相关关系？

资料链接6-1

灯塔一定是公共物品吗？

资料链接6-2

贵阳大数据交易所的困局

资料链接6-3

腾讯与贝壳找房平台的合作

第七章　城市产业经济

城市产业经济是决定城市经济功能和城市性质的内在因素，也是推动城市经济增长的基本要件。本章重点阐明了城市产业经济的两个方面：一是从时间维度上阐明了城市产业结构问题；二是从空间维度上阐明了新产业区与集群问题。这两个方面构成了城市产业经济活动的主要内容。

第一节　城市产业分类

一、按经济功能划分

按经济功能和市场的不同，城市产业部门分成两大类：主要满足城市外部市场需要的产业为输出产业（或基础产业）；主要满足城市内部市场需要的产业为地方产业（或非基础产业）。对于城市的经济发展来说，输出产业是起主导作用的，处于支配地位，因为它是城市从其外部获取资源的主要手段；地方产业则是支撑前者存在与发展的条件，处于从属地位。

每个城市发展什么样的输出产业，取决于许多条件和因素，最重要的是该产业是否具备了比较优势，即和其他地区相比、和其他产业相比，该产业是否在资源、技术、地理、市场等相关方面拥有竞争力。各个城市扬长避短，确定自己的主要输出产业，从而形成各具特色的专业化分工。这对于国家和地区的生产力合理布局、资源的有效利用、经济效益的综合提高，都具有十分积极的意义。同样，地方产业一方面为输出产业提供产品和劳务，另一方面为当地市民提供衣食住行等诸种便利，在城市经济发展中绝非无足轻重，是必不可少的支持系统。

输出产业与地方产业反映了城市经济的二重性，即对外功能与对内功能的统一。在这两者之间存在着数量的依存关系，即：

$$\Delta EL' = a\Delta EB^0 \tag{7.1}$$

式中，$\Delta EL'$ 为地方产业的就业增加量；ΔEB^0 为输出产业的就业初始增加量；a 为地方产业就业限定系数。

二、按生产要素划分

根据各生产要素在不同产业部门中密集的程度和不同的比例，城市产业部门分成三大类：劳动密集型产业、资本密集型产业和技术密集型产业。凡单位劳动力占用资本较少、资本有机构成和技术装备水平较低、需要投入劳动力较多、单位成本中活劳动消耗所占比重较大的产业，称为劳动密集型产业，如服装、皮革、餐饮业等；凡投资比较集中、资本有机构成高而所需劳动力较少的产业，称为资本密集型产业，如石油、化工、钢铁、机械制造业等；凡生产过程机械化、自动化程度和技术层级较高且对知识人才素质要求较严的产业，称为技术密集型产业（或知识密集型产业），如电子、航天、生物工程行业等。在实际构成中，有的行业不一定是单纯某一种要素密集度高，而有可能是两种都高。

经济发展的根本特征是产业结构由简单到复杂、由低级到高级的不断转化。考察一下各国经济发展的进程，可以发现，产业结构呈现如下演变规律：由以劳动密集型产业为主，转化为以资本密集型产业为主，再发展到以技术密集型产业为主。这一规律的基础是不同社会资源累积的顺序与速度、规模的差异，以及由技术进步带来的各种社会资源的有序替代。

与自然资源形成的天赋过程不同，劳动力、资本、技术这些社会资源是随着社会发展而逐步累积起来的。图7-1直观地显示出各种资源的累积过程与产业结构的相应变化。

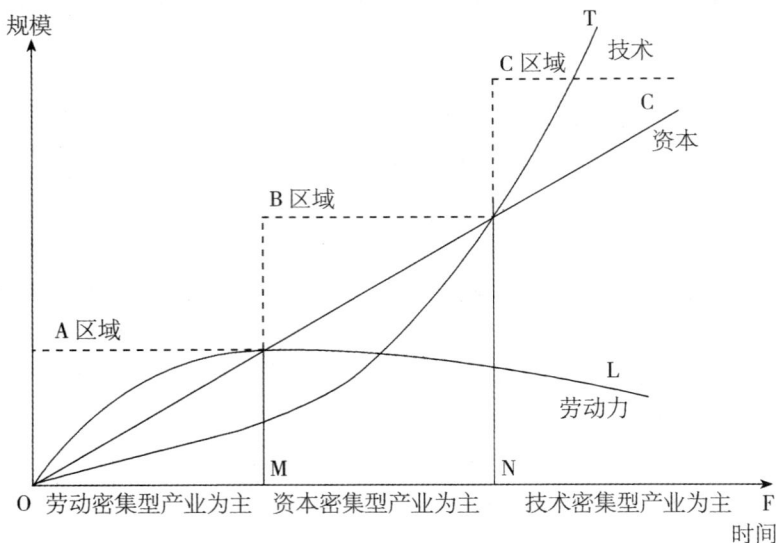

图7-1 各种资源的累积过程与产业结构的相应变化

在图7-1中，曲线OL、OC、OT分别表明劳动力、资本、技术要素的累积规模，OM、MN、NF分别表示经济发展的不同阶段。曲线的不同形状反映不同要素积累过程的差异：劳动力增长达到一定程度后呈缓慢下降趋势；资本的增长呈直线形上升；技术的累积为二次曲线形式，反映技术进步的加速规律。曲线的位置变化反映各种资源相对重要性的变化。在经济发展的早期（OM）阶段，劳动力是最重要的社会生产资源，其规模随人口增长而不断扩大。资本、技术要素虽有一定积累，但速度很慢，规模有限。与各种资源的累积规模差异相适应，这一时期的产业主要是农牧业、采掘业、手工业、轻纺工业等劳动密集型产业。在 MN 阶段，资本积累规模急剧扩张。OC 超过 OL，表明资本替代劳动成为最重要的社会资源。冶金、机械、化学、电力、交通运输等资本密集型产业逐步成为社会生产的主要行业。与此同时，技术要素的积累规模也在迅速扩张，并且呈现出不断加速的趋势。当曲线 OT 超过 OC 以后，技术就成为最重要的生产要素。电子、电器、航天、合成材料等技术密集型产业也逐步取代传统的资本密集型产业，成为社会生产的主要产业。

三、按三次产业划分

三次产业这一概念的首创者，当推新西兰经济学家费希尔教授（A.G.B.Frisher）。他在 1935 年出版的《进步与安全的冲突》一书中指出，人类的生产活动可划分成三个阶段：初级阶段，主要以农业和畜牧业为主；第二阶段，以工业大规模地迅速发展作为标志；第三阶段，大约从 20 世纪初开始，出现了大量的服务性行业并逐渐占据经济活动的主要部分。同生产活动的这三个发展阶段相适应，他认为可以将产业结构划分成三个层次：第一产业、第二产业和第三产业。

其后，1940 年英国经济统计学家克拉克（Colin Grant Clark）在《经济发展的条件》这本著作中，进一步阐述了三次产业的内容及其结构变动趋势。他提出，第一产业以农业为主；第二产业是制造业；其他的经济活动则统统归入第三产业。由于各次产业间存在着收入差异，促使劳动力依序从低级向高级产业转移，从而形成了经济发展中的三个台阶——这一发现完善了古典经济学家威廉·配第的著名论断，因而被称为"配第-克拉克定理"。

自此，西方国家普遍采用三次产业的分类方法，并逐渐被社会主义国家所接受，成为国际上广泛流行的划分方式。

联合国国际劳工组织根据这一理论，于 1971 年颁布《全部经济活动的国际标准产业分类索引》（Indexes to the International Standard Industrial Classification of All Economic Activities），简称"标准产业分类"（SIC），它把全部经济活动分成如下十个大类：

（1）农业、狩猎业、林业和渔业；

（2）矿业和采石业；

（3）制造业；

（4）电力、煤气和供水业；

（5）建筑业；

（6）批发与零售业、餐馆与旅店业；

（7）运输业、仓储业和邮电业；

（8）金融业、不动产业、保险业及商业性服务业；

（9）社会团体、社会及个人的服务；

（10）不能分类的其他活动。

以上十类中，（1）～（2）类属于第一产业，（3）～（5）类属于第二产业，（6）～（10）类属于第三产业。

国家统计局于1985年对三次产业的划分做了专门的规定，即：

（1）第一产业为农业（包括林业、牧业、渔业等）。

（2）第二产业为工业（包括采掘业、制造业、自来水、电力、蒸汽、热水、煤气业）和建筑业。

（3）第三产业为除上述各业以外的其他产业，它又包括四个层次：

第一层次是流通部门，包括交通运输业、邮电通信业、商业饮食业、物资供销和仓储业。

第二层次是为生产和生活服务的部门，包括金融业、保险业、地质普查业、房地产业、公用事业、居民服务业、旅游业、咨询信息服务业和各类技术服务业等。

第三层次是为提高科学文化水平和居民素质服务的部门，包括教育、文化、广播电视事业，科学研究事业，卫生、体育和社会福利事业等。

第四层次是为社会公共需要服务的部门，包括国家机关、党政机关、社会团体，以及军队和警察部门等。

第二节 城市产业结构

一、城市产业结构特征与经济发展阶段的判定

经济的发展与产业结构之间存在着十分密切的相互关联与相互制约关系。经济发展水平的高低决定着一个国家、一个地区、一个城市的产业结构总体状况，反过来，产业结构的调整和优化又可以为经济发展注入活力，提高经济增长的速度和效益。合理的产业结构的形成和优化需要建立在科学的产业结构分析的基础之上，首先需要通过对产业结构的分析准确地判明城市所处的经济发展阶段。

在不同的经济发展阶段，第一、二、三产业的结构比例关系及主次序位呈现出不同的特征。发达国家经济发展的历史经验及相关的研究理论表明，经济成长的不同阶段具有不同的产业和人口经济联系方式，可以通过三次产业的产值比重序位的变化，以及相应的人口就业比重的变化反映出来。最初，以农业为主的第一产业在国民生产总值和就业结构中占主导地位；随着经济的发展，第一产业所占的比重不断下降，以工业制造业为主的第二产业在国民生产总值中的比重上升至首位，其就业比重也迅速提高；当工业化达到一定程度后，以服务部门为代表的第三产业在就业中的比重趋于提高，在国民生产总值中的比重上升并稳定在一定水平上。

依据产业结构的特征判明经济发展所处的阶段，对于正确地拟订城市经济的发展目标和产业结构的调整战略均具有十分重要的作用。以美国经济学家库兹涅茨（S.Kuznets）、钱纳里（H.Chenery）等为代表的发展经济学家，根据三次产业在国民生产总值构成中的比例序位关系，结合人均国民生产总值的高低，将经济成长阶段划分为农业时期、工业化时期和后工业化时期三大时期，其中工业化时期又具体分为初期、中期和后期三个阶段（如图7-2所示）；中国社会科学院经济学部课题组针对中国实际情况，选择了人均GDP，一、二、三产业产值比，制造业增加值占总商品增加值比重，人口城市化率，一、二、三产业就业比等五个指标来衡量我国地区工业化进程，各个指标的阶段划分标准见表7-1。

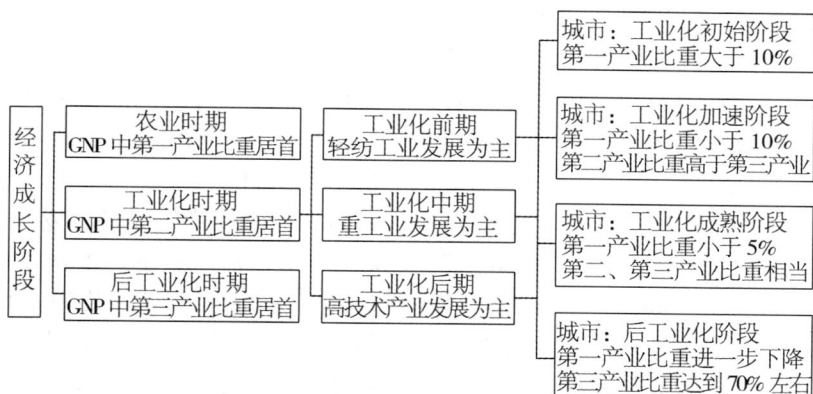

图7-2　经济发展理论对经济成长阶段的划分

表7-1　　　　　　　　　　　　**工业化水平评价指标和标准**

基本指标		前工业化阶段（1）	工业化实现阶段			后工业化阶段（5）
			工业化前期（2）	工业化中期（3）	工业化后期（4）	
1.人均GDP（经济发展水平）	1995年美元	610~1 220	1 220~2 430	2 430~4 870	4 870~9 120	9 120以上
	2000年美元	660~1 320	1 320~2 640	2 640~5 280	5 280~9 910	9 910以上
	2005年美元	745~1 490	1 490~2 980	2 980~5 960	5 960~11 170	11 170以上
2.三次产业产值结构（产业结构）						
3.制造业增加值占总商品增加值比重（工业结构）						
4.人口城市化率（空间结构）						
5.第一产业就业人员占比（就业结构）						

根据图7-2、表7-1所显示的指标，中国社会科学院经济学部课题组判明：我国的经济发展已处于工业化中期后半段，各种指标均体现出工业化中期的特征。就城市地区的整体经济发展水平而言，我国多数城市，尤其是发达地区的城市的经济发展已进入工业加速阶段，即工业化中期向工业化后期的过渡阶段，但一些后进地区的城市仍处于工业化的初中期。

二、城市主导产业的选择与确定

城市主导产业的选择与确定，是城市经济发展战略研究的重点。选择和确定城市主导产业，主要有两个侧重角度，其一是产业的经济带动作用，其二是产业的区位比较优势。这两个角度常常是相互关联、相互转化的。

（一）从产业的带动作用确定城市的主导产业

现代产业内部各产业部门之间存在着一种投入产出联系。由于这种产业联系的存在，在一些部门的个别投资会通过这种联系传导到其他部门，诱发其他部门的投资，从而带动整个经济的发展，这就是产业的带动作用。

著名的发展经济学家赫希曼（A.O.Hirschman）在其著作《经济发展的战略》中，将产业间的联系称作"连锁效应"（linkage effect），并把连锁效应具体划分为前向连锁（forward linkage）和后向连锁（backward linkage）。前向连锁，是指一个部门和吸收它的产出的部门之间的联系（如种植业部门对食品工业部门具有前向连锁效应）；后向连锁，则是指一个部门与向它提供投入的部门之间的联系（如日用化工部门对基本化工、炼油、原油开采等部门具有一系列的后向连锁效应）。根据产业的连锁效应特征，全部产业可分为四类（见表7-2）。

表7-2　　　　　　　　　　不同产业部门的连锁效应特征

	产业部门	连锁效应特征
第一类	中间投入型初级产品	前向连锁效应大，后向连锁效应小
第二类	中间投入型制造业产品	前向连锁效应大，后向连锁效应大
第三类	最终需求型制造业产品	前向连锁效应小，后向连锁效应大
第四类	最终需求型初级产品	前向连锁效应小，后向连锁效应小

对于发展中国家的城市而言，从产业的带动作用确定城市的主导产业，就是要选择能发生最大连锁效应的产业部门——带头部门，把有限的投资优先集中于带头部门，从而最大限度地发挥其连锁效应，推动城市经济的整体发展。后向连锁一般比前向连锁更重要，带动作用更强。所以，城市主导产业的选择，应主要从后向连锁效应大的部门考虑。许多学者对产业的连锁效应进行过具体的定量测算，表7-3列出的是美国经济学家钱纳里等利用投入产出表计算的不同产业部门的连锁效应值。这些计算方法和结论为进行城市主导产业的选择提供了具体的定量参考标准。

表 7-3 产业部门连锁效应的定量计算

	最终需求			中间投入		
	Ⅲ.最终需求型制造业产品			Ⅱ.中间投入型制造业产品		
		前向	后向		前向	后向
制造业	服装和日用品	0.12	0.69	钢铁	0.78	0.66
	造船	0.14	0.58	纸及纸制品	0.78	0.57
	皮革及皮革制品	0.37	0.66	石油产品	0.68	0.65
	食品加工	0.15	0.61	有色金属冶炼	0.81	0.61
	粮食加工	0.42	0.89	化学工业	0.69	0.60
	运输设备	0.20	0.60	煤炭加工	0.67	0.63
	机械	0.28	0.51	橡胶制品	0.48	0.51
	木材及木材制品	0.38	0.61	纺织	0.57	0.69
	非金属矿物制品	0.30	0.47	印刷及出版	0.46	0.49
	其他制造业	0.20	0.43			
基础产业	Ⅳ.最终需求型初级产品			Ⅰ.中间投入型初级产品		
	A.物品			农业、林业	0.72	0.31
	渔业	0.36	0.24	煤炭采掘	0.82	0.23
	B.劳务			金属采矿	0.93	0.21
	运输业	0.26	0.31	石油及天然气	0.97	0.15
	商业	0.17	0.16	非金属采矿	0.52	0.17
	服务业	0.34	0.19	电力	0.59	0.27

（二）从产业的比较区位优势确定城市的主导产业

城市是一定区域范围内的经济活动中心，每个城市在国家或区域的经济活动中，均承担着一定的专业化职能，体现为城市（镇）体系的职能结构。城市的专业化职能，从根本上讲，是由其在区域城市体系中比较区位优势最强的某一项或某几项产业所支撑的；从产业的比较区位优势确定城市的主导产业，就是具体分析城市的每个产业部门在整个区域的同类经济部门中所处的地位和相对重要程度，从中选择出比较区位优势最强，或发展潜力最大的产业部门，强化和扩大这一优势或潜力，以促进城市经济的发展。集中系数和区位熵是用来定量计算和衡量产业的比较区位优势的两个主要指标。

1.集中系数（coefficient of concentration）

集中系数主要用来反映一个国家或地区内的某项产业经济活动，在某一特定的区域（一个城市或一个经济区）中的集聚程度。对城市而言，集中系数是指城市的某一产业部门，按人口平均的产量、产值等指标，与全国或全地区同一产业的相应指标的比值，即：

$$C \approx (a/m) / (A/M) \tag{7.2}$$

式中，C为集中系数；a为城市某产业部门的产量或产值等指标；m为城市的人口数；A为全国或全地区同一产业部门的产量或产值等指标；M为全国或全地区的人口总数。

依次计算城市每个产业部门的集中系数，可以判明城市的各产业在区域中的地位，C值越大，说明该产业部门的专业化程度越高，比较区位优势越强。同样，对比同一区域内两个不同城市某一产业部门的集中系数，还可以判定两个城市在全区该产业部门的区际地位的高低。

2.区位熵（quotient of location）

区位熵又称专门化率，指城市某产业部门在全国或全地区同一产业部门中的比重与城市全部产业活动在全国或全地区全部产业活动中的比重之比，即：

$$Q \approx (a/A) / (b/B) \tag{7.3}$$

式中，Q为区位熵；a为城市某产业部门的产值、就业人数等指标；A为全国或全地区同一产业部门的相应指标；b为城市的总产值或全部就业人数等指标；B为全国或全地区的相应指标。

通过计算区位熵，可以找出城市在全国或全地区具有一定地位的专业化产业部门，并可根据Q值大小衡量其专门化率。Q值越大，表明产业的专门化程度越高[①]。

三、城市产业结构的优化

城市产业结构优化是指促使城市各产业之间协调发展、技术进步和经济效益提高的过程。它与现有产业结构水平高低无关，但从动态看，产业结构优化应当是一个提高的过程。这个过程是在城市经济效益最优的目标下，根据影响产业结构的因素，通过对产业结构的调整，使得产业结构向着协调发展、技术进步和效益提高的方向演化。产业结构优化是一个相对的概念，即各个时期优化的内容是不同的，但一般主要包括产业结构的合理化与产业结构的高级化两个方面。

（一）产业结构的合理化

产业结构合理化是指在现有资源和技术条件下，生产要素能得到合理配置，产

---

① 中国社会科学院研究生院城乡建设经济系. 城市经济学 [M]. 北京：经济科学出版社，1999：120-126.

业间能协调发展、产生良好经济效益的过程。产业结构合理化的标志是：①产业结构与社会需要相适应；②能使现有资源得到合理利用；③能使产业间协调发展；④有利于科技成果转化；⑤能充分利用国际分工与协作；⑥能保证经济效益不断提高。

因此，评价一个城市产业结构是否合理，首先要看其产业结构满足社会需要的情况。满足需要情况可用需求结构和各种需求满足程度等指标进行评价。需求结构和需求满足程度往往通过产销率等指标来反映。其次要看资源利用状况。资源利用状况包括自然资源和生产要素的利用效率，具体可用耕地面积、水力资源利用率、产值耗能率等指标反映。再次要看劳动力结构。劳动力结构包括劳动力的产业构成、劳动力的文化素质构成、劳动力的性别与年龄构成。劳动力结构能反映一个城市的经济发展水平。另外，还要看结构效益指标。产业结构是否合理，可以从结构效益反映出来。结构效益通常可通过劳动生产率变化情况或年投入产出比率的变化情况来大致反映。

（二）产业结构的高级化

产业结构高级化是指产业结构向着产业的技术结构和产业内部的综合生产率提高的方向演化的过程。产业结构高级化是在产业结构合理化基础上的进一步发展。产业结构合理化的核心是在现有的资源和技术条件下，各产业间的协调发展；产业结构高级化的核心是向符合现代化水平要求的产业结构演化。产业结构高级化具体表现为四个方面：①高加工度化，即工业加工程度的不断深化。②高附加价值化，即产业结构向附加价值高的部门发展的趋势。③技术知识集约化，即各产业将越来越采用高级技术、先进工艺，生产的产品和工作的技术知识含量更大。④产业结构的"软化"，它包括两方面内容：一是指产业结构发展过程中，第三产业比重不断增大，出现"经济服务化"趋势；二是指"通过创造性的知识集约化的发展来促进产业结构的进一步高度化"，经济发展对高技术人才的依赖性大大增强。

第三节　新产业区与产业集群

一、新产业区的一般理论

19世纪末，英国著名经济学家马歇尔（Alfred Marshall）发现两种类型的产业布局：①围绕大型企业；②中小企业集中于某地区专门从事某种生产。后者他称之为"产业区"。20世纪后，特别是第二次世界大战之后，福特主义的标准化、规模化大生产成为资本主义的主要的生产方式。马歇尔的产业区似乎未引起人们足够的重视。直到20世纪80年代，美国社会学家Piore和Sabel通过对工业化国家1970—1980年福特主义大规模生产体制危机的分析，提出了资本主义向后福特主义弹性专业化生产体制转型的观点，自此，由弹性专业化产业发展模式形成的"新产业区"，才引起学术界的广泛重视。

目前，从各种角度对新产业区下的定义很多，有代表性的定义有：①Scoot和Storper的定义：新产业区是生产系统或生产系统的一部分在地理上的集聚。他们认为，在新技术时代，由生产驱动的标准化大批量的刚性生产方式正在转变为由市场驱动的小批量定制产品的柔性生产方式，新产业区为技术创新提供了特殊的地方社会文化环境，成为柔性生产综合体。②Pyke和Sengenberger基于企业家创新精神的定义：新产业区是指有地理边界的生产系统，大量的企业在不同阶段，以不同方式生产同一种产品（专业化）。新产业区必须具备的条件是：企业家的创新精神和创新能力，区内企业的柔性生产方式，以及区域内企业紧密的网络关联与合作。③韩国地理学家朴杉沃（S.O.Park）把新产业区概念一般化：贸易取向性的新生产活动以一定规模在一定空间范围内集聚，具有明显的劳动分散、生产网络和根植性。他认为，新产业区的"新"代表在过去非工业化地区或正在工业化地区新发展的产业区。

新产业区是新经济条件下，后福特主义与新的产业地域分工及全球化相结合的产物。由于不同国家和地区的社会经济发展状况不同，经济政策不同，这种新产业区在不同国家和地区可能表现为不同的形式，或者处于不同的发展阶段上。因此，按照不同的标准，可以对新产业区进行分类。

从发展阶段上看，新产业区可以划分为三种类型：①初期阶段的新产业区，主要指发展中国家的产业区，如我国各地的一些专业化民营企业集聚区及有一定专业化水平的高新技术开发。②成长阶段的产业区，如"第三意大利"等。③成熟阶段的产业区，如美国的硅谷。这种划分表明，发展中国家同样受新技术革命和柔性生产方式的影响，存在各种各样的新产业区。

依据产业区中企业的构造、对外和对内指向以及企业的治理结构等要素，新产业区至少可以分为四种类型：①马歇尔式产业区：以中小企业为主体的产业区。在这种产业区中，由于高质量劳动力市场的存在，个人在企业间的流动性较强，工人对区域而不是对企业承诺，区内企业同区外企业的联系与合作较少。②轮轴式产业区。这种产业区由垂直一体化的大企业所支配，在其周围环绕着大量的较小或较弱的供应商、相应企业及不相关企业。核心企业与区域外部的竞争者、顾客、供应商等有大量联系，在区域内供应商通过长期契约和承担义务与核心企业联系密切，但供应商之间的合作却较少。③卫星平台式产业区。这种产业区主要由跨国公司的分支工厂或机构组成，它往往是在开发区的基础上发展起来的，区内企业间缺乏联系和合作，但每个分支机构却与区外的母公司和供应商、客户等有紧密的联系，企业生产经营的关键资源，如管理人员、技术专家、投资决策顾问和生产服务等均来自区外。这种产业区的技术水平可高可低，类型十分多样，分布也较为普遍。④政府依赖型产业区。这种产业区由一个或几个大型国家机构（如军事基地、国防企业、科研机构等）所支配，其经济关系主要取决于国家而非私营部门。因此，支配机构、供应商和买方间的合约和承诺是短期的，地方私营部门间的合作程度也非常低，但支配机构与总部在区外的供应组织、外部企业有高度的合作与联系。

按照产业区的结构形式，尤其是产业区内的企业组织形式，新产业区可分为：①水平一体化（网络化）型：产业区内企业规模较小，企业合作与交易水平是水平一体化的；②垂直分离与水平一体化共存型：产业区内几家或十几家大型企业利用垂直一体化的关系，与作为分包商的小企业进行合作生产经营，而另外一些中小企业之间也存在水平关系上的相互合作；③垂直分离型：大量的中小企业围绕一家或几家大企业进行配套协作。

由此可见，新产业区存在许多不同的类型，现实的产业区可能是上述不同类型的混合形式，或者是其中一种，但经过一段时间会转变为另一种。针对新产业区的类型划分，我们可以将新产业区的主要特征概括如下：①地理靠近，产业集聚发展；②部门专业化，形成弹性专精的合作网络；③创新基础上的竞争；④比较容易的劳动力获得；⑤根植于当地的社会文化环境。

总之，新产业区是一种新的企业集群现象。新产业区理论是一个不断变化发展的理论，它是这样的年轻，以至于尚不构成一个完整的体系，但它又是富有生命力和时代感的，在其中蕴藏着产业集聚的精髓。

二、新产业区形成中的产业集聚机制

（一）产业集聚、产业集群与新产业区

与新产业区密切相关的两个概念是产业集聚和产业集群。产业集聚是指由一定数量企业共同组成的产业在一定地域范围内的集中现象。产业集聚最直观的表现是一定地域空间内企业数量的增加和经济总量的增加，也表现在产业链的延长和产业范围的扩大。

产业集群是产业集聚的结果，而新产业区就是产业集群的空间载体。马歇尔在其经典著作《经济学原理》中，把专业化产业集群的特定地区称为"产业区"（industry district）。迈克尔·波特（1998）指出，产业集群是指在某特定领域中，一群在地理上邻近、有交互关联性的企业和相关法人机构，以彼此的共通性和互补性相联结。产业集群的规模，可以是单一城市、整个州、一个国家，甚至一些邻国联系成的网络。产业集群具有许多不同的形式，要视其纵深程度和复杂性而定。不过，绝大部分产业集群包含最终产品或服务厂商、专业元件、零部件、机器设备、服务供应商、金融机构及其相关产业的厂商。产业集群也包含下游产业的成员（如销售渠道、顾客），互补性产品制造商，专业化基础设施的供应商，政府与其他提供专业化训练、教育、信息、研究和技术支援的机构（如大学、思想库、职业训练机构），以及制定标准的机构。对产业集群有重大影响力的政府机关，也可视为它的一部分。最后，产业集群还包括同业工会和其他支持产业集群的民间团体。

意大利一位社会学家巴卡提尼（G.Becattini）在系统地考察了意大利佛罗伦萨附近的图斯堪的一些产业集群，特别是对普拉托的毛纺织产业集群进行研究之后，发现"第三意大利"的这些专业化区域与马歇尔定义的"新产业区"有相似之处，因此他定义产业集群为：具有共同背景的人们和企业在一定自然地域上形成的社会地域生产综合体。他认为，新产业区的发展，得益于在本地劳动分工基础上实现的经济外部性，以及当地社会文化背景支持下企业之间的相互协同作用。

美国学者斯科特（A.J.Scott）在研究洛杉矶的妇女服装工业时，开始从理论上把劳动分工、交易费用和集聚联系起来，并将新产业区定义为基于合理劳动分工基础上的生产商在地域上集结成网（生产商和客户、供应商以及竞争对手等的合作），并与本地的劳动力市场密切相连的产业组织在地域空间上的表现形式。

韩国学者朴杉沃认为，在实际发展过程中，新产业区内的柔性生产系统与大宗生产系统并存，所以不能将柔性生产系统看作是判别新产业区形成发展的唯一标准。他将新产业区定义为：贸易取向性的新生产活动以一定的规模在一定空间范围内集聚，具有明显劳动分散、生产网络和根植性，从而指出了新产业区的另一个特征——网络及根植性。

中国台湾学者吴思华指出，产业集群是一群独立自主又彼此依赖的成员组合，成员间常具有专业化分工、资源互补现象，彼此间维持着长期非特定合约关系，并认为凭借此种关系可维持长久的交易，这些交易不一定以契约维持，而是通过承诺进行，使集群内的企业获得集群外企业所没有的竞争优势。

可见，产业集群（industrial cluster）是在某特定领域中，一群在地理上邻近、有交互关联性的企业和相关机构所组成的区域内的一种创新协作网络。通过归纳，产业集群存在三种基本的模式：单纯集聚模式、产业综合体模式和社会网络模式，具体见表7-4。

表7-4 产业集群模式比较

类型	特征	集聚目的
单纯集聚模式	存在劳动力市场与相互的贸易互补性	获取外部经济
产业综合体模式	企业间存在交易链和生产链	降低空间交易成本
社会网络模式	企业之间非正式交往、建立在诚信基础上的人际关系，结成经济俱乐部或经济社区	追求根植性和社会的整合

资料来源 王兴平. 中国城市新产业空间——发展机制与空间组织 [M]. 北京：科学出版社，2005：43.

可以认为，这里的产业集聚大致相当于"产业区"的概念。因为新产业区主要是一种新的产业组织形式，产业集聚也是一种产业的组合方式，因此一些学者有时将新产业区和产业集群等同起来。

（二）产业集聚：新产业区形成的直接推动力

1.空间竞争强化与自然选择

新产业区的最重要特点之一就是它的地理集中性，即大量的产业集中在特定的地域范围内。由于地理位置接近，产业集群内部的竞争强化机制将在新产业区内形成"优胜劣汰"的自然选择机制，刺激企业创新和企业衍生。在产业区内，大量企业集中在一起，既展开激烈的市场竞争，又进行多种形式的合作，如联合开发新产品，开拓新市场，建立生产供应链，由此形成一种既有竞争又有合作的合作竞争机制。这种合作机制的根本特征是互动互助、集体行动。在产业区内部，许多单个的与大企业相比毫无竞争力的小企业一旦用发达的区域网络联系起来，其表现出来的竞争力就不再是单个企业的竞争力，而是一种比所有单个企业竞争力简单叠加起来更加具有优势的全新的集群竞争力。

2.产业分工、差异化与灵活性

适合集群化发展的产业的首要特征是技术可分性，即产业的产品和服务应在生长技术上具有垂直分离的特征，并能形成较长的价值链，产业内企业间的专业化分工能够高度深化，能形成大量的工序型企业和中间产品的交易市场。其次，产业是垄断竞争型市场结构，产品差异化的潜力大。产品差异化包括水平方向和垂直方向的差异化。水平方向差异化是指同种产品在品种、规格、款式、造型、色彩、所用原料、等级、品牌等方面的不同；垂直方向的差异化是指同种产品的内在质量不同，Intel 和 AMD 所生产的电脑芯片便属于这种差异。只有这样，新产业区内企业才不会陷入价格竞争的恶性循环。最后一个特征是产业竞争环境的动态多变性和速度经济性。企业所处的产业竞争环境，对时间和空间的控制特征将决定产业组织和生产组织的形式（Schoenberger，1990）。如果竞争环境是相对稳定的，企业可以通过控制开发和生产组织的时间来换取在空间上扩张的灵活性。只有在动态多变、对速度经济性要求很高的产业环境下，出于协调、沟通和信息跟踪反馈的需要，企业才必须在空间上形成集聚以获得竞争优势。

3.组织力与网络化

首先，新产业区是生产系统。产业集聚从整体上来说是一个有地域界限的产业生产系统，这个系统处在由产业区企业构成的网络治理之下，企业网络节点间的连接主要发生在有上下游生产联系的供应商和客户间。其次，产业区是社会系统。从实质上看，这种基于生产联系的企业网络的特征是生产关系必须适应生产力发展这一规律的必然结果，是在信息量巨大、市场变化迅速、产品生命周期大大缩短的知识经济时代，生产社会化不断扩大的产物。因此，结构完整的产业区包括"供应商、专业化基础设施的提供者、销售渠道和客户，并从侧面扩展到辅助性产品的制造商，以及提供专业化培训、教育、信息研究和技术支持的政府和其他机构，如大学、标准的制定机构、智囊团、职业培训提供者和贸易联盟等"。最后，产业区组织最根本的联系纽带是竞合联系。竞合联系是产业集群得以保持活力的源泉，互补性的合作关系使得相关企业形成一个体系（生产链、价值链、生产体系、生产综合体等），从而强化生产者空间集聚的倾向。

4.集聚的经济性

企业及其支撑机构在空间上集聚，从而形成集聚经济。集聚经济源于各种相关的经济活动的集中而带来的效益。集聚经济主要表现为产业集群内的企业所独享的规模经济、范围经济和外部经济。规模经济是指产业集群规模扩大，产量增加，使群内个别企业降低平均生产成本而获得的经济好处；范围经济是指区域内企业的多种产品和多样化的经营，以及若干企业横向、纵向联合生产给企业带来的成本节约，它的重要前提是区域内多元化经营的企业实现资源共享；外部经济表现在三个方面：促进专业化投入和服务的发展、为有专业化技能的工人提供共享的市场、使公司从技术溢出中获益。

5. 累积因果和路径依赖

累积因果和路径依赖是产业集群的发展特征。当某些成功的发展因素（企业家才能、资本供应、劳动力供应、土地供应和当地生产的中间产品等），在区域中不同行为主体间存在较紧密的联系时，一种产业的扩张会增加其他公司的利益，依赖于成功因素所产生的"极化效应"将促进进一步的扩张和累积因果作用。然而，曾经成功的发展因素，随时间推移会作为制约因素限制集群专业化的进一步发展，从而阻碍集群进入新的发展阶段，出现"集群锁定现象"，从而导致集群的衰退。因而，在"分歧点"（Scott，1995）打破历史遗留的禁闭，通过替代或补偿过时的资源、技术、基础设施和思维方式，可以促进产业集群的进一步发展。

6. 知识溢出与创新环境

产业集群的环境特征一方面表现为"灵敏的经济基础"，但更为重要的另一方面是集群的创新环境。在产业集群中，地理接近、企业间的密切合作、经常面对面的交流有利于各种新思想、新观点、新技术和新知识的传播，由此形成的知识溢出效应将增强企业的研究和创新能力。两类知识对集群内的企业至关重要：一是当地供给方面的知识溢出，主要来自供应商、合作者、委托者、同业竞争者、教育和研究机构；二是需求方面的国家和国际知识转移，主要来自客户、消费者以及国际分销商等。

（三）产业集聚的区位竞争优势

（1）产业集聚节约了搜索信息的成本，有助于新产业区内企业获得更多的有价值的技术和市场信息，以保持生产和经营处于信息优势的状态。在产业集聚区，各种市场信息比较充分，诸如价格行情、供需变化、产品流行样式等，都是容易获得的信息。相对于集聚区外的企业而言，集聚区内的企业可以以较低的成本获得有用的信息，从而有利于增强竞争优势。

（2）产业集聚的地方一般存在明显的经济外部性，使得企业可以共享行业内的公共用品，而且容易接近客户。对于区内的企业而言，经常有客户找上门来的机会，这就是产业集聚带来的外部性的好处。产业集聚的结果实际上为集聚区内所有的企业增加了一笔无形资产，更加有利于它们接近客户。

（3）创新促进新产业区内的企业更具有生产效率，始终追踪先进的技术。一般情况下，集聚区内企业经过近距离的竞争和兼并，只有那些采取先进生产技术和企业制度的企业才能生存下来。同时，集聚区的企业又极具模仿性，这种趋向于先进和效率的模仿性能够促进好的技术和产品及好的制度得到尽快的传播与扩散。在产业集聚的地方，创新成了产业发展乃至区域内的一个内生变量，可以让产业始终保持一个较强的竞争力。

（4）产业集聚有利于内部的专业化分工，提升区内的产业竞争力。当产业集聚发展到一定规模，企业内的某道生产工序就会逐步分离出去，并逐渐发展成为一个独立的生产行业，参与到集聚的网络之中。专业化分工是保证规模收益递增的重要条件，也是创新的前提。产业集聚力的来源更多地体现在内部有比集聚区外企业更加精细的专业化分工。

概括而言，新产业区本身就具有一种集聚的优势，这种集聚的优势能够转化成区域的产业竞争力。所以，凡是产业高度集聚的地区，一般都具有较强的竞争力，国际国内皆是如此。

三、产业集群的生成机理

产业集群的形成包括多方面因素，其中最主要的是市场因素、制度因素和文化因素。市场因素主要是指产业集群的自组织形成，即因某些因素诱导而自组织形成。市场因素归结起来不外乎两类：一是特定供给因素的存在，如马歇尔所说的存在适合某种产品生产的、独特的自然因素或人为因素而形成产业集群，或是波特所说的特定历史背景、良好的相关产业状态、一两个创新性的企业；二是由于某种特定的本地需求导致生产要素的集聚而形成产业集群。自组织因素主要是指有关企业与机构自发地在某地集聚成群，政府与有关单位只是被动地发挥作用。自组织形成的产业集群主要是通过关键性企业的衍生、裂变、被模仿与凝聚，逐渐产生与吸引一系列相同、相近与相关企业，在该地集聚成群。制度因素是指"自上而下"的方式形成的，即政府与有关单位根据自身的目标，制定出清晰的产业集群发展战略规划，并加以有效地实施，从而培育出产业集群，也包括"自下而上"地培育与发展形成的，即政府与有关单位在产业集群的雏形出现后，能够主动积极地运用产业集群发展方式加以培育，从而发展成为高效的产业集群。文化因素是指传统工业及社会文化环境氛围对产业集群形成的作用。

（一）市场因素

产业集群一般都是自组织形成的，产业集群形成的关键是大企业的成长，以及大企业和众多小企业市场功能的重新定位。产业集群形成初期，某地因某种原因出现了关键性企业，这些企业都直接生产成品。随着经济发展，部分规模企业为了专注市场和技术开发，逐步把一些生产工序实行外包，一些中小企业主动为大企业作配套，转向生产中间产品。随着分工的深化，一些龙头企业通过并购、参股等手段将一些质量和资信较好的生产型、经销型中小企业纳入旗下，并把生产产品各种可分割的功能不断从企业内部剥离出去，一些如包装、印刷、运输、中介等服务企业就开始兴起，集群内形成成品生产、中间品生产（含外包户）和服务企业三个层次的分工协作体系。这样"大而全"的国有特大型企业通过分拆形成一系列"专而精"的企业群，一旦一个区域内形成以少数龙头企业为主导、以产业链为基础、大量中小企业协作配套的分工协作体系，一个具有较强竞争力的产业集群便基本形成。最经典的是硅谷IT产业集群中的肖克利半导体公司衍生出仙童公司，后者又衍生出英特尔公司、阿内尔科公司等一系列公司，从而形成了早期的产业集群。产业集群的雏形一经形成，产业集群的效应就开始产生并不断扩大，产业集群进入了内部自强化的良性循环过程，即产业集群效应吸引更多的相关企业与单位向该集群集聚，而新增的企业与单位又增大了集群效应，此时，该产业集群处于成长阶段。当产业集群成长到一定的程度，其五大行动主体都已基本出现，并且同类或相关企业的数量达到一定的规模，产业集群既有一定的深度又有一定的广度，产业集群的效应得到充分释放，此时，产业集群处于成熟期。据波特的研究，一个产业集群通常需要10年甚至更长的时间才能达到成熟期，此时的产业集群才能获得实质性的竞争优势。

企业协作网络的形成，有助于强化区域产业竞争优势。以少数大企业为主导，以大量中小企业为基础，大企业和中小企业细致分工的企业协作网络是一种"有效率的产业组织"。大企业能按照价值链把增值部分最大、最核心的环节保留下来，把其他环节外包给中小企业生产，既能使企业生产成本最低化和经济效益最大化，又能控制大批中小型生产商和供应商，通过获取群聚效益形成最优竞争优势；众多中小企业为大企业协作配套，专注于某一生产环节的生产，能使某项生产技艺专门化，提高了资产专用性，同样能够实现企业内部规模经济，也能强化其竞争优势。而且，以大企业为主导的协作分工体系，对中小企业而言，是将自身有限的资源最大限度地集中于某一特定细分市场或产品，为大企业提供零部件或专门从事某种工艺加工，能不断强化资产专用能力，有助于培植核心竞争力；而大企业通过与中小企业转包合作，把具有专有技术的中小企业吸收为配套企业，也有助于提高产业整体技术层次和行业产品质量的整体水平。

产业集群形成的市场因素除了由关键性企业衍生出相同或相关产品的企业外，还有由中小企业自组织形成的集群，如"第三意大利"地区。所谓的"第三意大利"地区，主要位于意大利的东北部和中北部，在那里集聚了数目众多的中小企业，形成了多个中小企业互相联系在一起、垂直分工合作的生产模式。中小企业在地理上高度集中、部门专业化程度很高、区域增长迅速，实现了专业化生产和弹性化生产的统一，创造了与"大量生产"方式完全不同的生产模式，这种生产方式更适应变化的社会，从而获得了地区经济发展的成功。在这种生产方式下，市场的变化和风险被分散给了众多的企业，大量灵活的中小企业共同面对各种各样的变化尤其是市场需求的变化，使得这种生产方式对外部的变化具有极强的适应能力。产业区内企业组织间的关系是建立在合作、互相依赖和信誉基础上的。这些企业间的关系刺激了创新，而企业家间的血族关系、地缘关系往往促进了信息在企业间的扩散。简而言之，产业区建立的基石是行为主体间的社会联系及其网络。同时，由于众多的企业集聚在一起，产生了众多的外部效应（包括获得市场、技术、劳动力以及资本支持等方面），从而大大地增强这个企业集群的竞争优势。这一方式是我国一些农村地区产业集群形成与发展的主要方式。

（二）制度因素

虽然产业集群一般都是自组织形成的，但地方政府在产业集群的形成中依然可以发挥较大作用。政府通过提出发展规划，培育地方优势产业，建立中小企业服务体系，鼓励企业家创业，引导专业化分工等非直接干预措施，培育产业集群形成的环境与利益机制，则产业集群有可能形成。

政府主要职能之一，就是因地制宜，立足自身比较优势和特点，提出有地方特色的产业发展战略规划。各级政府在培育产业集群时，首先选择和培育产业，然后选择和培育企业和相应机构，最后将它们放在一起（如建造工业园等）。由于在产业集群发展的过程中，龙头企业的作用非常重大，一个产业集群的形成往往是由于一个或几个龙头企业的带动，所以发现和培养关键性的龙头企业也常常是各地政府在实施产业集群规划中的重中之重。

政府可以直接或间接创造有利于集群形成的环境与利益机制，从而使得产业中的大多数企业在新环境与利益机制中，按照集群发展的要求自我调整。具有发展集群潜力的产业，可以通过人为选择催生关键性企业，从而进行强制性培育；对已经形成集聚雏形的产业，也可以通过直接扶持予以培育，政府可以通过知识与理念的传递，营造培育产业集群的氛围。当产业内的企业经营者都了解了产业集群的经济功效，了解了产业集群形成对单个企业发展的促进作用，渴望通过培育产业集群获得更多的企业利润时，利益动机将促使企业经营者支持政府培育产业集群的努力。

政府也可以通过利用本地的优势条件和特色资源吸引外地关键性企业落户本地从而逐步培育与发展。有效的做法是，把产业集群发展规划与招商引资结合起来，按照产业集群的发展规划，有选择性地吸引关键性企业在本地落户。关键性企业不在于规模的大小，而在于其示范性与凝聚力，只是规模较大企业的凝聚力更强。

企业家是推动企业组织创新和技术创新的主体力量，必然也是推动产业集群成长的主体力量。提高产业集群竞争力，必须加强企业家队伍建设，努力培植一批善于寻找创新源泉、注重提高经济效益、敢于大胆学习模仿、精于捕捉市场机会的企业家队伍。企业家实际上是无法造就和培养的，政府只能培育和完善造就企业家的环境，建立吸纳和使用职业企业家队伍的制度和机制，努力创造使优秀职业企业家人尽其才的优良环境。其中的首要一条是形成清晰的产权制度以及对私有财产的普遍尊重。只有在这样的环境下，企业间的合作才有可能迅速扩大加深，创业者的利益才能得到保障，才会有足够的动力促使他们进一步奋斗。

产业集群是一个综合体，它的发展涉及诸多的经济政策，如土地、税收、产业导向、外贸、科技、中小企业发展、项目审批和投融资体制等。因此，在制定产业集群发展政策时，必须对相关经济政策进行系统调整，仅仅调整其中的一两个政策往往无助于产业集群的发展。目前，最重要的是对一些制约着产业集群发展的经济政策进行调整或撤销。对既有工业园区进行产业调整，明确主导产业，并制定一些针对性措施，尤其应结合招商引资制定出一些优惠政策，吸引更多的同类与相关企业进驻，并补偿性地迁移出一些非相关企业，可以较快地形成产业集群。在具有一定的企业基础但企业比较分散的地区，可以围绕几个核心企业建立工业园，通过一些措施促使分散的企业逐步"移植"而培育出产业集群。

政府可以通过政策鼓励引导专业化分工，进而通过专业化分工的利益机制与理念传导促使企业逐步向专业化分工的方向调整自身经营。如政策鼓励专门的采购机构出现，由于大规模采购的成本优势以及政策优惠，该采购企业能以较低的价格向各企业供货，利益机制将促使各生产企业将采购外包。政策鼓励专门的销售与包装公司成立，同样它们的专业化与规模的优势将促使各生产企业将销售功能从企业剥离。政府对关键专业技术进行扶持、促进中间品市场的形成等措施对引导专业化分工也具有明显的作用。专业化分工的理念传递与现实的利益将促使各企业自主寻求更大的专业化利润空间，产业专业化有望形成，从而有利于产业集群的形成。

（三）文化因素

按照美国人类学家林顿（Linton）的论述：社会文化是"某特定社会成员共享并相互传递的知识、态度、习惯行为模式等的总和"。区域的社会文化环境主要包括区域内居民的风俗习惯、文化水平、心理素质、主流的价值观念、社会风气以及社会关系网络等内容。它直接影响着人们是否有追求创新的热情，人与人之间能否建立起相互信任、相互合作的关系。其具体内容包括：①行为主体的创新精神。它包括人们对创新的接纳、认可程度，敢于冒险的热情和勇气等，是人们创新的原动力。②彼此信任的协作关系。彼此信任的协作关系是集群创新的关键。③开放的思想交流氛围。平等、自由、宽松的工作环境和开放的信息交流环境有利于新思想、新技术在区域内的传播、学习。相互信任和开放的心态，使得人们之间交流和互动频繁，加快了新思想、信息和创新扩散的速度。

产业集群化的形成及区域内产业发展的根本动力在于区域创新网络的构建，而区域创新网络构建的核心是营造一种有利于区域行为主体（企业、大学、政府机构）相互之间进行交流与协作的良好的区域产业文化（如图7-3、图7-4所示）。

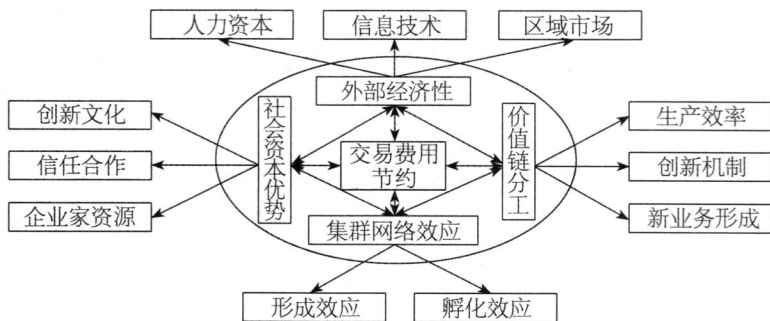

图7-3　产业集群的动力结构图

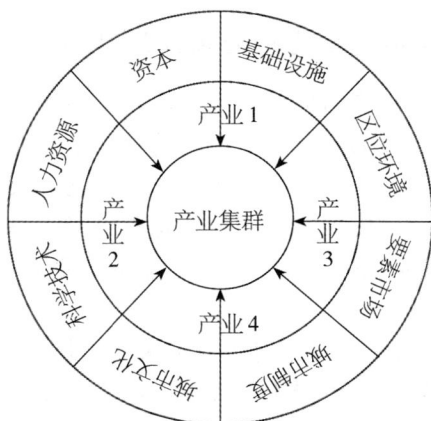

图 7-4　产业集群的引力结构图

这种产业文化维持产业集群的运行，并使其在面对外来竞争者时拥有独特的竞争优势。国外产业集群的成功，其中很重要的一个原因就在于地区内存在着以诚实和信赖为精髓的产业文化。由于创新过程的进化特征，一个国家和地区的企业行为受到所在区域的历史、社会文化、价值规范等因素的影响，创新行为深深地根植在社会环境中。在一个国家或地区有效的创新政策在另一个国家或地区不一定能够发挥相应的作用。不同地区由于不同的地理环境、历史经历，积淀了各具特色的地域文化。我国地域辽阔，各地区文化特色明显，地方政府在制定区域创新政策时，要充分考虑本地区的文化特色，选择好制定创新政策的文化切入点，鼓励文化创新，营造一个有利于区域创新的文化氛围，在全社会形成崇尚知识、尊重人才、鼓励创新、敢于创新的新风尚。产业集群具有根植性，集群的形成与发展是建立在该区域的制度文化基础上的。判断产业集群的重要标准，是区域内经济关系和社会关系间具有高度的内在联系，即企业在一个区域内相邻结网，产生信任和合作的愿望。但是，长期以来我国存在条块分割、市场机制不健全、社会资本缺乏、信任度低、交易成本高以及有关企业、产业各类法规的不完善等制度文化缺陷，使得我国部分地区和企业只注重使用内部资源，只注重提高企业内的适应性和灵活性，而不注重寻求企业外部资源，从而导致产业集群政策难以制定与实施，产业集群很难有效发展。因此，对于那些还没有形成地方优势的产业集群的区域，重要的是培育区域内的企业家和有利于创新的制度文化氛围；对于已经形成地方优势的产业集群区域，也要重视制度文化的创新，以发挥产业集群的竞争优势。以创新环境和制度的建设为切入点，引导区域内的科技资源和特定要素市场为集群发展服务，支持产业集群不断注入创新因子，提高产业集群的创新能力，帮助企业从低成本竞争的陷阱中走出来，进入以创新、质量和市场应变能力等"高级优势"为基础的高端竞争轨道。同时，积极促成企业、大学、科研院所和政府及中介机构等创新主体之间的合作网络的形成，形成有效的学习机制，促进知识传播扩散，实现集群创新要素和创新网络的协同互动。

四、基于全球价值链的地方产业集群的升级

在经济全球化进程中，新的世界经济被看作地方产业集群之间的竞争或全球价值链之间的竞争。地方行为主体只有两个选择，要么主动利用现有资源积极地应对全球经济提出的新需求，从而建立特有的竞争优势，促进区域经济的繁荣；要么消极地对全球经济做出反应，从而在全球化进程中被边缘化，最终失去利用自身潜力和获取竞争优势的机会。这些问题都需要从全球价值链的视角进行探讨。①

全球化背景下形成和发展起来的地方产业集群，是联系区域经济和全球经济的载体。而由集群带动的地方经济也不同程度地潜入全球产业网络。集群升级表现为：区域内的产业集群利用各自区域特有的内生优势，发展和完善地方产业网络，并积极回应全球产业网络的变化，嵌入全球价值链某个或某几个"战略性环节"，利用一种价值活动与另一种价值活动之间的关系创造、保持和捕捉价值。同时，它们通过改变自身在价值链中的嵌入位置和组织方式，改变价值活动之间的关系，从而提升产品、改变效率，或嵌入新的价值链，进而提升产业集群的等级，增强区域经济的竞争优势。

全球价值链有着不同的动力来源，而处于不同驱动力的价值链中某个价值环节的地方产业集群，只有遵循该驱动模式下的市场竞争规则，才能获得正面竞争效应。这就说明了全球价值链下的产业升级，既然是建立在不同的产业链之上的，那么占据不同价值环节的地方产业集群的升级也就应该遵循各自所在链条的驱动力规则。

（一）购买者驱动型价值链中集群升级轨迹

购买者驱动型全球价值链下地方产业集群的升级轨迹或升级方式演化，一般会依据工艺流程–产品–功能–链条转换的升级轨迹。在以上升级序列变化过程中，升级难度会越来越大。一般来说，工艺流程和产品升级过程会相对顺利，耗费的时间也不会太长，升级呈现出不断加速的特征。不过，从产品升级到功能升级的转换就变得十分困难了，大多数地方产业集群的升级之路都会受阻于此，升级呈现出渐次减速的特征。地方产业集群只有完成该类升级转换，才能最终在该产业链条中形成核心竞争能力。换句话说，发展中国家能否发展成为发达国家，从该链条下地方产业集群升级路径来看，就在于能否跨过这一升级鸿沟，即最终能否完成产业的功能升级。

由于链条转换情况比较复杂，而且从目前研究来看，还不好划分其具体是进入了流通领域还是生产领域，所以途中并没有确切地标出其升级后所在领域。

（二）生产者驱动型价值链中集群升级轨迹

生产者驱动型全球价值链下地方产业集群的升级轨迹一般会依据功能–产品–

---

① 游志鸿. 基于全球价值链的地方产业集群升级研究——以温州鞋业集群为例 [D]. 大连：东北财经大学公共管理学院，2006.

工艺流程-链条转换的升级轨迹。在以上升级序列中，升级难度会不断上升。一般来说，功能升级过程会比较顺利，耗费的时间也不会太长，升级过程呈现出不断加速的发展特征。不过，该驱动模式下产品升级和工艺流程的升级难度绝不亚于购买者驱动型的功能升级，大多数地方产业集群的升级之路也都会不断徘徊，该段升级呈现出不断减速的发展特征。同样，发展中国家能否发展成为发达国家，从该链条下地方产业集群升级路径来看，就在于能否跨过这一升级鸿沟，即最终能否完成产业的产品和工艺流程升级。

至于链条升级，与购买者驱动型一样，也不好确切地标出其升级后所在领域。

（三）中间型价值链中集群升级轨迹

中间型价值链下地方产业集群的升级轨迹一般来说，首先要区分出地方产业集群所在链条动力是生产者还是购买者；其次根据其所属的具体的驱动模式来确定升级轨迹；最后由于该模式下升级一般会比较复杂，因此一般会需要根据具体情况对其升级轨迹作具体修正。

第四节　城市文化创意产业

一、城市文化：城市发展不可或缺的内在驱动力量

美国著名城市规划思想家刘易斯·芒福德说过，"城市是文化的容器"，而且，"这容器所承载的生活比这容器自身更重要"。芒福德在他的巨著《城市文化》一书中描述到，在城市新文明的孕育过程中，往往从新兴理念开始，不断地向人工环境、技能产业、组织制度、生活习俗、典型价格等文化要素转化，最终形成一种博大、精深、完善的气韵。因此，城市的根本功能在于文化积累、文化创新，在于留传文化，教育人民。

城市文化是城市经济的基础和支撑。文化与经济是共生互动的。城市文化对经济的支撑作用主要表现在：城市文化导向赋予经济发展以价值意义、极高的组织效能和更强的竞争力。经济是城市的"形"，文化是城市的"神"，经济与文化相辅相成，形神兼备，城市才能散发出无穷魅力。

城市文化不仅能创造城市经济价值，还可以塑造城市形象和提升城市品位。从某种意义上说，城市文化展示着城市的风格特征，体现着城市的管理理念，代表着城市的科学教育水平，标志着市民的思想道德水准，反映着城市的整体精神风貌，是城市内部将各种力量统一于一个共同发展方向上所形成的特定的文化生产力。城市文化与城市形象的关系如图7-5所示。

城市文化是城市核心竞争力的源泉。城市的竞争归根到底是文化竞争。城市文化是城市发展的一种软实力，它比任何产业都能创造出一座有质量、品格与品位的出色城市。城市文化环境对于市民素质的提高起着不可替代的潜移默化的作用。它可以激发市民热爱城市、建设城市的主动性和创造性，增强市民对自己城市的自豪

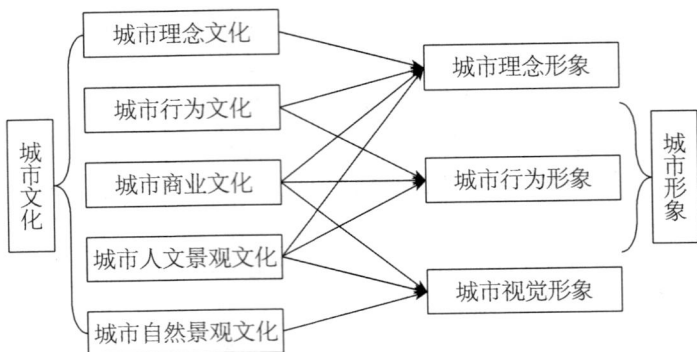

图 7-5　城市文化与城市形象的关系

感、亲和度，进而转化为巨大的创新能力，转化为集聚社会资源的城市竞争力[①]。

二、城市文化创意产业的性质、分类和特征

（一）城市文化创意产业的性质

文化创意产业是 20 世纪 90 年代发达国家提出的发展理念，是信息时代知识经济的产物。在全球化趋势不断加强和城市之间竞争日趋激烈的今天，文化创意产业蕴藏着巨大的经济效益和社会效益。作为无烟工业和朝阳产业，文化创意产业是当今国家和地区产业发展的一个重要趋势。

作为一个新概念，文化创意产业在不同国家提法不尽相同，被称为"创造性产业""创意文化产业"等。英国创意产业特别工作组首次对创意产业进行了定义，将创意文化产业界定为"源自个人创意、技巧及才华，通过知识产权的开发和运用，具有创造财富和就业潜力的行业"。经济学家约翰·霍金斯在《创意经济》一书中，把创意文化产业界定为其产品都在知识产权法的保护范围内的经济部门。美国密苏里州经济研究与信息中心发布的"创意与经济：密苏里州创意文化产业的经济影响的评估报告"将创意文化产业表述为"雇用大量艺术、传媒、体育从业人员的产业"。从本质上说，文化创意产业是指依靠创意人的智慧、技能和天赋，借助于高科技对文化资源进行创造与提升，通过知识产权的开发和运用，产生出高附加值产品，具有创造财富和就业潜力的产业。

文化创意产业不再简单地囿于过去的传统文化产业，它是适应新的产业形态而出现的创新概念，是对新形态的概括、总结和发展。文化创意产业的根本观念是通过"越界"促成不同行业、不同领域的重组与合作。这种越界主要是面对第二产业的升级调整，第三产业即服务业的细分，打破第二、第三产业的原有界限，通过越界，寻找提升第二产业，融合第二、第三产业的新的增长点，第二产业要第三产业化，要创意化、高端化、增值服务化，以推动文化发展与经济发展，并且通过在全社会推动创造性发展，来促进社会机制的改革创新。

---

① 陈柳钦. 文化-城市发展的内驱力 [N]. 中国社会科学报，2011-01-11.

一般说，文化创意产业有两个必需的条件，缺一不可：一是同文化相关的创意；二是形成知识产权的科技。虽然发明创造能形成知识产权，但同文化无直接关系，不能称为文化创意产业。虽属文化产业范畴，但不具有知识产权的，如图书发行、电影放映、休闲健身、娱乐活动、网吧等等，也不能划为文化创意产业。从这一点出发，作为制造业时代的创新逻辑，就不适合今天的创意时代了，因为它不能催生创意产业的出现。

1.创意产业与传统创新的最大区别就是创意源于个人的创造力

不同于传统产业技术创新过程中的群策群力的攻关，创意产业更多地依靠个人无处不在的创造性，比如自由的短信写手、彩铃创作者，他们是创意提供者——创意是他们存活在这个世界上的唯一方式，为了生存他们必须有创意，没有创意将无法生存，他们的创意产生在家里、在大街上、在咖啡馆里，在任何一个地方、任何时候。

2.有知识产权保护制度环境的地方创造力才能得到充分挖掘

创意自古就有，但是产业问题一直没有明晰化，创意产业的核心是要构筑其产业链和产业的延伸，而在产业链上流动的最有价值的就是知识产权。一部作品在被发表之前是没有任何市场价值的，而发表后，这部作品就被赋予了版权价值，并得到保护，但这一阶段的版权价值还是比较低的。随着产业链的流动，作品被制作成电影、电视剧并开发其他衍生品，其版权价值被多形式、多途径地开发，得到释放，才能实现飞跃式的提升。这才是"创意"成为"创富"的关键。因此，创造力必须有产权保护才能创造财富。

3.创意产业的存在更多地要依赖于大城市自身的地方文化资产

大城市是革新中心，也就是说，大城市为个人创造力的发挥提供了良好的条件。城市是文化的容器。脱离地方文化背景的发展是一种没有灵魂的发展，文化多样性是创意产业产生的基础，这就是所谓的创意产业园区发展中的"地域性"问题。文化经济与某些特定空间越紧密，它就越能获得空间垄断能力，以提高其竞争优势，这也给我国的创意产业园区建设提供了一个非常有益的建议。在充分利用当地资源的同时，要建出自己的品牌和风格，聚合地域特征是文化创意产业走向成功的重要保证。

4.与传统创新相比，城市要为创意活动提供更完善的外部条件

要有足够的技术基础、艺术创造力和企业家能力，才能发展创意文化产业。因此，城市要为发挥创意活动的商业价值提供完善的外部条件，如专业化的培训教育、灵活的人才市场、多样化的市场需求和相关产业支撑以及频繁的信息交流。

（二）城市文化创意产业的分类

人们对于城市文化创意产业的理解不同，分类标准各异，各个国家都有自己的分类体系。根据各地的创意产业概念以及界定，目前对创意产业的分类大体上有三个方面的要求：一是创意产业界定的范围要能够体现出自主创新，这也是我们国家大力提倡的自主创新的要求。二是创意产业突出产业结构的调整。特别是在一些大

中城市里由于城市经济的发展，还有环境保护的需要，产业结构调整是必需的。三是创意产业界定的行业发展要能够促进经济发展方式的转变。

英国将文化创意产业分为十三类，包括广告、建筑、艺术和文物交易、工艺品、设计（工业）、时装设计、电影、互动休闲软件、音乐、表演艺术、出版、电脑软件及电脑游戏、电视广播。新加坡将文化创意产业分为三类：第一类是艺术与文化，包括摄影、表演以及设计艺术、艺术品与古董买卖、手工艺；第二类是设计，包括广告设计、建筑设计、平面产品以及服装设计；第三类是媒体，包括出版业、广播业、数字媒体等等。

中国台湾地区根据英国的概念对创意产业进行界定，包括视觉艺术产业、音乐与艺术表演产业、文化展演设施产业、工业产业、电影产业、广播电视产业、出版产业、广告、设计，还有设计品牌时尚专业，以及建筑设计、创意生活、数码休闲娱乐，创意生活是台湾地区最早提出来的。中国香港特别行政区的文化创意产业包括十二类，分别是广告、建筑、艺术品、古董及手工艺、设计、数码娱乐、电影、音乐、表演艺术、出版、软件与电子计算机软件、电视与广播，和英国的提法大同小异。

在我国大陆，文化创意产业分为十一大类：文化艺术、新闻出版、广播电影电视、软件、网络及计算机服务、广告会展、艺术品交易、设计服务、旅游、休闲娱乐、其他辅助服务。根据自身的文化创意产业发展重点不同，各个地区又有不同的分法。比如上海的文化创意产业分为五大类：研发设计创意、建设设计、文化创意、咨询设计创意、文化消费创意。北京的文化创意产业分为九大类：文化艺术、新闻出版、广播电影电视、软件网络及计算机服务、广告会展、艺术品交易、设计服务、旅游休闲娱乐以及其他的服务。北京最后有一个其他的服务，应该算是一个开放型的分类。

（三）城市文化创意产业的主要特征

从经济学角度进行研究，凯夫斯在其《创意产业经济学》中，为创意产业归纳了七个特点：①创意产品具有需求的不确定性；②创意产业的创意者十分关注自己的产品；③创意产品不是单一要素的产品，其完成需要多种技能；④创意产品特别关注自身的独特性和差异性；⑤创意产品注重纵向区分的技巧；⑥时间因素对于一个创意产品的传播销售具有重大意义；⑦创意产品的存续具有持久性与盈利的长期性。凯夫斯的观点抓住了创意产业的重要特点，是颇有见地的。那么，综合起来，城市文化创意产业具有什么基本特点呢？

首先，创意产业是智能型产业，即文化创意产业具有高知识性特征。文化创意产品一般是以文化、创意理念为核心，是人的知识、智慧和灵感在特定行业的物化表现。文化创意产业与信息技术、传播技术和自动化技术等的广泛应用密切相关，呈现出高知识性、智能化的特征，如电影、电视等产品的创作是通过与光电技术、计算机仿真技术、传媒等相结合而完成的。

其次，创意产业是集约型产业，即文化创意产业具有高附加值特征。文化创意产业处于技术创新和研发等产业价值链的高端环节，是一种高附加值的产业。文化创意产品价值中，科技和文化的附加值比例明显高于普通的产品和服务。

最后，创意产业是都市型产业，即文化创意产业具有强融合性特征。它只有在都市环境里才能生存。所谓的都市环境是指人才密集、信息密集、资本密集、交通便利、基础设施健全、市场要素充分。因为创意产品很多时候不是舶来品，它必须建立在城市文化基础上，是一种地方文化资产。这种地方文化资产必须体现出强融合性特点。文化创意产业作为一种新兴的产业，它是经济、文化、技术等相互融合的产物，具有高度的融合性、较强的渗透性和辐射力，为发展新兴产业及其关联产业提供了良好条件。文化创意产业在带动相关产业的发展、推动区域经济发展的同时，还可以辐射到社会的各个方面，全面提升人民群众的文化素质。

三、城市文化创意产业的发展对策

（一）全面加强对城市文化创意产业的认识，从理论上加深对创意产业的理解

具体包括创意产业发展对城市经济发展的重要性、发展创意产业的优劣势、创意产业的国际比较及经验借鉴、重点发展行业的选择、未来发展趋势、城市创意产业自身特色的确定、促进就业方面的贡献等问题。要对城市文化创意产业的理论进行更为系统的研究，建立文化创意产业发展的统计评估体系。欧美发达国家在文化创意产业发展现状、结构等方面，基本形成了较为完善的评估体系，为发展城市文化创意产业提供了客观依据。我国城市文化创意产业刚刚起步，尚没有建立创意产业评估的指标体系。因此，应尽快建立与国际接轨的评估指标体系，为发展城市文化创意产业提供决策依据。

（二）大力推动城市文化创意产业园建设，使产业走上集群化发展道路

城市文化创意产业集聚区可以降低交易成本、促进人才交流、激发创新的火花，是推动城市文化创意产业发展与推广的有效途径。一些有竞争实力的企业，通过兼并、联合、重组等形式，逐步形成几个拥有自主知识产权的文化创意品牌和多元投资主体的大型创意文化企业，最终争取成为市级、国家级的创意文化产业基地，如动漫基地、游戏软件基地等。通过合作与交流，完善产业价值链。

（三）健全相关法律制度，加强文化创意产业的知识产权保护

知识产权主要包括版权、商标权、设计权、软件专利权等。多数发达国家都把保护知识产权上升到战略高度，并通过各种法律和法规加大对知识产权的保护力度。如日本近几年制定的IT基本法、知识产权基本法、文化艺术振兴基本法等。我国目前法律关于城市文化创意产业的知识产权保护尚存在一些不明晰的地带，需要尽快制定相关法律制度，为城市文化创意产业提供良好的"软环境"。同时，在全社会形成尊重知识产权保护的良好氛围，加大对侵权、盗版行为的打击力度，刺激创意产品的生产和消费。

（四）扩大投融资渠道，完善投融资环境，为文化创意产业发展提供资金保障

我国目前城市文化创意产业投资主体相对单一，需要进一步拓宽投融资渠道，降低市场准入门槛，鼓励社会资本对文化创意产业进行投资经营，实现投资主体的

多元化、社会化，营造一个成本最低、信息最灵、效率最高的投融资环境。另外，还可以通过成立城市文化创意产业发展基金或其他形式实施资金支持，在经费上确保创意产业的发展。基金主要来源于两方面：政府财政和民间资本。政府基金可用于扶持一些当地传统艺术、工艺、民族文化，还可用于文化创意产业发展所需人才的培养支出。

（五）引进国际相关优秀人才，重视本土创意人才的培养

城市文化创意产业所需要的人才一般是具有高素质和高能力的专业人才。采取高薪聘用等多种措施吸引一批在海外从事创意产业的优秀人才，特别是那些既有深厚传统文化底蕴同时又具备宽阔国际视野的海外留学人才是发展城市文化创意产业的一种有效途径。同时，对本土人才的培养也不容忽视，可利用国内高校资源，建立一批文化创意人才培养基地。在大学也可以开设艺术管理课程，培养出一批高质量的创意产业经营和管理人才。宽容的氛围是文化创意人才成长的前提，因此，基于创意产业发展的需要，应该倡导更宽容的创意人才成长环境。这需要政府、企业和其他相关社会实体的共同支持和积极努力。

（六）发挥政府对城市文化创意产业发展的宏观指导作用

地方政府应当着力理顺产业体制，积极打造适合城市文化创意产业发展的制度平台，从而形成成熟的创意产业链，培育出有国际影响的品牌，给予文化创意产业财税政策方面的倾斜。地方政府应根据本地特色积极倡导并制定完善的指导措施，例如，选择已具备相当基础又具有广阔前景的行业作为文化创意特色产业，进行重点扶持和大力发展，尤其是那些经济水平较高、规模和效益较好的产业。同时合理布局并培养特色行业成为增长极，带动与文化创意产业相关的其他行业有序发展。

第五节　产业互联网与数字化转型

一、产业互联网的本质与功效

（一）产业互联网的定义与特征

产业互联网是数字经济时代基于互联网技术和生态，对各个垂直产业的产业链和内部的价值链进行重塑和改造而形成的新的产业生态和形态。显然，产业互联网是一种新的经济形态，利用信息技术与互联网平台，充分发挥互联网在生产要素配置中的优化和集成作用，实现互联网与传统产业深度融合。

产业互联网与工业互联网不同。工业互联网虽说是新一代信息技术与工业系统全方位深度融合所形成的产业和应用生态，但工业互联网主要针对工业或制造业，它更关注制造企业本身的智能制造和生产过程控制水平的提升。产业互联网是工业互联网的升维发展，即它强调通过"商业模式创新+利益机制优化"进行整个产业链的优化重构和要素重组，实现产业链上下游大中小企业融合发展。

产业互联网也不同于消费互联网。消费互联网主要集中在线上和个人消费领

域。产业互联网更关注如何通过互联网技术对产业链供给侧进行资源整合和流程优化，促进产业链上企业间的分工协作，实现对生产力的赋能提升。不过，从发展趋势来看，产业互联网和消费互联网最终将走向打通融合，实现从源头到终端的全产业链优化。

产业互联网有以下几个特征：

1.产业互联网重点服务于垂直化产业整合

产业互联网把产业内企业间的关系、企业与金融的关系在线化、闭环化，帮助存在产业上下游关联的不同产业平台相互连接，从而成就各垂直产业整合。它通过深入研究产业场景，为垂直产业内的从业者提供集成性云服务，聚焦垂直产业链特点，解决垂直产业的痛点，成为垂直产业的产业级基础设施。从这一点上说，产业互联网是以垂直化的、提供行业解决方案为特征的平台。

2.产业互联网具有一定的锁定和路径依赖性

从用户和平台的关系来讲，消费互联网的消费者多栖和频繁转换，产业互联网的特征则是锁定和路径依赖。前一领域中，消费者的沉没成本和转换成本较少，选择性很强。但在产业互联网中，平台自身以及用户都会有高昂的接入成本发生，会出现双向的锁定。一个是平台对用户的锁定，一个是用户对平台的锁定，因为企业和平台的对接，双方需要专用资产的投入，需要一对一的解决方案，数据接口、流程协调都需要双方长期的磨合和调整。因此，产业互联网平台下，平台和用户的关系将是非常密切和长期的。

3.产业互联网发展离不开数字化技术支撑

新的数字化和信息化技术，包括移动通信、物联网、云计算、大数据、人工智能、区块链等，是产业互联网的基石。其中，移动通信技术打破了地域和时间限制，形成产业链条中人与物、物与物连接的网络化；云计算为产业互联网平台的搭建提供了良好基础；大数据可提供更智能化的分析预警决策支持，促进产业链供需匹配和运营改善；人工智能可以帮助优化产业结构，提高生产效率，改变分工格局；区块链技术在供应链金融风控体系的应用，对于推动产业链信用体系和供应链金融建设将起到积极作用。

（二）产业互联网的功能与效应

产业互联网通过互联网和物联网技术把相关的各个产业有机地联系到一起，将不同产业高度融合，重组产业生态。尤其是推动了数字经济与实体经济的深度融合。这一新型的产业生态对未来经济的发展将起到重要的作用。

以城市的视野来看，产业互联网不仅仅是一种新型基础设施，更重要的是，它是城市产业融合、重构，以及推进产业数字化转型升级的一种新的组织形态。通过共建平台，为特定行业或产业链的升级赋能，重塑产业链的价值创造过程。同时，利用层级组织、网络组织和市场组织等不同的组织方式和机制，采用大量数字化、智能技术，以确保产业相互兼容、协同发展。数字经济时代下，产业互联网激发了城市产业发展新动能，也有助于应对时代巨变和新技术浪潮下的许多新挑战。

产业互联网的应用会给城市产业发展带来什么样的变化，将会推动什么样的产业转型和升级呢？

首先，产业互联网对实体经济赋能，会形成制造业与互联网融合发展倍增效应。制造业与互联网融合发展，旨在以价值创造为导向，整合制造企业、互联网企业等力量和资源，全面带动研发技术、制造装配、经营管理、销售理念和模式等创新，从而形成制造业与互联网融合发展的新生态：产业互联网的应用将会改变我们的生产方式，从大规模生产到大规模定制；产业互联网的应用会改变工业企业的商业模式，让越来越多的企业从制造产品向提供服务转型；制造业转型的趋势是由集中式制造向分布式制造转变，而产业互联网也会彻底改变产业的形态。

其次，产业互联网通过组织整合，可以形成城市产业融合发展的协同效应。产业互联网使企业能够统揽全局，畅通产业链，做大生态圈。它通过数字化、网络化、智能化手段对产业价值链的不同环节、生产体系与组织方式等进行全方位赋能，推动产业效率变革，实质性推动各类产业互联互通和互动，推动产业链、供应链、创新链协同，提升产业生态体系复杂性、韧性、灵活性与市场反应能力。

最后，产业互联网突破空间边界，能够形成产业跨区域发展聚合效应。受区域要素禀赋、产业基础条件等限制，传统企业研发设计、制造装配等环节基本上在企业内部或某一城市内独立完成；产业集群实现了区域性产业协同，表现为产业链上相关企业在一定区域范围内的分工协作，但产业链各主体间的联系仍然受地理位置的影响，表现为一种"区域性聚合"。

产业互联网凭借网络优势和产业生态资源，聚焦产业链协同基础，产业链在空间上可以形成"本地协同制造→区域协同制造→全球协同制造"扩展的局面。可以预期，未来模块式的区域化生产将会取代集中式的规模化生产，突出产业链空间扩展，打造高效协同的生产流通一体化新生态，促进技术产品创新和经营管理不断优化，产业空间融合的聚合效应将会更加显著。

二、城市产业互联网的整体架构与重点领域

（一）产业互联网的整体架构

城市发展产业互联网，首先需要通过顶层规划，明晰其整体架构。一个典型的产业互联网通常分为三级架构：底层是新一代信息基础设施；中间层是基于服务平台的开放应用；顶层是数字生态（如图7-6所示）。

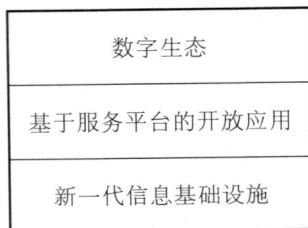

数字生态
基于服务平台的开放应用
新一代信息基础设施

图7-6　城市产业互联网的整体架构

数据已经成为新的生产要素，所有的信息来自数据的表达。数据又具有不断开发、增值和应用的特征，数据需要共享才能发挥最大效应。在信息化之后的数据时代，原有的信息化的发展所依赖的基础设施已经不能满足数据时代的基础设施，新的时代以数据为核心运用，新一代信息基础设施对于数据的运用发展至关重要，它构成了数字经济的基础，是产业互联网的基石。新一代信息基础设施不仅赋能数字产业化与产业数字化，而且助力城市治理现代化，推进智慧城市的发展。

中间层是产业云服务，它充分利用新一代信息基础设施，通过搭建各种服务平台，向行业、企业增加有效金融等数字化服务供给，以提升经济数据资源价值。基于互联网服务平台的开放应用，成为城市产业发展的赋能系统，城市中不同类型产业、产业链各环节都将与产业互联网平台连接并进一步集成，从而催生出不同的产业形态。

顶层是数字化、资产化运营，培育和引导数字经济新产业、新业态的有序发展。产业、科技、金融这三方的大数据，借助产业互联网高度融合，形成一个新的组织类型，这个组织类型可被称为数字生态。数字生态是实体经济深度融合互联网、大数据、人工智能之后形成的基本经济形式。不同生态之间进行连接，这时我们看到了数据的核心价值，没有数据就没有办法打通生态与生态之间的连接。

（二）城市产业互联网发展重点领域

1.新一代信息基础设施建设

新一代信息基础设施是围绕数据的感知、传输、连接、处理，提供数据产品和智能化服务的基础设施。新一代信息基础设施建设，总体上说，要基于物联、数联和众联构造新一代基础设施。物联就是全域覆盖、万物感知、万物互联；数联则是数据有效整合、集聚，用数据驱动业务、驱动产业发展。通过数据化、本地化、标准化、一体化，推动由万物互联到万物数联的演进；众联是在数联基础上，通过开放平台，使各方面力量能够集中、链接，推动城市各层面的互联互动。

在实践过程中，新一代信息基础设施建设，应在地方政府或行业主管部门的支撑下，组建本地化运营服务公司，来进行建设、运营；从规划建设一批基础性的大项目开始，逐步完善城市的网络重大工程、大数据中心、云基地等信息基础设施；联合生态经济合作伙伴，共建协同创新生态体系，助推产业向数字化、网络化、智能化转型升级。

2.产业互联网的开放应用

产业互联网的开放应用是借助服务平台进行的。服务平台需具备三大基础：产业大数据、信用体系和标准规范。有了产业大数据才能通过产业链数字化，实现用户个性化需求满足；信用体系为产业链金融风险控制和产业链交易提供基础保障；借助服务平台推动各方遵守行业规范。

产业互联网的开放应用，重点在于对产业互联网服务平台的规划。产业互联网服务平台可归为五种类型：

（1）技术服务平台。技术服务平台通过对行业最新技术的跟踪，为产业提供在互联网时代具有竞争力的智能制造解决方案。其核心功能在于，通过平台为产业提供一系列技术赋能。它不仅能为企业提供制造装备，还能把握行业发展趋势，在原料技术、制造技术领域提供最新的解决方案，提高装备的智能化程度和联网能力，适应柔性化、个性化的制造趋势。

（2）交易服务平台。交易平台是目前比较常见的产业互联网应用模式。交易服务平台不仅仅是简单的B2B电商，它包括对产业信息的集成、产业技术的交易、供应链、物流交付服务等多方面。显示供求信息仅仅是交易服务平台最原始的功能；交易的撮合、支付的集成、线下物流仓储的集成是交易平台的中级模式；而对产品标准化、指数化、金融化是交易平台的高级模式。

（3）金融服务平台。供应链金融服务是产业互联网的核心要素之一。供应链金融在产业供应链中发挥资金的协调作用，通过和商流、物流、信息流的有效整合，提高产业链的整体协同性和响应性。

（4）人才服务平台。人才服务平台的功能是对产业互联网领军人才的培养和提升、对新型产业经营管理人才的培养、对专业技能和应用型人才的培养，形成产业人才评价认证体系，建立符合现代产业体系要求的人才供应链。

产业互联网服务平台及其应用领域的规划，可分步骤进行：在发起设立阶段，首先需要进行产业互联网服务平台的模式和路径规划。在商业服务模式确定之后，要选择服务平台的切入点，并进行相应的线上服务平台搭建，确定线上线下融合的业务流程和闭环运营模式，进而再建立有效的互联网服务平台的运营体系。随着产业互联网服务平台的发展和客户的增长，可以进一步发展更多的产业链集成服务，形成集信息、交易、结算、金融、物流配送、技术服务、产业人才培养等为一体的开放应用服务模式。

3.产业互联网下的数字生态

产业互联网的数字生态，是互联网与实体经济融合形成的新产业、新业态。在城市产业生态化扩展的情况下，产业链内部与外部之间、空间边界都将逐渐消融，各产业环节之间、产业之间及其空间资源的高效整合、产业整体行动的协同，最终会形成多种新的数字经济生态模式。数字生态是互联网平台在组织模式上的进阶，与各类平台的运营模式相比，数字生态所形成的模式更为复杂，连接资源更为广阔，各个产业间彼此独立又彼此关联，自成生态圈，同时所形成的生态组织自我繁殖、自我发展、自我修复的特征更加突出。在一个复合的数字生态规划中，可以有多个平台，让不同的行业、不同的公司成为一个整体，使他们运行在一个统一的生态运营平台上。数字生态通过多样化平台，连接产业链的各个环节，连接、开放、共享一切资源，并以"互利共生"的方式与平台内外"协同进化"。当一个一个复合数字生态连接在一起的时候，我们就能看到数字经济的全貌，并且将极大增强城市经济的创新力和竞争力。

三、产业互联网时代的城市产业数字化转型

借助产业互联网，实现城市全产业链的数字化转型升级，需要从"转思维、立规则、改机制、建平台、强能力"五个维度进行推进。

（一）从传统的工业社会思维向互联网的思维转变

传统的城市产业运作的思维和逻辑都是与工业社会相适应的，这种思维和逻辑保证了它们在工业社会获得成功，然而原来成功的因素，恰恰是现在阻碍成功的因素。

实体经济与互联网融合是产业互联网思维的基点。这里，"连接"就成了互联网思维的核心概念。在消费互联网时代，连接重要性大于服务重要性，其连接模式多是横向的、跨行业的；而产业互联网服务重要性要大于连接重要性，从一个行业的生产、流通、消费、交易等各个环节垂直打通，这种以服务占主导作用的连接方式，行业纵向垂直整合将会成为产业互联网连接的方式。

转变思维方式需要从城市决策层到核心运营团队的理念转变，包括从企业到产业、从封闭到开放、从竞争到竞合、从竞争优势到数字生态优势的系列理念、共识的达成。有了这种思维和逻辑上的转变，才有可能促成产业互联网时代数字化转型的成功。

（二）建立产业互联网的共享价值观与行业治理规则

在产业互联网服务平台建设过程中，有两点非常重要：一是共建共享价值观。它要求让形成利益同盟的复合数字生态或平台共享资源和技术、共同付出一些资源、共同开放一些关键信息，行动要一致。二是形成行为规范或者组织创新。产业规则与治理，不是上级制订的，而是实践中提炼出来的。规范的行业治理规则要达到用治理合作降低交易合作的不确定性和交易成本的目标，从而保证产业互联网的运营体系健康有序运行①。

（三）以新机制促进城市全产业链的数字化转型升级

促进城市产业数字化转型升级的新机制，一是加快要素市场化改革步伐，促进各类要素在产业互联网发展中的高效配置；建立以市场为导向的技术要素价格形成机制；有序开放数据共享，注重标准化与安全性。二是进一步发挥民营企业在产业互联网发展中的作用。除5G基站、公共大数据中心等项目外的信息基础设施和融合基础设施领域，应充分交由市场发挥资源配置的决定性作用。全面实施市场准入负面清单，对于清单之外的所有行业、领域，给予各市场主体公平参与的机会。三是创新投融资模式，引导社会资本广泛参与。加快推进PPP模式在新一代信息基础设施建设领域的应用；鼓励和引导开发性、政策性金融机构通过多种渠道和方式支持产业互联网建设。四是重塑产业互联网新公司的股权结构、运作机制和产业链利益机制等，最大化地激发平台管理团队的活力，以及产业链各方参与主体对平台的

---

① 王玉荣，葛新红.产业互联网：全产业链的数字化转型升级［M］.北京：清华大学出版社，2021：100-101.

黏性。

（四）搭建能够有效整合各种资源的特色互联网平台

随着产业互联网的实践推进，出现了各类由城市政府或者产业骨干企业打造的产业互联网平台。各种产业互联网平台可以依托不同发起方的产业资源优势，因地制宜，百花齐放，创出自己的特色来。例如，可由行业龙头企业发起，将积累的产业优势资源和核心能力通过平台开放化，打造产业级生产性服务共享平台；可由"城市政府+行业协会+骨干企业"共同打造城区（县）特色产业集群的产业互联网平台；可由专业市场、贸易商或物流商等供应链枢纽企业打造产业链集成服务平台；可由行业资讯网站或者解决方案提供商打造服务延伸产业互联网平台，等等，由于各地区产业互联网平台的发起背景和资源优势不同，其发展路径也必然有所差异。通过有特色的产业互联网平台，提供多种服务业态，实现感知、传输、重组、开发和人工智能赋能下的增值、应用，为各行各业提供更有价值的产品和服务，来助推产业转型升级。

（五）增强产业互联网核心能力是实现转型的关键

实现产业的数字化转型，需要不断夯实和积累产业互联网的核心能力，具体来说，这些核心是：一是产业洞察能力。为了对产业有更深入的理解，必须对产业链上下游的痛点、价值诉求、利益诉求、运作规则更清晰，从而可以有效地选择切入点。二是资源整合能力。资源整合能力是产业互联网平台能够获得快速发展的关键。产业互联网依托现代信息技术应用，向平台化、智慧化和生态化的方向不断前行。因此它要求产业互联网平台的从业者有能力探索出能够促进产业生态活力的包容性、混合型新组织形态，进而通过整合资源，达到产业资源要素的优化配置。三是平台赋能能力。产业互联网平台要对所有参与主体提供赋能，其核心就是让参与主体在这个平台上获得比自己单打独斗更快的能力提升。而赋能的基础是产业大数据的沉淀、产业相关知识库的积累、产业链流程的优化再造、产业人才培养能力等。四是技术实现能力。产业互联网规划方案有赖于技术的真正落地实现，把产业中精细化的流程和标准规则、供应链金融场景设计等用 IT 系统落地实现，并获得用户良好的体验，是产业互联网平台型企业需打造的核心能力之一。五是运营管理能力。卓越运营是产业互联网平台保持长久竞争力的核心。平台是否盈利和能否建立壁垒，最终要靠精细化的流程设计和运营管理能力。

◈ 练习与问题讨论

1.我们观察到这样一种有趣现象：有的城市的主导产业建立在一个大公司或几个大企业的基础上；有的城市的主导产业建立在一种资源（如煤矿）基础上；有的城市几乎没有特别突出的主导产业，却有着大量活跃的小企业；还有的城市企业成长迅速，许多小企业很短时期内就成为跨区域性大公司。在各种类型的城市产业结构中，你认为哪种类型的城市，其产业发展比较有前景？

2.由于特殊的历史背景和工业环境，一些老工业基地城市的产业以"重型"结构为主要特征。城市内部产业间的协同发展及互动关系存在许多问题。例如，大多数重化工业企业，生产的一体化程度高，相互之间基本上没有产业上的紧密联系，因此，配套性产业、辅助性产业和服务性产业发展往往相对滞后。为什么这些城市产业间的联动效应不明显？换言之，为什么制造业快速发展没有带来相应的生产和生活服务业的响应？

3. 表7-5是三个城市主要制造业部门的区位熵。

表7-5　　　　　　　　　　三个城市主要制造业部门的区位熵

城市	食品工业	纺织工业	化学工业	化纤工业	橡胶制品	金属制品	机械工业	运输设备	电气机械	电子通信
A城	0.939	0.593	1.756	0.760	1.067	0.991	1.015	1.903	0.919	1.773
B城	0.679	0.885	1.421	1.529	1.520	1.702	1.197	1.151	1.343	1.594
C城	0.489	1.124	0.879	2.568	1.358	1.274	1.383	1.060	1.345	1.651

（1）根据上述资料，分析三城市的优势专业化产业部门，并分析这些部门的产业结构特点。

（2）试着画出各城市优势专业化产业部门的产业链长度，进而确定各城市制造业的主导产业。

4. 分析"重型"和"轻型"产业结构为主的两种类型城市，其产业集群在形成机理上有什么异同。

5. 用偏离-份额法对城市经济增长与产业结构进行实证分析。

6. 怎样认识城市文化创意产业的性质和作用？发展城市文化创意产业需要具备怎样的条件？

7. 怎样理解"产业互联网是城市产业数字化转型升级的一种新的组织形态"这句话的深刻含义？

资料链接7-1

偏离-份额模型

资料链接7-2

当代西方产业集群理论
的研究脉络

资料链接7-3

北京798：一个文化产业
改革的"基层范本"

第八章 城市劳动力市场

人口是城市的主体，而劳动力则是城市经济得以发展的重要动力。在以以人为本和可持续发展为理念的现代城市，人口和劳动力及其与城市经济和社会发展的关系，是城市发展的基础和归宿。劳动力市场建设及劳动力资源配置问题是城市经济发展的基本问题之一，特别是在中国这样一个人口规模庞大且劳动力资源又异常丰富的发展中国家，处理和解决好劳动就业问题，使劳动力资源优势在城市经济发展中充分地发挥作用，对促进城市经济良性运行和发展具有重要的现实意义和实践价值。本章阐述了劳动力的迁移、城市劳动力市场、劳动力市场分割与弹性就业以及城市劳动就业与失业治理等问题。

第一节 劳动力的迁移

一、劳动力迁移的动机

就劳动力迁移来说，不论在什么意义上只能意味着劳动者的工作变动，所以，劳动经济学把它区分为地区间、产业间、企业间、职业间的劳动力移动。而且，它们之间并不是相互排斥的，有时某劳动者的一次劳动移动，同时也是上述几类劳动力的移动。下面就空间劳动力迁移动机，特别是从农村向城市迁移加以阐述。

对于劳动力迁移动机的经济学研究，大多是基于刘易斯、拉尼斯-费景汉（Ranis-Fei）、托达罗（M.P.Todaro）以及克鲁格曼（Paul Krugman）的模型。其中，又以托达罗的绝对收入差距假说最有影响。[①]按照这种假说，劳动力迁移是对城乡之间存在的预期收入差距做出的反应。绝对收入假说虽然对于劳动力从农村到城市的迁移做出了一般性的解释，但它尚不能完全解释目前我国劳动力在城市间迁移的现象。克鲁格曼（1991）建立过一个劳动力区域流动模型，该模型也是建立在劳动力对区域间工资差异或实际收入水平的调整基础上的，所不同的是，它强调了区域流动成本与"经济人"预期的作用。然而，克鲁格曼的劳动力

---

① 刘乃全. 劳动力流动对区域经济发展的影响分析 [M]. 上海：上海财经大学出版社，2005：232-238.

区域流动模型中的"流动成本"概念主要局限于迁移中所发生的费用支出。因此，按照区域工资水平减去流动成本所得到的净收入还不足以解释我国劳动力迁移的原因。

假定不存在人为的城市间迁移障碍，并暂时不考虑迁移中的信息不完全和不确定性等情况，我们可以把劳动力的空间转移看成是一种投资活动，如图8-1所示。

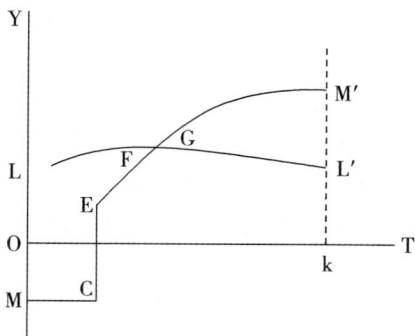

图8-1　技能型劳动力迁移的成本与收益

在图8-1中，横轴代表时间，纵轴是取得的收益，成本则是负的收益。MM′表示在转移时希望得到的收益，即预期收益。LL′是不转移时的收益，C部分是转移费用，E部分是转移的机会成本或失去的收入。如果转移后初期的收益低于未转移时的水平，可用F部分表示，而且也应该把这部分看作是费用。G部分表示未来收益。

考虑到转移费用，不难发现，只有转入地区的预期收益超过原区位的初始收益且至少能弥补转移费用时，才具有经济可行性。现实中，机会成本也需要考虑在转移成本之中。因此，更为充分的条件应该是：

预期收益>转移费用+机会成本　　　　　　　　　　　　　　　　　　　(8.1)

转移费用加上机会成本，我们称之为转换成本。这里，转移费用包括滞留费用、迁徙费用和职业再培训费用。其中，滞留费用（sunk cost）是指获取与原来相同或相近的职业所支出的、尚未得到补偿且转移后也不再会得到补偿的那部分费用。其他各项费用的含义一目了然，无须解释。机会成本是指劳动力转移到新的城市区位以后，不得不放弃原城市区位上的一些好处。预期收益除了预期的资金或工资收入以外，还包括其他方面的利益，如生活环境、文化、就业机会、晋升的希望等。因此，只有满足上述条件，劳动力空间迁移才有可能发生。

二、城市化、劳动力需求与迁移

农村劳动力向城市的大规模迁移与城市化所产生的巨大的劳动力需求有关系。通常农业经济分布在广大的农村地区，而工业、商业和金融业等则分布在城市。所以，劳动力在城乡之间的分布状况及其变化，既反映在城市化水平的变化上，也反映在伴随着经济发展而发生的产业结构变化上。反过来，城市化水平和产业结构的变化趋势，也通过对劳动力特别是农村转移劳动力的需求，影响到劳动力的迁移过程。

以集聚和城市发展为特征的城市化过程，可以通过两种方式来进行。一种方式是城市数目的增加，即通过新生城市来提高城市化的过程；另一种方式是现有城市的持续扩张，即通过移民的方式不断增加城市人口，从而实现更高水平的城市化。不论哪种方式都意味着城市化对农村劳动力的巨大需求，也意味着农村-城市的劳动力迁移对城市化有着重要的贡献。

农村劳动力向城市大规模移动的现象，归根结底，是由于城市劳动力需求增长要比农村快。为什么城市对劳动力需求的增长要快于农村呢？道理很简单，不管是在农业中还是工业中，生产率提高了，经济向前发展的时候，对农产品需求的增长较慢，而对非农业产品需求的增长较快。所以，从事农业劳动的生产者所占比重就会有下降的倾向。

城市，是非农产业的活动场所，即由工业、商业、服务业、行政、管理、信息等一个或几个为中心而建立起来的。对这些活动需求的增长，左右着每个城市对劳动力需求的增长。因此，把这些称为基础产业。而这些产业，又因主要以满足城市外部的需求为主，所以，又称输出产业。对于输出产业需求的扩大，就会引起劳动力需求的扩大，但劳动力需求的扩大并不只限于此。通过产业乘数的作用，使得那些为输出产业配套服务的产业也随之扩大，并引起对劳动力需求的增加。也就是说，迁入的劳动力中的一部分被输出产业所吸纳，另一部分被为生产服务或生活服务的产业所雇用。城市产业对劳动力的需求过程，也就是城市化对劳动力的需求过程。

三、就业机会与"U"字形往返现象

当城市劳动力需求增大时，城市中的工资没有提高或相对的低增长，就能够容易地扩大雇佣。也就是说，农村剩余劳动力和从事低收入工作的劳动者，看到城市就业机会的增多会迁移而来。城市中劳动力需求的增大，会使农村中的劳动力供给减少，使农村的工资上升，从而将会促使工农间的收入差别缩小。在这里，不是由于收入差别的增大而引起劳动力迁移，而是由于劳动力迁移成为可能才使收入差别缩小。在这个意义上，用就业机会来解释劳动力迁移是正确的。

根据托达罗模型，农村劳动力是否向城市迁移，取决于在他们考虑到在城市找到工作机会的可能性大小之后，在农村能够挣到的收入与在城市能够挣到的收入之间的差别大小。其他的劳动力迁移模型没有考虑到城市失业问题，所以流动劳动力不会担心找不到工作而遭受到的任何损失。托达罗看到了大量发展中国家存在劳动力大量流入城市而城市中又存在大量失业的现实情况，因此，他认为由于城市失业的存在，劳动力从农村迁移到城市不仅由城市与农村收入差距所决定，同时还要受到劳动力进入城市后能够获得就业岗位的机会或概率的影响。

"U"字形往返是阶段性迁移的一种主要表现形式。实际上，农村劳动力往返于城市和农村之间是不得已的选择。劳动力迁移被分割成两个过程，并且这两个过程预期不能同时完成，即潜在的迁移者没有获得城市永久居住权和稳定就业权的预期，因此，农村劳动力的迁移决策不是永久性的。这导致中国劳动力迁移中的一系列特点，包括劳动力迁移的循环往复，呈现出"钟摆式"的流动模式，多次性、季节性和回迁性。

已有不少学者对"U"字形往返过程进行了研究。例如，在总结了发展中国家劳动力迁移的一般规律后，斯塔克认为，导致外出劳动力回迁的因素有以下几个方面：首先，可能是由于外出的迁移者找不到收入足够高的工作，因此无法在迁入地生存下去；其次，迁移者利用在迁入地所积累的物质和人力资本，可能返回迁出地获得更好的回报；最后，迁出地的生活成本可能要低于迁入地。斯塔克所总结的原因都是劳动力市场正常运行的必然结果。对于我国而言，有两个基本的制度安排，也是导致"U"字形往返的重要原因。一是农村土地制度安排。土地的制度安排决定了农民与土地的联系方式。随着我国经济的发展，农民的土地从家庭的主要生产要素演变成提供保障和抵御风险的资产。正是由于土地成为农民社会保障的主要依赖，因而他们不会轻易地放弃土地。另一个基本的制度安排是户籍制度。由于城市偏向的政策，户籍制度对迁移劳动力城市居住的限制、受教育权利和社会保障的排斥使得他们不得不返回自己的故乡。

第二节 城市劳动力市场的特性

一、城市劳动力市场的二元化

（一）技能型与非技能型劳动力市场的并存

城市劳动力市场的二元化是指技能型劳动力与非技能型劳动力同时并存在劳动力市场。由于知识、受教育程度甚至是制度方面的因素，使得两个劳动力市场处于相对分割甚至是完全分割的状态。当然，处于技能型劳动力市场的劳动力可以选择非技能型劳动力市场就业，即选择较低收入水平及较差的社会保障等，这与一般意义上的"经济人"假设不符。处于非技能型劳动力市场的劳动力，则由于各方面的因素很难进入技能型劳动力市场寻找职业，从而导致了城市中两个劳动力市场并存的状态。

从我国的情况来看，可以从两个方面观察城市劳动力市场形成的二元化性质。首先是整个经济的部门结构发生了变化。非国有经济部门的迅速扩大是改革以来所创造的资源重新配置的结果。这些部门的出现，产生了巨大的劳动力需求，创造出一个新生的就业群体，其主要由进城的非技能型劳动力构成。其次是城市就业结构的深化。与农村的非技能型劳动力相比，城市劳动力有两个相对优越的条件：其一是收入水平较高，从而生活条件比较优越；其二是受教育程度较高，从而具有更高的劳动技能。随着这两个条件越来越显著，城市劳动力越来越倾向于选择相对舒适和对人力资本要求较高的职业与岗位。①

（二）二元化劳动力运行的阶段性特征

如果技能型劳动力与非技能型劳动力能够在空间上相互流动，二元劳动力市场条件下技能型劳动力与非技能型劳动力迁移还会呈现出阶段性特征。②

阶段之一：技能型劳动力与非技能型劳动力的同向迁移阶段。在该阶段，由于集聚效应占主要地位，这时，不论是技能型劳动力还是非技能型劳动力，其追求的效用最大化主要都是由于集聚外部性所产生的城市工资差异较大所致，城市的工资差异足以弥补劳动力的迁移所产生的效用损失，这时，劳动力迁移的需求效应等显现，城乡和城区差距扩大。

阶段之二：技能型劳动力的相对静止与非技能型劳动力的继续迁移阶段。在该阶段，随着集聚效应的逐步降低及人口数量增加的拥挤效应初步显现，这时集聚效应与拥挤效应相对均衡，劳动力在城乡、城区之间效用水平达到相对平衡状态，进而导致技能型劳动力迁移的相对放缓。而非技能型劳动力则由于主要考虑工资差异所带来的收入效用，所以，集聚效应仍占主导地位，非技能型劳动力将继续向城市移动。

阶段之三：技能型劳动力与非技能型劳动力的异向迁移阶段。在该阶段，随着非技能型劳动力数量及人口总量的逐步增加，对于技能型劳动力来讲，拥挤效应强于集聚效应，这时，技能型劳动力开始从原来的区域向另外一个区域流动，而非技能型劳动力则为较高的工资收益所牵引而继续向原来的区域流动，形成技能型劳动力与非技能型劳动力的异向流动状况。在该阶段，对于技能型劳动力而言，工资差异已不能弥补因人口数量增加、拥挤效应加大而产生的总体效应水平降低，随着技能型劳动力的转移，技能型劳动力的工资区域差异开始逐渐缩小，而对于非技能型劳动力来说，由于两区域之间仍存在工资差异，所以，劳动力集聚仍沿原来方向移动，工资差异相对缩小。

阶段之四：非技能型劳动力的相对静止与技能型劳动力的继续外移阶段。在该阶段，非技能型劳动力的大量流入使得城乡之间或城区之间的非技能型劳动力的边际生产率趋于平衡，而技能型劳动力的向外迁移也使得生产外部性及集聚效应减弱，进而引发对其他产业及相应劳动力需求的降低，使得非技能型劳动力不再向原来的移动方向流动，出现非技能型劳动力相对静止阶段。而技能型劳动力为追求整体效应的最大化仍旧向外迁移，而相应的工资水平差异也在相对缩小。

阶段之五：技能型劳动力与非技能型劳动力的相对静止阶段。在该阶段技能型劳动力与非技能型劳动力的流动达到一个新的均衡状态。非技能型劳动力空间上的工资差异，由于技能型劳动力反向迁移所导致的外部性效应降低，以及非技能型劳动力正向迁移的劳动边际生产率递减等原因，必将消失直至工资水平相同，而对于

① 蔡昉，都阳，王美艳. 劳动力流动的政治经济学 [M]. 上海：上海三联书店，上海人民出版社，2003：194.
② 刘乃全. 劳动力流动对区域经济发展的影响分析 [M]. 上海：上海财经大学出版社，2005：84.

技能型劳动力来讲，由于其效用水平不仅包含工资所导致的收入效用，同时也包含生活环境所产生的环境效用，在该阶段，尽管总体效用在两空间上相同，但工资差异将始终存在。

技能型劳动力与非技能型劳动力同时迁移的阶段性如图8-2所示。

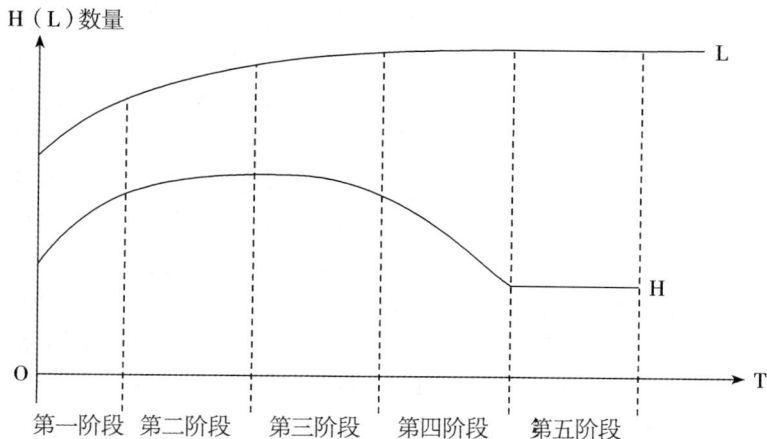

图8-2　技能型劳动力与非技能型劳动力迁移的阶段性

图8-2中，H表示技能型劳动力数量，L表示非技能型劳动力数量。如果非技能型劳动力也考虑其生活环境问题，那么，对非技能型劳动力来讲，同样存在因人口数量增加而产生的外部环境负效应及总体效应大小选择问题，与技能型劳动力一样也会面临反向流动问题，这时又会进入一个劳动力流动新的周期过程，工资的区域差异仍旧存在。

二、企业内部劳动力市场

（一）企业内部劳动力市场的含义

所谓内部劳动力市场（internal labor market，ILM），指的是存在于企业内部的劳动力市场，内部劳动力市场是由雇主和雇员组成的，实质上就是位于企业内部的在企业雇主与众多雇员之间形成的劳动就业关系。

国内外学者在研究内部劳动力市场理论时，大量的实验研究表明，劳动力并不完全是在外部劳动力市场通过工资的竞争进行配置的，大部分的劳动资源实际上是在内部劳动力市场进行配置的。内部劳动力市场理论按照雇用和报酬支付等特征，将企业的就业领域分为从属部门和主要部门，处在从属部门的劳动力主要是指不需要多少技能的员工，在这些领域，雇佣关系是短期的，工资也完全受外部劳动力市场的调节；而在主要部门的劳动者，包括拥有技能的蓝领工人、管理和技术人员，其雇用和工资并不直接受外部劳动力市场的影响，而是由企业按照内部的规定和惯例来决定，从而形成一个与外部劳动力市场相对隔绝的内部劳动力市场。

（二）企业内部劳动力市场存在的原因

为什么在城市劳动力市场中，会有这样妨碍劳动力迁移的企业内部劳动力市场发展起来呢？其中一个重要原因是专用性人力资本的存在。人力资本可以分为一般性人力资本和企业专用性人力资本（firm-specific human capital），前者是指劳动者所拥有的知识和技能在不同的企业都可以发挥作用，后者是指只对某一个特定企业有价值的人力资本。在企业专用性人力资本的形成过程中，既存在员工的人力资本投资，也存在企业对人力资本的投资。按照威廉姆森的观点，人力资本专用性特征是指在企业中部分员工具有某种专门技术、工作技巧或拥有某些特定的信息。这种专用性容易产生"套住效应"，造成费茨罗（Fitzroy）和穆勒（Mueller）模型中的"非流动性"，即具有某种专用性人力资本的人若要退出特定的企业，会给退出者或企业带来损失。一般认为人力资本专用性越强的员工，就越能在发挥自己专长的企业长期工作，维持企业运作和市场的连续性，从而也避免了投入大量培训资本所形成的人力资本流失。以加里·贝克尔（G.S.Becker）为代表的人力资本理论认为，专用性人力资本的积累是内部劳动力市场的核心。

如果企业员工人力资本是一般性的，到外部劳动力市场同样可以发挥作用，则跳槽的可能性较大，员工工作流动率较高，不利于建立内部劳动力市场。专用性人力资本则不同。如果员工跳槽到其他企业，他在原企业对在职培训的投资无法收回，将成为沉淀成本，而且他在原企业学习的技能到其他企业派不上用场，会形成人力资本贬值。人力资本的这种专用性特征决定了在任何短期的雇佣关系条件下，都难以实现人力资本投资的有效激励和最优积累，因为在短期雇用合约条件下，无论是雇主还是雇员，都不愿意进行与企业相关的专用性人力资本的投资，他们担心一旦雇佣关系不能维持，将会导致专用性人力资本的损失和报废。威廉姆森认为，为保护专用性资产所有者的权益不受"要挟"（hold up），客观上要用一种以企业一体化为基础的长期雇佣合约，来取代以供求关系、市场交换为基础的短期合约。一旦企业形成了专用性人力资本的积累，又会产生强化长期雇佣合约的作用。专用性人力资本投资属于一种典型的"沉淀成本"，当企业与员工实施了这种人力资本投资后，他们也就被"捆绑"（lock in）在一起，员工对企业的依赖关系变得更强，不会轻易地离开或转职，企业也不会轻易地解雇员工，双方均有合作是双方收益最大化的激励，使雇佣合约的长期性和稳定性得到加强。因此，企业员工技能的专用性是建立内部劳动力市场的原因，也是维持雇佣合约长期性的基础。

三、非正规部门就业

作为城市劳动力市场二元化的结果，农村迁移劳动力往往会滞留在城市的非正规部门。国际上，通常非正规部门被视为这样一类生产单位，主要表现为自我雇佣、家族企业和微型企业，它们从事的生产或服务活动，没有独立于家庭或家庭成员的单独的法律权利，也没有完整独立的账户，无法与家庭其他活动清楚地区别开来。非正规部门的单位通常在低组织水平上运作，作为生产要素的劳动力和资本较少分离或不分离，生产规模小。劳动关系大部分建立在临时性就业、家属或个人和社会关系上，而不是基于有正式保障的合同安排。[①]

我国城市中的非正规部门就业，与国际上定义的非正规部门就业，既有相似之处，又不完全相同。一般来说，那些没有进行工商登记，不参加社会保险，劳动关系不规范的就业形式，都可以被归入非正规部门就业。首先，这个劳动力市场上不需要什么了不起的技能，它往往出现在建设、土木、劳务等工作繁忙的地方。其次，一些小企业由于技术水平低和经营不稳定，所以企业内部劳动力市场也不会在这里得到发展。而在大企业里，临时性工作和有提升可能性的工作，也都存在着大量的非正规就业的情况。

事实上，就业的不稳定性，在城市中并不是都不受人们欢迎的。在不稳定的就业者当中，有的人只希望找到一个暂时的工作。在从农村来的兼业者中，有的人也具有相似的立场。

可见，非正规部门就业具有进入成本低、市场化程度高和就业形式灵活等特点。目前在很多发展中国家，非正规部门就业占到城镇就业的40%以上。在发展中国家，迁移劳动力一般都先进入非正规部门，同时等待和寻找进入正规部门就业的机会。

第三节　劳动力市场分割与弹性就业

一、劳动力市场分割的含义与现实特征

劳动力市场分割是指城市中存在着正规部门和非正规部门两种劳动力市场，这两个市场具有不同特征和不同运行规则，在工资决定机制、工作稳定性、劳动者获得的提升机会等方面有明显的区别，而且劳动者很难在不同的市场之间流动。由于知识、受教育程度、制度等方面因素的制约，技能型劳动力与非技能型劳动力处在两个不同的劳动力市场上。

从我国的情况来看，在城市化进程中，我国存在着三元劳动力市场分割，即：农村劳动力市场，它反映的是农业剩余劳动力向以乡镇企业为主要载体的非农产业转移；城市一级劳动力市场，它是受到制度保障的正规劳动力市场，反映的是农村剩余劳动力通过正规途径就业的情况；城市二级劳动力市场，它是受市场规则支配的非正规劳动力市场，它反映的基本上是农民工就业的主要领域。图8-3显示我国农村劳动力在三大市场之间的流动情况。我们可以从两个方面观察我国劳动力市场的分割状况。首先，非国有经济部门的迅速扩大是改革开放以来所创造的资源重新配置的结果。这些部门的出现，产生了巨大的劳动力需求，创造出一个新生的就业群体，其主要由进城的非技能型农村劳动力构成。其次，与

---

① 国际劳工组织. 劳动力市场主要指标体系（1999 年）［M］. 北京：中国劳动社会保障出版社，2001：195.

农村的非技能型劳动力相比，城市劳动力收入水平较高，受教育程度较高，从而具有更高的劳动技能。因此，他们越来越倾向于选择相对舒适和对人力资本要求较高的职业与岗位①。

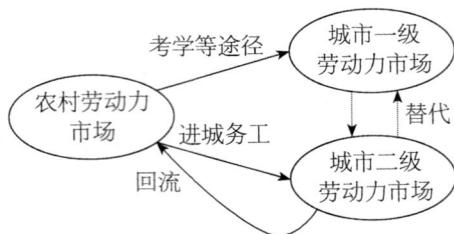

图8-3 三元劳动力市场的基本结构

由于劳动力市场分割的存在，在城市化进程中，中国农村劳动力进入劳动力市场就业基本上都是非正规就业。

鉴于此，为了更符合中国劳动力市场的现实情况，我们对中国劳动力市场分割的现实特点做如下概述：

（一）产业性质

所谓产业性质，是指劳动力就业所涉及的行业是垄断性的还是竞争性的产业。产业性质不同，造成不同农村劳动力群体进入不同产业的机会差别，从而影响到收入、工作稳定性和福利水平。从我国情况看，城市一级劳动力市场基本上具有垄断性质。竞争压力不大的行业，往往都是那种收入水平高、福利待遇好的行业，也是农村劳动力难以进入的行业。因此，不管这个行业是正规部门还是非正规部门，都可笼统归为城市一级劳动力市场。相比之下，竞争性强、垄断性弱的行业，劳动力进入门槛低，收入也低，就业概率高，这些行业就可归为城市二级劳动力市场。而农村劳动力市场与城市二级劳动力市场有融合趋势，因此，这两个劳动力市场按性质来说可归为一类。

（二）契约关系

从契约关系的时间长短和性质来看，凡是存在长期契约关系的就业部门，为一级劳动力市场。一级劳动力市场虽属于正规部门，但却存在着非正规就业。在大多数情况下，农村劳动力在该部门非正规就业，都属于为了生计而进行的生存型就业，劳动力契约关系比较松散且有弹性。凡是存在短期契约关系且收入水平受市场规则支配的就业部门，为二级劳动力市场。二级劳动力市场上，非正规部门所占比重比较大，因此，它是吸纳农村进城务工的劳动力的主要渠道。但同时，它也同样存在着正规部门。农村劳动力在正规部门从事的是非正规就业。农村劳动力通过比较乡村劳动需求提供方提出的工资率与农业收益后进行非农产业就业选择行为。与二级劳动力市场一样，这个劳动力市场也属于非正规就业，受市场规则支配。不同的是，它只是在农村内部进行的职业转换行为。

---

① 蔡昉，都阳，王美艳. 劳动力流动的政治经济学 [M]. 上海：上海三联书店，上海人民出版社，2003.

（三）制度保障

在中国，这三个就业市场分别受不同的规则支配，有着不同的福利待遇和工资分配模式。从城市一级劳动力市场到城市二级劳动力市场再到农村劳动力市场，制度保障存在依次递减的情况。尽管由制度因素造成的市场分割在弱化，但目前三个就业市场依然存在制度保障上的差别，它也因此成为界定三个就业市场的标准。需要说明的是，三个就业市场之间仍存在着不同程度的替代性。比如，当具有制度保障的城市一级市场上的雇佣者的使用成本太高时，有关部门也会倾向于利用其他就业市场上的非正规就业者，尽管下一级劳动力市场的制度保障没有上一级劳动力市场稳定且有保障。

二、劳动力市场分割下的农村劳动力转移决策

作为城市劳动力分割的结果，农村迁移劳动力往往会滞留在城市的二级劳动力市场。这个劳动力市场就业虽然具有进入成本低、市场化程度高和就业形式灵活等特点，但是，它的工资收入水平低，劳动强度大，对人力资本要求不高，缺乏稳定性。这些因素决定了非技能型的农村劳动力基本上处于临时性的打工状态，以他们的收入很难具有城市生活能力。也就是说，农村劳动力"两栖"流动起因于劳动力市场分割。

在劳动力市场分割的情况下，农村劳动力转移决策往往是在预期收入差异、就业机会（风险）和就业方式选择的机会成本之间权衡的结果。为了更好地理解我国农村劳动力"两栖"流动的决策过程，这里，我们对这三者之间的内在关系做进一步讨论。

如果用U代表农村劳动力转移就业能力，则有：

$$U_i = \mu \ (k)_i \ f \ (W_i, \ C_i) \tag{8.2}$$

式中，W_i为预期收入；C_i为机会成本；μ为就业风险；k为劳动技能；$\mu \ (k)_i$为转移就业的不确定性和风险，它是农村转移劳动力技能的函数。这个公式意味着农村劳动力做转移决策时具有收入增长与收入稳定双重目标，从收入增长的角度考虑，他们要对从事纯农业、Ⅰ类兼业（劳动力已实现了职业转换，但仍部分地从事非农业活动，且家庭收入以农业为主要来源）与Ⅱ类兼业（劳动力已实现了地域迁移，且家庭收入以非农业收入为主要来源，但仍从事部分农业活动）的预期收益与机会成本①进行比较即W_i/C_i，然后做出抉择。但是，至此还远远不够。他们还需要从收入稳定的角度考虑，也就是要考虑不确定性和风险。一般情况下，技能越高，转移的风险越小，收益越稳定，成功率也越高。

在收入增长和收入稳定之间，劳动力做转移决策时往往偏向后者。这主要是因为对于农村劳动力，风险不仅仅关系到收入的多寡，而且关系到其个人和家庭的生

---

① 这里的机会成本是指农村劳动力转向非农产业而放弃的在原就业地获得的所有收入和社会资本等利益。随着我国"三农"政策的落实以及农民财产性收入的增长，机会成本越来越成为劳动力转移决策中考虑的重要因素。

存。尽管偏于保守的行为不符合利润最大化目标，但却符合效用最大化的目标。当然，他们对不确定性和收入增长的态度是随着收入水平的提高而变化的。当其收入水平超出生存需要时，他们对风险的嫌恶会随之弱化。

那么，农村劳动力在纯农业、Ⅰ类兼业与Ⅱ类兼业之间会做出怎样的选择呢？这里，让我们考虑4种状态：①状态0为劳动力从事纯农业职业；②状态1为Ⅰ类兼业；③状态2为Ⅱ类兼业；④状态3为彻底性转移，家庭收入完全来自于非农业领域，如图8-4所示。

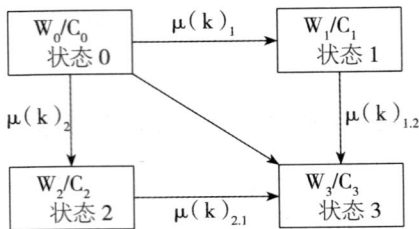

图 8-4　劳动力转移与不确定性

图8-4表明，农村劳动力的转移决策取决于对不确定性和风险 $\mu(k)_i$ 的估计。在城市化过程中，农村劳动力从一种状态转换到另一种状态，总是在对不确定性和风险进行充分评估的基础上对经济利益的刺激做出反应。图8-4中，$\mu(k)_1$ 和 $\mu(k)_2$ 分别为在时刻t由状态0过渡到状态1（Ⅰ类兼业）和状态2（Ⅱ类兼业）时的就业风险。而 $\mu(k)_{1.2}$ 和 $\mu(k)_{2.1}$ 则分别代表Ⅰ类兼业和Ⅱ类兼业完成劳动力完全转移时的就业风险。若进一步比较 $\mu(k)_1$ 和 $\mu(k)_{1.2}$、$\mu(k)_2$ 和 $\mu(k)_{2.1}$，也可以认为前者是后者的条件概率，就是说，"两栖"转移为农村劳动力完全转移积累了经验和人力资本。

由此，我们得到一个初步认识：由于缺乏城市生存技能导致的农村劳动力的风险嫌恶倾向及面对未来不确定因素做出的保守选择行为是促成我国城市化过程中劳动力大规模"两栖"流动存在的主观原因。在这种情况下，只有预期收入大大高于他们对风险和不确定性的估计时，或者通过提高生存技能降低不确定性和就业风险时，才会做完全迁移的决策。但是，在目前外出务工劳动力或兼业劳动力的收入被锁定于保留工资[①]的情况下，农村剩余劳动力"两栖"流动是一种理性的选择。因为农村劳动力可以通过"两栖"流动解决增加收入和稳定收入目标之间的矛盾，同时规避风险和不确定性带来的利益损失。更主要的是，非正规部门就业市场具有相当低的人力资本投资回报率，使农村外出劳动力失去了进行个人人力资本投资的激励。而就业不充分（断断续续的就业）、失业和主要依赖体力的工作使他们又失去了边干边学的机会，更加削弱了他们参与就业竞争的能力[②]。在这种情况下，农村劳动力往返于城市和农村之间是不得已的选择。

---

①　保留工资（reservation wage）是指劳动力愿意接受某一工作的最低工资。
②　徐清林. 中国劳动力市场分割问题研究［M］. 北京：经济科学出版社，2006：8.

三、建立一个更富有弹性的劳动力市场

一般来说，劳动力市场存在着两种弹性：部门弹性和空间弹性。前者指劳动力市场就业部门的制度变化引起的农村劳动力转移就业变化的比率，它表明的是农村转移劳动力在不同就业部门之间的流动性问题；后者指劳动力市场就业的地域限制消解给农村劳动力转移就业的空间选择带来的影响，它强调劳动力市场在地域空间上的统一和一体化问题。这两种劳动力市场弹性之间存在着内在联系，一方面，劳动力市场的部门分割直接影响着转移劳动力的空间就业弹性。当部门分割支配着劳动力市场的就业结构时，这种劳动制度安排源于国家对经济资源的倾斜性再分配，它保护的是正式部门就业的城市劳动者。在这种情况下，作为主要在非正式部门就业的农村劳动力来说，他们通过空间选择就业获得正式部门工作的机会也不大。另一方面，就业的地域限制束缚了农村转移劳动力的产业或部门选择的余地。在严格的户籍制度下，具有农村户口的"农村人"不容易进入主要由"城里人"占据的正式部门就业。因为他们要同时跨越部门分割和就业身份障碍，而这往往不是通过自身努力就能实现的。

从我国的情况来看，在城市化进程中，我国存在着三元劳动力市场分割。在这种情况下，我们说劳动力市场缺乏部门弹性，不是说劳动力不可在三个就业部门之间流动，而是说这种流动有较高的成本或代价，流动性较差。要提高部门弹性，就要设法降低这种流动成本。但现实情况是，这三个劳动力市场分别受不同的规则支配，有着不同的福利待遇和工资分配模式。提高部门弹性在某种程度上就等于改变三个市场之间的运行规则和分配模式。显然，这在短时间内难以办到。不过，我们可以通过提高劳动力市场的空间弹性，在一定程度上达到消除劳动力市场分割的目标。提高空间弹性意味着将把三个分割的劳动力市场置于特定的"城市化空间"（即大都市圈范围）下来研究它的流动性以及市场之间的制度壁垒问题。

劳动力市场弹性的决定因素就是那些决定着农村劳动力空间选择行为的诸多变量，包括收益、机会成本、风险和技能等。这些变量中，每一个变量又包含着一组尚未展开的微观组态。其中，关键性的变量决定着城市化过程的有序状态和结构。在我们的研究中，劳动力专业技能决定的风险和不确定性是最重要的参数。比如，劳动力若缺乏专业技能就会使要素流动性变差，劳动力市场弹性也随之减小。劳动力市场弹性减小，又会影响劳动力市场整合，进而影响到城市化进程。因此，劳动力市场的弹性空间存在着某种张力，当劳动力专业技能提高时，其他变量也随之递增，这种张力的作用就表现出促进城市化的一面；反之，当劳动力专业技能降低时，其他变量也随之递减，张力的作用就显示出约束城市化发展的一面。从这一观点出发，现阶段我国城市化政策的着力点应该是，充分考虑城市化进程中农民工及其家属这个庞大社会阶层进退两难的现实，通过完善劳动力市场功能，逐步建立起科学的城市化自组织机制，将以往的城市规模政策转变为通过调整农村劳动力向城市转移的收益与机会成本比率，降低转移的不确定性和风险，提高低工资市场的投

资回报率，利用内在的价格机制和政策杠杆来推进城市化进程的稳定、有序发展。具体来说，首先，劳动力市场功能培育的一整套制度的建设与安排。目前，笔者认为，最重要的就是完善非正规部门劳动力相对价格的决定机制。为了矫正低工资劳动力市场相对价格的扭曲，需要建立起相关的工资法规，为转移劳动力获得稳定的工资收入提供制度保障。同时，社会保障体系的建设也决定着劳动力市场的功能，它是在劳动力市场分割条件下对转移劳动力权益进行保障的基本机制。因此，进城务工农村劳动力的社会保障制度改革应该与非正规就业的工资决定机制的完善同步进行。其次，建立起非正规就业领域人力资本投资的激励机制，提高转移劳动力进行人力资本投资和积累的意识和积极性。农村劳动力的个人人力资本投资对改善整个农村剩余劳动力人力资本存量的素质具有特别重要的意义。但政府在农村人力资本积累上也应该进行更多投资，这种投资获得的社会效益将是巨大的。最后，通过政策调整，降低农村转移劳动力的机会成本和不确定性。降低机会成本和不确定性的途径有很多，比如通过农村土地流转制度改革，增强农民的资本积累和财富能力，摆脱农民对土地的依赖；通过改善农民工的就业环境，降低农村劳动力的就业成本；拆除约束劳动力流动的制度障碍；降低农村劳动力进城就业的信息搜寻成本，等等。此外，政府要通过相应的政策逐步消除正规与非正规劳动力市场之间巨大的鸿沟。在充分考虑非正规就业的特殊性的条件下，从工作时间、工作报酬、休假、社会保险、劳动保护、职业发展等多方面做出有针对性的政策安排，使非正规劳动力市场的运作有法可依。

第四节 城市就业与失业治理

一、城市劳动力市场的存量和流量模型

就某一城市劳动力市场而言，某一时期的劳动者就业人数、失业人数和非劳动力人口数间的关系可用图8-5表示。

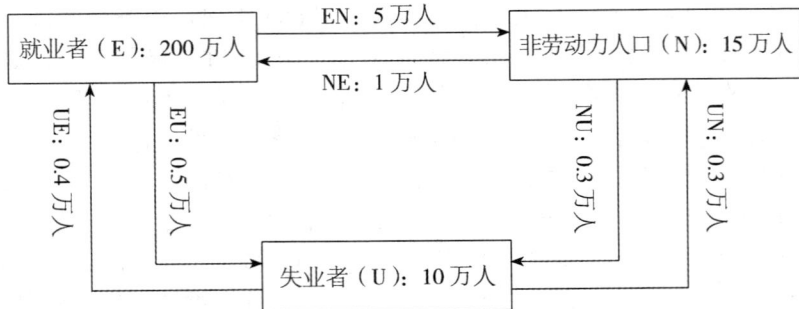

图8-5 城市劳动力市场的存量与流量图

图8-5中，某一时期由失业者变成就业者的人数为0.4万人，占失业人口存量的4%，而由失业人口变为非劳动力人口的数量是0.3万人，占失业人口存量的3%，

即是说，该时期内约有7%的失业人口脱离失业状态。而那些新进入失业队伍的人口则由从就业人口存量中进入失业队伍的人口（流量EU）和从非劳动力人口存量中进入失业队伍的人口（流量NU）两部分构成。进入失业状态的流量大于脱离失业状态的流量意味着这一时期失业人口存量增加。

图8-5中的城市失业率（u）可用下列函数表示：

$$u=f\ (P_{EN}^+,\ P_{NE}^-,\ P_{NU}^+,\ P_{UN}^-,\ P_{EU}^+,\ P_{UE}^-) \tag{8.3}$$

式中，P_{EN}为就业者中脱离劳动者队伍的人数所占比重（2.5%）；P_{NE}为非劳动力人口中进入劳动者队伍并且找到工作的人员所占比重（6.67%）；P_{UN}为失业者中脱离劳动者队伍的人员的比例（3%）；P_{NU}为非劳动力人口中进入劳动者队伍但尚未找到工作的人员的比例（2%）；P_{EU}为就业者中成为失业者的人员的比例（2.5%）；P_{UE}为失业者中成为就业人员所占比例（4%）；变量顶部的+为该变量增加将提高失业率；-为该变量增加将降低失业率。

图8-5和公式（8.3）表明，城市社会对任何既定失业率水平的关注都应集中在失业的影响因素以及失业的持续时间两方面。

二、就业与失业的界定及失业的类型和成因

（一）就业和失业的界定

所谓就业，是指达到法定年龄、具有劳动能力的人口，运用生产资料依法从事某项社会劳动，并获取赖以生存的报酬或经营性收入的经济活动。按国际劳工组织的定义，就业是指一定年龄阶段的人口所从事的为获取报酬或为赚取利润所进行的活动。可见，要实现就业，就必须满足三个基本条件：一是就业主体是达到法定年龄的具有劳动能力的人；二是就业主体所从事的劳动属于合法的社会劳动；三是就业主体所从事的劳动是有报酬的劳动。

按国际劳工组织的规定，凡在规定年龄之内，符合下述条件者均属就业人员：①正在工作的人，指在规定时间内从事有报酬或收入的工作人员；②有职业，但临时因疾病、休假、劳动争议等不工作的人，以及单位因各种原因临时停工的人；③雇主和自营人员，或正在协助家庭经营企业或农场而不领取报酬的家属人员，在规定时间内从事正常工作时间1/3以上者；④已办理离休、退休、退职手续，但又再次从业的人员。衡量就业状况的指标通常为就业率，即：

$$就业率 = \frac{就业人数}{就业人数 + 失业人数} \times 100\% \tag{8.4}$$

需要说明的是，现在的就业人数统计虽然从理论上讲应为法定劳动年龄内的人口，但实际上，它往往也包括了一部分劳动年龄外的人口；而失业人数统计一般只统计法定劳动年龄内人口，由此必然会导致就业率相对偏高而失业率相对偏低的结果。

充分就业是一个相对的概念，凯恩斯认为，充分就业就是"在某一工资水平下，所有愿意接受这种工资的人都能得到工作"。他把失业划分为"自愿性失业"和"非自愿性失业"。根据凯恩斯的理论，只要解决了"非自愿性失业"人员的就

业问题，就算达到了充分就业。在理论界，对充分就业的理解大致可分为两种：一种认为，充分就业就是指劳动力和生产资料均达到充分利用的状态；另一种认为，充分就业并非指失业率为零，而是总失业率等于自然失业率。从统计上讲，20世纪50年代认为，失业率不超过4%即为充分就业；80年代则认为，失业率不超过6%即为充分就业。

失业是相对于就业而言的，按国际劳工组织的定义，失业是指有劳动能力并愿意就业的劳动者找不到工作的一种现象。其实质是劳动者与生产资料相分离。目前发达国家一般将失业理解为：凡是统计时被确定为有工作能力，但没有工作，且在此之前4周内曾努力寻找工作，但未找到工作的人。此外，还包括暂时被解雇正等待恢复工作的人和正等待到新工作岗位报到，等待时间30天以上的人。失业的界定是以劳动者是否面向市场为依据的。衡量失业状况的指标是失业率，即：

$$失业率 = \frac{失业人数}{就业人数 + 失业人数} \times 100\% \tag{8.5}$$

失业人数是指属于上述失业范围并到有关部门登记的失业者人数。

在我国，失业率通常用城镇登记失业率表示，即：

$$城镇登记失业率 = \frac{城镇登记失业人数}{城镇就业人数 + 城镇登记失业人数} \times 100\% \tag{8.6}$$

20世纪90年代中期以来，为弥补城镇登记失业率的缺陷和不足，根据国际通行的统计方法，国家统计局建立了城镇劳动者情况抽样调查制度，来统计城镇失业人数情况。其中，在城镇调查失业率统计中，调查失业人员为城镇常住人口，年龄在16周岁以上，有劳动能力，在调查期内从事有酬劳动，以及当前有就业可能并以某种方式正在积极寻找工作的人员。

（二）失业的类型和成因

纵观所有失业情况，一般将失业划分为摩擦性失业、结构性失业、周期性失业和季节性失业等四种类型。

1.摩擦性失业

摩擦性失业一般是由劳动者在要求就业与获得工作岗位间存在时间差所造成的。摩擦性失业产生的原因主要在于：①劳动力市场的动态性特点；②信息流的不完全性；③失业者和有职位空缺的企业或雇主间在相互搜寻过程中均需要花费时间。某一经济中的摩擦性失业水平是由进入和退出劳动力市场的人员的流量以及失业者找到（并接受）工作的速度决定的，而决定这种速度的因素则可以通过对工作搜寻过程的分析来找到。

假定工资是与工作的特征而不是与填补工作岗位的人的特征联系在一起的，而且，不同雇主所使用的成套的最低雇佣标准（如受教育程度要求、工作培训要求、工作经验要求、在雇佣测试中的测试成绩要求等）不同；同时，还假设工资率是工作所要求的最低技能水平的增函数，且使用相同雇佣标准的雇主所提供的工资是相同的。这样，我们就可以得到劳动力市场上与所有空缺职位相联系的出价分布图（如图8-6所示）。

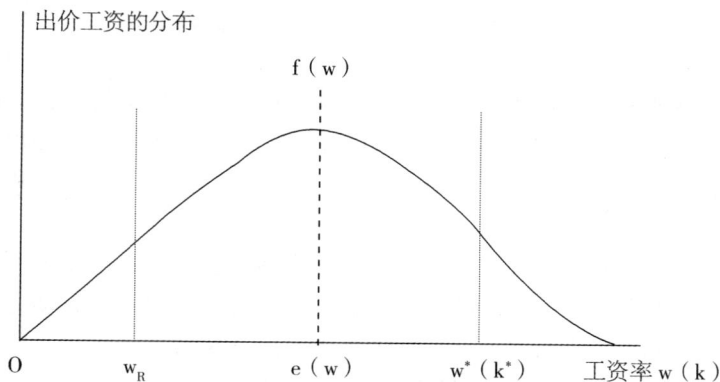

图8-6 工作搜寻模型中保留工资的选择

图8-6中，横轴表示与工作相联系的工资率 $w(k)$，纵横表示出价工资的分布；k 为雇佣标准变量；$f(w)$ 为出价工资的分布曲线，曲线下的面积之和等于1。现假设某一既定失业者所具有的技能水平为 k^*，这位失业者期望获得的最高工资率为 $w^*(k^*)$。在劳动力市场信息不完全的情况下，失业者不知道每家企业或雇主所能提供的工资水平或所使用的工资标准如何，若企业或雇主的雇佣标准超过 k^*，则企业或雇主将不会为此失业者提供工作。就一位失业者而言，以保留工资为依据进行决策，然后接受工资水平位于保留工资水平以上的那些机会，是一种明智的选择。那么，保留工资又是如何确定的呢？

为回答上述问题，我们假设图8-6中 w_R 是技能水平为 k^* 的某人所选定的保留工资。由图8-6可知，此人将难以得到工资在 $w^*(k^*)$ 以上的企业或雇主的工作，但他也不会接受所提供的工资水平在 w_R 以下的企业或雇主的工作，此人在任一时期能找到可接受的工作的概率应等于 w_R 和 $w^*(k^*)$ 间、曲线 $f(w)$ 之下的那部分区域的面积。而且，这种概率越大，预期的失业时间就越短。

现假定此失业者找到了一份工作，其预期工资等于 w_R 和 $w^*(k^*)$ 间工作所提供工资的加权平均值，即图8-6中的 $e(w)$。若此人选择一个稍高一些的保留工资，则他的这种选择将产生两种效应：①因此人会拒绝提供更低工资的工作，故他的预期工资将上升；②较高的保留工资虽然可带来更长预期失业时间的成本，但同时也会带来一些收益，即，较高的保留工资所带来的边际收益恰好等于其边际成本。

由上述模型所得出的含义是：①只要保留工资未确定在与市场所提供的最低工资相等的水平上，则找到工作的概率就会小于1，且可能会导致某些搜寻性失业（搜寻性失业常常发生在某人不愿意接受所获得的第一个工作机会的情况下）出现；②因保留工资水平总是被确定在与个人技能水平相当的工资水平，即 $w^*(k^*)$ 以下，故即便某些人找到了工作，但他仍可能处于就业不足状态（由劳动力市场信息不完全所致）；③条件相同的个人最终可能会获得不同的工资；④在其他条件相同的情况下，任何引起失业者加快寻找工作步伐的因素均将缩减他的失业时间；⑤若个人成为失业者的成本下降，则将导致他提高自己的保留工资。

2.结构性失业

结构性失业是因劳动者技能结构与现有就业岗位技能结构错位，造成失业与岗位空缺并存的一种失业现象。中国目前的城市失业即带有明显的结构性失业特征。结构性失业通常表现在技能结构失衡、文化结构失衡、区域结构失衡和年龄结构失衡等诸多方面。

结构性失业产生的原因有两个：①在某既定地区，劳动力市场上所需要的技能与劳动者实际能提供的技能间出现了一定程度的不匹配现象；②劳动力供给与需求在不同地区间出现了不平衡现象。如果工资率是完全富有弹性的，且职业流动或地区流动的成本很低，那么市场的自发调节就会很快使这种失业趋于消失，然而，现实中结构性失业却是不可避免的。

（1）地区不平衡

假设市场A存在于北方某城市，而市场B存在于南方某城市，并且两市场所雇用的是同一类型的劳动者。那么，当市场A劳动力需求下降时，因该市场的工资率不具备充分灵活性而导致失业人数增加时，因三方面原因，这些失业者仍可能会继续逗留在北方某城市，以等待就业机会出现。这三方面的原因是：①信息流动不充分；②地区流动的直接货币成本可能太高，其中包括流动过程中的成本和买卖居所时所支付的交易成本；③长距离迁徙所造成的巨大心理成本。

在短期内，结构性因素可能会使不同地区间出现巨大的失业率差异；在长期中，结构性因素在各地区间的相对失业率却趋于接近。

（2）职业不平衡

假设两大部门均需通过劳动力市场（假如这是两个地理上隔离的劳动力市场）来获得各职业类型的工人，并假设市场A是汽车行业中的生产工人市场，B是熟练计算机专业人员市场，如图8-7所示。若两市场的劳动力供给曲线和需求曲线分别为（D_{OA}，S_{OA}）和（D_{OB}，S_{OB}），两大部门的均衡工资——就业组合分别为（w_{OA}，E_{OA}）和（w_{OB}，E_{OB}），因劳动力培训成本和就业的非货币条件不同，故两大部门的工资率不同。

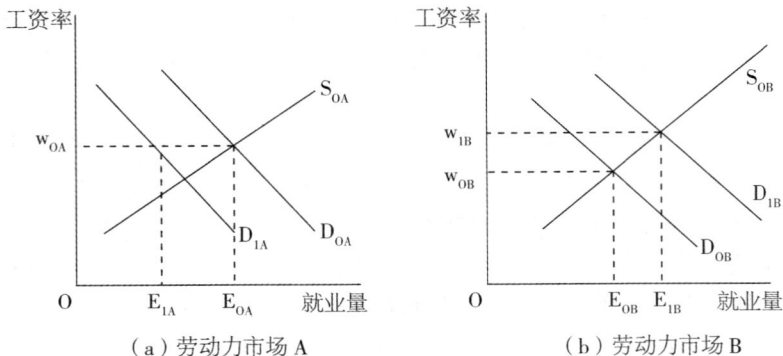

（a）劳动力市场A　　　　　　（b）劳动力市场B

图8-7　因市场工资率不灵活和调整性成本过高而造成的结构性失业

现假设因外国汽车进口增加导致市场对汽车工人的需求下降至 D_{1A}，对计算机专业人员的需求则因计算机使用量增加而上升到 D_{1B}。若市场 A 中因存在政府立法、社会习俗等，使工资率不具有向下浮动的灵活性，则汽车工人的均衡就业量将减少至 E_{1A}，而计算机专业人员的均衡就业量和均衡工资率则分别上升至 E_{1B} 和 w_{1B}，短期内将出现（$E_{OA} - E_{1A}$）的失业工人。而当 A、B 两市场存在较高的调整成本（如汽车工人转变为计算机专业人员）时，即出现了结构性失业。

（3）政府政策

如前所述，在存在工资刚性和较高的职业流动成本或地理流动成本时，劳动力需求结构的变化必将引发结构性失业。不过，下列政策则是有利于降低结构性失业水平的：①提供资助性培训；②提供其他地区劳动力市场的岗位需求信息；③提供重新安家的补贴，以降低劳动者的迁移成本；④要求企业或雇主在关闭工厂前事先通知其员工。可见政府政策对降低结构性失业是有影响的。

（4）效率工资

有人认为，若企业或雇主支付给其员工高于市场工资率的效率工资，则结构性失业将增加。但是，如果所有雇主均采取这一战略，那么，劳动力供给就会超过需求，从而导致失业。而如果只是部分企业或雇主支付效率工资，则在经济中就会出现高工资和低工资两大部门。而且，随着效率工资部门的出现，等待性失业可能会增加。研究表明，地区失业率与地区实际工资率间存在一种较强的负相关关系，这种关系可用图8-8所示的工资曲线表示。

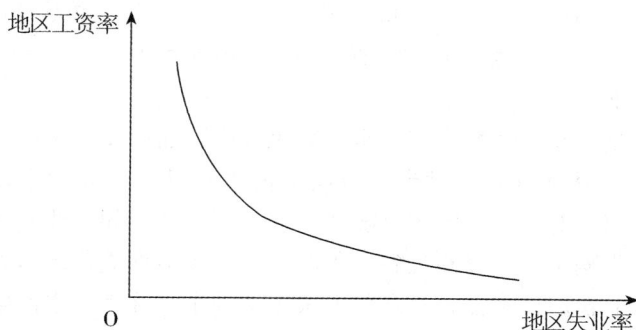

图8-8　地区性"工资曲线"图

上述工资曲线几乎在每一国家或地区均存在，且各国或地区的曲线表现出很强的相似性。在对世界12个国家的研究中，11个国家的情况表明，一个地区失业率每上升10%，则实际工资率水平下降0.4%~0.9%。

3.周期性失业

周期性失业又称需求不足性失业，是指因经济运行总是处于周期性循环状态，从而对就业需求产生周期性波动而形成的失业。周期性失业通常是与经济活动的周期性变化联系在一起的。在实际工资水平不具有向下浮动的灵活性情况下，当产品市场上总需求下降引起劳动力总需求下降时，周期性失业即出现了。

假定总需求的暂时性下降导致劳动力需求曲线移动到 D_1，若实际工资率不具有向下浮动的灵活性的话，则就业量将下降到 E_1，从而导致（$E_0 - E_1$）的工人失业，如图8-9所示。这种情况是在流入失业状态的人数上升，而流入就业状态的人数下降时出现的。若企业或雇主通过降低员工的工资水平而使就业量下降至 E_2，实际工资率将移至 w_2，此时应不存在需求不足性失业，然而，事实却并非如此，因为降低工人名义工资经常会受到抵制。通常，削减名义工资的政策所影响到的是每一个人，而临时性解雇政策所影响的仅仅是一部分员工，尤其是非工会会员。

因此，对非工会企业来讲，为避免因一刀切式地临时减少员工工资所带来的所有员工辞职倾向和员工努力程度降低等一系列问题，企业或雇主会倾向于采取临时解雇战略。

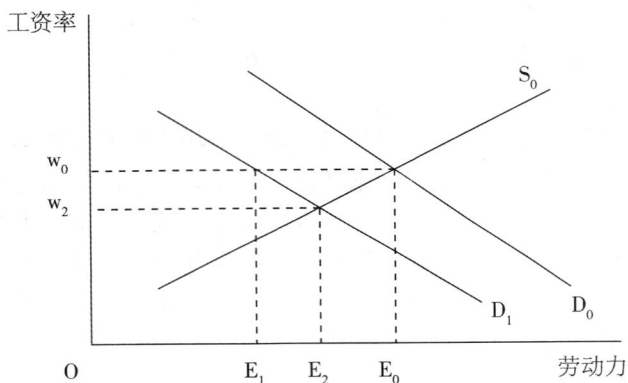

图8-9　劳动力市场供给和需求模型

4.季节性失业

季节性失业是因季节性的生产或市场变化等原因而引起的生产对劳动力的需求出现季节性波动，从而导致劳动者就业岗位丧失的现象。季节性失业产生的原因是：一些行业和部门对劳动力的需求随季节变化而波动，如农业；还有一些行业随季节的不同会产生购买的高峰和低谷，如服装业。季节性失业既可看成是自愿性失业，也可看成是非自愿性失业，这通常取决于从哪个角度来考察问题。

除了上述提到的四种类型的失业外，还存在一些其他类型的失业，如隐性失业、技术性失业以及自愿失业等。

三、中国的城镇就业和失业治理

改革开放以来，中国城镇劳动力市场建设和劳动就业制度建设取得了重大成就。随着非国有部门在城镇发展中重要性的增强和国有部门的重组，一个更加具有市场化导向、更富活力和资源配置效率的劳动力市场正在形成。

（一）城镇劳动力市场建设现状

纵观目前中国城镇劳动力市场，其特点可简单概括为如下几方面：

（1）劳动力总供给严重大于劳动力总需求。中国现有14亿人口，每年新增劳动力人口 1 000 万人。按现在的年经济发展速度 7%~8% 估算，每年净增就业岗位 800 万个左右，劳动力总供给大于总需求。尽管中国的人口控制工作卓有成效，人口再生产类型已经进入低出生率、低死亡率、低自然增长率的"三低"时期，但由于人口基数太大，每年新增人口的绝对量仍然很大。中国人口总量的高速增长已持续了 30 多年，与其相适应，劳动力人口供给总量的高速增长也会相应持续 30 多年甚至更长时间。

目前中国城镇就业压力主要表现在四个方面：①城镇国有和集体企业在减员增效过程中释放出大量剩余劳动力。②新增劳动力人口就业。近 5 年来，全社会经济活动人口与实际就业人口之差基本维持在年均 1 500 万人左右，其中，每年城镇新增劳动力人口需要就业岗位 700 万个以上。③农村剩余劳动力转移。目前中国农村剩余劳动力人口规模约在 1.5 亿人左右，其中大部分均需要逐渐向城镇非农产业转移就业，这对城镇来讲，无疑是一个巨大的压力。④复员退转军人及政府和事业单位改革中分流出来的人员。目前，中国正在进行深入的政府机构和事业单位人事制度改革，政府机构和事业单位人员分流在所难免。虽然说这批人总量不大，但安置的刚性大、成本高。

上述四方面压力交织在一起，意味着每年需要数量巨大的新增城镇就业岗位。但按目前中国的经济增长速度及其就业弹性，每年能提供的非农就业岗位，难以满足城镇失业人口的就业需求。

（2）劳动力质量低，结构性失业突出。目前中国劳动力人口数量大，大部分劳动者的知识技能类型与劳动力需求方要求不符。正是由于劳动力的质量和类型与劳动力需求方不符，因此，一些用人单位苦于找不到适合本单位岗位需要的人员，结果造成目前我国城镇劳动力市场上的"有岗无人"现象。提高劳动者素质，改善劳动者的知识和技能结构，是目前摆在中国城镇劳动力市场上的重要任务之一。

（3）中国城镇劳动力市场条块分割问题突出，严重影响了劳动力资源的优化配置。中国沿袭两千多年的户籍制度，长期以来形成的地方保护观念，加之地方制度建设和政策制定的局域化、本位化，使目前中国城镇形成了人为分割的劳动力市场。劳动力供求信息传播广度的局限性、传递速度的滞缓、信息准确性相对较低，降低了中国城镇劳动力市场资源配置的有效性和效率，进而造成了不同城镇和地区间求职者堆积、拥挤与用人单位苦于无人可雇同时并存的现象。

（4）与劳动力市场相适应、相配套的劳动就业法规仍不健全，劳动法规普及程度仍很低，还远未做到人人皆知、人人严格依法行事，不签订劳动合同或签订的劳动合同缺乏约束力的情况仍很常见，违约、毁约事件时有发生。在人才流动方面，由于相应的法规建设跟不上，缺乏人才流动中知识产权保护方面的法规，导致人才流动争议现象增加，利用人才流动来窃取专利技术、企业秘密及由此产生的纠纷经常发生。

（5）内部劳动力市场不健全，导致产业、行业和企业内的劳动力调剂能力和效率低下。例如，在中国东北地区的一些城市，由于制造业比较发达，长期以来积累了大量制造业领域的技术工人，而在南方一些城市，因近年来制造业发展迅速，技术工人却相对短缺。但由于行业内部劳动力市场发育不良，南北方城市的技术工人难以在行业内部进行调剂，北方城市的一些技术工人在国有企业改制和减员增效过程中纷纷下岗失业、转行，而南方城市却苦于找不到合适的技术工人而不得不自己投资培养，从而造成社会劳动力资源的浪费。

（6）与劳动力市场建设相配套的社会保障和服务体系很不健全，给劳动者正常、有序流动带来很大困难，从而也极大地提高了劳动力跨区域、跨部门的流动成本。中国社会保障制度和社会服务体系不健全，一方面体现在与劳动力市场建设密切相关的社会保障制度和社会服务项目缺失上，另一方面则表现在全国城镇间社会保障制度相互衔接和统一性较差上。例如，如果一个劳动者在A城市工作了一定时间后从A城市迁移到B城市，由于两城市的社会保障制度，如养老保险或失业保险不具有对接性，因此，往往造成该劳动者迁移至B城市后，此前在A城市由原企业代为缴纳的养老保险或失业保险滞留于A城市，而不随该劳动者转移至B城市，从而造成该劳动者来B城市前一阶段的养老保险或失业保险出现"真空"。上述情况在目前中国不同地区和城市间颇具普遍性。

（二）搜寻匹配理论与城镇失业治理

工作搜寻是劳动力市场上的重要经济行为和经济现象，深入研究工作搜寻与匹配问题是认知劳动力市场运行机制和提高就业率的关键。在劳动力市场中，工人和企业在整个匹配过程中将综合考虑各自不同的偏好、技能和需求，且由于匹配过程并不是即期完成的，因此还有可能导致摩擦性和结构性失业。从我国劳动力市场看，一方面存在用工荒，即企业招不到工人；另一方面是农民工、大学生、失业者等就业难。也就是说，劳动力市场中职位空缺和就业人数没有得到高效率的配置。而20世纪80年代由Peter Diamond、Dale Mortensen和Christopher Pissarides创立的以三个人姓氏的第一个字母命名的DMP模型，为分析在存在摩擦的劳动力市场中求职者的求职策略、工作搜寻强度及影响失业持续时间的因素，并且为空缺职位和就业人员之间如何形成匹配提供了理论基础。

工作搜寻匹配理论系统地分析了劳动力市场的均衡性，以提高工作匹配率、减少失业，并很好地解释了职位空缺和失业人口并存的现象。Peter Diamond等将劳动力需求方即企业的内生化行为引入搜寻，综合考虑劳动者搜寻工作的行为、企业提供职位的行为以及搜寻者与职位之间的匹配，将劳动力供需双方、薪资决定机制纳入模型，清楚地解释了劳动力市场转换、均衡失业率、失业持续期、薪资水平的差异问题。

中国城镇劳动力市场发育还很不成熟，劳动力市场分割的成因和表现形式复杂多样。劳动力市场分割与搜寻匹配理论对于中国失业和就业问题具有很强的适用性，有助于解释当前中国"招工难"和"就业难"并存而无法实现对接匹配的问题，即结构性和摩擦性失业问题。例如，大学生期望过高，将目光局限于局部分割市场，延长搜寻时间，过度搜索，以期望得到更好的待遇，其职位的频繁转换造成就业率的下降。农民工劳动技能低，只能限于局部次级市场搜寻职位，信息不对称、盲目搜寻则造成农民工搜寻匹配效率的下降，进而导致农民工就业难的问题。

为了深入考察劳动力市场分割与不匹配引发摩擦性和结构性失业的传导机制，可以构建劳动力市场分割背景下的搜寻匹配的结构模型。制约结构性失业的关键因素可分为劳动力流动性障碍、职位流动性障碍、工资谈判成本、搜寻匹配成本等四大类，它们之间的结构关系如图8-10所示[①]。

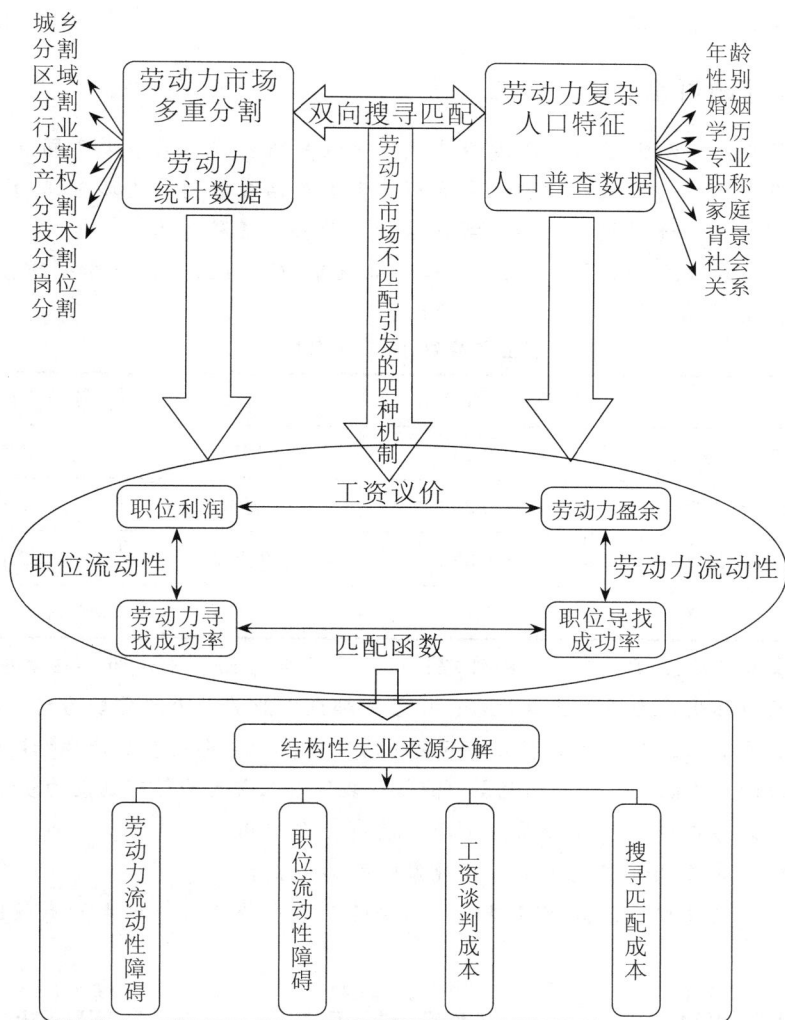

图8-10 劳动力市场供求双向搜寻匹配研究流程图

基于我国劳动力市场分割的现实情况及微观行为对基准搜寻匹配模型的偏离效应，考察城镇结构性失业的来源与产生机制，能够为城镇结构性失业治理提供针对性策略。

根据工作搜寻匹配理论和我国城镇就业的特点，为减少结构性失业，提高求职

---

① 谷斌. 劳动力市场分割、搜寻匹配与结构性失业的综述［J］. 统计研究，2014（3）.

人员的工作匹配效率，就必须建立规范的劳动中介机构，加强就业引导与指导，同时要提高求职者职业技能。另外，我国的城镇劳动力市场有其与西方劳动力市场不同的特点和运行方式，应加强工作搜寻匹配理论应用研究，探索我国城镇就业中特殊现象的形成机理研究，分析和研究企业需求与求职者供给在劳动力市场达到均衡状态时的工资报价分布、雇佣量、失业率等问题，以建立更具针对性、适合我国城镇就业特点的政策体系，提高劳动匹配效率，减少我国的结构性和摩擦性失业，使劳动力市场更好地实现均衡。

◆练习与问题讨论

1.中国农村劳动力迁移与西方经典城市化过程所表现出的最大不同点就在于它是一个既有流出又有回流的过程，即农村劳动力生活在农村→进城务工→最终回流到农村的"两栖"迁移模式。怎样解释这种"两栖"迁移行为？

2.美国学者沃纳·赫希提出："制造业高度集中的地区，失业率也高。"这个假说成立吗？请根据表8-1的数据进行分析。

表8-1　　　　　　　　行业和劳动力吸收系数数据

行业	劳动力吸收系数	行业	劳动力吸收系数
城市公用事业	0.28	建筑业	2.55
交通邮电业	0.29	商业	2.83
制造业	0.83	金融业	2.14
科教文卫业	1.16		

3."零值劳动假说"是二元经济理论的一个重要方面。它认为，在发展中国家，农业劳动的边际生产力很低甚至为零；由于一部分农业劳动力的贡献为零，把这部分人转移出农业部门，在其他要素条件不变的情况下，不会影响农业产量，即除转移费用之外不必付出其他代价。依此观点，能解释我国农业劳动力转移的动力机制吗？

4.为什么存在企业内部劳动力市场？它有什么作用？

5.城市的非正规部门就业是正常现象吗？为什么？

6.在城市化过程中，如何实现农村剩余劳动力在劳动力市场上的有效匹配？

资料链接8-1

劳动力流动的托达罗模型

资料链接8-2

我国劳动力市场的结构性矛盾

资料链接8-3

高素质劳动力城市间迁移模型

第九章　城市住宅

党的二十大报告指出："增进民生福祉，提高人民生活品质"，而城市住宅直接关乎居民的居住品质。本章从经济学的角度分析城市住宅。这里讨论三个基本问题：一是城市住宅市场的影响因素。二是城市住宅的区位选择。从住宅与区位的关系入手，本章阐述了城市住宅区位格局形成的原因。三是城市居民的住房支付能力。通过本章学习，可以使学生深入了解城市住宅经济方面的基本常识和规律。

第一节　城市住宅市场

与其他类型的市场相比，城市住宅市场比较复杂，而且有其特殊性。一般来说，城市住宅市场状态的相互作用存在两个层次①。在第一个层次，城市住宅市场从根本上受城市基础和住宅供求关系两方面因素的影响，产生了城市住宅市场规律。在第二个层次，住宅市场规律在市场效率和随机因素的作用下，形成了城市住宅市场现状。图9-1描述了城市住宅市场的影响因素及其关系。

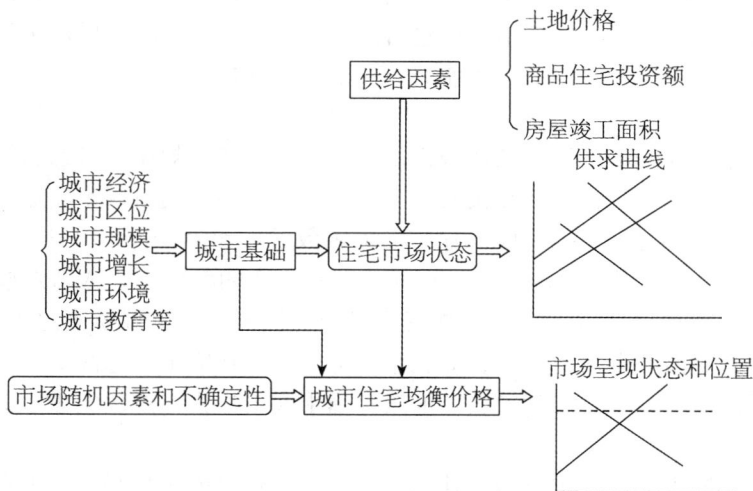

图9-1　城市住宅市场的影响因素关系图

在这个城市住宅市场关系的模型体系中，决定城市住宅市场的根本因素可以分

---

① 张红. 房地产经济学讲义 [M]. 北京：清华大学出版社，2004：440-443.

为两个独立的层次：一是城市基础因素，该层次反映的是不同城市之间相比较在各方面的差异性，包括城市的经济、城市规模、城市增长、城市区位等各方面因素，是一个城市区别于其他城市总体的、主要的描述。另一个层面是城市住宅的供给倾向，表达了城市基本特征之外的，对住宅供给、需求特有的偏好程度，着重描述城市在住宅方面所具有的特性。它包括了家庭的住房消费效用函数、住宅建造成本、住宅投资额等因素。这两个根本因素共同作用，直接产生了住宅市场规律，直观地表现为供给和需求曲线的形状和位置。

一、城市基础：需求因素

如图9-1所示，城市基础对于住宅市场的状态具有总量的、基础的影响。例如，一个城市的地理位置越好，人均收入越多，它的消费曲线应该更靠向右侧。城市基础的不同，包括区位、规模、经济、环境、教育等各方面因素，是城市之间房价差异的重要原因。下面对城市基础的几个重要方面进一步说明。

1.城市经济

通常来说，一个城市经济越发达，这个城市的投资水平越高。住房消费在一个家庭消费总量中占比重往往很大，属于一种投资性资产。随着收入的增加，该投资比重也发生变化。此外，住宅均衡价格和城市经济发达程度息息相关，城市经济发达程度对住宅均衡价格有决定性的影响。而一个城市的经济发达程度可以由人均GDP这一指标清晰反映出来。

经济发展水平对城市住宅需求的影响主要通过居民收入（包括政府补助）和人口规模等因素体现出来。城市经济的高速增长和发展水平的不断提高，提高了居民收入水平和居民购买力，产生了现有居民的改善需求；带来城市迁入人口和流动人口，使城市人口规模扩大，新增人口也将产生住宅需求；经济发展水平的提高多伴随着旧城改造，拆迁居民的安置也使城市住宅需求增加。

2.城市规模

根据城市规模经济理论，城市规模是发挥集聚经济和规模经济的前提条件。城市规模的大小影响着规模经济和集聚经济的发挥，从而影响着城市发达程度，进而对住宅价格产生举足轻重的影响。住宅需求函数可表示为 $Q=q \times N$，其中，N 为城市人口规模，q 为人均住宅需求函数。在其他因素不变的前提下，人口规模与城市住宅需求正相关，也就是说，在家庭规模不变的情况下，人口规模决定了家庭户数，家庭户数越多，潜在购房者越多，对城市住宅市场潜在需求也越高。人口规模对城市住宅需求的影响体现在：现有人口的改善需求和新增人口的住宅需求。

3.城市增长

城市是不断发展的，因此城市住宅需求随着城镇化的进程和未来人口的变化不断变化，未来的人口增长增加了城市住宅需求。对城市住宅供给方来说，对于未来需求不断增长的预期又要使当前住宅价格保持较高的水平。城市增长和城市化进程对城市住宅需求影响的作用机理可以归纳为图9-2。

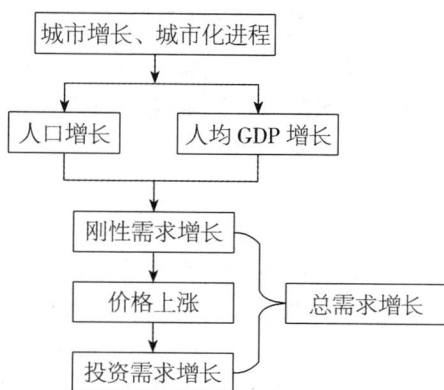

图 9-2　城市增长和城市化进程对城市住宅需求的影响

4.投资预期

预期投资收益主要包括：持有期的利用（出租）收益和持有期期末转让的资本性（价格上涨）收益。假设现期的住宅价格为 P_0，预期转让的资本性收益（即预期住宅价格上涨额）为 ΔP_e，住宅持有期内的利用收益（租金）为 R，则收益率可以表示为 $i_e=(R+\Delta P_e)$。在其他条件不变的情况下，预期收益与投资需求的关系为：预期利用收益越多，预期转让资本性收益越高，预期总收益越多，住宅投资需求越多。随着城市化的发展和城市人口的不断增加，房地产的客观需求使投资者持有房地产的预期利用收益 R 不断上升，住宅投资需求增加。以投资为目的的购房者受价格预期的影响较大，主要表现为：如果预期住宅价格可能下跌，投资者将选择持币观望，而不会发生购买行为，住宅市场需求量将减少；如果投资者预期住宅价格可能上升，他们会购买住宅，住宅市场需求量将增加。

二、住宅的供给因素

城市住宅供给因素指的是能够影响城市住宅供给函数的位置、形状等因素。住宅造价包含了土地成本、建安成本、相关税费、人力成本等，是住宅开发商的重要成本因素。从供给层面考虑影响住宅价格的相关因素，最值得关注的是住宅生产的成本大小，这是决定住宅开发商是否决定开发的前提条件。在我国现阶段的房地产市场发展中，毫无疑问，土地成本由于其在总成本中占到相当高的比重，因而成为住宅开发商特别关注的因素。另外，在其他相关因素影响下，供给层面的宏观因素还应该包括住宅开发商固定资产投资额度大小、住宅投资额度大小和房屋竣工面积大小。因此本书将用房屋竣工面积、商品住宅投资额和土地价格来表征供给水平，该类指标应该与价格呈正相关关系。

1.房屋竣工面积

房屋竣工面积是指房屋根据相关的建造和设计具体要求，已全部完工并且能够达到入住和使用所要求的标准，通过了相关部门的审核和鉴定，完全可以供给市场，供购买者购买和使用的所有的房屋建筑面积之和。房屋竣工面积代表已建成投入市场的有效供应量。从供给层面来说,在不考虑其他投机因素的情况下,房屋竣工面积反映了一个城市可供市场选择的住宅总量。因此,房屋竣工面积和城市住宅价格关系密切。房屋竣工面积的增速直接影响住宅市场的供给量,进而影响住宅价格,因此这一指标是供给层面的影响因素。

2. 商品住宅投资额

商品住宅投资额度波动是影响商品住宅开发面积大小的直接因素之一。商品住宅投资额是通过影响商品房的供给量来间接影响城市住宅价格变动的。当商品住宅投资额在固定资产住宅投资额中比例降低的时候,城市住宅供给量会相应减少,在其他因素不变的情况下,导致供不应求,城市住宅价格会相应地上涨。

但是房地产市场投资额对房价影响一直存在争议:一方面,投机性需求会加剧房地产市场泡沫,使投资额过度增加,房价虚高;另一方面,住宅投资额的增加会影响供给曲线,使曲线右移,房价下降。除此之外,政府的相关政策、利率水平、宏观经济环境、游资规模都会对投资额产生影响。

3. 土地价格

商品住宅价格是住宅用地价格和住宅建筑价格的统一。房屋建筑价格本质上是房屋作为一种商品,在这个商品形成过程中凝结其中的价值的货币表现形式。当然,住宅的建设离不开一定的土地,使建筑和土地凝为一体。取得土地使用权,使用这个土地的价格即为用地的购买价格。简单地说,土地价格就是为取得土地而发生的支出。一般包括:取得土地的价格、购买土地的契税、支付土地的补偿费等。从中国房地产市场的现状来看,住宅开发商在决定投资一个住宅项目、制定价格策略的时候,土地价格是最主要的依据。近年来由于土地财政的影响,"地王"频出,土地价格不断上涨,由此也直接导致了全国范围内住宅价格的普遍上扬。

第二节 城市住宅区位选择

一、住宅区位理论

住宅区位,不仅仅是指住宅在城市区域(空间)中的地理位置,而且包括由该位置出行的便捷程度(即通达性)以及居住在该位置所获得的非经济方面的满足程度。具体来说,就是指住宅坐落的地理位置和以此为基点进行工作、上学、购物、就医、娱乐等出行活动所需的交通成本(包括货币成本和时间成本),以及该位置的自然环境、社会人文环境等对居住者身体和心理等方面的影响。有关住宅区位方面的理论,比较有影响的当属"过滤论"和"互换论"。

(一)过滤论

过滤论是20世纪20年代初,由美国学者伯吉斯在解释芝加哥住宅区位格局时最早提出的。芝加哥在19世纪迅速发展,城市不断扩展,越是新的住房,离市中心越远,那些收入最高的家庭迁移到了那里,留下从前的住房由那些收入较低的家庭来居住，最贫穷的家庭则居住在最靠近市中心的最老的住房中。这样以此类推，直到城市中心那些最陈旧的住房，由于那些最贫穷的家庭向外迁移至稍新一点的住房中而被腾空。然后这些住房被拆毁，由扩展中的"中心商业区"的管理机构和商店所取代。城市住宅这种格局变化，伯吉斯用"过滤论"假说来加以说明。

过滤论是从新旧住宅替代的角度来研究住宅区位格局形成的原因的。过滤论暗含的前提是：新住宅只能建立在旧住宅的外围，并由高收入家庭购买居住，中低收入家庭只能居住高收入家庭留下来的旧住宅。

过滤论在解释现实城市住宅的区位格局时，具有较大的局限性。伯吉斯以芝加哥为例所指出的城市增长的典型过程可以通过以中央商务区为中心向外辐射扩展的一系列同心圆来实现，这一理想结构在现实中很少发生，具有一定的偶然性。政府按照"过滤论"来制定住房政策是行不通的，因为政府不可能做出这样的规定：新住宅只能建设在旧住宅的外围，高收入家庭留下来的旧住宅只允许中低收入家庭居住，最贫穷的家庭居住中低收入替换下来的旧住宅。

（二）互换论

互换论是20世纪50年代由温哥和阿朗索最早研究的，后来由墨思（R.F. Muth）、伊文思（A.W.Evans）进一步发展的住宅区位理论。

互换论建立在如下的基本假设上：在位于没有地形特点的平原上的一个大城市中，交通系统以相同的效率运送所有工作者到唯一的市中心上班，房屋都适合居住，并且不考虑住宅密度等其他外界因素。一个家庭在选择居住区位时，是在随着城市中心距离的延长而趋于下降的住宅费用与趋于增加的交通费用之间进行"互换"，并挑选住宅综合费用最低的位置。阿朗索提出的区位平衡理论认为：一个家庭的固定收入将用于住宅消费、交通费用和购买其他商品，其数学模型为：

$$Y=P_z \times Z + P(t) \times G + K(t) \tag{9.1}$$

式中，Y为收入；P_z为其他商品单价；Z为其他商品数量；P（t）为距市中心t处单位面积的地价；G为住宅占用土地数量；K（t）为距离市中心t处的交通费用。

区位平衡的前提是家庭总开支不超过总收入的约束。通过住房消费、交通费用、购买其他商品的调节，使个人的满意程度达到最大化。互换论是从城市交通费用和住房费用相互关系的角度研究住宅区位的，认为促使家庭挑选住宅区位的经济力量是住宅费用的差异和交通费用的差异。

需要指出的是，互换论是建立在严格的假定上面的。显然，这些假设发生变化，就会影响区位格局的论断。

二、影响城市住宅区位的因素

影响城市住宅区位的因素主要有自然环境条件、土地价格、城市公共设施和交通运输条件、居民的社会属性、居民的环境偏好和城市规划等。

1.自然环境条件

对于一个已经形成的城市来说，自然地貌和环境对住宅区位的影响因素主要有地形、地质、气候、水体环境等方面。

自然环境因素引起房地产开发成本的上涨，造成房地产价格上升；同时，人们需求的扩大化及收入的增加使人们对自然环境因素日益重视，人们对高品质住宅较高的价格的接受程度也随之上升。因此，高价格、高品质住宅的供给应与自然环境质量成正相关的关系。

2.土地价格

土地价格是指取得土地使用权所需支付的费用。土地价格的高低取决于土地能提供收益的多少。在充分竞争条件下，城市土地总是被出价最高的使用者获得。在房地产开发过程中，土地的取得是整个房地产经营活动的开端和基础，开发商总是先获得土地的使用权，然后才能进行房屋开发和经营。土地价格直接影响着住宅开发建设的成本，土地价格高，则住宅的开发成本高。土地价格实际上是一种分配工具，按照"最高租金原则"对城市土地进行分配。因此，地价可谓城市空间结构的天然规划师。

3.城市公共设施和交通运输条件

距中心商业区、工作地点、学校等的便捷程度决定着住宅区位的通达性，即决定了居住在该区域人们出行的货币成本和时间成本。货币成本是指出行的直接费用，即付给运输公司的车费或者私人车辆所需的运转费用；时间成本是指出行所费时间的机会成本，这在城市中显得更为重要。

交通通达性的优劣与直线距离有一定的关系，但更主要的是与时间距离有关。如位于以市中心为原点的同心圆上的不同住宅区，如果到市中心的时间距离越短，或者说相应的交通设施越完善，居民对其综合评价也就越高，区位的经济价值也就越高。交通条件的改善可以改变居民对住宅区位的经济价值和综合社会功能的评价水平，一般交通通达性较好的住宅区，消费者对其评价也较高，否则就较低。实际上，交通条件的便利与否是决定一个住宅商品能否顺利销售与出租的关键。这是作为理性的市场需求主体的购房者在选择住宅区位时必然考虑的重要因素，也是房地产开发商在选择建造住宅区位时所必须考虑的。

4.居民的社会属性

居民的社会属性主要是指居民的职业、受教育程度、家庭属性、民族和宗教等。一般具有相同社会属性的居民倾向于选择特定住宅区位空间。类型相同的人们希望彼此住得近些的非经济类原因，也就是影响住宅区位的非经济因素。非经济因素包括：①人们具有一种想同他们所期望的并且容易结交为朋友的人住得近些的倾向。②不同的人们需要不同的服务，需要相同服务的人往往住在一起。这是因为这些服务，由于它们在供应方面的规模经济，只有在具有足够大的市场的情况下才能提供，一经提供，就会吸引需要相同服务的人住进这一地区。③人们都希望有一个良好的自然环境，而高收入阶层最容易达到这一目的。所以，那些具有优良自然环境的地区，趋向于成为高收入者的聚居区。

5.居民的环境偏好

居住环境包括三个方面内容：第一，住宅区的空气质量、绿地面积、建筑采光、噪声污染程度等生理环境；第二，住宅区居民群体的文化素质、道德修养，居住区的购物环境、出行的交通环境、子女的上学环境等，能够满足居民的主要购物需求，特别是日常购物需求的生活环境；第三，住宅区周边城市公共服务设施等社会环境。这些都对住宅的价格产生一定程度的影响。

生态环境评价是居民对预期居住环境的最基本评判，主要是通过直接或间接的信息收集，评价预期居住环境是否满足自己的最基本生理要求，如通风状况、日照情况、各种噪声的可能影响程度等是否满足自己对居住区的要求。生活环境是决定居民居住区位选择的一个重要因素，它包括社区的购物环境、出行的交通环境、子女的上学环境等。能够满足居民的主要购物需求，特别是日常购物需求的住宅是居民住宅区位选择的一个基本条件。社会环境主要是住宅区周围的社会治安程度、主要聚居群体、日常社会交流的团体以及各种城市公共服务设施配套情况等。任何阶层的居民都倾向于选择周边居民素质较高、社会治安良好的住宅区。因此，提高住宅区高文化层次居住者的比例，已经成为许多房地产商营销的重要战略。尤其是实实在在存在于社会之中的城市公共服务设施，它可以引导和改变市民的消费观念，这是作为理性的市场需求主体的购房者在选择住宅区位时必然考虑的重要因素。

6.城市规划

城市规划是城市政府干预和调控住宅区位的最重要的行政和法律手段。城市规划是为实现一定时期内城市发展的目标和各项建设而预先进行的综合部署和具体安排行动步骤，并不断付诸实施的过程。影响住宅区位的主要是城市总体规划和详细规划。

房地产开发商在选择住宅建造的区位时，必然受到城市规划的制约。开发商在特定区位进行住宅房地产建设的占地面积、建筑密度、容积率、绿地率、层高、外观设计形象、建筑风格等都要受到城市规划的限制。同时，城市规划对房地产的引导和促进作用也很显著。编制好的城市规划为房地产开发商提供了大量信息和开发依据。房地产开发的地段选择、土地价格评估都能从城市规划中获得。因此，就对区位价值影响力而言，城市规划因素比以上任何因素的影响力都要大得多，作为一种政府行为，城市规划可以改变城市的面貌，也改变着固有区位的价值。城市规划规范建设活动，而规划的实现又依赖于建设活动，发展房地产业可以成为两者的结合点。

三、居民住宅区位的选择

居民进行住宅区位选择一般首先是根据自己的收入水平来确定愿意支付的住宅总价格。一般来讲，家庭的现有收入和预期收入确定以后，购买住宅的总支出就基本确定，住宅可以带来的总效用也就基本确定，然后再确定住宅的面积和单位价格。其次，人们根据自己的需求和偏好选择具体的区位。这时影响人们做出选择的主要因素就是在住宅总价格一定的条件下，如何在便利和舒适中选择，获得最满意的居住效用。因此，居民住宅区位的选择可以从决定便利的交通因素和决定舒适的生态环境因素入手进行分析，如图9-3所示。

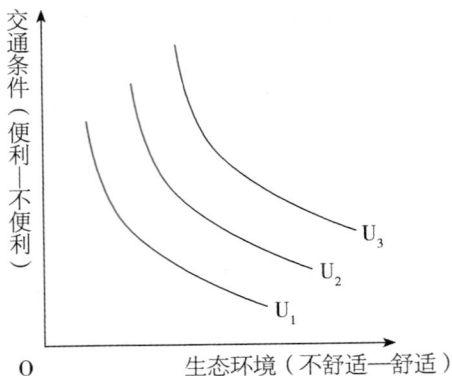

图9-3　居民住宅的区位选择模型

图9-3中，横坐标表示城市内部的生态环境舒适度差异，由不舒适到舒适；纵坐标表示城市内部的交通条件便利度差异，由不便利到便利。曲线 U_1、U_2、U_3 为等效用曲线。同一条曲线上交通和生态环境两个因素相互替代，构成相同的效用。线上各点的住宅对人们居住的满足程度是相同的，即住宅的总价格是相同的。靠近原点的曲线 U_1，交通不便利，环境也不舒适，表明人们获得的居住总效用较低；远离原点的曲线 U_3，交通更方便，生态环境也更舒适，表明人们获得的居住总效用也越高。

因此，我们可以建立一个反映居民居住偏好的模型：

$$Y=P_z \times Z+I_r \tag{9.2}$$

$$U=U_t \times T+U_e \times E \tag{9.3}$$

$$U \propto I_r$$

式中，Y 为收入；P_z 为其他商品单价；Z 为其他商品数量；I_r 为住宅的总支出；U 为居住的总效用；U_t 为交通的边际效用；T 为交通便利度；U_e 为环境的边际效用；E 为环境舒适度。

交通的边际效用（U_t）是指交通的便利程度发生单位量的改善时，居民所感觉到的满足程度的增量；环境的边际效用（U_e）是指环境发生单位量改善时，居民所感觉到的满足程度的增量。对于不同的经济水平，这两个量是不同的。对于不同的人来说，它们也是不同的。但对于同一需求层次的居民群体来说，这两个边际效用量则可以视为定值。也就是说，在同一条等效用曲线上，居民可以选择不同的交通和环境条件组合，但房价相同的不同区位的住宅，其所获得的满意度是相同的。房价确定，如果居民追求方便的交通，其选择就偏向交通便利但环境不一定十分舒适的区位；如果追求优越的居住环境，就偏向环境舒适但交通不一定十分便捷的区位。这就是由消费者偏好所引起的居住区位选择模型，其中，体现了交通因素、经济价值和居住环境的生态价值。

现实中，不同的收入阶层，其住宅区位偏好也不一样，如图9-4所示。

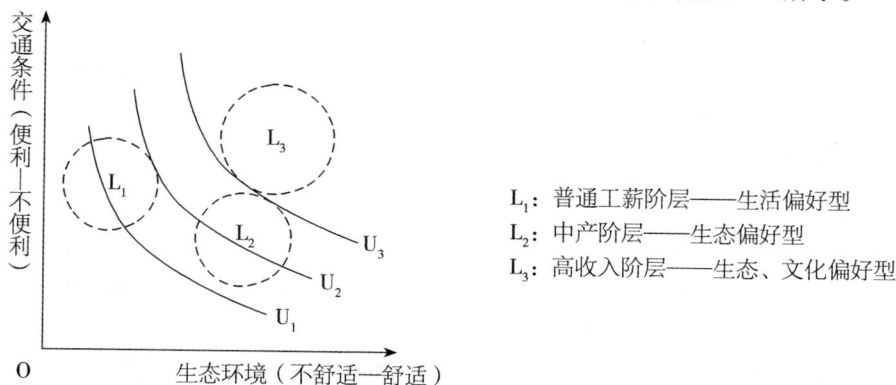

图9-4　不同收入阶层的住宅区位偏好

L_1：普通工薪阶层——生活偏好型
L_2：中产阶层——生态偏好型
L_3：高收入阶层——生态、文化偏好型

普通工薪阶层一般为低收入者，生态价较低，由于经济支付能力有限，可能选择总价较低的住宅。区位选择偏向交通便利，而且商业配套服务设施较为完善的居住区，表现为生活偏向型。中产阶层家庭由于已经具有一定的收入水平，有能力支付总价较高的住宅，对住宅的需求也开始上升到享受需求层次。因此，对住宅周边的生态环境质量提出了要求，倾向于选择环境优美的居住区，表现为生态偏好型。高收入阶层拥有较高的经济收入，可以支付高价位的住宅，对住宅的要求追求更高的层次，不仅重视住宅周边的生态环境，还重视其社会文化环境。因此，区位选择偏向环境优美且文化氛围浓厚的居住区，特别是靠近重点中学或大学区的高尚住宅区，表现为生态、文化偏好型。[①]

需要指出的是，城市居民的偏好不是一成不变的，随着城市的建设、发展以及人们居住需求层次的提高和居住观念的改变，各住宅区位因素的地位会发生变化，城市效用曲线也将发生变化。

第三节　城市居民住房支付能力

一、住房支付能力的衡量指标

判断房价是否正常的最常用标准是居民购房承受能力，或称住房支付能力。这个问题在很早以前就已经成为经济学研究的课题。为了定量讨论房价是否合理，人们常用房价收入比、住房可支付性指数、租金收入比等指标来考察居民的购买承受能力或住房支付能力。

① 曹嵘. 城市居住区位研究——以上海市中心城区为例 [D]. 上海：上海师范大学城市与旅游学院，2003.

（一）房价收入比

房价收入比（price to income ratio，PIR）是目前在政策研究和学术研究中最受青睐的评判住房可支付能力的指标。房价收入比是指一套标准住宅的市场平均价格与家庭收入平均值的比值，揭示了家庭收入中有多少比例是用来负担住宅成本的。该比例越小，表明该地区居民住房支付能力越强，反之，则越弱。房价收入比这个指标具有计算简单的特点，所以它被广泛应用于国内外住房状况研究。该指标的具体计算公式为：

$$PIR = \frac{HP}{HY} = \frac{AP \times AF}{n \times AY} \tag{9.4}$$

式中，AP 为住房单位面积均价；AF 为住房套均面积；AY 为家庭人均年可支配收入；n 为户均人口数；HP 为住房的市场价格，是 AP 和 AF 的乘积；HY 为家庭年可支配收入，是 n 和 AY 的乘积。

关于房价收入比到底在多大范围内合理，争议很大，目前在我国流行的"3 到 6 倍"（一套住宅的价格是家庭年可支配收入的 3 到 6 倍）的说法，是 20 世纪 90 年代初世界银行首席经济师 Andrew Hamer 来华进行房改研究时，提出的一个世界银行认为比较理想的比例。

（二）住房可支付性指数

房价收入比指标可以反映居民住房支付能力的历史变动趋势，而住房可支付性指数则更侧重于判断住房支付能力的高低，将二者结合起来才能全面反映住房支付能力。

住房可支付性指数（housing affordability index，HAI）是用于考察住房市场中处于中位数收入水平的家庭对中位数价格住宅的承受能力。该指标是国外非常成熟的房地产市场分析指标，国外很多机构都发布这一指数。HAI 的计算方法为：

$$HAI = \frac{I}{PMT \times 4 \times 12} \times 100\%$$

$$其中，PMT = P \times 0.8 \times \frac{R}{12} \times \frac{(1 + R/12)^{360}}{(1 + R/12)^{360} - 1} \tag{9.5}$$

式中，I 为家庭年可支配收入的中位值；PMT 为家庭每月的购房按揭还款支出额，假设贷款额度为 80%；P 为房价中位值；R 为中长期贷款年利率。

通常，用住房可支付性指数判断住房支付能力高低的标准为：当该指数为 100% 时，意味着中位收入家庭恰好能够负担中位价格的住宅；当该指数大于 100% 时，意味着该家庭能够承受价格更高的住房，即住房支付能力较强；当该指数小于 100% 时，意味着住房支付能力较低。

我国学者张慧在上述公式的基础上对 HAI 的计算公式做如下适当调整[1]。假设城镇居民家庭的购房资金分为首付款和贷款两部分，在偿还贷款期间，每月还款额 PMT 为：

---

[1] 张慧. 我国城镇居民住房支付能力的评价 [D]. 北京：北京工业大学经济与管理学院，2012.

$$PMT = P \times \theta \times \frac{R \times (1 + R)^n}{(1 + R)^n - 1} \tag{9.6}$$

式中，θ 为家庭购房贷款成数；n 为按揭期限。

根据住房可支付性的标准，设 ϕ 为月供占收入比重的上限，应有 $PMT \leqslant \phi I$，故满足这一条件的最低收入为：

$$I_{min} = \frac{P \times \theta}{\phi} \times \frac{R \times (1 + R)^n}{(1 + R)^n - 1} \tag{9.7}$$

将 I 除以 I_{min}，即是该地区该时期的 HAI：

$$HAI = \frac{I}{I_{min}} \tag{9.8}$$

（三）租金收入比

租金收入比（rental income ratio，RIR）是指年房租支出占年家庭收入的比例，用于衡量租住房家庭的支付能力。用公式可表示为：

$$RIR = \frac{R}{I} \tag{9.9}$$

式中，R 为年房租支出额；I 为年家庭收入。

租金收入比越低，居民的支付能力越强。住房租住市场的需求状况往往能反映住房的真实需求。

二、住房支付能力的影响因素

影响城镇居民住房支付能力的因素众多，其中最主要的有住宅价格、居民家庭可支配收入、房地产宏观调控政策、居民消费价格指数、居民对未来的预期等。择其要者，概述如下：

（一）住宅价格

住房是刚性需求，是居民生活的必需品。住房的这种必需品特征决定了其价格变化与居民的购买能力密切相关。住宅的供给和需求直接影响住宅的价格，而住宅的供给和需求又有着众多的影响因素，这些因素又构成了住宅价格的间接影响因素，也间接影响居民住房支付能力。

（二）居民家庭可支配收入

居民家庭可支配收入是影响居民住房支付能力的重要因素，直观来看，居民收入多了，居民住房支付能力自然会增强，反之，则会降低。

对于一般消费品，在没有意外或超常支出的情况下，收入水平的升降将导致消费数量的相应增减或质量的升降。住房属于位置固定的超大宗消费品，费用巨大，那么一定限度内收入水平的提高是不会引起住房消费上的变化或明显变化的。只有当收入水平有了大幅的明显提高，才可能引起住房消费的增加。住房消费的刚性及搬迁的一系列费用，使得一定限度内的收入减少也不致构成对住房消费的影响。

（三）房地产宏观调控政策

宏观调控政策通过影响房地产市场间接影响居民住房支付能力，而宏观调控政策中最常用的是货币政策。房地产业是国民经济的支柱行业，对国民经济有着重要的影响，货币政策在调控国民经济总供求时，必将对房地产市场的供求产生影响。而供给和需求的变化会在一定程度上引起房价的变动，居民住房支付能力也会随之变化。

（四）其他因素

除了以上提到的影响居民住房支付能力的主要因素以外，还有众多其他因素影响着居民的住房支付能力，如居民对未来的预期、社会保障体系的完善程度、居民消费价格指数、失业率以及民族习惯等。

第四节　邻里选择

一、邻里外部性对主体行为及其城市居住形态的影响

（一）邻里外部性与城市居住空间选择

当家庭要选择一套住房时，他所选择的东西除住宅本身，还要选择他的邻居和居住环境。邻里外部性影响着家庭对邻居和居住地点的选择。一般情况下，城市居住空间选择的差异基于社区及其附近提供的教育、就业、交通、治安、医疗条件等公共服务的组合。社区周边的这些公共服务产品的供给水平影响了人们对居住地点的判断。其中，学校是人所共知的例子。学校影响居住空间选择的一个事实是"学区房"现象。在城市内，不同学校的教学质量是不一样的。教育过程中的一个重要投入就是学校拥有优质的师资力量和孩子周围有一群优秀的学生。因此，一个家庭的居住地点和邻里选择可以影响孩子的教育水平。而购买"学区房"的人看重的恰恰是这种邻里外部性带来的收益。显然，这些公共产品和服务构成的外部性是重要的邻里因素，它们在居住空间和邻里选择中扮演着重要角色。

然而，对于居住空间选择来说，地方公共产品和服务的外部性收益大小往往与城市土地价格密切相关，由此决定了邻里分层配置的效率和居住分隔。换言之，人们通过支付意愿及其不断进行的空间筛选形成了不同类型的邻里以及各种不同的社区。这个过程就是对社区及其周围公共服务和居住空间质量的选择。

据 P. 利纳曼（P.Linneman，1980）的研究，土地价格变化的 15%~20% 是由这种公共服务构成的邻里外部性因素引起的。一般而言，与学校、医院、公园、绿地等毗邻越近，土地价格也越高，其中，学校对土地价格的影响最为重要。根据张文忠等学者对北京城市居住空间分布的研究，在交通便捷程度、位置、价格、周边环境、基础配套设施、物业管理、户型设计、小区规划、居住群体、开发商品牌等因素中，教育环境的比重为 25.58%，与城市土地价格具有特别明显的相关性。除学校外，公园对土地价格的影响也较为明显，仅次于学校，绿地的重要性居公园之后，医院在四个要素中居于最后。而且医院与土地价格的关系较为复杂，二者之间并不呈直线型的负相关关系，在距离医院一定范围内，土地价格是正相关关系，只

有超过一定范围，二者间才呈显著的负相关关系。

通常，城市中公共设施和服务比较好的区位，土地价格都较高。因此，城市居住空间选择与收入和社会阶层分布往往呈正相关。比如，"学区房"的价格越高，相邻的社会阶层的强势特征越明显。实践中，现存的土地价格和居住区分布表明，城市优质居住区的土地价格与社会阶层分布、居民收入有明显的正相关关系。

邻里外部性影响了家庭对邻居和居住空间的选择。他们倾向于选择相同类型的邻居。一个具有正外部性的邻居可以提高其收入和教育水平，因此人们更倾向于在高收入家庭和高学历家庭集聚的地区居住。由此就会出现特定收入群体的聚居区。

（二）居住隔离与城市居住形态

隔离是一个社会群体的成员自愿地或不自愿地与其他群体的成员在空间上分开。所谓居住隔离，是指随着城市发展和社会收入财富分化出现的富人社区（高档住宅区、别墅区）、平民社区（介于高档与贫民社区中间的住宅区）和贫民社区（棚户区、公租房小区）之间的分隔现象。居住隔离表面上是由社会阶层分化造成的，其实是人们追求更高品质社区生活的内在需求引发的。如前所述，如果高收入家庭比低收入家庭更偏好高质量学校附近的社区时，邻里的外部性将促进居住分离。如果高收入家庭对教育支出有更多的偏好，那么居住分离将是教育需求分类的结果。除了学校和教育因素之外，其他一些邻里因素也大抵如此。

居住隔离正在改变着城市的居住形态。在我国，各类家庭通过不断增多的迁居选择不同的邻里：从独栋、连排别墅、高级公寓住宅区，到公寓楼式的商品房和经济适用房、公租房，再到破旧的平房、陋屋构成的流动人口集聚地。城市居住形态日益呈现多样化的特点。

在城市住宅市场中，市场机制的引入加剧了城市居住空间上的分化。住房体制和房地产市场的共同作用，不仅造成不同种类的住房差别，而且也造成了居住形态和居住空间的不同。家庭贫富程度上的差距导致了在私房产权、住房大小、社区类型和外部性潜在经济收益上的差距，市场机制的引入进一步强化了这种差距。

中国城市中独特的居住形态的形成还归因于其他一些因素，包括地方政府在城市规划和住房供给上起的作用等方面。尽管地方政府在住房供给上的重要性在降低，但它仍然通过城市规划和住房制度左右着居住形态。例如，地方政府在城市更新改造过程中常常将内城破旧的住房区重新兴建成富人居住区，却将穷人家庭安置到郊区。

当然，城市居住形态是从邻里结构演化而来，并必然与之保持一致性。与西方国家城市中完全不同的独特居住形态特征——排他性的高档有防卫的社区（gated community）与破旧拥挤的外来人口聚居区在城市中共存——有所不同，中国城市中并没有出现完全衰败的市中心或是清一色富人的郊区。

二、邻里决策、空间筛选与社区的邻里结构

（一）邻里决策：邻里竞租效应

假设一个社区家庭的数量是有限的，邻里进出是自由的，那么，谁将成为他们的邻居呢？换言之，邻里效应是如何决定邻里成员资格及它们的有效配置的呢？

经济学意义上的邻里，是一个相对地有着相似的土地使用和价值的财产群体。邻里通常是有相似特性的居住者：相近的收入水平、教育水平和社会地位。从经济学角度上说，邻里决策就是个人或家庭主体在一定局限条件下追求效用最大化的过程。个人或家庭的效用函数可表示为：

$$\max_{n \in N} V^*(x_i, Y_n, \rho_n) \tag{9.10}$$

式中，$V^*(x_i, Y_n, \rho_n)$ 是与邻里 n 相联系的期望效用；由邻里外部性带来的居住空间收益分为两部分：内生效应 x_i 和外生效应 Y_n。内生效应可理解为邻里之间本地互动或社会资本产生的收益，外生效应是由邻里外部性带来的利益。它表明邻里效应与社会资本的非市场互动存在密切联系。社会资本作为个人和总体行为的重要决定因素，对于主体决策有重要影响。ρ_n 表示影响这两种效应的任何其他变量，通常是住房的租金。主体效用函数中内生效应 x_i 和外生效应 Y_n 的存在，意味着完整的邻里效应理论必须考虑当存在竞租效应时邻里选择如何形成。从抽象选择的角度看，个人或家庭的邻里决策可视为对效用函数的求解过程。

在邻里效应一定的条件下，邻里决策研究绝大多数强调租金或价格作为限制邻里成员资格的机制。一般地，家庭都是为获得理想的邻里区位而展开竞争。这种竞争主要是以通过对邻里的住宅和土地展开竞价的方式进行。

相似的财产价值群体受到相似倾向的影响，而财产价值不可避免地取决于环绕它的特点或力量，在追求邻里居住空间利益的过程中他们自然地趋于集聚在一起，从而形成了特定的邻里社区。

（二）迁居流动与居住空间筛选

迁居流动是个人或家庭根据需求变化而调整住房消费的空间过程。迁居一般包括两个方面的原因：一是个人或家庭主体成员社会地位和身份发生变化，改变了人们的需求偏好；二是邻里社区之间的竞争，改变了居住的空间利益格局。

从本质上看，社区之间迁居是一个空间化的筛选机制。一方面，研究表明，城市居民收入与迁居之间存在正相关关系。社会地位和身份的变化增加了迁居发生的概率。较高的社会经济地位，通常意味着较高的迁居率。在我国，尽管迁居和住房质量、居住空间有很大的关系，但是社会地位、收入等对社区分层和居住隔离的影响正变得越来越重要。也就是说，人们正通过迁居流动的方式进行着社区邻里的筛选。另一方面，社区间的竞争将使得各种不同的公共产品"束"被提供出来，从而彰显出不同的社区功能利益，居民们将通过迁居显示出他们对这些公共产品的偏好。社区间的竞争能够导致邻里的重新配置。居民通过向提供给他们偏好的公共产

品和服务的组合的社区迁移来进行"用脚投票",实现了利益最大化。

以迁居方式进行的居住空间筛选过程增加了居住隔离的程度。研究发现,当一个主体迁移时,通常迁移的目标邻里中同一群体比例高于他当前所在的邻里。这些特征意味着个人迁移会增加隔离水平,隔离水平的增加会增加稳定隔离群体的规模。

在我国,迁居流动和逐渐成熟的房地产市场相结合正在促进不同阶层之间的居住隔离或阶层隔离,这已是一个不争的事实。不断进行着的空间筛选形成了不同类型的邻里:高档住宅区、别墅区、普通住宅区、外来流动人口集聚地、城中村、老住宅区和单位大院以及各种不同的经济适用房、公租房。原来的居住风貌正经历着深刻转变。迁居这种以需求为导向的居住空间利益调整,带来了人们几乎是递进式的社区分层过程。从住房改善到邻里选择再到社区分隔,其趋势不可避免,其规模不断扩大。

(三)邻里变化与均衡的邻里结构

尽管人们对隔离的性质进行了深入剖析,但它没有包括主体对行为的展望,因而主体在进行邻里区位决策时不考虑这些决策在未来会改变,这与事实不符。由于邻里因素的变化,个人或家庭主体在进行居住区位和邻里决策时必须考虑一个邻里的未来特征。

推动邻里变化的力量包括经济的、社会的、政治的和物理的以及它们的组合。邻里变化是一个城市变化的敏感的晴雨表。例如,衰败的邻里通常迁居率特别高,它通常是一个城市社区病态的指示器。因此,邻里变化可以被认为是未来的信号——可以预见房地产价值的方向。换句话说,邻里变化最终会影响财产价值的改变,而财产价值的改变是首先在邻里层面可以见到的。投资者和住宅所有者需要早日充分理解邻里的未来变化趋势,通过调整居住空间消费,以保护他们的投资。

一个稳定的邻里并不意味着存在着均衡的邻里结构。改变邻里力量引起的邻里变化总会导致社区品质上的差异,进而带来家庭邻里决策行为的调整。一个均衡的邻里结构预示着所有的家庭都没有进一步改变区位和邻里关系的动机。从财产价值的角度看,在均衡状态下,一个特定社区内的所有家庭都要支付相同的租金。如果不是这样,低价土地的所有者将有激励抬高价格。此时,在高价土地上居住的家庭将有改变区位的激励。

邻里结构的多数关注点集中在邻里会在何种程度上根据收入或其他属性进行分层。如前所述,收入决定现有成员的邻里资格。对于这样的假定,均衡邻里配置根据收入分层,形成多样的邻里关系和邻里空间。然而,这是一种静态分析。放宽这一假设,引进邻里变化因素之后,原来的邻里配置和邻里结构就是一种不稳定的均衡。

从市场机制上分析,当出现任何偏离邻里均衡的结果时,家庭主体都会进行自我纠正,直到达到一个稳定均衡的邻里结构。这种自我调整通常表现为一部分家庭为了能够到理想的社区居住，愿意比现有家庭支付更高的价格。这样，在邻里结构达到均衡时，每一个家庭类型，无论是富有还是贫穷，在不同性质的社区内都是无差异的、稳定的。

三、基于邻里选择的城市居住空间秩序的重构

社区居住空间本质上是邻里空间。社区居住空间是一个地点的概念，它是在特定空间内我们定居下来并能说明我们身份的具体位置。这个认识突出了居住空间作为"地点"与邻里关系的联系。个人偏好和信念的条件是他们希望拥有和向他人展示的社会身份。邻里是一个可能的身份来源。身份在一定程度上表明了邻里如何直接影响其成员的角色，因为他们影响邻里成员如何感知他人的方式。社区作为生活的地点对居民生活的品质有重要影响。居民选择居住空间是追求居住空间背后的各种权利和利益，这种收益包括基本的居住条件、附加的额外资源收益和共享的公共利益获取，由此决定了不同社区之间的差异和品位。

城市居住空间的重构是在对城市居住空间本质清醒认识的基础上对邻里空间秩序的再造，它是通过"城市转型"的概念来构建的。这里的"转型"被定义为从一种情况或一系列情形向其他情况转变的过程。这样定义的"城市转型"的概念对于社区空间秩序重构是有意义的，因为这种变化的过程从未停止过，它并非完全转变，而是在现有居住形态的背景下和新的居住需求相互作用，从而产生变化的城市过程和多种居住空间形态。在这种意义上，尽管转型的具体表现在各城市不完全一样，但是城市转型中的居住空间重构，构成了当代中国城市社区居住空间大体上的变化。

根据前面的讨论，从经济学视角来看，邻里选择与社区空间秩序重构的内在逻辑如图9-5所示。

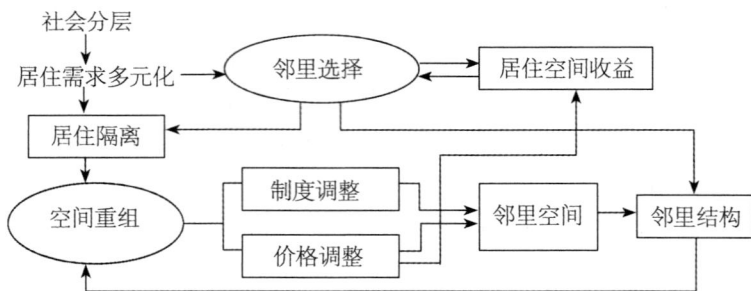

图9-5　邻里选择与社区空间秩序重构的逻辑关系

图9-5展示了邻里选择与社区空间秩序重构的内在逻辑：在城市转型和社会分层的宏大背景下，家庭作为基本决策单元对于居住地点和空间利益的筛选，以及在相对价格的引导下实现社区的邻里结构均衡的过程。

城市转型是一个发生根本性变化的过程，也是一个居住需求多元化的过程，相应地形成了居住和邻里关系中社区分隔的土壤和条件。居住空间秩序重构主要的动

因来自于居民对社区居住功能和空间利益的追求。城市居住空间收益=居住条件+共享资源+附加利益。居住条件是社区提供的基本功能性收益，共享资源是由邻里外部性带来的社区周边的公共资源和服务收益，附加利益包括声誉、荣誉、自豪感和互动网络等带来的无形收益。家庭对居住空间利益的追求形成了不同的邻里空间。居住空间即地点，邻里选择是对居住地点的选择。"地点"代表着多种权利、利益或收益的获取。因此，存在着一种空间筛选机制。人们通过不断进行的空间筛选形成了不同类型的邻里，以及各种不同的邻里社区。这种空间筛选过程就是对社区"地点"权利、利益或收益的选择。居民对城市居住的空间（社区类型）选择与家庭的需求和支付能力相关。因而通过调整相对价格，可以调整人们的社区偏好，实现社区的空间均衡。城市居住空间重构就是在一定支付能力条件下，通过制度调整和相对价格调整达到空间的重组和邻里结构均衡，以建立起新的空间秩序的过程。

◆ **练习与问题讨论**

1.请尽可能地列出决定城市房价的因素，指出推动房价上涨的动力是什么。

2.西方学者提出的"过滤论"和"互换论"理论，能否解释中国城市居民的住宅区位选择问题？联系中国实际情况，对这两种理论的适用性进行分析。

3.许多城市在调控房价时，其调控目标通常是将房价与当地GDP增幅或居民收入增幅挂钩。你认为，这种做法科学吗？如果不科学，应该确定什么样的调控目标？

4.图9-6是2001—2010年中国住宅价格和居民家庭人均可支配收入增长率的变化情况。

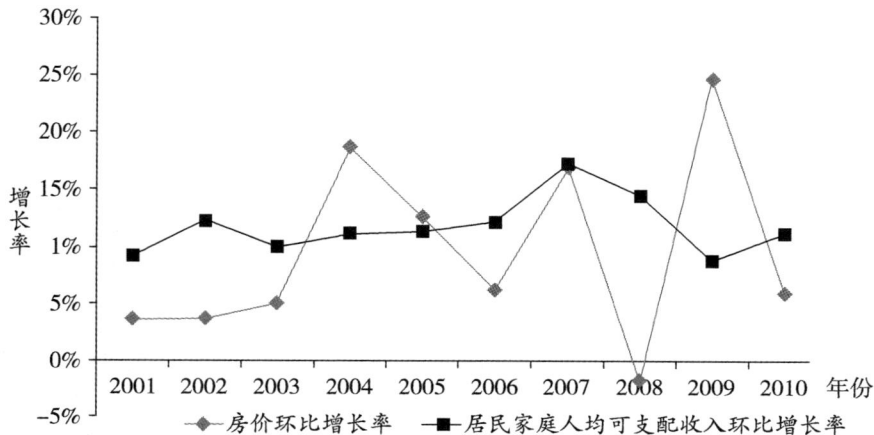

图9-6 2001—2010年中国住宅价格和居民家庭人均可支配收入增长率的变化情况

（1）观察该图，描述房价和收入增长率不同阶段的表现。

（2）从中能否看出房价上涨对居民购房支付能力的压力？

（3）分析房价收入比能解释中国城市居民购房行为吗？

5.假设一个城市对低收入阶层的家庭实行住宅优惠券补贴的办法，那么：

（1）它的市场效应会是怎样的？

（2）现有住房租金水平会提高还是降低？

（3）扩大还是缩小了住宅市场的需求规模，住宅市场的均衡价格会发生怎样变化？

（4）该政策能否从根本上改善低收入家庭的福祉，带来社会公平？

6.列举城市中的居住隔离现象，分析邻里选择对邻里结构和城市社区空间的影响。

资料链接9-1

住房改造

资料链接9-2

城市住宅租金的竞租与
空间分化

资料链接9-3

邻里选择与土地价值

第十章 城市环境

    党的二十大报告提出:"推动绿色发展,促进人与自然和谐共生。"城市环境是指城市居民生存和城市经济发展的空间。城市环境既是一种客观存在,又是一种主观创造,它是城市一切活动的基础,一切生产的对象和一切成果的体现,也是人们各种不理智行为的最终承受者。[①]城市环境问题的产生是由于人口的压力以及政府规划与管理不善,导致城市发展超过环境的承载能力,由此引起城市基础设施的拥挤和环境质量的下降。这些环境问题对居民的健康、安全、居住的舒适性、生态价值都带来了不利影响。

    本章通过对城市环境构成与城市生态危机问题的阐述,揭示了城市环境的属性、城市环境的特征和城市生态环境面临的挑战;进而对城市环境问题进行了理论性的经济分析,包括城市环境与城市经济的关系、有关城市环境问题的经济理论、城市环境的外部性及其治理对策;最后提出了生态城市建设问题。本章通过对人类生态环境思想演变历程的分析,明确生态城市的内涵和特征,并指出创建生态城市的途径。

第一节　城市环境与生态危机

一、对环境属性的认识

(一) 环境的含义

    环境是一个含义广泛的概念,是指作用于人类这一主体的所有外界影响和力量的总和,是自然因素和社会因素的统一体。环境是人类赖以生存的物质基础,也是人类赖以生存和发展的总资源,是人类的共同财产。

    环境是以人类为主体的生态系统,但环境不等于自然本身。原始社会,人类是自然的组成部分,环境就是自然,但在城市出现以后,尤其是产业革命以后的工业化和城市化过程中,环境成了人工的产物。发达国家的现代社会是城市社会,人类居住的环境不再是自然本身,而是一种自然环境,一种城市社会环境。

(二) 环境要素

    构成环境整体的各个独立的、性质各异而又服从总体演化规律的基本物质组成

---

① 段小梅. 我国城市可持续发展中的环境问题 [J]. 城市问题,2002 (2).

部分被称为环境要素，也叫环境基质。环境要素包括自然环境、人工自然环境和社会环境诸方面。环境要素组成环境结构单元，环境结构单元又组成环境系统，如同水组成河流、湖泊和海洋等水体，地球上的全部水体又组成水圈（水环境整体）或生物体组成生物群落，全部生物群落构成生物圈等，环境是所有这些环境的分支系统的总和。

随着人类社会的发展，人类对环境的认识也在发展。以前人们往往把环境仅仅看作单个物理要素的简单组合，而忽视了它们之间的相互作用关系。20世纪70年代以来，人类对环境的认识发生了质的飞跃，人类开始认识到环境既包括这些物理要素，也包括由这些要素构成的地球的生命支持系统及其所呈现的状态和各种反应过程之间的相互关系，意识到对一个方面有利的行动，可能会给其他方面造成意想不到的损害。

（三）环境的属性

环境要素具有一些非常重要的属性，这些属性决定了各个环境要素间的联系和作用的性质，是人们认识环境、改造环境的基本依据。环境主要有以下几种属性：

1. 最差限制律

整体环境的质量不是由环境诸要素的平均状态决定的，而是受环境诸要素中那个与最优状态差距最大的要素的控制。这就是说，环境质量的好坏，取决于诸要素中处于"最差状态"的那个要素，而不能够因其他要素处于优良状态得到弥补。因此，环境要素之间是不能相互替代的。

2. 环境整体大于诸要素之和

一处环境所表现出的性质，不等于组成该环境的各个要素性质之和，而是比这种"和"丰富得多、复杂得多。环境诸要素之间相互联系、相互作用形成环境的总体效应，这种总体效应是个体效应基础上的质的飞跃。

3. 相互依赖性

环境诸要素是相互联系、相互依赖的。首先，环境诸要素的相互作用和制约关系，是通过能量流（能量在各要素之间的传递）或能量形式在各要素之间的转换实现的；其次，通过物质循环（物质在环境要素间的传递和转化）使环境要素相互联系在一起。

（四）环境质量

所谓环境质量，一般是指一处具体环境的总体或某些要素，对人群的生存和繁衍以及社会发展的适宜程度，是反映人群对环境要求的，对环境状况的一种描述。环境质量通常要通过选择一定的指标（环境指标）并对其量化来表达。自然灾害、资源利用、废物排放以及人群的规模和文化状态都会改变或影响一个区域的环境质量。

二、城市环境的特征

城市环境包括城市自然环境、城市人工自然环境和城市社会环境诸方面，是所有这些城市环境分支系统的总和。城市环境主要是指整个城市作为物质实体存在的基本内容及空间存在形式，由自然和人工生态系统构成的自然环境和社会环境构成。城市的河流、园林、建筑物、街区等构成城市的自然环境，是衡量城市环境质量的重要制约因素和标志；而城市的产业、交通、通信、商业流通、服务等空间分布状态，构成城市的社会环境。社会环境最重要的是形成城市核心的社会资本，是社会性的共同消费手段，随着城市化的深入，城市必备的基础设施有增加的趋势。城市的自然性与社会性条件相互结合，浑然一体，构成城市的居住环境。

环境具有独特的性质。首先，环境具有历史性。随着社会的发展，尤其是城市化过程中，环境日益人工化，并且随着历史的发展而变化。环境是历史的结晶，一部分具有不可逆转的性质，如森林和历史性街区，是长年累积的结果，一旦遭到破坏，将不可挽回。其次，环境既具有城市居住环境所显示的区域性，也具有与宇宙或地球相关的连续性。环境具有区域固有财产的性质，水有流域和水系的区别，大气污染也有"空域"。环境具有区域的不平衡性。人类的生存不仅受到居住环境的限制，而且还受到宇宙、地球等生态条件的限制，环境关系着整个地球的命运。再次，环境既具有共用性，又具有非排他性。呼吸洁净的空气是每一个人的生存权，生活在同一空间的生物在共同地利用，不能由特定的人独享。环境作为公共产物，被排斥在市场之外。最后，城市环境具有耐久性。与城市日常的生产和生活的瞬间性、非连续性在时间上的差异，导致城市环境具有产生环境问题的可能性。社会性环境的核心是公园和下水道等社会性共同消费手段，因而具有土地固着性和半永久性。

环境是稀有资源，但环境与资源具有不同的含义。资源在经济活动内部当作经济财富利用，而环境作为经济活动的基础，不能直接用来生产财富或商品，是间接的经济财富，是人类活动的基础条件。如水取之于环境，作为资源用于发电，其中的一部分在利用之后又回到了环境中，经过"环境-资源-环境"的循环，成为资源的水和环境的水，虽然自然形态相同，但经济意义不同。但当作为资源的水受到污染和浪费而枯竭时，又成为环境破坏或公害问题，从这个意义上看，环境又与资源密不可分。

三、城市生态环境危机

城市是历史发展到一定阶段的产物。城市产生之前的生态问题主要是自然生态问题。由于社会的产生和城市的产生，人对自然的破坏开始加剧。自然生态问题成为自然-社会生态问题。城市是更大的集体性、集团性人群，具有更大的自我发展和膨胀的优势，因此对自然社会的和谐发展具有更大的破坏力。

随着国民经济的高速增长，我国城市化的进程明显加快，冶金、电力、石油化工及汽车制造业发展迅猛，成为多数城市的支柱产业。这些高耗能、高耗水、高耗原材料且污染量大的产业在高速发展过程中所排放出来的废气、废水和废渣使得城市环境外部性尤为明显和突出，在很大程度上阻碍了城市经济增长和城市化进程。因此，我国工业化速度的进一步加快，城市化水平的迅速提高以及大城市的迅猛发展，一方面孕育了城市现代文明，促进了经济、文化和科技的发展；另一方面也导致了城市环境的恶化，产生一系列的环境问题，使许多城市不同程度地染上"城市病"，主要表现在以下几个方面：

（1）大气污染。煤烟型与机动车尾气的复合型污染直接破坏了城市大气环境。城市的空气污染以煤烟型为主要特征，主要污染物是二氧化硫、二氧化碳和烟尘。空气污染的另一重大因素是汽车尾气。汽车尾气中含有一氧化碳、氧化氮以及对人体产生不良影响的其他一些固体颗粒，尤其是含铅汽油，对人体的危害更大。

（2）城市垃圾处理利用率仍然偏低。城市工业废渣和生活垃圾等固体废弃物的排放量日益增多，无害化处理率和综合利用率还很低。污染物排放量远远高于环境自净能力。

（3）城市水污染。有机污染仍然是水环境污染的主要问题。城市工业废水和居民生活污水是城市水污染的重要来源。部分城市在生产和生活中将有毒有害物质排入水体的数量超出水环境容量，存在着城市水质功能下降的现象。

（4）噪声污染、光污染、电磁波污染和视觉污染等在城市环境中的破坏作用也不容小觑。部分城市交通噪声超过国家规定标准，功能区环境噪声普遍超标，工业噪声和建筑施工噪声污染尤为突出。随着城市发展，光污染、电磁波污染和视觉污染也逐渐成为一个重要的环境问题。

城市环境的恶化是由多方面的原因导致的，如社会生产力的组织形式和无节制的发展，市场调节的弊端和失灵，公共管理的滞后和失灵等，概括起来主要有以下几点：

（1）城市建设滞后于经济建设。

（2）某些经济政策上的失误，导致了城市病的加重。

（3）粗放型经济增长方式使生态环境恶化。

（4）资源的低价分配方式对城市生态的影响。

（5）土地无偿使用带来了城市问题。

（6）以煤为主的能源消费结构导致环境污染。

近年来，中国城市环境问题日益突出的原因，除工业化速度加快外，政府的政策失效乃是其深层次的原因。

第二节　城市环境的经济分析

一、城市环境与城市经济的关系

城市环境问题是指城市的经济活动对城市环境造成的影响，以及这种城市环境条件的改变和城市环境的变迁对城市经济的影响而产生的一系列问题。

产业革命后，一方面，随着科学的发展，人类逐步加深对环境的认识，"征服自然""驾驭自然"的机械论思想驱使人类跃跃欲试彻底摆脱对环境的依赖；另一方面，技术革命和科技水平的提高以及利益的驱动，助长了人类变本加厉地向环境大量索取资源。大量生产、大量排放污染的"经济增长"，进而引起了继农业社会之后的以城市工业化环境公害和污染为主要特征的次生环境问题。20世纪30—70年代，工业化国家的一些城市发生了触目惊心的"八大公害"①事件，这是备受冷漠和无视的环境在资源难以恢复、面临枯竭和无力承载与净化废弃物时向人类发出的警示。

城市环境问题按产生的原因可划分为两类：一类是由自然原因引起的原生环境问题；另一类是由于人类社会的生存发展活动所引起的自然环境的破坏和环境污染的次生环境问题，即环境经济问题。如果把原生环境和次生环境问题称为传统污染，那么由于人口增长、经济发展和工业化带来的城市化造成的社会环境问题（或第三类环境问题）就可以称为现代污染。与工业革命时的环境污染相比，现代污染具有全球化、深远性、不易发现和复合性等特点。因此，对污染物被动地进行单项、终端处理已经是杯水车薪，促使环境与经济联姻，贯穿可持续发展思想，从"环境-经济"系统的高度研究环境问题，成为城市环境问题研究的历史使命。

城市经济的发展，既是城市发展的唯一有效途径，也是造成环境污染和破坏的根源，同时也反映了环境保护状况。因此，城市经济发展与城市环境问题是对立统一的辩证关系，是一个系统的两个方面。城市经济再生产过程不断地从自然界获取原材料等物质要素，同时又把各种废弃物排放到环境中去。这种获取与排放，既要遵循经济规律，又要遵循自然生态规律和物质循环规律，从而使城市经济再生产过程和城市自然再生产过程之间建立一种良性循环。

城市环境问题是伴随着城市经济发展而产生的，最终还要依靠发展经济来解决，"经济发展原点论"和"技术发展原点论"是不现实和不可行的。在人类社会通往和谐发展的道路上，可持续发展的理论与实践依然步履维艰，面临许多难以逾越的困难和课题：可持续发展的最大阻力来自于发达国家享有工业革命的利益，却又力图回避与逃脱自身对全球环境应负的责任；发展中国家追求自身进步与发展的同时，如何避免走发达国家大量占有和奢侈消费自然资源、同时大量排放污染的发展模式，成为其通往可持续发展之路上的一大难题；可持续发展是一个内涵极其丰富的崭新概念，外部成本内部化和资源有价化是可持续发展理论的基础，由此将对以市场经济为主体的经济理论产生哪些影响、政府与市场在可持续发展中如何定位并发挥互补作用、产业结构和社会消费方式将发生怎样的变化目前还处于探讨之中。

---

① 1930年12月，比利时的马斯河谷烟雾事件；1943年，美国洛杉矶的光化学烟雾事件；1948年10月，美国宾夕法尼亚州的多诺拉镇烟雾事件；1952年12月，英国伦敦的烟雾事件；1953—1968年，日本熊本县的水俣病事件；1961年，日本四日市的哮喘病事件；1968年，日本爱知县的米糠油事件；1955—1972年，日本富山地区的痛痛病事件。

二、有关城市环境问题的经济理论

17世纪中叶，在传统经济学的开创期，W.佩帝和J.格兰特等人由于伦敦空气污染严重曾提出过环境问题，但在亚当·斯密以后，除马克思和恩格斯以外，环境问题和城市问题都仅仅被视为经济外围的公共卫生行政事务而被排除在市场经济的研究对象之外。传统经济学的经济外部性理论只是被用来解释环境问题成因的基本理论，由于其政策的应用性和局限性，使得一些福利国家的政府对外部不经济现象和社会成本等问题的介入毫无进展，反而国家本身成为造成环境问题的直接原因。

马克思和恩格斯把产业革命时期的公害问题视为资本主义的社会问题。他们从自然与人类的关系出发，站在历史唯物论的立场，认为在资本主义这一历史阶段，为了实现资本积累，资本家无计划地对自然和人类进行榨取和破坏，必然要受到环境的报复。[①]但是，随着科技的进步，人类必然能够超越以往的商品经济价值标准，创造包括环境在内的新型"社会使用价值"这一价值尺度，实现未来社会的经济发展。这表明了马克思和恩格斯欲将公害和环境问题理论化的思想。但是，由于当时的工业污染只被作为一个不具有普遍性的劳动条件问题，生态理论研究也只限于一个地区的生物群落与环境的关系问题上，在这样的历史条件下，必然导致马克思没有完整的环境与经济发展的理论论述。

最早以环境问题为研究对象的经济研究可追溯到20世纪50年代，自称为制度学派的K.W.卡普对公害问题进行过全面探讨。卡普试图超越A.C.庇古的外部性理论[②]，将公害现象定义为私营企业的社会成本（社会性损失），主张不依据价值交换理论，而采用将社会成本内部化的社会价值理论使其制度化。同期，以A.V.克纳赛为首的美国未来资源研究所出现了以环境作为资源的素材论的经济分析，企图规定环境的市场价格，将其纳入市场经济制度之中，以对公害政策和水污染作经济分析。其后陆续出现的哈丁的公地理论[③]、达赫门的分散理论[④]等，也认为环境问题产生于外部不经济性，而外部不经济性源于公共资源的存在以及市场价格未能反映公共资源在经济活动中的作用。

由于外部不经济性的产生机制极其复杂，只要有私人与公共、局部与全体、眼前与长远利益的矛盾存在，就必然会导致外部不经济性的产生。虽然在操作对策上，某些资源的产权化（私有化）有助于消除或抑制外部不经济性，通过市场机制使外部成本内部化，可以抑制外部不经济性的生成和发展。但是，随着世界经济的日益全球化，跨国资源开发或掠夺给不发达国家带来的环境问题又暴露了市场机制

---

① 在《劳动在从猿到人转变过程中的作用》一文中，恩格斯论述了人类的生产活动与环境的关系，并以超越时代的眼光指出："我们不要过分陶醉于我们人类对自然界的胜利。对于每一次这样的胜利，自然界都对我们进行报复。"

② 由外部的不经济性造成的外部成本又被称为社会成本，所以外部性理论也被称为社会成本论，甚至被称为庇古理论。庇古仍然相信完全的自由竞争会给社会带来最大的福利，外部作为一种干扰因素使资源品质不能达到帕累托最优状态。

③ 哈丁（1968）认为，在私有制条件下，公共资源的自由享用促使人们尽可能地将公共资源转变为私有财富，最终导致全体成员的长远利益遭受损害或毁灭。

④ 达赫门（1974）认为，外部性源于经济活动的分散性。由于各自利益的独立性，生产者不可能将外部不经济纳入成本，从而使外部性理论具有了更广泛的解释度。

的破坏性和局限性。

虽然 20 世纪初经济学就产生了外部性理论，并形成了以外部性理论为核心的环境理论基础，进而形成了相应的环境政策。但是，环境理论与环境政策的局限性促使人们不断思考和探索新的理论，以解决经济发展与地球环境"负荷极限"不相适应的问题，引导人类走向与环境和谐的永续发展之路。

对环境的污染和破坏，除了人们未能认识自然生态规律外，从经济原因上分析，主要是人们没有全面权衡经济发展和环境保护之间的关系，只考虑近期的直接的经济效果，忽视了经济发展给自然和社会带来的长远的影响。长期以来，人们把水、空气等环境资源看成是取之不尽、用之不竭的"无偿资源"，把大自然当作净化废弃物的场所，不必付出任何代价和劳动。这种发展经济的方式，在生产规模不大、人口不多的时代，对自然和社会的影响，在时间上、空间上和程度上都是有限的。20 世纪 50 年代，发达国家的社会生产规模急剧扩大，人口迅速增加，经济密度不断提高，从自然界获取的资源大大超过自然界的再生增殖能力，排入环境的废弃物大大超过环境容量，出现了全球性的资源耗竭和严重的环境污染与破坏问题。许多经济学家和自然科学家一起商讨防治污染和保护环境的对策，估量污染造成的经济损失，比较防治污染的费用和效益，从经济角度选择防治污染的途径和方案，有的还把控制污染纳入投入-产出经济分析表中进行研究。20 世纪 60 年代开始，环境问题作为一个极其重大的经济问题，逐渐成为世人关注的焦点。

随着环境经济学研究的开展，一些经济学家认为，仅仅把经济发展引起的环境退化当作一种特殊的福利经济问题，责令生产者偿付损害环境的费用，或者把环境当作一种商品，同任何其他商品一样，消费者应该付出代价，都没有真正抓住人类活动带来环境问题的本质。许多学者提出在经济发展规划中要考虑生态因素。社会经济发展必须既能满足人类的基本需要，又不能超出环境负荷。超过了环境负荷，自然资源的再生增殖能力和环境自净能力会受到破坏，引起严重的环境问题，社会经济也不能持续发展。要在掌握环境变化的过程中，维护环境的生产能力、恢复能力和补偿能力，合理利用资源，促进经济的发展。

三、城市环境外部性与环境治理

（一）外部性理论

外部性概念是 1890 年经济学家马歇尔首次在《经济学原理》中提出的，是指私人收益与社会收益、私人成本与社会成本不一致的现象。美国经济学家萨缪尔森将其定义为"当生产和消费的过程中一个人使他人遭受到额外成本或额外收益，而且这些强加在他人身上的成本或收益并没有通过当事人的货币形式得以补偿时，外部性或溢出性就发生了。更精确地说，外部性就是一个经济当事人的行为影响他人的福利，这种影响并没有通过货币形式或市场机制反映出来"。

一般说来，外部性满足两个条件：一是某人或某企业（假设为 A）的效用由另一个人或企业（假设为 B）决定或选择，而 B 在决策时未考虑 A 的福利；二是市场缺乏激励机制使B对A的影响进行补偿。当B带给A积极的、正面的影响时，称之为外部经济；反之，则称为外部不经济。

如图10-1所示，市场判断的均衡点以Q_1为依据，而理论上最优点在Q_2，两者之差Q_1-Q_2即表现为外部不经济。

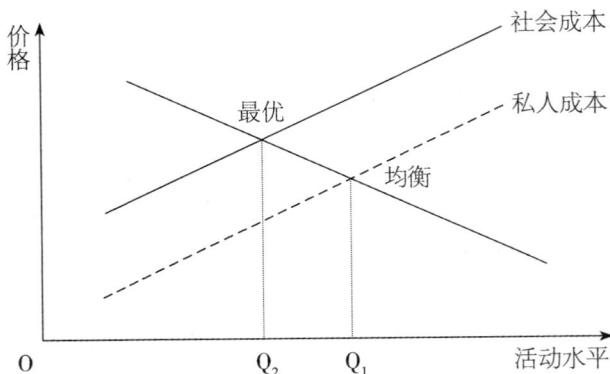

图 10-1　外部不经济

福利经济学认为，如果一种商品的生产或消费会带来一种无法反映在市场价格中的成本，就会产生一种"外部效应"。外部效应是指一些产品的生产与消费会给不直接参与这种活动的企业或个人带来有害或有益的影响，其中有益的影响称为"外部经济"，否则就称为"外部不经济"，城市环境问题就是一个外部性问题。外部性理论引导人们在研究经济问题时不仅要注意经济活动本身的运行和效率问题，而且要注意由生产者和消费活动所引起的不由市场机制体现的对社会环境造成的影响。

英国学者大卫·皮尔斯在《绿色经济蓝图》中倡导一种环境价值理论，即"总经济价值"理论，认为"总经济价值=实际使用价值+选择价值+存在价值"。在这里，总经济价值不仅仅包括资源环境直接或间接利用的情况，还包括通常与使用无关的资源环境价值，即存在价值，也包括介于使用价值与存在价值之间的"选择价值"，这种选择价值是指我们在使用这些资源时存在着可能失去的机会价值。

"总经济价值"理论实质上与"外部性"理论是一致的。长期以来，对城市环境外部性认识的不足，是产生城市环境严重透支的重要原因。传统经济学存在的重要缺陷有：一是不考虑外部不经济性；二是衡量经济增长的经济学标准——国民生产总值不能真实地反映社会福利。环境作为一种公共物品，我们根本无法界定其产权，但是环境污染所产生的"外部不经济"又会对我们或者我们的子孙后代产生影响。要使总经济价值最大，我们就必须既关注城市经济运行中的"内部效应"，又重视其"外部效应"，这也是城市经济发展的必然趋势。

（二）城市环境的外部性分析

城市环境的属性决定了城市环境具有典型的外部性效应，一方面表现为城市环境的改善促进当地的投资环境和旅游业等行业的发展，带来经济的增长，并使城市居民的生活质量明显改善；另一方面表现为城市在对环境资源的开发利用过程中产生环境外部性，特别是环境污染会造成外部不经济。因此，环境外部性是经济系统运行中正常的、无处不在的和不可避免的组成部分，给城市经济运行带来正面或负面影响。

城市环境具有公共物品的属性。公共物品问题只是外部性的一种，是极端形态的外部经济。公共物品和外部性既有一定的内在联系，两者都存在私人收益与社会收益、私人成本与社会成本的不一致问题；又存在着明显的区别，公共物品强调成本效益的非排他性，外部性强调经济行为的外在影响。公共物品的实质是如何使其供求合理化，外部性的实质在于如何使经济行为的外在影响内在化。

所谓公共物品就是在消费上同时具有非排他性和非竞争性的物品。从经济学的角度看，环境污染是一种典型的市场失灵表现，环境作为一种公共物品，具有非竞争性和非排他性两个特点。

非竞争性是指不会因为消费人数的增加而引起生产成本的增加，即消费者人数的增加所引起的社会边际成本等于零。城市环境的非竞争性使消费者不愿为使用环境资源而支付费用。免费提供公共物品时，人们就可能过度消费直至边际效益为零，而不去理会边际社会费用的增加。

非排他性则是指城市环境一旦提供，就不能排除社会中的任何一个人免费享受它所带来的利益。以空气污染为例，不但污染的肇事者具有公共性，污染的受害者也具有公共性，污染密度或强度不因部分人的消耗而减轻对其他人的作用，一个人的呼吸也不会改变另一个人的空气质量，如果采取措施使某个城市的空气没有了污染，某人呼吸了清新的空气，并不能制止他人呼吸。

城市环境问题的"非竞争性"和"非排他性"表明，城市环境这种公共物品无法通过等价交换的机制在供应者和消费者之间建立联系，如果采用市场资源配置的方式进行环境供应，势必导致市场失灵现象的发生，这就是在城市经济运行中产生城市环境污染问题的根本原因。

（三）城市环境的治理

解决环境外部性问题，就是要使环境外部性内部化。政府可以运用价格、成本、利润和税收等经济杠杆以及环境责任制等经济方法，限制破坏环境的活动，并通过奖励和收费等方法将微观经济单位保护环境的行为同其经济利益挂钩，从而节约污染减除成本，获得经济效益。政府可以采用市场性和非市场性两种治理方法。

排污权交易的市场性方法是对市场机制利用得最充分的环境保护政策手段，也就是实行排污许可证制度，政府依照一定的环境质量标准向厂商发放排污许可证，厂商则根据排污许可证向特定地点排放特定数量的污染物，排污许可证及其所代表的排污权是可以买卖的，厂商可以根据自己的需要在市场上买进或卖出排污权。排污权交易将促使排放污染物的厂商在购买排污权和自行治理污染之间进行选择，若污染物的边际治理成本低于单位排污权的价格，他们将选择自行治理污染；反之，他们将到市场去购买排污权。在政府没有增加排污权供给的情况下，通过排污权交易，边际治理成本较高的污染者将买进排污权，而边际治理成本较低的污染者将卖出排污权，最终使全社会总的污染治理成本最小化。

排污权交易的非市场性的经济刺激方法是通过政府的各种经济政策，向使用环境资源的企业或个人征收一定的费用，它是非市场经济手段中应用最广泛和最典型的一种。经济合作与发展组织（OECD）环境委员会于1972年提出的污染者负担原则（pollution pay principle，PPP），成为征收排污费的重要依据。征收排污费的原则是，当污染物排放量达到最优污染水平时，政府征收的单位排污费正好等于厂商治理污染的边际治理成本。这样，厂商便可以在缴费与治理之间进行权衡，选择最经济有效的办法降低污染。

科学合理地保护城市生态环境的一个重要途径就是对城市环境容量的研究，并在此基础上确定城市环境适宜度。

狭义的环境容量是指某一环境单元对污染物的允许容纳量。广义的环境容量包括土地容量、淡水保证量、起码的绿地面积、环境的自然净化能力等自然环境条件，以及房屋、基础设施等人工环境条件，即一定地域的环境对人类活动的负载能力。城市环境容量是指城市所在地域的环境对城市建设发展的规模以及人们在城市中的各项活动强度提出的容许限度。城市环境容量主要受城市自然条件、城市现状条件、经济技术条件、历史文化条件的制约。其中城市自然条件，如地质、地形、水文、气候、矿藏、动植物等条件的状况及特征是城市环境容量中最基本的因素，是城市发展建设的基础条件；城市现状条件，包括工业、住宅、城市基础设施等组成城市的各项物质要素状况等方面的建设，是社会物质生产以及其他社会活动的基础。城市基础设施的容量对整个城市环境容量具有重要的制约作用，经济技术容量更具有灵活性和协调性；城市所拥有的经济技术条件越雄厚，所拥有的改造环境的能力也越强；由于历史和文化是延续的，城市作为人类文化的载体，城市历史形成的各种条件、环境以及文化都会对城市环境容量产生影响。

城市环境容量具有可调性。如果人们对影响环境容量的各种因素调配得当，可以增加环境容量；反之，则会使环境容量减小，甚至使整个城市的生态环境遭到毁灭性的破坏。这种城市经济效益和城市生态环境效益相统一的城市环境状况就是城市环境的适宜度。

根据我国城市环境的现状，依照我国的国情，要协调好经济发展与环境保护的关系，防治城市环境污染。第一，应加强城市规划，使城市布局合理。城市的布局涉及自然、经济、技术和环境等各方面因素，必须统筹规划、综合平衡，以多中心、放射状布局代替单核心的城市格局，促进城市生态环境的改善。第二，应加大城市基础设施投资比例，促进城市经济持续发展。中华人民共和国成立以来，我国城市基础公用设施投资占国内生产总值的比例只有0.36%，仅为联合国推荐指标的 1/14~1/8，基础设施投资比例过低是我国"城市病"产生的主要根源之一。第三，通过制度创新，实行环境资源的有偿使用，有效地约束污染者的排污行为，确保"污染者负担"，实现环境与经济、社会的可持续发展。第四，大力发展环保产业，对其实施优先发展战略，使环保产业成为城市的支柱产业和新的经济增长点。第五，加强环保的法治建设，提高公众的环保意识，推动城市循环经济的早日实现。

第三节　环境质量与生活品质

一、对城市宜居性的关注

城市生态环境的改善，根本的目的是提高人类的生活品质。而人类对城市品质的追求可以追溯到欧洲文艺复兴时期，这一时期进步的人文主义对当时的城市建设开始产生影响，如威尼斯的圣马可广场反映了文艺复兴时期市民对未来生活的追求和向往。到了 17 世纪，以广场为中心的理想城市进一步得到发展，使城市居民集聚区进一步规整完善，多功能布局整齐划一，充分体现了当时经济、军事、文化、政治的进步。虽然广场的规模不太大，但是也反映了当时生产力的水平和居民谋求居住环境改善的朦胧意识。

19 世纪后半叶，产业革命的影响使理想城市的观念进入了一个突变的阶段，大工业的发展与城市居民和环境之间的矛盾日益尖锐，使人们开始产生"回归自然"的要求，最具代表意义的是"田园城市"或"花园城市"的规划新学说。这一学说主张"把积极的都市生活的一切优点同乡村的美丽和一切福利结合起来"，但其具体实施方案却是机械的，如每 32 000 人组成一个城市单元，有一定规模的中心区和中心区辐射出来 6 条各 36 米宽的放射状大道等设想是难以适应不断变化着的人口和产业发展对相应空间的需求的。但是以 E.霍华德为代表的这一强烈追求人的理想居住条件和"以绿化为主"的规划思想，却对以后的城市建设产生了重大影响。

1933 年在雅典召开的"国际现代建筑会议"所通过的后来被称为《雅典宪章》的文件，其中便提到"居住"是城市的第一功能，提出"每个住宅——必须要求最低限度的阳光照射时间，要根据住宅的类型和地形条件，来决定合适的密度"，"必须给予居住地的所有儿童、青年及成年人以充分的用于消遣和体育活动所必需的空地"，"要充分利用现有的自然地形、河流、森林、丘陵、山峦、谷地、湖泊、海洋"等，至今仍具有现实意义。

20 世纪 80 年代，随着世界范围内环境、资源、生态的日益恶化，可持续发展概念开始流行，"可持续城市"的概念亦随之出现。其中，最引人注目的是"生态城市"的提出。1999 年在北京召开的国际建协第 20 次大会讨论通过的《北京宪章》，可以认为是对建设生态城市迫切性的最好注脚。

城市化也带来了许多难题和困扰。在20世纪中叶,人口爆炸,农民土地被吞噬和退化,贫穷、交通堵塞等城市病开始恶化。半个世纪过去了,问题却更加严峻了。如今,生命支持资源——空气、水和土地日益恶化,环境的祸患正威胁着人类。而我们的所作所为仍然与基本的共识相悖,人类正走在与自然相抵触的道路上。因此,人们越来越重视城市的宜居性。

城市建设和发展对宜居性的关注,来自城市居民对"宜居性"产生的迫切需要。随着社会经济的发展和人民生活水平的不断提高,人们渴望拥有环境优美、生活舒适方便的人居环境的愿望,对城市的人居环境和生活品质提出了新的要求,绿色人居环境成为城市环境和住宅建设中的第一主题。城市居民意识到,宁可选择一个收入水平适当、环境优美、精神文化丰富的生活模式,也不要一个高收入,但环境污染严重的生活模式。这些都意味着城市居民开始不再以工资收入的多少作为衡量城市宜居性的标准,而要以城市舒适反映的生活品质的状况作为衡量宜居性的新标志。

二、城市生活品质与环境质量的关系

环境需求是城市居民生活的重要需求之一。城市环境的优劣关系到居民生活品质的好坏。优美、和谐的城市生态环境是城市生活品质的重要标志。没有良好的城市环境不可能有高品质的生活质量。保护和改善城市生态环境,提高城市环境质量是提升居民生活品质的必要条件。

从消费者需求的角度分析,人们对环境质量的要求随着物质生活水平的提高而不断增加。环境是一种特殊的商品和服务,好的环境质量是具有正外部性的商品和服务,如清洁的空气和水、美的景观、和谐的生态系统,可以为居民提供健康、安全和舒适的保障,满足人们对生活质量的要求;而污染的环境对人们来说是一种具有负外部性的商品和服务,对人们生活质量产生负面影响。

一般地,随着城市发展阶段的演进,人们对环境的需求和满足程度也会随之改变。在经济发展初级阶段,由于物质消费品缺乏,人们对物质的需求远远超过对生态环境质量的需求。为了满足人们的物质生活需要,必然不断扩大生产和建设规模,注重追求物质消费,而这时又因资金和技术的限制,不得不大量支取环境成本。随着城市人口增长、地域扩张、经济发展和生活水平提高,对资源和环境的消耗迅速增加,导致资源短缺、环境污染加重,从而引发人们对城市生态环境的关注。在发展到一定阶段,城市居民较低层次的物质需求得到一定程度的满足之后,环境需求会得到提升。人们对环境品质的需求不断增强,环境效用的价值不断提高。这时要进一步提高城市生活质量,就必须加大城市生态环境建设,通过政策干预、环保投入、产业结构调整和环境保护技术的推广使用,控制污染排入总量,减轻经济发展和城市建设对资源环境的压力,以满足人们对环境品质的需求。

防止城市环境恶化,提高环境质量是保证居民在城市发展过程中生活品质不降低的基本条件。高品质的城市生活应该有良好的生态系统、人与自然和谐共处的人居环境。人们对城市环境和生活品质的要求与人的身心健康密切关联，存在两个递进的层次，即身体健康的保障和心理需求的满足，二者是相辅相成的。落实到城市生态环境建设中，包括城市环境污染的治理、城市自然生态系统的维护与塑造等。当然，为了满足人们的健康需求和精神需求，还必须转变传统的城市发展观念，投入必要的资金和技术，进行环境治理和生态建设，营造宜居的城市生活环境。

三、提升城市生活品质的环境改善策略

城市环境质量的提升是一项庞大而复杂的系统工程，它实际上是"生态重建"（ecological rebuilding）、"生态重构"（ecological restructure）的过程，即对现有城乡物质环境进行有机更新，对社会价值观、道德伦理、经济模式、生活方式及政策体制等社会文明进行重新定位和根本转变，从而对整个城乡系统的经济结构、社会结构、文化结构、空间结构等进行根本性改造、再构和创新。它涉及城乡时空的横向与纵向、物质与精神的各系统层次的方方面面，是一场名副其实的破旧立新的社会革命。

我国是发展中国家，综合国力、科技水平、人口素质、意识观念与发达国家相比有很大差距，这些因素都将影响到城市生态化发展。底子薄、人口多的国情决定了必须开辟一条非传统模式又非西方化的"中国特色"的城市可持续发展之路。

1.以社会舆论作为引导

意识形态对于经济行为的治理作用在现代经济学中已受到重视，政府牵头营造良好的社会意识形态，并使其有效作用于经济主体是有效的途径。发展生态城市，必须宣传、普及生态意识，倡导生态价值观，使公众特别是领导决策层的观念转变过来，树立人与人、人与自然和谐的生态价值观。只有加强宣传教育，普及和提高公众的生态意识，改变原有的生态价值观，人们的态度和行为才会改变。自觉的生态意识是实现城市生态化发展的关键。

2.以经济政策作为调节

制订行动计划，实施符合生态城市发展的政策。提升环境品质应作为我国城市今后发展的重要目标和内容，并与《中国21世纪议程》结合起来，把这种思想贯彻到政策、计划中去。改变以前不符合生态要求的政策、计划，制定城市各领域、各行业生态化发展的战略、步骤、目标等，并确定优先发展领域，制定一系列鼓励政策，加快城市生态化发展步伐，使城市逐步走上生态化发展道路。

3.以生态立法作为手段

通过立法手段建立适应城市生态化发展的法规综合体系，使城市生态化发展法律化、制度化，是保证其战略、政策顺利实施的有效途径。这样城市生态化发展才能得到法律保证，有法可依，对不符合生态化发展的行为采取必要的行政和经济手

段，保证计划的顺利实施。

4.以生态产业作为支撑

重视生态技术的开发与应用。凡是破坏生态平衡，导致环境污染、社会异化、经济非持续发展的技术，都是与生态化发展相违背的，解决的根本出路在于依靠现代科学技术，结合生态学原理创造新的技术形式——生态技术，发展生态产业。发展生态城市必须重视增加科技投入，研制、开发生态技术、生态工艺，积极选择"适宜技术"，推广生态产业，保证发展过程低（无）污、低（无）废、低耗，提高资源循环利用率，逐步走上清洁生产、绿色消费之路。

5.以城市政府作为媒介

设立适应城市生态化发展的职能机构。在城市各机构中可通过联合设立综合的、跨部门的生态化发展管理决策机构，组织、协调、监督城市生态化发展战略的实施，同时也可作为城市生态化发展的宣传、咨询、交流和推广中心。

6.以区域平衡作为依托

重视城市间、区域间的合作。城市仅仅注重自身繁荣，而掠夺外界资源或将污染转嫁于周边地区都是与生态化发展背道而驰的。城市间、区域间乃至国家间必须加强合作，建立公平的伙伴关系，技术与资源共享，形成互惠共生的网络系统。城市在发展过程中应承担相应的义务和责任，确保在其管辖范围内或在其控制下的活动不致损害其他城市的利益。

◆练习与问题讨论

1.在城市经济发展与环境保护的关系研究中，有一个"环境库兹涅茨曲线"假说，它表明经济发展经过一个先污染后治理的过程。环境库兹涅茨曲线如图10-2所示。

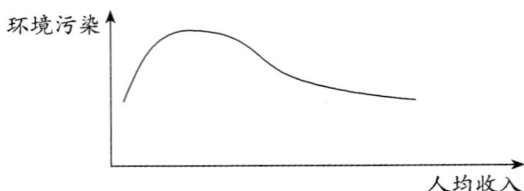

图10-2 环境库兹涅茨曲线

（1）你认为"环境库兹涅茨曲线"假说在城市领域成立吗？

（2）在收入与环境品质之间，人们会做怎样的抉择？

2.研究发现，北京PM2.5有6个重要来源，分别是土壤尘、燃煤、生物质燃烧、汽车尾气与垃圾焚烧、工业污染和二次无机气溶胶，这些污染源的平均贡献分别为15%、18%、12%、4%、25%和26%。根据这个资料，请你谈谈一个城市的环境状况主要取决于哪些因素。

3.在地方政府环境投资方面，存在着明显的"延期效应"，即环境投资通常达到某种容忍度，从而成为其他各方面发展的"瓶颈"时，才不得不一次性、突发性地投资解决这一问题，然后又延期，直到下一轮再突发性投资。请分析为什么存在"延期效应"？

4.城市生活品质与城市环境质量存在着怎样的关系？

5.城市污染控制主要存在两种思路：（1）直接管制方法；（2）市场激励方法。前者指设定环境标准，通过立法手段强制执行，后者指利用市场机制保护环境。请从污染控制成本、效率和效果上分析两种方法的优劣。

资料链接 10-1

中国城市环境治理的
基本制度

资料链接 10-2

城市环境质量评价

资料链接 10-3

城市生态系统

资料链接 10-4

低碳生态城市

第十一章　城市交通

自从工业革命创造了现代化的大都市以来，城市交通问题就是城市经济学界关注的热点之一。早在20世纪20年代，城市规划学者就将交通与生产、生活、居住并列为城市的四大主要功能。时至今日，随着城市人口规划的急剧增长，加之交通工具机动化和私有化的发展，城市交通堵塞、出行困难、交通噪声与污染等一系列交通问题，已在许多国家的城市尤其是大城市中，演化为一种普遍的"城市病"。人们认识到，现代城市交通，已经不单单是一个市政工程问题或交通技术问题，而是一个综合的社会经济问题。本章从城市拥挤现象入手，讨论城市交通问题产生的原因与特征，重点讨论城市交通发展模式及其选择，同时，还要探讨城市交通管制方面的一些问题。

第一节　拥挤的经济学分析

一、交通拥挤：均衡与最优交通量

现代城市的交通问题突出地表现为因机动化和私家车的发展而导致的市内通行的困难和交通效率的低下。人们通常将城市交通问题概括为"交通拥挤"，它实际上包含着城市道路容量不足、机动车数量过度膨胀、公共交通系统运行效率低、居民出行难度和出行用时加大以及与此相关的停车困难、机动车污染、交通事故增多等众多问题。由于拥挤问题是随着私人汽车交通方式的日益流行而逐渐出现并日益严重的，因此分析它的形成及治理对策也主要应着眼于私人汽车交通方式。

从经济学上说，车主不正确的经济观点直接导致了交通拥挤的后果。每个车主的出行，他们计算的仅仅是个人的边际成本，不考虑由于加剧了道路拥挤而加在其他驾车者身上的费用。行车者不断加入车流，只要他们认为行车所得到的边际收益多于边际成本就会选择出行，即单个车主的出行原则是私人成本（AC）低于社会边际成本（MSC）。社会边际成本（MSC）等于行车中的私人成本（AC）加上对其他公路使用者因道路拥挤而引起的费用之和。

私人成本（AC）和社会边际成本（MSC）之间存在的这种差距造成这样一种状况：实际使用城市道路的车流量可能超过最佳车流量。换言之，交通拥挤问题的产生是由于私人成本与社会成本不一致，按照私人成本决定的均衡的交通流量超过了按照社会边际成本决定的最优流量，结果导致拥挤、速度下降和堵塞。我们用图11-1来解释这个问题。

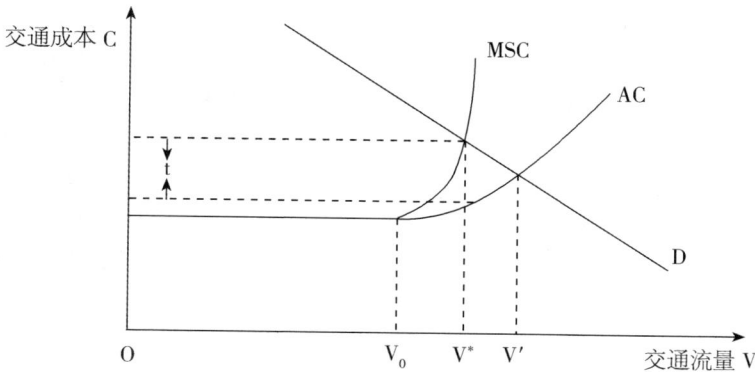

图11-1　城市交通拥挤产生的原因

图11-1中AC、MSC曲线分别代表交通出行的私人成本和社会边际成本。横轴表示交通流量V，它用每小时、每条车道通过的汽车数量来度量。从图11-1中可以看出，交通流量达到V_0之前，AC和MSC曲线重合，此时私人成本与社会边际成本一致，这说明V_0是道路系统的设计容量，在这个限度内，增加的车辆进入车道并不影响其他人的车速，不存在外部性。超过V_0点，情况就有了变化，此时新加入车道的车辆使车道变得拥挤，并迫使所有的车减速，外部性便产生了。

举例来说，假设$V_0=400$辆，拥挤前正常行驶速度为50km/h，旅程为10km，当V超过V_0时，各车辆行驶旅程10km耗用时间由下式决定：

$$时间=10/50+1/1\,000\,(V-400)+15/1\,000\,000\,(V-400)^2 \tag{11.1}$$

由此可得到表11-1。

表11-1　　　　　　**交通流量、行驶时间、行驶成本和拥挤的外部性**　　　　金额单位：元

交通流量（V）	行车时间（分钟）	每位行车者增加的行驶时间（分钟）	总行车时间的增加（分钟）	外部成本	私人成本	社会边际成本
200	12.00	0	0	0	3	3
400	12.00	0	0	0	3	3
600	12.80	0.007	4.20	0.42	3.08	3.50
800	14.80	0.013	10.40	1.04	3.28	4.32
1 000	18.00	0.019	19.00	1.90	3.80	5.70

注：表中数据为假设数据。

从表11-1中可见，当V=400时，行驶10km耗用12分钟，汽车的运行成本为3

元。当 V 增加到 600 时，情况有了变化。当 V=599 时，每辆车耗用时间（T）为：$T_{(599)} = 12 + 0.001 \times (599-400) + 0.000015 \times (599-400)^2$；当 V=600 时，$T_{(600)} = 12 + 0.001 \times (600-400) + 0.000015 \times (600-400)^2$。$T_{(600)} - T_{(599)} = 0.006985 \approx 0.007$（分钟），即第 600 辆车的加入，使得每一辆车的行驶耗用时间都增加了 0.007 分钟，此时各车耗用时间为 $T_{(600)} = 12.80$ 分钟。我们假定时间价值为 1 分钟 0.1 元，则多耗用的时间可以转换为货币成本。第 600 辆车的加入，使得每辆车的私人成本增加为 3.08 元，但由于它的加入，所有 600 辆车的耗用时间都增加了 0.007 分钟，全部增加量为 4.20 分钟（600×0.007），全部外部成本增加 0.42 元，私人成本加上这 0.42 元才是社会边际成本，即 3.50 元。可见，私人成本只是一个平均成本，而社会边际成本则是考虑了新加入者的边际影响（外部成本）后的边际成本概念。所以，我们在图 11-1 中标私人成本为 AC，而社会边际成本为 MSC。在超过设计容量 V_0 后，社会边际成本曲线高于平均成本曲线。

行车者的均衡数量是多少？如果使用行车道的边际收益（由需求曲线 D 表示）大于私人行车成本（AC 曲线），则新的车辆就会加入车道，直到 D 与 AC 相交，相交点决定了均衡的流量 V′。那么，行车者的最优数量是多少呢？经济学原理告诉我们，最优的流量应该由边际成本与边际收益决定，只要边际收益大于边际成本，车流量就会增加，当边际成本与边际收益相等时，效率达到最大。在图 11-1 中，边际社会收益由需求曲线反映，而社会边际成本由 MSC 曲线反映，需求曲线和社会边际成本曲线在流量为 V* 的位置相交，因此最佳的交通流量应是 MSC 与 D 相交决定的 V*。拥挤之所以产生，就是由于外部成本（等于 MSC 与 AC 之差）的存在，使得 V′>V*。

二、政策反应：交通拥挤税

如何使车流量减少到从社会角度看最为合理的水平，即 V* 点，从而解决拥堵问题，根本的途径在于使外部成本内在化，由私人负担其带来的社会边际成本。其中，最简捷的方法就是征收拥挤税。税额刚好等于外部成本，即社会边际成本与私人成本之差。图 11-1 中的 t 代表应征收的拥挤税。征收拥挤税后，改变了道路空间市场的价格结构，增加了出行者成本，从而使车流从 V′降至 V*。

从理论上讲，只有出行者使用城市道路的成本低于人们从中获得的收益时，人们才会使用道路；当道路拥挤致使成本上升到高于收益时，就不会有人再继续使用，这可以称为"拥挤对需求的控制效应"。然而实际上，由于人们并没有真正为速度的下降付出"成本"，因此人们会继续驾车使用道路，每一个新增加的使用者都会使道路更加拥挤。

征收交通拥挤税的最初动因是对提高拥挤道路的使用效率的经济上的考虑，它把使用道路的"费用"增长转变为实实在在的收费，使道路使用者在面临一定的拥挤收费时，不再使用道路或改变行驶路线，从而缓解道路的拥挤状况。

交通拥挤税在理论上被认为具有很高的效益，但具体操作实施却有很大的难度。因为交通拥挤税必须因时间和地点的不同而不同，也就是说，它有时间的不均衡性和地域的不均衡性两个特性。时间的不均衡性指税额依是否是交通高峰时间而定，高峰期税额将提高，从图11-2所示可以看出这一点。

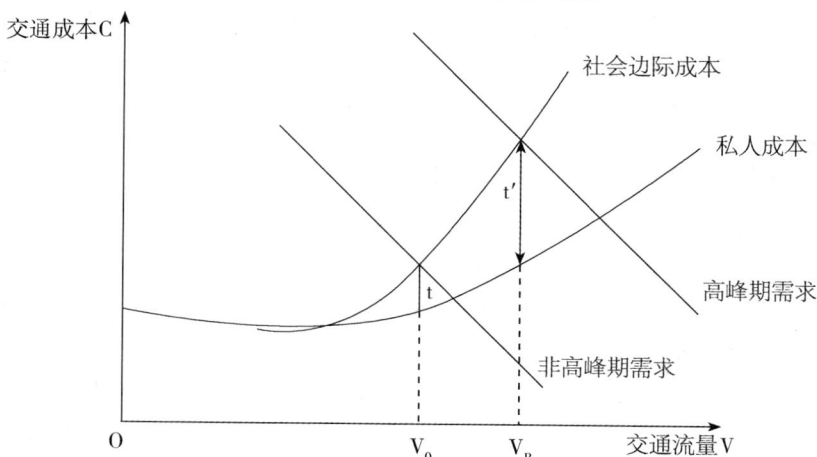

图11-2　高峰期与非高峰期交通拥挤税

图11-2表明了高峰期和非高峰期的需求曲线和交通拥挤税，在非高峰期，行车的需求相对低，产生了一个低交通量（V_0相对于高峰期的V_P而言），因此最优交通拥挤税（t）相对较低；相反，高峰期交通拥挤税（t'）要高一些。从图11-2中看，由于高峰期需求曲线右移，所以有t'>t。

地域的不均衡性是指只有发生拥挤的地区或交通流量集中的地区（如CBD）才对进入该地区的车辆征收拥挤税。

由于这两个特性，拥挤税的实际执行较困难，它不但要测算税额大小，还须确定车辆何时进入何区域方可征税。美国已设计出可以探测车辆运行的系统，车辆上装有电子信息发射器，使得路旁的探测系统可确定车辆是否经过。这样的系统可确定车辆在什么时间进入了哪个拥挤区域，并记录下来，根据记录向车主征税。虽然这种系统的成本并不高，但由于当地选民的反对，尚未见付诸实施。

新加坡是第一个采用收费来控制交通量的城市。1975年新加坡划定了城区道路拥挤定价的外围边界，正式实施城区的区域通行证制度（ALS）。起初，主要目的是限制私人小汽车在上下班高峰时段的使用，在高峰时间对进入城市中心区的私人小汽车和出租车使用收费。20世纪80年代后期，ALS系统又扩展到对在时间上和空间上引起道路拥挤的所有车辆收费。1998年，新加坡区域通行证制度被电子公路收费制度（ERP）所取代。在电子收费制下，行车者在中心城市地区的不同地点经过时交费不同。一天中，不同地点不同时间收费也不同，在交通最拥挤地区的高峰期的收费最高。

近年来，随着西欧许多国家的一些大城市地区不同程度上实施了拥挤定价的交通管理措施，关于交通拥挤定价收费的措施有望取得很好的效果。行车者对收费高的反应是改变行车方式、减少交通量、提高行车效率，通常的反应还有：共乘一辆车、改乘公交车、改在非高峰期行车、选择可替代路线、将两个或多个行程合成一个行程等。因此，从一些国家的经验看，交通拥挤税可能是在城市交通机动化和私人化日益发展的情况下，缓解城市中心区道路交通拥挤的一项有效措施。而且，随着无线移动通信技术和自动化管理技术的日益成熟，建立功能更完善、更接近理想状态的城市道路拥挤定价收费系统的可行性也在不断提高。

三、改善拥挤：其他几种可替代的方法

（一）征收汽车使用税

针对交通拥挤而提出的政策有多种。有一套政策采用增加汽车行驶费用的方式来减少汽车使用。其中，拥挤定价的两个选择是汽油税和停车税。这些政策与交通拥挤税相比效果如何呢？

（1）汽油税。汽油税是交通拥挤税的一种替代。它的一个简单理由就是，如果行车变得更昂贵，交通量就会降低。问题在于汽油税增加了所有汽车行驶的成本，而不是在高峰期沿交通拥挤线路的行车成本。与交通拥挤税改变了行车时间和路线相比，汽油税并不能鼓励行车者改换成其他的时间和路线行车。

（2）停车税。一些城市通过征收停车税来阻碍人们自己开车到中心商业区工作。停车税减少了交通量，因为一些通勤者可能会转而改为私家车共享或乘坐公交车，一些人可能会因此更改行车时间。但是，采用停车税来减少交通拥挤也存在着三个潜在的问题：第一，此税只应该向高峰期的通勤者征收，在非高峰期停车应被排除在外；第二，与增加了单位行车成本和减少行车距离的交通拥挤税相比，停车税与行车距离无关，因此，通勤者没有足够的动力通过靠近工作地点居住来节约行车成本；第三，大量的交通拥挤问题是由于在交通拥挤区停车引起的，此税并没有迫使所有高峰期行车者为他们造成的交通拥挤付税。

（二）增加公路运载容量

对付交通拥挤的另一个对策是拓宽公路以增加它的运载容量。图11-3表明这样的政策对行车时间和交通量的影响。较宽的公路在交通量较高时达到拥挤临界，并使所有高于初始拥挤临界的任何一个交通量具有较低的私人行车成本。行车成本下降使得交通量增加，城市需求曲线从点 D 滑向点 E。

在什么情况下拓宽公路才有效率呢？一个衡量总收益的办法就是看消费者剩余。行车者愿意支付的金额减去行车实际成本等于消费者剩余。公路的拓宽使得私人行车成本曲线向右移动：交通拥挤临界提高，当交通量比以前的交通拥挤临界量大时，成本较低。行车成本的下降使交通流量从 V_0 上升到 V_w，因此增加了消费者剩余。这个增加额在图11-3中用阴影部分表示，即 C_0DEC_w 部分。对于以前的行车者（流量为 V_0）来说，消费者剩余通过私人行车成本的节省（$C_0 - C_w$）来增加。消费者剩余的增加额等于宽为（$C_0 - C_w$）、长为 V_0 的长方形部分。行车成本的减少

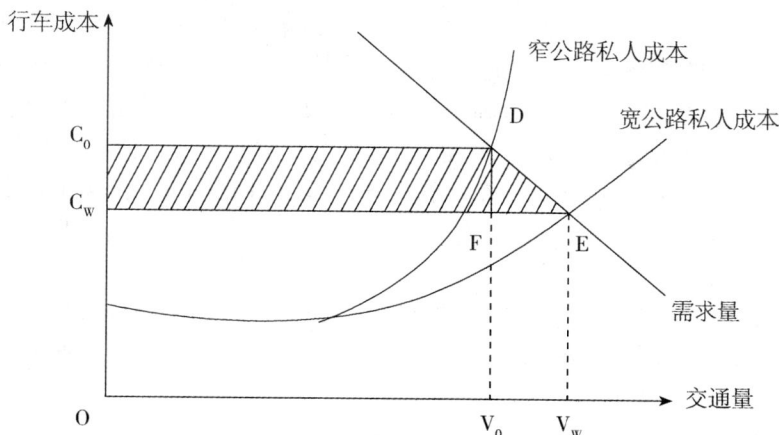

图 11-3　拓宽公路效果

也使交通流量从 V_0 增加到 V_w。新的行车者的消费者剩余等于 DEF 三角形部分。如果消费者剩余增加额（长方形部分加上三角形部分）大于拓宽公路的成本，那么拓宽公路的收益就大于其成本。

　　事实上，完全靠加大道路投资增加公路容量的办法很难从根本上解决城市交通问题，原因在于高峰期行车的需求是高弹性的，最初很多通勤者因交通拥挤、公路的速度慢而放弃使用这段公路，从而形成"潜在需求"。一旦公路容量增加，行驶速度就会提高，原来放弃使用公路的那部分人就会转到以前交通拥挤的公路上来。这种潜在的需求在高峰期会占满大部分或全部新容量。

　　（三）公共交通补贴

　　另一种可选的汽车行驶收税的办法是公共交通补贴（公共汽车、地铁、通勤列车、轻轨）。公交车和汽车是相互替代的行车模式，因此公交成本的降低使一些使用汽车的通勤者转换成乘坐公交车，换句话说，公交补贴减少了汽车交通量，缩小了交通均衡量和最优量之间的差距。这部分内容，将在本章第二节讨论。

第二节　城市公共交通

一、交通方式的选择

　　本节从通勤者的角度对交通方式的选择进行探讨。一般地，通勤者总是选择交通总成本（时间成本和货币成本之和）最低的交通方式。假设通勤者可以选择三种交通方式：自己驾车、公共汽车、固定轨道运输系统。

　　整个往返行程可分为三个阶段：①汇集阶段（collection phase），指的是从家到乘坐主要交通工具地点的路程。自己开车方式没有汇集成本，因为驾驶者用的是自己的车；公共汽车方式的汇集成本适中，因为乘车者必须从家走到车站；而城市轨道交通的汇集成本最高，因为相比较而言，车站之间通常间隔比较远，乘车者要么得走很长一段路，要么得先搭乘其他的交通工具才能到达车站。②行车阶段（line haul phase），指的是搭乘主要交通工具运行的这段路程。一般来说，固定轨道交通系统的行车时间最短，因为它有独家道路通行权，可以避免高峰期交通拥挤问题。公共汽车和自己驾车途中都必须穿越交通拥挤的街道和干线，但自己开车还是要快些，因为公共汽车必须按站点停车。③分流阶段（distribution phase），指的是乘车结束后到工作地点的路程。如果工作地点附近可以停车，选择自己驾车方式分流时间最短，其次是公共汽车和固定轨道系统。

举例来说，表11-2列出了某通勤者选择三种交通方式的不同的货币成本和时间成本。假设这些成本能够按照这位通勤者的工资水平的一定比例进行折算（虚拟数字），那么就可以得到表11-2。

表11-2　　　　　　　　　　　　交通方式成本比较

	自己驾车	公共汽车	轨道交通
汇集时间成本			
汇集时间（分钟）	0	10	15
每分钟成本（元）	0.30	0.30	0.30
汇集时间成本（元）	0	3.00	4.50
行车时间成本			
行车时间（分钟）	40	50	30
每分钟成本（元）	0.10	0.10	0.10
行车时间成本（元）	4.00	5.00	3.00
分流时间成本			
分流时间（分钟）	0	5	9
每分钟成本（元）	0.30	0.30	0.30
分流时间成本（元）	0	1.50	2.70
货币成本			
运行成本或车费（元）	2.00	1.00	1.50
停车成本（元）	3.00	0	0
总货币成本（元）	5.00	1.00	1.50
总时间成本（元）	4.00	9.50	10.20
总成本（元）	9.00	10.50	11.70

表11-2显示的是自己驾车的成本低于公汽和轨道交通的情形。从表11-2可以看出，尽管自己驾车的货币成本比公汽的货币成本高4元，但自己驾车的时间成本较低，足以补偿其较高的货币成本，同样，与轨道交通相比，自己开车要贵一点，但要快一些，时间成本的最大差别在于汇集成本与分流成本。其中，自己驾车与公汽相比，有4.5元的成本优势（3元的汇集成本+1.5元的分流成本），比轨道交通有7.2元的成本优势（4.5元的汇集成本+2.7元的分流成本）。既然自己驾车相对于公汽和轨道交通成本最低，因此这位理性的通勤者当然就选择自己开车上班。

那么，怎样使他从自己驾车改为选择公共交通呢？有几种可行的方式：

（1）补贴公交；

（2）降低公交的行车时间；

（3）降低公交的汇集和分流时间；

（4）增加自驾车的货币成本；

（5）提高停车成本；

（6）相对工资水平下降。

总之，要使这位通勤者改乘公交车，一方面，货币成本或者行车时间成本的变化应相当大；另一方面，他也会由于汇集时间成本和分流时间成本变化相对小而改乘公交车。

二、交通系统的选择

交通设计和规划安排上的变化也会影响公共交通的乘客量。规划者必须决定修建哪一类的交通系统，共有三种选择：以自己驾车为基础的公路系统，公共汽车一体化系统（简称"公汽系统"），以及固定轨道交通系统。

这三种通勤系统的成本是不一样的。美国学者基勒等的研究提供了这些系统的估算成本。他们研究的主要结果表现在图11-4上。横轴表示在高峰期一小时内通过一条交通干线时的通勤者数量，纵轴表示一个通勤行程的长期平均成本。成本曲线表明，自己开车的平均行车成本与交通量无关，但公汽系统和轨道系统的平均成本随着交通量的增加而减少。对于研究过的任何交通量来说，公汽系统比轨道系统效率更高。对于每小时乘客量超过一定规模（如1 100人/小时）的以自己驾车为基础的系统来说，公汽系统效率要高一些。

这里，自己驾车系统的平均成本水平之所以是水平的，原因在于假设私人的行车时间（以及私人行车成本）与交通量无关。当交通量增加时，公路就拓宽了，以满足交通量增加的需要，并且不减慢行车速度。

公汽系统和轨道交通系统的平均成本曲线斜率均为负，其原因有两个：第一，随着乘客量的增加，管理公共汽车系统的固定成本就分摊在更多人身上；第二，乘客量的增加减少了发车时间间距（两车之间间隔时间），因而乘客花在步行和等待上的时间就减少了。因此，如果交通沿线一带的交通量超过一定的规模，那么公汽系统和轨道交通系统就比自己驾车系统便宜。

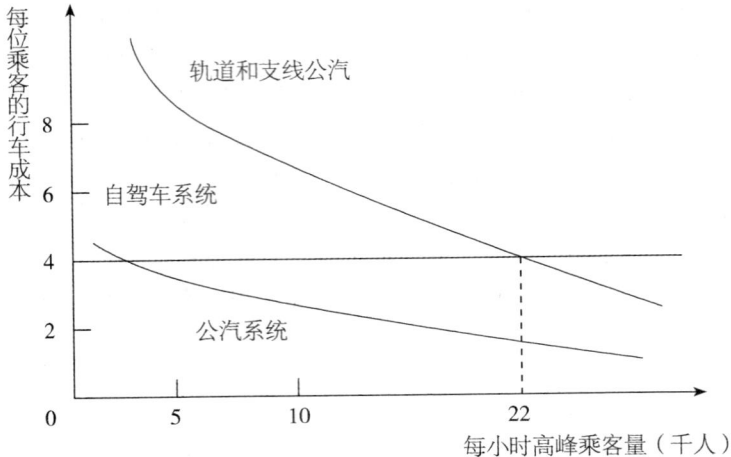

图 11-4 可供选择的交通系统成本

一般而言，汇集和分流时间（步行时间和等待时间）的变化对通勤者影响最大，因此，提高服务质量，降低时间成本可提高公交车的乘客量。为了鼓励乘客更多地使用公共交通系统，以下三个方面的工作显得格外重要：

（1）公共汽车系统的规划。公共汽车公司可以通过两种方式影响时间成本：第一种，选择公共汽车的时间间距，即选择公共汽车线路上的公共汽车时间间隔，当时间间距减少时，乘客在公共汽车站上等待的时间就短，因此，时间成本下降；第二种，公共汽车公司选择在居民集中地区多设站点，增加车站数量可减少步行距离和汇集成本。同样地，在商业区设的站点越多，那么分流成本就越低。

（2）设计固定轨道系统。轨道系统被认为是一种主线路系统，因为它依赖于其他公交系统从居民区汇集乘客。因此，它的汇集成本比较高，但途中时间成本较低。此外，全部采用轨道系统的总成本相对较高，高汇集成本也往往胜过它的舒适度、高速度，因而轨道系统只能争取到一小部分自驾车的通勤者。

（3）设置公共交通专用车道。很多城市设置了公共汽车专用车道，以使这些公共汽车避开交通拥挤的道路。这种专用车道的效应有两个方面：第一，可以提高公共交通车辆的行驶速度，这将吸引更多的乘客，并减少私人汽车方式的使用；第二，由于可供使用的车道减少，自己驾车方式的出行成本明显提高（车道减少，拥塞更易出现），从而促使他们考虑选择公共交通方式。

三、公共交通的补贴

公共交通补贴是普遍存在的现象，即使在发达国家也不例外。在中国，很多人认为补贴是政府财政的包袱，主张取消补贴。其实，从公共交通的经济特性看，适度的补贴是合理的，也是必需的。

公共交通补贴有三个理由：

首先，在公交上存在着相当大的规模经济效应，因而公交系统有自然垄断的性质。由于初始投资高，而初增一个乘客所增加的边际成本又微乎其微，长期边际成本（LMC）和长期平均成本（LAC）曲线均向右下方倾斜，如图11-5所示。

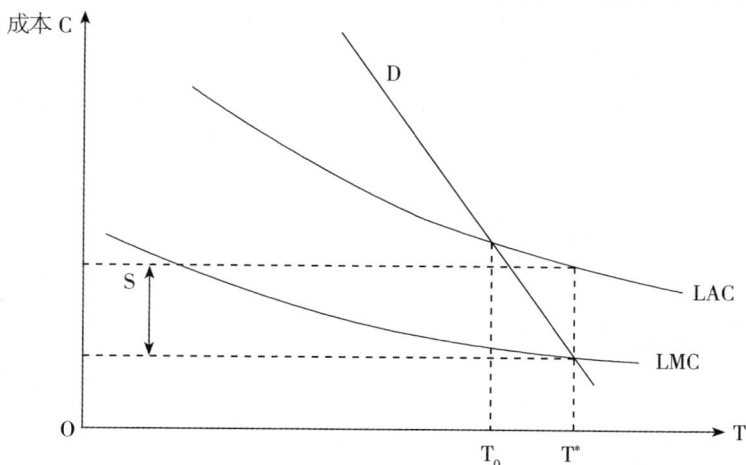

图11-5 公共交通的自然垄断性质

长期边际成本与需求曲线相交决定的 T^* 是最优的乘客量。由于长期平均成本（LAC）曲线高于长期边际成本（LMC）曲线，为维持不亏损，就需要补贴，补贴量用S表示。若没有补贴，公交系统为维持收支平衡，只能运载 T_0 乘客量，所以，适度的补贴有助于提高效率。

其次，公交补贴有助于提高公共交通对私人汽车的竞争优势。公共交通之所以在多数国家的城市中竞争不过私人汽车方式，关键是私人汽车方式的外部成本没有被内在化。如果将外部成本内在化，公共交通方式就会在竞争中显示出应有的优势。改变竞争中公共交通方式劣势的措施有两种：一是对私人汽车征收拥挤税，推动公共交通需求曲线右移；二是对公共交通给予补贴，扩大其需求，如图11-6所示。

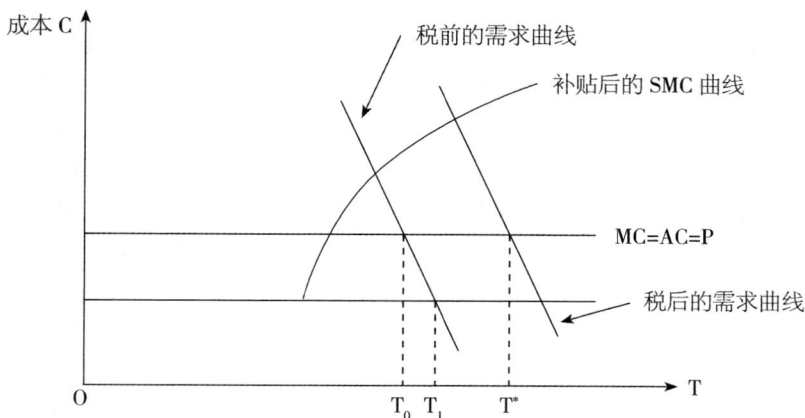

图11-6 补贴与征税对公共交通的影响

图11-6中的两条水平线分别代表补贴前后的供给曲线,由于票价固定,P(票价)=MC(边际成本)=AC(平均成本)。可见,补贴使公共交通量由T_0增长为T_1;而征拥挤税则使需求曲线右移,使流量增至T^*,且$T^*>T_1$。也就是说,公共交通补贴的基本问题是降低了公交价格。在没有拥挤税的情况下,公交补贴将会提高交通系统的效率,但补贴不会像交通拥挤税那样有效。

最后,公交补贴体现了转移支付的原则。一般公共交通的乘客收入水平较低,公交补贴作为一种转移支付的手段可以改善他们的福利状况。

第三节 城市交通模式

一、城市交通方式的利害比较

城市交通有多种方式,按照共享程度可以分为私人交通、公共交通和共享交通。私人交通主要指私家车,交通工具的使用权归个人独有,通常只为本人及家庭提供交通服务;公共交通又包括重轨、轻轨、公汽等,是面向所有城市人群提供交通服务;共享交通指单位公务车或合伙使用的交通工具,其特点是供若干特定的人员共享,是一种介于私人交通和公共交通之间的交通方式。由于共享交通不具有代表性,这里我们主要对私人交通和公共交通进行比较。

从未来发展看,私人交通方式有强大生命力,即使中国这样一个发展中国家,汽车工业也已被列为支柱产业,汽车保有量不断增长,越来越多富裕起来的城市居民拥有了汽车,城市交通中私人汽车方式的比重不断提高。但是,自从出现私人汽车方式之后,公共交通方式同它的竞争就从未停止过。私人交通和公共交通方式的相对优势和劣势是什么?如果两种方式都能够被用来提供某一特定服务,那么哪种是更好的呢?要回答这些问题,必须考虑以下几种重要因素:

(1)人的权利。在权利方面,城市交通的主要目标是保证全体市民和外来人员拥有最低的可达能力和交通权利,即向市民和外来人员提供能够到达市内任何地方的可达能力和便于步行的道路条件。任何一个城市都会面向所有公众提供多种福利和机会,但这些福利和机会对于每一个市民并不平等。就交通能力而言,拥有私家车和没有私家车的人在交通能力强弱和对城市福利的利用程度方面存在着明显的不平等现象。如果一个城市缺乏公共交通或者公共交通的服务范围有限,等于剥夺了部分市民从城市提供的福利和机会中获得利益的部分权利。显然,这一交通权利不可能指望普及私家车来实现,也不可能依赖出租车(公共交通的一种特殊形式)来履行,而只能建立在公共交通基础上。从目前的经济发展来看,世界上还没有一个城市达到了其所有市民不需要公共交通也能够获得最低可达能力的程度。

(2)成本比较。从消费者的角度看,他们是从两种交通方式的成本比较来决定其选择的。我们列表11-3来比较两者的成本构成。

表 11-3　　　　　　　　　　　　　　**私人汽车与公共交通的成本比较**

	私人汽车		公共交通
货币成本	折旧、汽油费、道路使用费、保险费、执照费		票价
时间成本	汇集	无	高
	行车	较低	较高
	分流	无	高
外部成本	很高		很低

可见，从货币成本看，两种方式不易比较，私人汽车的货币成本一般将随着行驶里程增多而下降，而公共交通的票价一般是固定的，不会因多乘坐使用而降低。两者货币成本的具体数额随各地成本项目和成本水平的不同而有差异。美国的研究表明，私人汽车的货币成本并不高于公共交通。但应指出，由于美国私人汽车方式占统治地位，且美国民众享用廉价汽油，所以这个结论并不具有普遍性。从时间成本上看，两种方式高下分明，一般情况下，私人汽车方式不存在汇集和分流，且行车阶段私人汽车的速度一般也高于公共交通工具，所以，私人汽车方式的时间成本较低。从外部成本看，公共交通方式则占显著优势。公共交通是一种大容量、高效率的交通方式，它的道路使用效率明显高于私人汽车方式。

（3）环境安全。噪声、污染、交通事故是比较严重的城市交通环境问题。根据法国的测算，公共汽车人公里噪声的外部成本只有私家车的 1/10，轨道交通的这一费用也很低，虽然其所产生的噪声强烈，但这种噪声是沿轨道的轴线传播的，受影响的人数非常有限；公共汽车人公里空气污染的外部成本只有私家车的 1/20，轨道交通一般都是电气化的，几乎没有这种污染；公共交通人公里交通事故的外部成本只有私家车的 1/10。

（4）空间利用。交通在拓展城市空间的同时，也在占据城市的空间。在东京，交通设施占城市空间的比例为 18%，伦敦为 21%，巴黎为 23%，洛杉矶为 70%（其中 27% 是道路，11% 是人行道，32% 是停车场）。研究表明，在一定的技术条件下，城市分配给交通系统使用的土地，包括道路与停车场地有一定比例，一般以总面积的 15%~25% 较为合理。对于一个发展中的城市，交通用地比例偏低会造成交通网不足，过高则会自行消耗拓展城市空间的成果。这就要求交通在拓展城市空间的同时，降低自身的占有率，提高城市空间的净增量。在空间占据方面，公共交通单位供给的空间占有量约为私家车的 1/10。

（5）能源消耗。我们所说的能源主要指非再生性能源。世界范围内，非再生性能源属短缺资源，不能简单地用货币表示。对于一个城市来说，交通工具仍是目前重要的能源消耗大户。两种交通方式比较，公共交通人公里消耗的能源不到私家车的 1/3。

二、"公交优先"的战略思想与实施前提

（一）"公交优先"的战略思想

在优先发展私人汽车还是优先发展公交系统的问题上，一直存在争议。发达国家在经历了私人化的机动交通大规模发展之后，面对交通拥挤和交通污染的种种问题，重新认识到公共交通系统对解决城市地区尤其是大城市地区交通问题的重要性和有效性。优先发展公共交通系统，已成为许多城市居主导地位的战略思想。

优先发展公共交通系统的战略思想，是基于人们对城市交通问题的以下两个方面反思而确定的：

（1）城市交通的首要目的是实现人的移动而非车辆的移动。城市是人口高度集聚的地方，城市中繁忙的交通运输是城市高度发达的社会化的经济交流功能的反映，而从事经济交流的主体是人，人也是各种信息和物资交流的最终载体。但是，机动化和机动车私人化的发展一度使人们淡忘了这一要点，城市的道路建设和交通组织似乎都是在围绕如何满足私人小汽车的移动需要，仿佛发展城市交通的目的是单纯为了应付汽车的增长。公共交通具有运量大、运行线路规律的特点，在人口集中的城区内部，实现以人为主的移动，公共交通系统的效率显然高于私人交通。通过科学规划和组织，建立高效、快捷的现代化公共交通系统，是解决城市交通问题的最现实、最经济的途径。

（2）公共交通系统能最大限度地满足必要的出行需求。城市交通流量基本上由两部分组成：一部分是固定的出行量，另一部分是随机的出行量。固定的出行量主要包括市民的工作、学习通勤和日常生活出行，它们基本上都是每日必不可少的交通量，一般情况下，无论道路交通的拥挤状况如何，都不会有太大的增减变化，因而是刚性的交通需求。随机的出行量包括外来交通量和城市居民的其他出行量，这部分交通量的增长潜力几乎可以说是无限的、弹性的。因此，这就需要以有效的交通系统满足出行需求。首先是使有限的道路设施满足必要的出行，其次是最大限度地提高道路的利用效率，使有限的道路设施在满足必要的出行的同时还尽可能多地满足随机的弹性出行需求的能力。快速、便捷的公共交通系统最适合上述要求。

需要指出的是，公共交通系统本身即是一个包含多种交通方式的复杂系统。公交优先的发展战略，并不意味着公共汽车、地铁、轨道交通等多种方式不加选择地共同发展，也不意味着发展地铁、轻轨等先进的公共交通方式就可建立起现代化的高效公共交通系统。公交优先战略取得成效的关键是需要针对城市的实际情况（人口规模、财政能力、交通需求等）选择居主导地位的公共交通方式，并以科学的交通规划组织实现不同方式之间的良好衔接与协调。

（二）"公交优先"的实施前提

公共交通与私人交通在公共设施占用、资源消耗、环境破坏等方面是不相同的。现实中，尽管绝大多数城市对公共交通进行了补贴，但远远低于私家车所获得的"暗补"，导致城市交通结构不合理。比如，城市道路、停车场等大都由公共投

资建设，相当于给这些设施的使用者提供补贴，而私家车也近乎无偿地使用这些设施，这意味着私家车主们得到了"暗补"，无形中助长了人们对小汽车等低效率交通工具的过度利用，导致公共设施短缺，增加了政府的财政压力。可见，必须通过税费等形式回收道路和停车场等公共设施的成本，将它们反映到交通工具的使用成本中。

因此，通过相应的税费提高私人交通的使用成本，同时对公共交通进行适度的补贴，这就是"公交优先"政策的实施前提。实践中，可区分三种情况对待：第一种情形是道路能力闲置，或环境"质量潜力"（消化污染限额的余量）大，或资源可再生，私人交通与公共交通的发展可以顺其自然；第二种情形是道路能力基本饱和，或环境"质量潜力"趋于零，私人交通与公共交通的发展必须以各自生产单位产品所占用的公共设施和破坏的环境量以及资源消耗量为衡量标准，征收相应的税费；第三种情形是道路能力不足，或环境"质量潜力"为负值，或资源不可再生，私人交通与公共交通的发展不仅要以各自生产单位产品所占用的公共设施、破坏的环境量、不可再生资源的消耗量为衡量标准，征收相应的税费，而且要在政策上向公共交通倾斜。

三、城市交通模式及其选择

（一）城市交通模式的分类

从城市交通供给的角度看，世界各国城市交通发展的基本模式可以分为三大类：

（1）"小汽车为主体，公交辅助"的城市交通模式。北美、西欧的多数大城市，如美国的波士顿、纽约、洛杉矶，英国的伦敦，法国的巴黎等，小汽车发展处在世界前列，发展过程没有进行必需的限制，20世纪60年代就已经处于过剩状态，每千人拥有量在200~400辆，城市客运量的60%以上是以小汽车为主。

（2）"公交为主体，小汽车为主导"的城市交通模式。世界上另一些大城市在小汽车的发展上，采取了有限制的发展策略。小汽车的规模大都保持在"千人百辆"水平，小汽车完成的客运量占城市客运总量的比例在30%左右。新加坡和中国香港由于土地面积小、人口高度集中，所以对小汽车的发展采取了明确而有效的限制，都以"公交为主体"发展城市交通著称。除此之外，莫斯科、首尔等城市也是注重公共交通发展的城市。

（3）"公交为主体，小汽车辅助"的城市交通模式。这种模式主要为发展中国家采用，但它是一种不稳定的结构模式。随着经济的发展，小汽车将得到较快发展，公交也会继续发展，但供给结构发生转变，小汽车在城市客运中的地位不断提高。发展中国家的一些大城市，如曼谷、马尼拉、雅加达等都属于这一类。

（二）我国城市交通模式的选择

城市交通模式的核心，是对小汽车限制还是不加限制的问题。我国的国情决定了我们不适合采用"小汽车为主体，公交辅助"的模式，而应该选择从"公交为主体，小汽车辅助"向"公交为主体，小汽车为主导"的城市交通模式过渡。其主要理由如下：

（1）我国大多数城市的成长历程与欧美发达国家主要城市的成长历程有着本质区别：第一，我国大城市在机动车化之前，就已经形成了高人口密度的城市结构；第二，我国城市在开放经济后突然面对的是一个完全成熟的跨国汽车工业。这两点意味着我国城市将没有机会像伦敦、纽约、波士顿等城市那样，有一个相对较缓慢的城市交通系统与小汽车发展相互适应和进化的过程，更不可能出现像洛杉矶那种专门为小汽车化社会设计的城市。

（2）我国人口众多，人均国土面积，尤其是人均耕地面积、人均石油储量都很低，远不到世界的平均水平。这些因素决定了我国的城市化将更多地表现在人的工作性质的改变，而不应该是土地使用功能的大规模改变；城市建设将更多地向空间展开，而不应该是在平面上的大规模展开。这样，用于城市道路建设的土地将十分有限，决定了小汽车在我国的发展也将受到限制。

（3）我国的城市化来得较西方国家晚，但速度快。农村剩余劳动力在短时间内快速涌入城市，促使城市建设在准备不充分，甚至措手不及的情况下匆匆进行。城市空间的拓展跟不上城市发展的步伐，不自觉地走向了"被动交通规划"的道路。城市建设的先天不足也要求限制小汽车在我国的充分发展。

（4）与此同时，小汽车的适度发展又是不可阻挡的。世界上"以公共交通为主体"而著称的城市，经过长期的发展，其小汽车完成的客运量还是占到了城市客运量的较高比例：中国香港为26%、新加坡市为30%、莫斯科为31%、东京为32%、圣保罗为35%、墨西哥为46%。这些都说明小汽车的发展具有强大的内在动力。在这种情况下，一味地严格限制它的发展也不对，正确的策略应该是根据城市实际情况，实行限制加引导的办法。

（三）城市交通模式的政策支持

为了保证被选择的城市交通模式的顺利推进，有必要在政策上给予支持。

（1）加快轨道交通的发展步伐。轨道交通具有容量大、效率高、占地少、污染小等特点，是满足大规模大众出行需求最有效的城市交通工具。一些曾经大量发展小汽车替代常规公共交通的城市，大都出现了小汽车过量引发的"城市病"，开始重视并不断加快轨道交通的发展。实践证明，这是大城市交通现代化的成功之路。加快轨道交通发展，符合我国特大城市和大城市交通发展的实际需要，是解决我国城市公共交通效率的一个重要途径。

（2）加强快速干道建设。轨道交通在我国将主要集中在特大城市和少量的大城市。不考虑建设轨道交通的城市，构筑并建设好若干快速干道将有助于保证城市主要交通流的畅通，解决城市交通的主要需求。对于已经建设或将建设轨道交通的城市，快速干道的建设同样必要。因为轨道交通毕竟是集约交通方式，只有在客流集中的路段提供服务，它不太可能散布到城市的每个角落，次级客流的服务依然需要常规公共交通。此外，小汽车的适度发展也同样需要快速干道建设。

（3）小汽车的发展必须受到限制。对小汽车发展的限制必须防患于未然。城市交通具有强大的锁定效应（locking effect），一旦形成很难轻易改变。如果不从小汽车成长初期予以限制，待小汽车泛滥后，再采取"有效"措施，恐怕就回天乏术了。限制小汽车发展要以经济手段为主，比如通过征收高额拥有税、使用税，或用配额的办法等进行限制。我国已经明确将汽车工业作为国民经济的支柱产业，严格限制小汽车拥有量不利于这一产业政策的实施。因此，有必要将小汽车的拥有和使用区分开来，将重点放在对使用的限制，而不是拥有的限制。

（4）保留人力自行车交通的空间。人力自行车在世界各国的城市交通中都曾起过重要的作用，可是在机动车化过程中，它的作用被逐渐忽略了。然而，在当今返璞归真的潮流下，人力自行车没有污染、集出行与锻炼于一身、机动灵活的特点再次被人们所认同，西方国家的一些城市骑自行车的人数正在增加。我国是自行车的王国，自行车在我国有非常广泛的群众基础，在城市交通中一直占有重要的地位。在机动车化过程中，千万不要低估人力自行车交通在未来的价值，要给它留出应有的生存空间。

第四节　城市交通规制

一、交通需求管理

交通需求管理是进入20世纪90年代之后，随着人们对现代城市交通经济问题认识的深化而形成的一种城市交通管理理念，它实际上是针对城市交通问题日益普遍和突出的现实，在拥挤定价对策的基础上进一步发展的一种更全面、更系统的城市交通经济问题的综合对策。

所谓需求管理，简言之，就是通过一定的经济和行政手段，对城市的各类客货交通需求量的增长进行有效的调控，以形成最佳的交通结构和组织方式，保证城市交通系统快速、安全、可靠、舒适、低污染地运行。按照交通需求管理的理念，任何国家和地区的城市交通发展政策与规划都必须根据当地的经济基础和实际情况，符合四项判别标准，即：①经济的可行性；②财政的可承受性；③社会的可承受性；④环境的可持续性。

交通需求管理的具体措施很多，但主要可归纳为两大类：其一，是通过优先发展公共交通使有限的城市交通设施达到最高的能力和效率；其二，是通过对机动车辆的拥有和使用的限制来控制城市地区机动交通总量的增长。下面着重介绍第二种情况。

1.车辆使用控制

车辆使用控制是解决城市地区交通拥挤等一系列问题的重要方法，是世界各国普遍采用的城市交通需求管理的主要措施。车辆使用控制的具体措施很多，基本上可分为如下几种类型：

（1）基本价格（basic pricing）控制。基本价格是指对城市地区的所有车辆普遍征收的某种税（费），如一些国家征收的燃料税、车辆使用税等。基本价格的征收只与车辆的使用有关，若拥有车辆但使用较少或不使用，就不会被征收这些费用。因此，基本价格可以从整体上起到控制交通需求量的作用，但它并不直接对车辆集中的地区和路段发挥特别的作用。

（2）地区价格（area pricing）控制。地区价格是交通拥挤税的应用和发展。地区价格的含义，就是对城市指定的特别区域内的道路上行驶的车辆进行收费，或者对特定路段在特定时间内收费。费用标准依拥挤程度而定，最拥挤的地区或最拥挤的时间段里收费最高。不进入指定区域行驶的车辆不收费，经常在指定区域的繁忙道路上行驶的车辆将被征收很多的费用。地区价格控制措施可以促使人们尽量避开高收费的拥挤地区，或合理选择出行时间，这样可以分流繁忙地区的道路交通流量，有效地缓解局部地段的过度拥挤。地区价格控制有设出入口收费、颁发收费特许证、电子化自动计费等不同操作办法。

（3）非价格通行（nonpricing access）控制。非价格通行控制是常规的城市交通管理控制办法，对某种类型的车辆禁止行驶以消减交通量就是最常见的非价格通行控制手段之一。这种措施的优点是简单易行、目的明确、效果明显，而且控制范围具有灵活性，定时、定线、定车型、单双号分时行驶、完全禁行等多种方式可以单独或结合使用。但是，非价格通行控制不能简单地采用，需要在全面了解城市的交通流量、种类构成和科学测算禁行成本-效益的基础上实施。一般多用于保护敏感地区（文教区、高级办公区、步行者集中的繁华商业区等）。

2.车辆拥有控制

车辆拥有控制是采用经济、技术、法律的手段，对城市地区私人购置拥有机动车辆的数量施加一定的限制，使城市机动车数量的增长受到一定程度的抑制，从而达到减少道路交通量的目的。尽管从拥有方面控制车辆的做法并不完全符合公平的原则，也有许多副作用，但是，车辆拥有控制在道路交通设施严重不足或财政资金缺乏的城市是必要的，因为它一方面间接缓解道路拥挤，另一方面具有筹集资金的作用。其具体控制手段包括：

（1）征收车辆拥有税费。车辆拥有税的征收，包括通常征收的购置附加税以及汽车牌照年费等，在一定程度上提高了购买力要求，能直接影响城市地区注册车辆的数量，间接减少拥挤道路的交通量。

（2）限定车辆标准与等级。许多国家实施的汽车年检客观上就具有限定车辆等级从而控制机动车总数的作用，此外，还可以对城市地区的注册车辆的标准等级做出其他的限定，如环境标准、安全性能、行驶性能等，这些要求均能起到控制机动车总数的作用。

（3）车辆定额配给。车辆定额配给包括两种方式：一种是对每年颁发的车辆注册证书（牌照或其他许可证件）的总数加以控制；另一种是对某些特殊车型的数量增长设定额度。这种方法可以使得城市地区机动车数量的年增长速度控制在一定的水平上。

二、交通运输管制

交通运输管制是对城市交通运输业实行的特殊管理。管制理论认为，交通运输业具有公共性，并且是社会资本集中的行业，为确保公共利益，政府必须通过各种方式对交通运输业市场进行干预，从而为交通运输管制提供了理论依据。

交通运输管制涉及多个方面，主要包括交通市场的进入限制（实行线路经营许可证制度、审批制度等）和交通市场的行为限制（如价格管制、交通方式规定等）两方面。在世界范围内，城市交通，尤其是公共交通都是一种带有福利意义的公共性服务，纯粹由市场机制调节供求并不可行，它要么抛弃公共交通的福利性，增加出行者的费用支出，促使出行者改用私人交通；要么降低公共交通的覆盖率，降低公共交通的服务水准，迫使大众放弃公共交通。无论是哪种情形都将破坏公交优先的原则，增加城市交通的压力。因此，自20世纪70年代以来，世界各国尤其是发达国家的交通运输业加快了放松管制的步伐，交通运输政策转向更多地依靠市场、依靠竞争、减少政府干预。这里，我们将重点讨论两个方面的改革：通过签订服务合同让私人提供公交服务；取消对城市公交的控制，允许其市场的自由进入。

1.公汽服务合同签订

城市可以选择的一个办法就是与私人公司签订合同，允许其提供特定线路的公共交通服务。在合同中，当地政府详细列出公共交通系统的服务要求（如车间时距、行车时间、站点位置、车票价格），然后接受私人公司对公共交通服务的投标，对以最低成本提供服务的公司给予公交专营权。

公交服务的合同制可以节约营运成本，这是其改革的一个最重要的依据。据美国联邦公交管理局估计其节约的营运成本在25%~30%，而其他的研究也表明其在15%~35%。私人公司提供的公共交通服务成本较低的原因有三：首先，支付的工资成本低；其次，私人公司的工作制度灵活，可采用轮班制并使用兼职工人；最后，私人公司在交通方式的选择上更具经济头脑，比如，在人口低密度地区使用小公汽。

2.取消控制并采用辅助运输系统

改革的第二个选择就是取消城市交通市场的控制，允许自由进入该市场并自由竞争。取消控制将改变许多城市的混合交通服务。目前的体制存在着两个极端——单一乘客的出租车和庞大的公交机车（大公汽和轨道列车）——这种系统将被取代，新的体制让乘客有更多的车型选择和更多的服务种类选择。

辅助运输系统这个名词出现在20世纪70年代，被用来描述介于私人与传统公共汽车之间的一种广泛的服务形式，包括共用小汽车、共享出租车、电话订车、预约通勤客车和公汽等。以共用小汽车为例，它是指供某个群体共同使用或共同拥有的小汽车。一般的做法是在一个社区、住宅区或街道内，组织一个车队或俱乐部，参加者可随时使用车队或者俱乐部的任何一辆汽车。英国南部的一个城市组织了一个俱乐部，参加者交纳少量会费便可一天24小时内随时使用俱乐部的汽车。使用车辆的费用由微型计量仪根据里程、燃料消耗和使用时间自动计算。法国的"自己驾驶租用车"俱乐部，是由志愿者组织在一起的使用组织，为参加者提供小汽车。每个成员可领到能使用俱乐部任何车辆的钥匙，钥匙上有使用者的编码，一旦用它发动汽车，自动计量仪马上把钥匙的编码记录下来，以正确确定每个会员的使用费。"共用小汽车"比出租车更接近私家车的特性，对私家车具有强大的替代性，但它的效率比私家车要高得多。可见，这些辅助运输系统填补了单人出租车与大型公共汽车之间的空缺。辅助运输系统的经验表明，它们在取消控制的公交市场上可以发挥重大作用。

三、出租车市场管制

出租车是城市公共交通的重要形式。随着经济发展，出租车在公共交通中的地位越来越重要。在许多城市，出租车完成的客运量占到公共交通的10%以上，有的城市高达20%。因此，出租车市场管制是城市交通规制的重要内容。

出租车市场管制的重点是出租车供给规模和出租车服务价格的控制。

（1）出租车供给规模。现实中，出租车供给规模的控制一般是通过出租车营运牌照投放制度来实现的。出租车营运牌照作为一种资源已为人们普遍接受。这一资源的利用好坏直接关系到出租车市场的健康发展。从世界各国城市看，出租车营运牌照的投放，主要有审批制（即签发）和拍卖制。前者是指营运牌照通过政府审批取得，一般不收费，或象征性收费。后者指营运牌照通过竞价方式投放。长期的实践证明，审批制容易滋生腐败，而且也确确实实导致了许多腐败，因此应尽可能避免使用，但这并不意味着所有城市出租车营运牌照的投放都必须实行拍卖制或投标制。对于出租车市场已经发育起来的大城市及部分中等城市，出租车需求较大，营运牌照的"资源含量"较高，投标制的可行性与必要性毋庸置疑。可是，对于那些出租车市场发育还不成熟的中小城市，出租车需求偏小，经营出租车的利益不大，招标的意义就不大。

（2）出租车服务价格。出租车服务价格是运输价格中管制最严格的一种。世界上绝大多数城市的出租车都实行由政府核定的统一价格，而且没有浮动幅度。出租车价格一般采用的是行程运价，即起步价+行程运价。出租车价格的确定很大程度上取决于对出租车服务的定位，有三种情形：第一，把出租车服务看成是公共交通的一种普遍形式，因此，只要是需求就尽量满足，但不像其他公共交通形式那样给予补贴。完全成本（成本+正常利润）是制定出租车价格的依据。第二，把出租车服务看成是公共交通的一种"高档"形式。既然它是公共交通的一种"高档"形式，补贴也是不必要的。均衡价格是制定出租车价格的依据，价格水平的高低取决于供求关系。第三，把出租车服务看成是一种"享受"型的公共交通。相对于整个城市的居民，出租车是一种"奢侈品"，因此不仅不应该补贴，而且有必要将它控制在较小的规模。出租车的价格既可以不考虑完全成本的大小，也可以不考虑均衡价格的高低，而是按这类乘客的"负担能力"收费，即以乘客负担能力大小为依据制定出租车的服务价格。

◆ 练习与问题讨论

1.假定交通量与行车时间的关系式为：

行车时间=12.0+0.001×（交通量－400）+0.000015×（交通量－400）^{2}。利用这个公式计算出交通量、行驶时间、行驶成本和交通的外部性及边际收益等，见表11-4。

表11-4 交通量相关资料表

交通量（公里）	行驶时间（分钟）	每位行车者增加的行驶时间（分钟）	总行驶时间的增加（分钟）	外部成本	私人成本	社会成本	边际收益
200	12.0	0	0	0	320	320	31.10
400	12.0	0	0	0	320	320	27.44
600	14.8	0.007	4.2	0.42	3.28	3.70	23.78
800	18.0	0.013	10.4	1.04	3.48	4.52	20.12
1 000	22.4	0.019	19.0	1.90	3.80	5.70	16.46

（1）利用这些资料绘出一个交通供求曲线图。

（2）什么是交通均衡量？什么是交通最优量？

（3）什么是合适的交通拥挤税？

2.讨论公交补贴对于小汽车交通量和公交汽车乘客量有什么影响。试着用经济学曲线进行图解。

3.你认为优先发展公共交通的战略是否符合中国国情？中国应该采取何种城市交通发展模式？

4.放松对城市交通的管制会产生怎样的结果？

5.城市出租车服务价格由政府核定是否合理？为什么？

资料链接11-1

当斯定律：道路建设
不可能完全解决拥挤问题

资料链接11-2

城市交通系统及其发展
演化过程

资料链接11-3

城市交通的需求模型

第十二章　城市物流

从本源上讲，城市与物流是同时出现的，也是同时发展的，两者相互促进、相互影响，但随着城市规模的不断扩大和城市功能的日益丰富，不论是物流业务、物流资源，还是物流组织都将以更快的速度、更大的规模向城市集结，从而使城市物流的规模与密度快速膨胀。因此，城市物流对城市的生产消费和经济增长有着非常重要的促进与制约作用。本章将从城市物流的基本特征入手，分析城市物流与城市经济的相互作用机理、城市物流网络、城市物流共同配送系统，以及相应的城市物流政策体系。

第一节　城市物流及其与经济的耦合

一、城市物流的特性与分类

（一）物流与城市物流的特性

物流（logistics）的概念起源于20世纪30年代，最早是在美国形成的，它是指供应链活动的一部分，是为了满足客户需要而对商品、服务消费以及相关信息从产地到消费地的高效、低成本流动和储存进行的规划、实施与控制的过程。国内将物流定义为：物品从供应地向接收地的实体流动过程，是根据实际需要，将运输、储存、装卸、搬运、包装、流通加工、配送和信息处理等基本功能有机结合。

理解物流概念，有几个基本要点：①物流是物品物质实体的流动。任何一种物品都具有两重性：一是自然属性，即它有一个物质实体；二是社会属性，即它具有一定的社会价值，包括它的稀缺性、所有权性质等。物品的物质实体的流动是物流，物品的社会实体的流动是商流。商流是通过交易实现物品所有权的转移，而物流是通过运输、储存等实现物品物质实体的转移。②物流是物品由供应地向接收地的流动，即它是一种满足社会需求的活动，是一种经济活动，不属于经济活动的物质实体流动，不属于物流的范畴。③物流包括运输、搬运、储存、保管、包装、装卸、流通加工和信息处理等基本功能活动。这些处理过程形成了环环相扣的链接整体，称作"流"，因此，物流是集成性活动，是多种活动的统一。

城市物流是在市场经济的框架下综合交通环境、能源消耗等因素，由个体企业全面优化城市区域物流和交通行为的过程，是城市功能得以发挥的有力支柱，是城市资源合理配置和有效利用的基础。

城市物流是介于宏观物流和微观物流之间的中观层次，可以看作众多企业的微观物流向城市之间的宏观物流的一种过渡。与我们平常提到的物流相比，城市物流多了一个边界，需要在物流涉及的诸多方面上加上地域限制，并要考虑城市的属性。它涉及城市的交通运输、仓储、包装、装卸、信息传递及制造业、加工业、流通业、居民生活水平、产业结构等物流的核心和外围的方方面面。

从城市物流的主体来看，城市物流主要由货主、物流事业者、消费者及城市政府等四大相关主体构成：①货主。货主是货物的所有者，包括发货货主与收货货主。货主是物流服务的需求者，货主的期望目标是谋求物流成本、速度、安全、货物在途信息等方面的最优化。②物流事业者。物流事业者是物流服务的提供者，即专业化的物流企业。其目标是实现自身利益的最大化。一般表现为尽量降低物流成本。③消费者。消费者的目标是希望达到尽可能低的物价，同时，作为居民的消费者，还希望缓解交通拥挤、减少噪声与大气污染、减少生活空间的交通事故。④城市政府。城市政府的目标是在实现地方的社会经济发展、保证就业目标的同时，提高城市的物流竞争力。显然，上述主体各有不同的目标与行为，在城市物流系统中发挥着不同的作用。同时，四大主体的目标与行为又是相互影响、相互制约的。

城市物流既是发生在城市内的物流，又是以城市为依托的物流。城市物流具有一定的特殊性，具体体现在如下几个方面：

（1）物流密度高。物流密度是指单位面积内所拥有的物流业务、物流设施（物流线路、物流网点等）、物流设备（运输车辆）、物流组织等的数量。所谓高密度是指在相对较小的空间内拥有较大的物流量和较多的物流设施、物流设备、物流组织。与其他区域（郊区或农村，以及城市与城市之间）相比，城市物流作业量、物流设施、物流设备、物流组织相对集中，因此，城市的物流密度也比较高，特别是大城市，其物流密度更高。物流密度越高，存在的问题及隐患也就越多，从而要求城市物流组织与管理更科学、更系统、更缜密，组织与管理的难度也就更大。

（2）与企业关系密切。城市物流与企业内部的微观物流有着千丝万缕的联系。一方面，由于城市物流与微观物流客观上存在着密切的集散关系，企业输出的微观物流必须通过城市物流才能汇集成输出城市的宏观物流，而外部的宏观物流也只有通过城市这个节点的再分配，才能到达各个企业。另一方面，由于企业本身就存在于城市之中，在某些物流功能方面，很难分清它究竟属于此还是属于彼。例如，存储功能是除了运输之外的物流第二大主功能。城市中企业的存储（包括原材料存储和产品存储），从物流学的观点看，既可以认为是企业的存储，又可以看作是城市的存储。装卸搬运功能、包装功能、流通加工功能、物流信息功能等都存在类似的情况。

（3）制约因素多。由于城市既是生产、流通、消费中心，也是政治、经济、文化中心。在有限的城市空间内高密度地分布着各种交通设施（铁路、公路、车站、港口、桥梁）、商业旅游设施、文化体育设施、教育医疗设施、园林绿地、工厂、机关团体、居民住宅等建筑物及生产与生活区域，同时，还有大量的人员流动。从某种意义上讲，这些要素都是城市物流的"障碍物"，例如，物流网点的布局、物流路线的选择、物流作业的开展，都会受到上述"障碍物"的影响与制约。

（4）以城市道路系统和短途运输为主。由于城市物流受到了城市地理区域的限制，从而决定了这个系统不可能涉及长距离、大范围的物流服务，而只能以城市道路系统和短途运输为主，是发生在城市内部各物流网点之间、物流网点与用户之间以及用户与用户之间的同城物流。不论是哪种形式的城市物流，其主要载体或手段都是公路与卡车，因此，城市物流的最大特点就是以公路物流为主，而且是短距离的公路物流。

（二）城市物流的分类

物流对象、目的不同，物流范围、范畴不同，便形成了不同类型的物流。尽管目前还没有统一的物流分类标准，但为便于研究，按照物流的作用、属性及作用的空间范围等，可以从不同角度对城市物流进行分类。

1.按照物流作用可以分为供应物流、销售物流、生产物流、回收物流和废弃物流

（1）供应物流。生产企业、流通企业或用户购入原材料、零部件或商品的物流过程称为供应物流，也就是物资生产者、持有者到使用者之间的物流。对于制造企业而言，是指对于生产活动所需要的原材料、燃料、半成品等物资的采购、供应等活动所产生的物流；对于流通企业而言，是指交易活动中，从买方角度出发的交易行为中所发生的物流。

（2）销售物流。生产企业、流通企业售出产品或商品的物流过程称为销售物流，是指物资的生产者或持有者到用户或消费者之间的物流。对于制造企业是指售出商品；而对于流通企业是指交易活动中，从卖方角度出发的交易行为中所发生的物流。

（3）生产物流。从工厂的原材料购进入库起，直到工厂成品库的成品发送为止，这一全过程的物流活动称为生产物流。生产物流是制造企业所特有的，它和生产流程同步。原材料、半成品等按照工艺流程在各个加工点不停顿地移动、流转形成了生产物流。如果生产物流发生中断，生产过程也将随之停顿。

（4）回收物流。不合格物品的返修、退货以及伴随货物运输或搬运中的包装容量、装卸工具及其他可再用的旧杂物等，经过回收、分类、再加工、使用的流动过程。

（5）废弃物流。废弃物流是指对伴随某些厂矿的产品同时或共生的副产物（如钢渣、煤矸石等）、废弃物，以及生活消费品中的废弃实物（如垃圾）等收集、分类、加工、包装、搬运、处理过程的实体物流。

2.按照物流所涉及的领域进行分类，可分为生产领域物流、流通领域物流和生活领域物流

（1）生产领域物流。无论在传统的贸易方式下，还是在电子商务下，生产都是流通之本，而生产的顺利进行需要各类物流活动支持。整个生产过程实际上就是系列化的物流活动。

（2）流通领域物流。物流与流通领域有天然的不解之缘，流通领域的物流是典型的经济活动，这个经济活动的重要特点是：购销活动、商业交易、管理与控制等活动与物流活动密不可分。在网络化时代，电子商务发展迅速，由此产生的企业对企业（B to B）、企业对消费者（B to C）的电子交易行为必然产生大量的商品实体的物理性的位移，使物流主体更趋向于流通领域。

（3）生活领域物流。在生活消费领域也存在着物流活动，这种物流活动对日常生活是必不可少的。随着企业对消费者（B to C）的电子商务的开展，个人生活领域物流将成为现代物流越来越重要的组成部分。

3.按照物流活动的空间范围可以划分为地区物流、国内物流和国际物流

（1）地区物流。地区物流是从本地区的利益出发组织的物流活动。地区物流系统对于提高该地区企业物流活动的效率，以及保障当地居民的生活福利环境，具有不可缺少的作用。

（2）国内物流。国内物流是从国家整体物流系统推进的物流活动。它涉及全国或区域性物流基础设施的建设，各种交通政策法规的制定，物流活动有关的各种设施、装置、机械的标准化，物流新技术的开发、引进和物流技术专门人才的培养等方面的内容。

（3）国际物流。国际物流是指世界各国（或地区）之间，由于进行国际贸易而发生的商品实体从一个国家（或地区）流转到另一个国家（或地区）的物流活动。随着国际贸易的发展，物流国际化越来越突出，"物流无国界"已被人们所公认，国际物流将不断得到发展，这就要求有相应的国际物流设施和管理经验。

4.按照物流研究范围可以将物流活动分为宏观物流、中观物流和微观物流

（1）宏观物流。宏观物流就是研究社会再生产总体物流，研究产业或集团的物流活动和物流行为。宏观物流也指物流全体，从总体看物流而不是从物流的某一个构成环节来看物流。因此，在物流活动中，下述若干物流应属于宏观物流，即：社会物流、国民经济物流、国际物流。

（2）中观物流。它是从区域上的经济社会来认识和研究物流的。从空间位置来看，一般是较大的空间。例如，一个特定经济区物流。

（3）微观物流。微观物流是指微观主体、一个局部、一个环节，或在一个小地域空间发生的具体的物流活动，经常涉及的下述物流活动皆属于微观物流，即：企

业物流、生产物流、供应物流、销售物流、回收物流、废弃物流、生活物流等。因此，微观物流是更贴近具体企业的物流。

5.按照物流作业执行者可分为企业自营物流和第三方物流

（1）企业自营物流。企业自营物流是指生产制造企业自行组织的物流。一般来说，工业企业自营物流包含三个层次：一是物流功能自备。企业自备仓库，自备车队等，拥有一个自我服务的体系；二中物流功能外包。将有关的物流服务委托给物流企业去做，即从市场上购买有关的物流服务，如由专门的运输公司负责原料和产品的运输；三是物流系统组织。企业自己既不拥有物流服务设施，也不设置功能性的物流职能部门，而是通过整合市场资源的办法获得相应的物流服务。包括供应链的设计、物流服务标准的制定、供应商和分销商的选择等，直至聘请第三方物流企业来提供一揽子的物流服务。

（2）第三方物流。所谓第三方物流是指生产经营企业为集中精力搞好主业，把原来属于自己处理的物流活动，以合同方式委托给专业物流服务企业，同时通过信息系统与物流企业保持密切联系，以达到对物流全程管理控制的一种物流运作与管理方式。因此第三方物流又叫合同制物流。

二、城市物流功能与城市经济的耦合关系

物流被许多经济学家戏称为"黑暗大陆""未被开垦的处女地""第三利润源"。物流系统作为城市经济中一个子系统，其功能和巨大的经济价值正在为越来越多的有识之士所认可，并为许多城市的经济发展插上了腾飞的翅膀。

从城市物流的功能来看，城市物流主要包括生产功能、生活功能与社会功能。其中，生产功能是指城市物流对企业经营的贡献，即城市物流可以为城市各类企业的生产经营活动做出重大贡献。无论是制造企业还是流通、服务企业，都离不开城市物流系统的支撑，城市物流不仅是企业实现价值、降低成本的重要手段，也是企业提高顾客服务水平、创造价值的竞争战略。生活功能是指城市物流对消费者购物、生活方面的贡献，高效率的城市物流可以为消费者的低价、及时购物与消费提供条件，同时，城市物流还可以为消费者提供各种生活上的便利，如搬家物流、消费者与消费者之间的"速递"物流、生活废弃物的回收物流等。社会功能是指城市物流对全社会的贡献或影响，主要体现在对城市交通、环境、能源消耗等方面的贡献与影响。显然，城市物流系统组织运行得越好，对缓解城市交通拥挤、减少交通事故、减少环境污染、节约能源消耗的贡献就越大；反之，则会加剧交通与环境的恶化，降低整个城市的福利水平。

城市物流功能既是城市经济活动中的重要组成部分，同时也是支撑经济发展的重要基础，因此城市物流功能与经济相互作用与影响形成了一个复合系统。现代物流业与经济相互协调发展，能充分发挥二者之间的相互推动作用，实现"1+1>2"的效用。

一般来说，城市物流功能与城市经济之间的耦合关系表现为如下几个方面：

（1）城市物流自身是一个不断发展的纵向经济领域，同时又是与其他产业相互关联的横向经济领域，其发展提高了城市生产、流通效率，使得社会经济要素再重组，增强城市的综合竞争力。城市物流系统的形成和发展是大量企业和个人长期协作和竞争的结果，其与城市土地利用系统、交通网络系统的相互作用更是一个复杂的多维度过程。物流活动贯穿于城市经济活动的诸多环节，涉及面广。完善的城市物流功能可在城市产生集聚效应、优化产业结构与布局、促进生产、流通、消费效率的提升，提高城市经济的效率，降低经济运行成本。

（2）城市物流是城市经济的重要组成部分和社会生活的核心活动之一，其可持续发展能力关系经济发展和人民生活水平提高的潜力。城市作为一个人口居住的集中地，物流水平是人们生活质量的重要标志之一。因为城市物流业作为一种新型物流组织形态，从其服务生产与消费的功能来讲，本身就属于第三产业。它是现代经济分工和专业化高度发展的产物。它的发展将对第三产业的发展起到积极的促进作用，将进一步带来商流、资金流、信息流、技术流的集聚，以及交通运输业、商贸业、金融业、信息业和旅游业等多种产业的发展，这些产业都是与人们的生活质量密切相关的。另外，城市物流网络能否达到最大化的网络运行综合效益，根本上取决于消费者对城市物流配送体系的认可程度。因此，城市物流体系以满足物流配送领域消费需求为目标，城市经济发展和人民生活的消费需求，为城市物流业发展提供了强大动力。

（3）物流活动在城市的发生和组织越来越受到全球供应链和价值链的影响。在重要都市区尤其是门户枢纽都市区，大量货物的进入、加工、转运、配送等过程都深度嵌入复杂多层次的区域供应链体系中。因此，物流活动越来越受到复杂而高度本地化的供应链需求牵引，形成经济与供应链功能的空间整合[①]（如图12-1所示）。

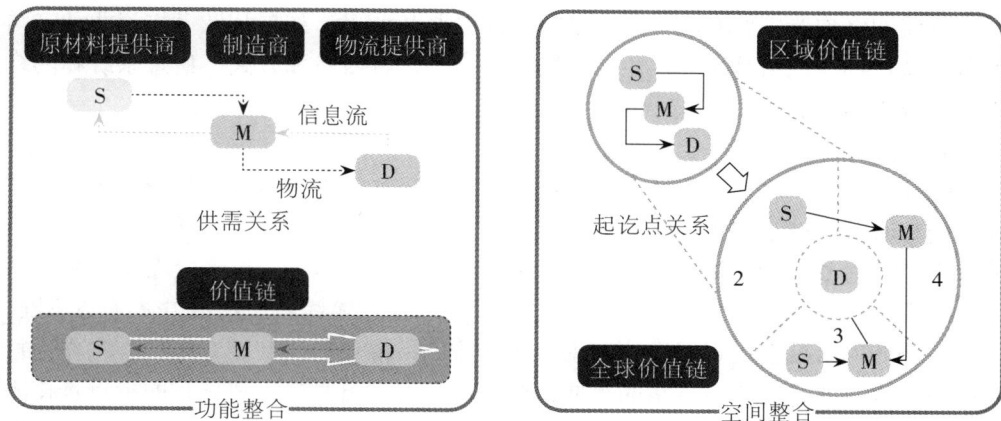

图12-1　价值链的功能和空间整合

① Rodrigue J P. The Geography of Transport Systems［M］. London：Routledge，2020.

城市经济不仅是物流活动的基础，它也为物流系统提供了资金、技术设备和人力资本等方面的支持，决定了城市物流功能的发展规模。城市经济发展促进了城市物流功能的完善与发展，同时也对城市物流功能提出了更高的要求。总之，在当今供应链空间整合和电子商务时代，城市的健康发展高度依赖城市经济与物流系统的协调共生和相互促进。

第二节　城市物流网络

一、城市物流网络及其演化过程

（一）城市物流网络的含义与构成要素

城市物流系统是一个复杂的巨型系统，涉及多行为主体、多利益群体和多行政尺度，对社会经济和基础民生影响巨大。城市物流网络作为物流系统的重要组成部分，是保障区域和城市物流活动高效运转的物质基础，也是决定物流行业可持续发展的前提条件。

物流网络是物流过程中相互联系的组织与设施的集合。从物流运作形态的角度出发，可以将城市物流网络的内涵界定为：建立在物流基础设施网络之上的、以信息网络为支撑、按网络组织模式运作的物流组织网络、物流基础设施网络和物流信息网络有机结合的综合服务网络体系。其中，物流组织网络是物流网络运行的组织保障；物流基础设施网络是物流网络高效运作的基本前提和条件；物流信息网络是物流网络运行的重要技术支撑。

全部物流活动是在线路和节点上进行的。其中，在线路上进行的活动主要是运输，包括：集货运输、干线运输、配送运输等。物流功能要素中的其他所有功能要素，如包装、装卸、保管、分货、配货、流通加工等，都是在节点上完成的。因此，物流网络构造主要有两个组成部分，即线路和节点。如果从城市物流活动的角度看，城市物流网络是由物流主体、物流节点、运输线路和方式、信息系统和网络组织等要素构成的①。

1.物流主体

物流主体包括厂商和客户。厂商或供应商处于物流网络系统的起点，由于物流网络的核心功能就是实现原材料或产品从产地到消费者之间的空间转移，因此厂商的分布情况对整个物流网络结构起着至关重要的作用。例如，厂商分布集中和分散两种情况下，所要求的物流节点的位置、数量以及运输线路、运输方式等会不同，对应的物流网络就会出现很大的差别。与物流网络始点的厂商相对应，客户作为物流网络的终点，也是物流网络的重要组成部分。客户自身特征和分布的特点直接决定物流网络的内部结构。物流网络系统是否高效的直接评价标准就是能否为客户提

---

① 谢如鹤.物流系统分析与规划［M］.北京：高等教育出版社，2015.

供所需服务。

2.物流节点

物流节点是物流线路的连接处，也是物流线路的起点和始点。物流节点是物流网络系统中一个重要的组成元素，是进行仓储、装卸、包装、流通加工和信息处理等物流活动的场所。通常这个场所包括物流园区、物流中心、配送中心，铁路、公路货运场站和港口、仓库等。物流线路上的活动是靠物流节点组织和联系的，物流节点不仅执行一般的物流职能，而且越来越多地执行着指挥调度、信息传输等神经中枢职能，是整个物流网络的灵魂所在。

3.运输线路和方式

物流网络节点实体之间的连接需要通过运输来实现，包括运输线路和运输方式的选择。物流路线涉及节点与节点之间的物流、节点与企业用户之间的物流、企业用户与企业用户之间的物流、企业用户与消费者之间的物流，以及消费者之间的物流。不同的运输线路和方式具有不同的适用范围，如铁路主要用于区域性的物流服务，而公路一般用于中短途物流服务、集货和配送物流服务等。同样，不同的运输方式也会产生不同的费用。因此，提高不同节点之间运输的有效性是物流网络优化的一个重要方面。

4.信息系统

在物流网络各节点之间不仅存在产品实体的流动，而且有大量物流信息在节点之间的传递。物流网络系统内，物流信息的及时传递、共享以及处理会对整个物流网络的效率产生重要影响。物流信息系统是指与城市物流系统运行高度相关的各种信息系统，如道路交通信息系统、自动收费系统、车辆供求与物流供求信息系统、车辆或货物跟踪系统、车辆自动识别系统、卫星定位系统、数字化地图等。显然，城市物流信息系统对城市物流系统整体最优化目标的实现是相当关键的。

5.网络组织

物流网络的运行离不开人力资源与组织管理，在进行物流网络资源配置时不仅要考虑节点配置，还要考虑人力资源的配置以及对整个物流网络的有效的组织管理。

（二）城市物流网络的形成演化过程

1.城市工业物流网络的形成与演进

在城市发展的早期，企业在城市集聚所形成的物流网络相对简单而固定，其基本特点是：地理跨度不大（地理上接近）；运行具有规律性（供货企业及商品、数量、时间相对固定）；公路运输是主要运输手段（短途运输）。但随着企业生产条件的不断变化，城市工业物流网络也在不断地发生变迁。

（1）生产企业郊区化的影响

从20世纪初开始，由于交通系统的发展，工业企业开始向城市郊区扩散。城市物流网络也相应地发生变化：①大量仓库建立在城市边缘，且多建在靠近交通网的地区，周围通常有多种运输方式可以利用。②物流网络的规模扩大。这些仓库不仅承担周边地区的货物运输，而且还承担城市其他地区，甚至区域的货物运输，促使物流网络复杂化。③货物运输方式多样化。

在上述向郊区分散化的过程中，作为城市政府规划的产物，物流园区开始在一些大城市的边缘产生。由于物流园区可以把企业大量散乱分布的物流设施集中起来，从而使物流网络变得易于控制。

（2）企业生产柔性化的影响

随着卖方市场向买方市场的转变，消费个性化、多样化趋势日益明显。以准时制、精益生产等为代表的新型生产方式相继产生，企业开始由大批量生产方式转向以多品种、小批量为主的柔性化生产。这种柔性化生产方式相应改变了原来专职从事大量运输、大量储存的物流活动，给城市物流网络带来了新的变化：①物流网络节点大量增加。货物运输从起点到终点要经过许多中途节点以满足规模运输的需要。②物流网络复杂性大大增强，迫切需要加强网络的协调运行。对于多品种、小批量物品的运输，物流网络的规模、节点数目都大大增加。此时，单个企业难以保证经济而又及时地把货物送到客户手中，因此，迫切需要将物流服务社会化，把多个企业的物流服务进行集中整合。

（3）生产制造社会化的影响

随着品牌营销时代的到来，企业要将非核心业务外包给专业、高效的供应商，形成所谓"贴牌"生产的社会化体系，货物运输极其复杂，给城市物流网络又带来新的变化：①物流网络密度增加；②专业企业参与物流网络运行和维护工作。显然，其中的专业企业即第三方物流企业。

2.城市商业物流网络的形成与演进

随着社会经济的进步和人们消费行为、观念的变化，城市商业形态日益趋于复杂化。不同业态的商业企业具有不同的市场定位和地理定位，它们互为补充地共存于城市之中，物流活动贯穿于其业务活动的全过程，决定并影响着城市物流网络。

（1）百货商店业态下的物流网络

百货商店是传统商业业态的代表，其经营特征表现为经营规模大、商品品种多、商品相对高档等，空间特征表现为集中于城市中心地带。为其配套的物流网络体系一般有如下特征：①物流网络节点相对较少，货物从起点（物流中心或大型仓库）一般直接到达终点（百货商店的配套仓库），实现规模运输相对容易；②物流网络结构呈中心发散状（百货商店通常位于城市中心地带），货物流向明显向城市中心集中，容易给交通造成压力；③为避开人流高峰，百货商店的货物运输往往集中在白天的人流非高峰时段或夜晚。

（2）连锁超市业态下的物流网络

超市采用顾客自我服务方式，经营商品以大众化食品和日用品为主，空间上位于居民区附近。在规模上一般小于百货商店，价格较为便宜。连锁超市成功的核心在于采用中央配送制。采用中央配送制的优势在于能使零售商增强对供货商的议价能力，同时也容易实现运输规模化；另外，中央贮货还可以大大减少零售仓储点。在这种商业业态下，城市物流网络主要有以下特征：①连锁超市企业一般自建配送中心，货物从供应商处先运至配送中心，再由配送中心向各连锁超市送货。②物流网络规模较大，由于连锁超市主要分布在居民集聚区，空间分布比较分散，故物流配送网络覆盖面较大。③物流网络运转密度较高。由于连锁超市经营生鲜食品、时令蔬菜比重越来越大，要求每日送货或间隔几小时送货，从而对货物配送频率的要求大大提高，并且，为保证商品新鲜度，配送要求采用冷藏等特殊手段。

（3）便利店业态下的物流网络

便利店在空间上遍布城市的各个角落，以经营速成食品、小百货为主，一年365天的24小时都营业，主要满足顾客的即时消费、应急消费等便利性需要。它们基本上是通过配送，而不是仓储来补充商品，需要进行高频度、小单位、高效率的商品配送。在这种商业业态下，城市物流网络主要有以下特征：①网络覆盖面广，空间上遍布城市的各个角落，且网络节点众多；②支持24小时便利店物流网络运行的基础在于实行共同配送，通过集中多家便利店的小量订货来一次性共同配送以实现规模经济，因此，网络运行中的协调性要求较高；③网络运转密度高，一方面便利店采用即时订货制补充货物，另一方面其经营的生鲜食品等对时间的要求苛刻，从而造成配送频率高。

从当今零售业物流系统的发展来看，最具代表性的零售企业是24小时便利店，其物流系统的设计、管理已成为零售业物流发展战略的标志。

（4）购物中心业态下的物流网络

随着城市化进程的加快，以住宅郊区化为先导，引发了城市市区各职能部门郊区化的连锁反应。再加上更多的消费者将购物、娱乐、康体休闲等结合在一起的购物行为的变化，产生了集商业与服务业功能为一体的新型购物中心业态。它占地面积广，提供的商品服务种类多。一般位于城郊，以巨型市场或仓储式卖场为核心，一些专卖店、休闲中心等集聚在其周围而形成郊区商业中心。其经营特征、选址定位使其配套的物流网络体系呈现如下特征：①郊区购物中心由于地价便宜，一般都配有面积较大的仓库，特别是仓储式商场，它集仓储与销售功能于一体，不需要专门配备配送中心配送货物；②由于地处郊区，并且多在交通要道口，交通方便，因此，物流网络运行相对简单，网络运行质量较高；③除了一些生鲜食品对货物运送频率要求较高外，郊区购物中心总体对货物运送频率要求不高，货物可以大批量采购和运输。

（5）电子商务业态下的物流网络

电子商务是以计算机网络为基础，通过电子网络方式进行商品交换的商业模式。与传统商业经营相比，在购物方式、货币支付方式和货物运输方式上存在着很大差别。在配送对象上，传统商业业态为各商店，而电子商务业态则是分布在城区的零散客户。这种对象的差别决定了二者配送模式的明显不同，具体见表12-1。

表12-1　　　　　　　　　传统店面配送与电子商务配送的区别

	传统店面配送	电子商务中的家庭配送
配送数量	批量大	批量小
配送频率	基本稳定	不稳定
配送批次	较少	多
配送点	较集中、固定、点少	分散、不固定、点多
包装单位	大	小（一般用包裹）
货物聚类	大量同宗货物	货物同类性低

由表12-1可见，电子商务作为一种全新的商业业态，对城市物流提出了诸多挑战。在这种商业业态下，城市物流网络主要有以下新的特征：①物流网络不稳定，处于不断变化之中。由于购买者的需求无法保证稳定的连续性，货物配送路线处于不断的变化中，物流网络结构、空间范围也处于不断变化之中。②网络运行呈现不规则的频度变化。零散客户的需求千变万化，使货物配送时间无法统一、固定，配送频率无规则。③由于货物配送直接面对成千上万的零散客户，其所形成的物流网络在空间上覆盖城市的所有工作、居住角落，物流广度、节点数目都远非传统商业物流可比，因此，城市物流网络错综复杂，网络运行的难度非常高。

3.城市综合性物流网络的形成与演进

物流作为一种纽带，联系着千家万户，是各个主体赖以互联互通的重要前提。物流可以将城市内各个经济主体紧密联系起来，同时将城市运营管理的各个部门联系起来，织就了一张互联互通、密不可分的城市网络。因此，随着多层次、多样化物流需求的出现，人们开始探索城市综合性物流网络。

（1）城市物流共同配送服务网络

优化城市现代物流配送服务网络是发展现代城市物流的关键所在，共同配送服务网络是我国城市现代物流配送的主要发展趋势。共同配送在发达国家经历了企业自主配送、行业联合配送和社会化共同配送三个发展阶段，目前社会化共同配送已经运用到实践中，城市物流共同配送服务网络逐渐形成，并获得了一定的社会和经济效益。城市物流共同配送服务网络的特征是：①利用公共配送中心和配送网络信息平台，根据目标区域客户个性化需求，统筹规划和调度配送资源，以达到提高服务网络的配送效率、减少物流成本、缓解城市交通压力和环境污染的目的。②配送服务网络机构在配送时间、数量、次数、路线等诸多方面做出系统最优的安排，并在用户可以接受的前提下，全面规划、合理计划地进行配送服务。③城市物流配送服务网络需要对城市多物流中心进行整合优化。城市多物流中心协同带来了物流运输速度的提升、时间的节约和品质的保障，有助于实现一体化的物流配送服务网络的形成。

（2）基于复杂网络的城市物流网络

城市物流网络是一个由各个层次的节点相互作用形成的系统，各个层次内部的紧密关系是城市物流网络持续发展的关键。因此，城市物流网络是一个复杂网络，城市物流网络效率，一定程度上取决于整个城市物流网络中各个关键节点或节点之间的优化程度。在现实中，物流网络中部分节点发生故障，并不仅仅影响单一节点，故障节点上的物流量并不会随着节点的故障而消失，而是会转嫁到故障节点的周围节点上，使得周围节点的负载加重。基于此，人们开始构建基于复杂网络理论的城市物流网络。这种网络的复杂性主要体现在：一方面，不同的城市物流对物流需求不同。各个城市各个产业的发展程度和各个行业的侧重点都有不同，每个城市之间的供给和需求、物流的规模和产业的布局都有很大的区别，城市物流系统提供的服务类型和城市物流产业的结构也发生了变化。另一方面，城市物流网络结构更加复杂。城市物流与传统物流的运作不同，与其相关的利益者更多，不仅包括进行物流活动的供给商和需求者，而且还包括城市物流的管理者以及物流活动内的城市居民[①]。

（3）基于大数据的城市物流网络

基于大数据的城市物流是一种智慧物流。城市在发展智慧物流网络中，需要各方面力量的协同配合。可是，在实际的物流网络系统运行中，由于各项工作分割条块复杂，存在着严重的信息孤岛现象。同时，在信息共享、沟通及资源传递的过程中，由于信息对接不及时，或是行业之间存在的恶性竞争，导致很多物流运输标准在不同城市或不同行业中存在差异。在这种情况下，以大数据、云计算、物联网、移动互联网、智能化硬件等新一代信息技术与手段获取商品的相关信息数据，标准化的信息数据通过系统感知、统计、分析等，实现系统人为思维、判断、推理、决策等，可以有效地解决物流中的问题，提高物流业智能化水平；同时标准化的信息数据通过系统、平台共享，也有助于实现物流政务服务和物流商务服务的一体化，推动物流业高水平发展。

二、城市物流网络载体

从形态上看，城市物流网络运转是借助于城市物流园区、城市物流中心、城市网络物流平台等载体来进行的。

（一）城市物流园区

物流园区是指由分布相对集中的多个物流组织设施和不同的专业化物流企业构成，具有产业组织、经济运行等物流组织功能的规模化、功能化物流组织区域，其功能除了一般的仓储、运输、加工（工业加工和流通加工）等功能外，还具有与之

---

① 何龙.基于复杂网络的城市物流网络构建分析 [J].中国商论，2018（28）.

配套的信息、咨询、维修、综合服务等服务项目。它与布置在其中的不同功能的物流企业之间的关系可以是租赁、资产入股、合作开发与经营等。

从主要功能上讲，物流园区大致可分为以下几种类型：国际型物流园区，主要指紧靠港口、机场和陆路口岸，与海关监管通道相结合的大型转运枢纽；全国枢纽型物流园区，是多种运输方式骨干线网交汇的中转枢纽；区域转运型物流园区，是跨区长途运输和城市面上配送体系的转换枢纽；城市配送型物流园区，是指保障商贸与城市生产的物流园区。

据有关专家估计，如果在城市的合理地点建设物流园区，可使城市内的交通量减少15%~20%，并减少物流对中心城区的噪声污染，实现废物集中处理和用地结构的调整。规划建设物流园区可以促进第三方物流的发展，推进物流产业的社会化、现代化、集约化、专业化发展。

（二）城市物流中心

货物在从生产地向消费地运动的过程中，需要在物流中心进行一系列的物流处理，或集中或分散，或储存或运输。城市物流中心是指以某城市为服务范围的物流中心，由于城市范围一般处于汽车运输的经济里程，这种物流中心可直接将商品配送到最终用户，且通常采用汽车进行配送。因此，城市物流中心也是配送中心。由于运距短，反应能力力强，因而从事多品种、少批量、多用户的市内配送是该类物流中心的优势。

城市物流中心应符合下列要求：①主要面向社会服务；②物流功能健全；③完善的信息网络；④辐射范围大；⑤少品种、大批量；⑥存储、吞吐能力强；⑦物流业务统一经营、管理。

凡从事大规模、多功能物流活动的场所即可称为物流中心。物流中心的主要功能是大规模集结、吞吐货物，因此必须具备运输、储存、保管、分拣、装卸、搬运、配载、包装、加工、单证处理、信息传递、结算等主要功能，以及贸易、展示、货运代理、报关检验、物流方案设计等一系列延伸功能。

（三）城市网络物流平台

城市的网络物流平台（logistics online platform）是指通过网络平台将原本线下的物流活动转移到线上，方便用户与物流公司的交互，使得服务优秀的物流公司获得更多的生意，让用户寄货变得更简单，让车主运送更快捷。

物流活动所需的基础条件为物流平台。它是把物流作为一种新兴的业态、一种先进的组织方式和管理技术，使之在城市经济运行中充分发挥其效用的基础环境和基本条件。城市网络物流平台包括物流基础设施平台、物流信息平台和物流技术研发平台。这三者构成城市物流网络系统有效运转的硬件支撑体系。

（1）物流基础设施平台是由各类物流节点（如物流园区、配送中心等）和线路（如公路、铁路、海运航线等）有机结合配置而形成的物流网络。构筑物流基础设施平台的过程，是一个在现有运输、仓储等基础设施的基础上进一步调整完善的过程，既要解决现有资源对物流系统的适应性问题，又要挖掘和发挥现有资源整合后的潜力，增强各种基础设施之间的兼容性和协同性，追求系统的最优。

（2）物流技术研发平台的主要作用在于为各类物流主体的运作、物流各层面的运作提供技术支持，包括各项物流软、硬件技术的开发、试用和推广工作，以及完备的物流技术认证体系的确立和升级工作等。物流软件技术是为组成高效率的物流系统而使用的系统工程、价值工程技术和信息技术，以便在物流硬件技术的支持下，最合理、最充分地调配和使用现有的物流技术装备；物流硬件技术主要是指各种机械设备、运输工具、仓储建筑、站场设施、集装箱车（船）、立体化仓库以及服务于物流组织和管理的通信网络设备等。

（3）物流信息平台是要解决各种物流信息系统之间的信息共享、系统集成以及各类信息通道之间的互通互联问题，包括进一步提高生产企业、流通企业，尤其是各种类型物流企业的信息化水平，建立物流信息输入、加工与输出的公共服务平台等。物流信息平台最终是为实现城市物流系统数字化而服务的，同物流基础设施建设一样，城市物流系统的数字化建设也需要大量的投资，尤其是在信息技术、控制技术和智能技术本身还在不断发展的情况下，仅依靠独立的企业或个体，是无法承担巨大的开发和升级费用的，使用和维护成本也会相当高。因此，在数字化的初期，有必要通过系统规划，构筑区域物流信息平台，为最终实现城市物流系统的数字化创造良好的运行条件。

城市网络物流平台建设的意义是提高物流参与方的工作效率，进而促进整个社会工作效率的提高。高质量的网络物流平台还意味着物流服务需求方可以享受到更快速、更便宜的物流服务，提高其工作效率或者生活品质。

三、城市物流网络的空间结构

城市物流网络结构，是指由执行物流运动使命的线路和执行物流停顿使命的节点两种基本元素所组成的网络结构。城市物流空间是一种经济空间。经济空间这一概念是由法国经济学家佩鲁提出的，他认为空间是一种抽象关系的结构，经济空间是存在于经济元素之间的结构关系。城市物流空间指的是城市物流活动在城市地理范围中以分布的位置、形态、规模和相互作用为特征的存在形式和客观实体，它反映了以地理空间为载体的物流活动的区位关系和空间形态。

物流节点与物流通道在信息的有机联系下构成城市物流网络，而物流节点与通道在城市地理空间上的组合关系与分布形态，即为城市物流网络的空间结构。从城市物流网络的空间结构看，城市物流网络可分为"中心-边缘"网络结构、"轴-辐"网络结构、多极化网络结构和复合型网络结构四种。不同的地理条件、区位基础和社会经济发展特点，形成不同类型的城市物流网络结构。

（一）"中心-边缘"物流网络结构

"中心-边缘"理论是美国区域发展与区域规划专家弗里德曼用于解释城市区域经济空间结构演变模式的。中心区和边缘区是组成空间的两大系统。中心区一般是指城市或城市集聚区，边缘区是相对于核心区域而言经济相对欠发达的区域。把这一理论引入城市物流网络空间上来，"中心"就代表物流的主要节点，"边缘"则代表物流的次要节点，如图12-2所示。

● 主要节点
○ 次要节点

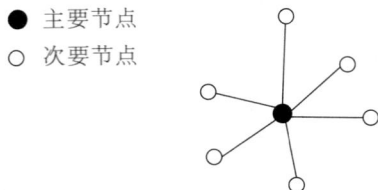

图 12-2　"中心-边缘"物流网络结构

在物流节点中，可能存在某种具有较重要地位的节点。这种节点往往具有较大的物流需求量，同时交通方便，能方便地与周围节点进行物资交换，并且服务业发达，能提供较好的物流服务。这种情况下，其余的物流节点都趋向于同这一重要节点建立连接边。这一过程在物流网络的演化中表现为各个节点逐渐与中心节点相连，形成星形网络。

研究表明，城市中物流节点（设施）的空间分布具有显著的集聚特征与扩散趋势，也表现出明显的集聚扩散演化规律。集聚或极化是物流活动在城市地理空间上特定区域的集中，是城市物流设施的重要特征；扩散是物流设施从城市中心区移向外围郊区的运动过程，已成为城市物流设施的重要空间格局和分布特征。一般来说，这种物流网络结构，物流效率很高，拥有富有活力的、密集的交通网络体系。

（二）"轴-辐"物流网络结构

物流节点间连接边的产生倾向于在物品流通成本低的两个节点间出现。在交通走廊或重要道路沿线，一个物流节点中的物资最容易顺着道路流向另一个节点。这一过程在网络图中表现为出现一些线段。随着物流网络的发展，这些线段逐渐连成一条线，形成线状物流网络。"轴-辐"物流网络结构，是指以主要物流节点（物流枢纽城市、枢纽港口、车站、空港等）为轴心，以次要物流节点为辐，形成具有密切联系的空间网络系统。

星状物流网络形成后，不同的星状网络之间可能会产生物流需求。这时，会在两个或多个星形网络的中心节点间产生连线，使星形网络之间能进行物流活动，这样就形成"轴-辐"物流网络，如图12-3所示。"轴-辐"物流网络中，中心节点间可以低成本地实现大量的货物流动，非中心节点间的物流则需要经由各自的中心节点来实现。因此，一般情况下，"轴-辐"物流网络具有明显的规模效益、集聚效益和空间效益。

● 主要节点
○ 次要节点

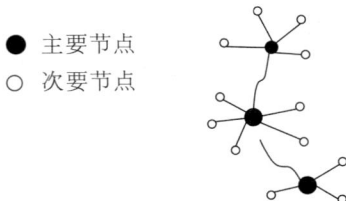

图 12-3　"轴-辐"物流网络结构

（三）多极化物流网络结构

多极化物流网络结构，是不同地域之间相互关联、密切合作所形成的一种物流空间结构形式，是产业地域分工协作的必然结果，也是物流经济发展的客观趋势。该网络结构的特征表现为在地区范围内形成多中心、多层次的物流网络。在一个大的区域内，城市的资源条件和主导产业各有特色，交通区位条件相当，城市之间的互补性强，因此存在着物流空间分工协作的需求，如图12-4所示。

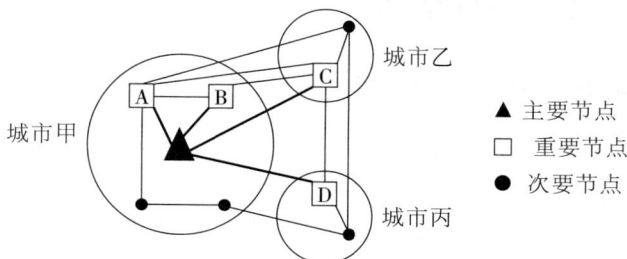

图12-4 多极化物流网络结构

由图12-4可见，一个城市的物流企业与其他地区的企业发生关系而形成外界联系系统。这种物流空间联系，是物流企业与其客户之间形成的跨行政区多极化网络系统，是一种复杂的物流供求关系的空间网络。在多级化物流分工体系中，各层次物流主体彼此之间尽管是一种竞争和协作关系，但也存在着主从关系。

多极化物流空间网络的形成，受物流节点城市中物流企业的规模经济和范围经济的影响。任何物流企业的规模总是相对有限的，其内部空间网络不可能覆盖所有的地域，而物流需求本身却可能跨越任何地域范围。在物流服务范围上，不同等级城市之间的物流企业存在着专业化和综合化的差异。专业化物流企业在某些物流运作领域具有很高的效率和低成本，但在适应供应链对物流运作的要求方面具有太大的局限性，只有综合化的物流企业才能够协调更为复杂的供应链关系。规模经济和范围经济的存在，意味着物流企业之间必须形成广泛的外部联系才能适应广大客户的要求。

（四）复合物流网络结构

复合物流网络结构，是指由两种或者两种以上的物流网络形态相互交叠、相互套嵌而成的一种综合性物流空间结构形式，其重要特征是物流网络的协同效应，如图12-5所示。

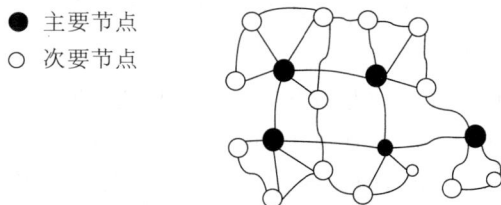

图12-5 复合物流网络结构

现实中，国际物流、区域物流、城市物流与城乡物流彼此相互联系，有机组成一个现代物流网络系统，其所具有的网络形态，就是典型的复合式物流网络结构。

这种协同式复合物流网络结构，在合理配置资源、协调经济平衡发展方面具有特别重要的作用。

第三节 城市物流共同配送

一、城市物流共同配送的机理

（一）城市物流共同配送的内涵

共同配送兴起于20世纪60年代中期的日本，随后在发达国家得到较为广泛的推广应用。物流配送是现代城市物流的最重要特征，它通常是指在经济合理区域范围内，根据客户要求对物品进行拣选、加工、包装、分割、组配等作业，并按时送达指定地点的物流活动。而城市共同配送，是为实现合理化的配送，由若干企业集合起来进行统一配送的一种组织活动。具体来说，主要是指由生产加工企业、物流配送企业和商贸企业建立配送联盟，组建专业配送组织，利用公共配送中心和配送信息平台，根据目标区域客户的个性化需求，统筹规划和调度配送资源，优化配送环节，以达到提高配送效率、减少物流成本、改善城市交通压力和环境污染的目的。

城市物流共同配送的本质是通过整合物流需求和统筹协调物流资源，系统优化城市物流活动，以实现集约化、规模化、合理化运输，达到降低运作成本，提高物流效率，优化资源配置的目标。

（二）城市物流共同配送的特点

与传统的物流配送活动相比，城市物流共同配送，归纳起来，有如下几个基本特点：（1）物流配送主体的共同性。配送主体因配送要素间的共同性或相似性形成协作基础而产生聚合共体。配送主体的行业及组织结构特征、配送商品的物流形态、配送服务对象、配送范围及路径的共性是开展共同配送的基础。（2）物流配送组织过程的网络性。物流配送组织过程的网络性有两层含义：一是借助物流实体网络进行物流配送；二是利用物流信息网络，组织、调度物流活动。（3）物流配送产品的多样性。配送的产品以满足工商企业生产经营和居民消费需求的物资为主，且品种多样，共同配送的集成化程度高。（4）物流配送流向的高密集性。共同配送以用户需求为导向，流向多变，比起传统配送，其物流的密集性较高。（5）物流配送流量的庞大性。单次批量小，配送频率高，总体流量大，部分产品或物资阶段性需求量差异明显。（6）物流配送服务的标准性。共同配送以及时、准确、高效、安全、环保为目标，要求整个配送服务流程实现标准化运作，通过物流服务系列化、物流作业规范化，减少交易成本。

（三）城市物流共同配送的条件

城市物流共同配送是随着城市经济和消费个性化需求的日益发展而诞生的一种创新性的城市物流配送模式。因此，共同配送需要具备一些基本条件。

1.共同配送多方主体的利益协同

城市共同配送的主要目的是形成规模化的集中配送，而规模化的集中配送是以资源共享、信息共享为前提条件的。多元配送主体的个体特征差异影响共同配送活动协作的层次。如果供应链企业之间出于自身利益在资源共享上很难达成一致行为，就会大大阻碍城市共同配送体系的形成。

2.物流配送参与者的差异性需求

城市物流共同配送需要面向整个供应链上不同的供应链成员，包括上游的原材料供应商、制造商及下游的零售商、消费者等，各成员对物流配送的具体时间、地点、方式、货物的安全保障措施等有多方面需求，而这种需要又存在着差异性。共同配送要能够满足城市或区域空间范围内衍生出的大量以"多品种、小批量、高频率"为特征的物流配送需求。

3.共同配送供需双方参与数量

配送供需双方参与数量是实现共同配送规模效应的关键。共同配送的各方都是独立的经济实体，他们的目标都是追求利益最大化。他们会根据自己所获得的利益和承担的代价来做出最有利于自身的决策。是否能够把足够多的、有意愿的参与者或供需双方整合在一起，形成一种有效的契约关系，是提高共同配送体系运转效率的前提，也是共同配送实践成功的保障。

4.物流共同配送的信息系统与标准体系

城市共同配送需要公共信息平台支持，以加强供应链上下游的信息对接，保障信息流的畅通。要有一个统一、科学、规范的标准体系，通过制定现代物流配送系统内部设施、机械装备、专用工具等的技术标准，包装、仓储、装卸、运输等各类作业标准，以及作为现代物流特征的物流信息标准，在各参与主体之间建立起互相对话、相互协作的平台与纽带，从而减少相互冲突，提高效率。

5.政府物流配送政策导向

基于城市物流配送的公共性及公益性，政府政策支持与引导也是共同配送体系建立的重要条件。政府支持城市共同配送的利好政策，能够为城市共同配送创造良好的制度环境和鼓励共同配送的激励机制。

二、城市物流共同配送的起因

（一）现行物流业发展模式的局限性

现行城市物流业存在着系统协调性、环节兼容性、结构性失衡等方面的问题。从系统协调性上看，物流管理体制上的分割给城市物流系统的协调发展带来一定的困难。城市物流系统的关键在于系统化的管理，对组成城市物流系统的公路、铁路、水运、空运、仓库、货站、港口、堆场等分属不同行业、不同领域的各个环节综合协调管理是相当复杂的，但对于城市物流业发展又是十分重要的。现实中，不同领域涉及相关物流部分的工作基本上是以分立的形态开展的，缺乏系统性、一体化的考虑。就物流主体而言，也存在着物流企业分散经营，没能得到有效整合，分散的物流资源，并且众多企业受限于物流对象、货物品种、数量以及物流资源，配送仓库在地域上分配不均衡，仓库利用率不均衡，运输线路不合理，车辆空载率高，往返装载率不均衡等现象。从环节兼容性上看，物流的本质是将各个分散的流通环节集成化，追求整体系统的优化，使原有的流通渠道"提速""节能"。若组成城市物流系统的各个主要领域一直处于分立、互斥的局面，则各种运输方式之间竞相发展，各自为政，难以实现互相兼容。从结构性失衡上看，城市物流平台存在明显的结构性失衡问题，重点表现为两个方面：一是物流线路与节点的失衡。物流节点过多集中于城市中心区，造成交通拥堵、环境污染等问题。二是中心城市与卫星城市物流节点的失衡。城市物流过度向大城市集中，使得大城市自身的物流能力和功能变得紧张，与此同时，大城市的卫星城市以及周边地区的物流设施却物流量不足。

在这样的城市物流业发展模式下，物流行业整体效率较低，行业发展质量较差，一方面是居高不下的物流成本，另一方面却又是服务质量难以有效提升。面对现行城市物流业发展模式的局限性，城市配送组织模式的转变成为一种必然。城市共同配送因具有"集约化程度高、配送效率高、运作成本低"的优势，逐渐成为破解上述难题的重要方法。共同配送作为一种高效率的配送模式也因此应运而生。

（二）配送需求的日益多元化趋势

城市是物流需求的集聚地，是物流业赖以发展壮大的经济载体，发展城市物流中心对促进区域物流效率提升，满足多层次、多样化物流需求具有重要的现实意义。城市物流配送可以简单理解为以城市为主体，围绕城市的物流需求所发生的物流配送活动。

传统物流配送，供需高度碎片化，是城市配送物流的常态，这导致行业整体存在"规则不透明、信息不对称、效率低下"的共性痛点。伴随城市化进程的加快，城市配送市场需求越来越大，最重要的是，物流需求出现了多元化趋势。在这一现实下，如何实现降低现代物流成本、节约社会资源、提高城市物流效率和及时准确、科学有效、有组织地完成配送任务，满足各方面、多层次的物流需求，就成为城市配送面临的一大课题。

现实中，由于城市物流配送货物具有很大的分散性，多样化和个性化的城市物流需求使非共同配送的经营优势难以应对发挥，城市配送与城市管理的矛盾也日益突出，大量的货运车辆进城遇到交通管制，出现了"最后一公里通行难"的问题。同时，由于各个企业的经营意识、管控能力与满足客户需求等方面也存在较大差距，往往很难协调一致。在这种情况下，城市共同配送则能够实现统一协调，有效地提高城市配送服务质量，提升城市配送效率和效益。

实践表明，城市物流共同配送是满足民生需求的重要保障，是发挥城市综合服务功能的关键手段，是推动城市经济发展的内在动力。随着城市化进程的加快、商业经营模式的转变、消费方式的升级，城市出现了大量以"多品种、小批量、高频率、短距离"为特征的物流配送需求。传统粗放式配送模式受到城市交通条件的有限性和生态系统的脆弱性制约，根本难以满足这样的物流需求。从这个意义上说，正是物流配送需求日益多元化的趋势，引发了城市物流共同配送活动的产生。

（三）城市配送智能化技术的推动

伴随着城市经济发展以及居民生活水平的不断提高，城市配送物流行业日渐繁荣，配送主体越来越多元化，特别是在互联网、大数据、云计算的深度影响下，城市配送物流正发生着深刻的变化。

在互联网技术的冲击下，传统城市配送物流已然发生变化。针对城市物流业发展中存在的现实问题，越来越多的城市配送企业积极创新探索，利用互联网、大数据、云计算打通物流、商流与信息流，推动着城市配送朝着共同配送的方向迈进。借力移动互联网技术，以往城市配送企业主体多且规模小，城市配送市场整体散、乱、差的状态，城市配送环节众多，管理粗放等问题，可以通过城市配送的智能化，向城市物流共同配送模式转化，从而实现精致管控，提高城市配送效率，降低运行成本。

三、城市物流共同配送模式

（一）城市物流共同配送的组织模式

城市物流共同配送的组织模式主要有两种：一种是运力合并型；另一种是物流节点合并型[①]。

1.运力合并型

运力合并型是指依据车辆能力来实现的物流共同配送。这种方式下的配送可以起到统一配货的作用，并且客户的包装、退货等流程也能在同一时间进行。从物流共同配送的运作方式来说，主要有以下几种典型的运力合并模式：

（1）搭载配送模式。搭载配送是指将本企业配送数量较少的商品委托给其他企业搭载运输，而本企业只配送数量较多的商品，同时接受其他企业委托的搭载运输。这种模式可以最大限度地保证车辆的实载率。

（2）回程运输。回程运输是指两家不在同一区域但有相互业务往来的企业，通过协议彼此利用返程车辆为对方运送货物的配送模式。采用这种模式进行配送，可以有效防止车辆在途中发生空载的状况出现。

---

① 产娟，韩永生，刘彦平.城市物流共同配送模式与系统架构设计研究［J］.城市观察，2013（4）.

（3）"一对多"配送。"一对多"配送指的是当某个发货点对不同的客户同时进行物流配送时，可以综合多个客户的要求，对货件运送实施统一安排，之后进行联合配送。在对多个客户进行共同集货时也可以采用这种货件配送方式，保证货件的配送效率。

2.物流节点合并型

物流节点合并是指将不同来源的货物运送至某物流节点（物流配送中心等城市货物转运点），再依据货物目的地的不同进行分类，将同一目的地的各种货物，装载于同一车辆进行配送。此类物流资源整合方式可以使各企业共同利用物流配送中心、装卸机械等设施，从而提高共同配送的统一程度，实现配送高效率，有助于解决城市物流用地紧张、交通拥挤等问题。目前有三种常用的物流节点合并型的具体运作模式：

（1）交换配送。交换配送指的是当企业具有不同的运输工具以及配送中心时，依据运输量的大小以及客户距离，统一对配送地段进行划分，同时企业也可以选择最近的物流配送中心来对货件进行配送，利用这一模式进行配送，可以有效缩短和用户之间的距离，降低配送成本，提高配送效率。

（2）公共物流基地。公共物流基地方式是指在客户相对集中的地区，建立一些公共物流基地，当货物要进入此区域时，将众多客户所属商品共同配载并集中送往公共物流基地，然后由客户自行取货，而集货过程正好相反。这种模式不仅解决了场地紧张、交通拥挤等问题，而且大大提高了接货水平，加快了配送车辆的运转速度。公共物流基地还可以集中处置废弃包装材料，统一安排接货人员，达到一举多得的效果。

（3）供应链协同配送。供应链成员企业关系密切，业务协同能力强。供应链企业协同配送是指参与共同配送的供应链条上的企业共同建立配送中心，协同处理企业的配送任务，使物流配送形成规模化。这种模式能够满足需要及时配送、配送频率较高、配送单位较小的生产企业的要求，同时可以保证高效率配送并防止生产企业的信息外流。但供应链企业要充分了解相互物流特性，同时需要建立高效的物流信息系统。

（二）第三方主导共同配送模式

所谓"第三方"是指两个相互联系的主体之外的某个客体。第三方可以是和两个主体有联系，也可以是独立于两个主体之外的内容。在城市物流配送中，第三方是指供应商与客户之外的物流配送主体。

城市第三方主导的物流共同配送模式，是以专业的物流公司或政府部门为主导，经过规划和资源优化组合后，建立起来的城市物流共同配送体系。第三方主导的物流共同配送模式又包括第三方物流企业主导和政府主导两种模式，见表12-2。

表12-2　　　　　　　　　　　　　第三方主导共同配送模式

实施主体		模式	适应情况
第三方主体	第三方物流企业主导	垄断经营	适用于配送环境特殊，配送服务供应不足的区域，一般由政府指定第三方物流企业开展服务，体现了城市配送公共物品特征
		共同集配	通过该模式充分利用社会物流资源，以优化企业资源配置，提高经营效率，如商圈便利店共同配送
	政府主导	末端资源共享	配送主体合作不足或第三方物流企业缺乏足够配送能力，由政府整合终端资源、搭建公共配送场站、设置智能提货柜
		信息平台整合资源	配送市场竞争激烈，但缺乏高效信息平台支撑，由政府搭建信息平台促进配送供需平衡

资料来源　李国栋.基于AHP层次分析法的城市物流共同配送模式选择［J］.物流科技，2020（11）.

1.第三方物流企业主导的共同配送

第三方物流是指生产经营企业为集中精力搞好主业，把原来属于自己处理的物流活动，以合同方式委托给专业物流服务企业，同时通过信息系统与物流企业保持密切联系，达到对物流全程管理控制的一种物流运作与管理方式。第三方物流企业主导的共同配送的特点有：（1）合同导向的一系列服务。有别于传统的即时性配送，它提供多功能甚至全方位的物流服务。（2）个性化物流服务。一般情况下，配送服务的对象一般都较少，配送服务是按照客户的业务流程来定制，为客户提供专项或全面的物流系统设计或系统运营的物流服务。（3）智能化物流配送。利用现代电子信息技术进行仓库管理、装卸运输、采购、订货、配送发运、订单等数据的一体化处理；并使用信息技术进行供需双方的交流、协调和合作。（4）企业之间是联盟关系。在物流配送方面通过契约结成优势相当、风险共担、要素双向或多向流动。

2.政府主导的共同配送

物流空间具有公共性和市场性的双重属性，既需要政府的全面介入和政策支持，又需要发挥市场的主体作用。对于公共性物流空间，政府需要发挥更加积极主动的引领性作用；对于市场性物流空间，则更多由市场自行配置资源，以保障物流行业的活力。

对于具有公共属性的物流空间，尤其是承担社会基础性功能的物流公共空间，包括中转配送中心、分拨中心等物流基础设施，可采用政府主导的方式进行建设或运营。由于城市物流行业起步较晚，物流设施普遍存在自发无序发展、规划实施率低、布局与需求不匹配等问题，一些城市物流功能和交通功能在空间设计和规划管理上割裂较为严重，没有形成行业合力，一定程度制约了交通基础设施网络优势的发挥和物流业整体效率的提高。因此，由政府主导进行规划建设运营具有公共性的物流配送空间和物流信息平台，可以更好地发挥物流行业的基础保障作用，同时也有利于解决城市物流配送的发展瓶颈和物流行业面临的现实困境，提升物流系统的整体运作效率。

（三）多物流中心协同配送模式

物流可以将城市内外各个经济主体紧密联系起来，同时将物流运营管理的各个部门联系起来，织就了一张互联互通、密不可分的空间网络。多物流中心协同配送模式指的是某个城市或地区的物流配送中心，与其他城市或地区的物流配送中心形成协作关系，采用多种物流配送方式，多种交通工具，实现密集化、迅捷化跨行政区的共同配送。

多物流中心协同配送模式的意义和价值在于，在保障一座城市物流配送活动正常运转的同时，多个物流中心之间协同配合，有助于推动物流配送空间一体化网络的发展，构筑更加广泛的区域性乃至全国性的物流配送体系。通过多物流中心协同配送，多个物流中心的对接，满足不同地区之间物流需求，同时，调节不同地区物流配送设施的利用率，节约物流运转时间，大大地提升物流的空间配置效率。

多物流中心协同配送模式包括三种具体形式：交互协作式共同配送、循环接力式共同配送和分级转运式共同配送。

1.交互协作式共同配送

交互协作式共同配送是指当企业各自拥有运输工具和物流配送中心的情况下，根据各自运量大小与客户距离等因素，协商划分配送区域或地段进行配送。企业可以选择向离客户最近的物流配送中心供货，该物流配送中心可能并非隶属于本企业，而是共同配送体内其他企业的物流配送中心，如图12-6所示。

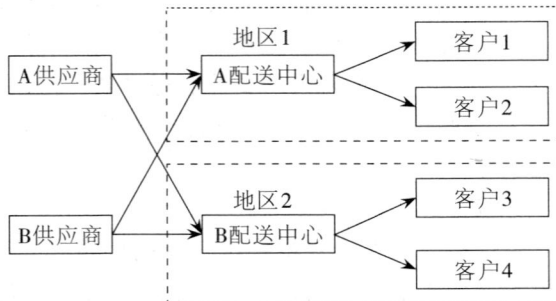

图12-6 交互协作式共同配送

在此配送模式中，企业利用相互的配送中心缩短了与客户的距离，降低了配送成本，提高了配送效率。

2.循环接力式共同配送

循环接力式共同配送是运力配送和节点配送的综合体。当配送车辆到达某一地区的物流节点时，假设公司A所要配送给目的地B的货物较少，可以将货物交与另一家配送较多货物的公司B进行目的地B客户的配送，同时甲公司车辆回程过程中，配送乙公司的货物到达与公司A同城的客户A1。同时在一对多的运输配送中，回城也可以配送多家公司的货物，具体配送情况如图12-7所示。

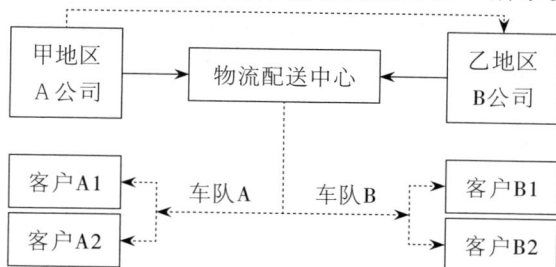

图12-7 循环接力式共同配送

由图12-7可见，这种接力配送的方式，在理论上既减少了人力、车辆使用以及所涉及的费用支出等，又增加了供应商和供应商、供应商和客户之间的交流和合作，同时，各个供应商之间相互监督，能够及时发现并解决运输配送过程中出现的问题，其信誉度也会提升。不过这种配送方式对物流基地的要求比较高，需要具有跟踪及车辆监控、偏行自动报警和动态调度等功能外，物流基地还应有强大的技术和分拣能力、信息处理能力，以及对企业的认可力。

3.分级转运式共同配送

由于第三方物流的不断发展以及政府积极鼓励共同配送，产品从产地到消费地的运输活动已逐渐形成了分级转运的物流共同配送模式。这种模式充分体现了交通运输体系的集疏运特点，不仅最大限度减少物流场站的数量、有效降低企业的整体物流成本，还提高了物流网络的响应速度和可靠性。以顺丰速运为例，其结合自身需求在深圳及周边地区布局分层级的物流场站，通过深圳机场和东莞虎门公路枢纽两大对外物流中心进入末端配送区域，然后分送至城市内部的中转场及分拨中心等物流配送场站，最后通过小型货车运送到社区配送站。这种基于企业内部自发的空间分级配送模式，一定程度上反映了市场对物流设施在空间布局层面的客观需求。

第四节 城市物流政策体系

物流政策是物流业发展的基础，可以起到推动和保护城市物流业健康发展的作用。特别是在城市物流的发展前期，政府的推进与支持作为起始点的推动力，有利于城市物流有较高的发展起点，在较短的时间内完成社会资源的前期整合，形成一个协调发展、物畅其流的城市物流平台，在较长的时期保持城市物流良好的运行轨迹。

物流政策体系包括适当的产业政策、合理的管理体制、协调的政府管理机制、公平有序的市场环境、创新整合的企业发展战略和科学的物流人才战略等内容。

一、城市物流的市场和行业规范化管理政策

政府需要建立完善的市场体系及市场管理机制，形成公平、开放、竞争、有序的市场环境，保证市场机制的正常运行，促进物流资源的有效配置，保证物流业的健康发展，实现社会物流资源的有效配置，维持公平的竞争环境以增加企业运营动力，防止垄断和恶性竞争等情况的发生。

1.市场管理原则

根据市场管理的一般原则，结合将城市物流作为一个新兴的产业的政府策略，政府对城市物流市场管理的原则有：

（1）坚持以市场为资源配置的基本手段，鼓励物流业的充分竞争；

（2）管理政策的制定要符合WTO规则和国际惯例；

（3）防止垄断和过度竞争；

（4）有利于市场的稳定。

2.市场管理的内容

政府对市场管理主要是通过制定市场制度来进行的。市场制度是市场经济运行的内在机制及与之相联系的一系列组织形式、运行规则和管理制度的总称。市场制度主要包括充分发挥作用的市场机制、严密完整的市场法规体系、严格的市场管理制度。

3.行业规范化管理

通过规范技术和服务标准提高物流企业的竞争能力。促进物流系统的标准化，提高各个环节之间的兼容性，是使物流系统作业合理化、规范化，物流活动高效、顺畅的必要条件。

物流服务标准化包括：服务质量标准化；物流企业对客户的反应速度和配送速度标准化；物流企业为客户提供的货物跟踪与查询服务标准化；对外运输、紧急运输等非常规运输实施标准化；在运输中交通事故、货损、丢失与发送错误和在保管中变质、丢失、破损等的赔偿标准化等。

物流技术标准化包含硬件、软件标准化。硬件标准是指物流运作过程中的相关机具、工具的标准及配套标准，从一个作业程序转向另一个作业程序的衔接标准，如仓库、堆场、货架的规格标准、信息系统的硬件配置标准等。软件标准是指物流信息系统的代码、文件格式、接口标准等以及物流的操作程序与规范等。

二、支持城市物流业发展的产业政策

按照产业政策合理化的基本要求，结合我国城市物流发展现状，我国的城市物流产业政策应从以下几个方面进行考虑：

1.促进市场拓展的产业政策

现阶段我国城市物流的服务内容还比较单一、市场潜力巨大，政府有必要通过制定相关政策措施，提出明确计划，从而造就新的市场空间，引导企业通过技术和

管理竞争进入这一新的市场运行。在物流市场起步初期，可从以下两个方面入手：

（1）实施重点扶持重点培育政策，实现物流资源优化重组。政府培育物流业的重要策略之一是集中精力重点扶持培育几个现代化物流龙头企业，通过示范性企业带动大批后续发展企业，尽快完成物流业的资源优化重组。

（2）培育建立时效性的区域运输服务体系。建立覆盖地区的时效性运输服务体系（由城市间的时效运输网络及延伸到城市内部的物流集配送中心所组成），以增强城市物流服务对城市及其周边地区的辐射能力。

2.构筑物流服务圈的产业政策

所谓物流服务圈主要是指以物流服务提供者为中心，物流服务所能覆盖的范围。城市物流可以通过高等级公路和干线铁路向全省以及周边的省及地区辐射。这种辐射能力的定位需要通过制定有关产业政策来支撑。

（1）完善交通运输系统，增强城市的物流服务圈辐射能力。为实现良好的物流服务，交通运输业作为物流业的有机组成部分，必须满足运输费用低、运输时间短、运输频率快、运输能力大、运输安全、运输时间可靠性、运输可获得性、网络及运输方式的衔接便利性和信息的及时性与准确性等要求。在建设城市物流服务体系的同时，还必须通过加强运输枢纽的各项设施和服务内容来进一步完善综合运输网络，提高枢纽的集中疏运能力。

（2）以物流园区为支撑，大力发展区域物流。对于以区域物流服务为定位的物流园区，在规划中要充分考虑如何有利于区域物流的发展。

（3）积极引导和扶持专业运输企业，组建专业化运输程度较高的运输体系。专业化的物流服务是开拓和占领区域物流市场的重要手段，因此需要对物流企业进行合理规划和引导。

3.引进大型物流企业的产业政策

吸引国内外大型物流企业进入的基本保障及相关政策主要有：

（1）要积极完善本地物流企业经营网络和服务内容，鼓励本地物流企业与国内外企业结盟。例如，可以以货运代理业特别是国际货代为突破口，通过企业联盟或兼并等形式，实现其与其他物流企业的资源整合。

（2）加强对大型国际物流企业的吸引力，必须为国际物流企业落户创造有利条件。在规划物流园区时，应考虑完善物流园区的国际物流功能，如设立海关监管、保税功能、建立国际物流信息交易系统等，并以此提高整个物流业的国际吸引力。

（3）大力推进物流标准化工作。我国物流行业现在普遍存在物流设施和装备的标准化程度低的问题。其主要表现为：各种运输方式的装备标准不统一；物流器具标准不配套；物流包装标准与物流设施标准之间缺乏有效的衔接；企业独立开发的物流信息系统因开发方法、组织管理功能、系统结构等存在较大差异，信息的共享和传递客观上存在障碍等。城市物流业要与国际接轨，必须一方面在物流用语、计量标准等方面做好基础工作。另一方面要加强标准化工作的协调和组织工作，使各种相关的技术标准协调一致，提高物流产业中货物和相关信息流转的效率。

三、城市物流的基础设施和信息平台建设的保障政策

（一）基础设施平台建设的保障政策

基础设施平台建设规划是城市物流业发展系统规划的重要组成部分，也是一个在现有基础设施的基础上调整完善的过程。根据不同的基础设施要素，政府需要采取相应的物流园区政策、货运路网体系建设政策和港口、机场、铁路货运站建设政策等。

（1）物流园区政策。物流园区的主要功能是作为一种社会性基础设施对社会提供服务，改善社会的投资环境，因此对园区的投资建设应由政府负责。对于新选址物流园区，政府应该对这片规划的土地实行一些优惠的用地政策来吸引企业，承担建设项目的前期开发。要利用相关政策协调各单位之间的关系，争取能够成片开发。其相关的政策有投资渠道多样化、减免税收、政府赠地、财政贷款、协调建设主体的关系、整合现有的资源和注意与信息平台同步建设等。

（2）货运路网体系建设政策。货运路网体系包括货运通道和配送道路体系。对于货运通道政策的重点是，保护道路的货车通行权和建设相应道路将物流园区与高等级道路相连。其相关政策有：根据物流园区的功能定位以及通行货车类型对现有国道、省道进行技术改造；建设物流园区与高等级道路的连接道路；保障经过资格审定的货运车辆的 24 小时通行权；保障物流园区到外部基础设施的道路建设及通行；对危险品货运资格及专用货运路线的选择做出相关立法或管理措施等。对于配送道路体系，其相关政策有：政府应在基础设施上给予一定保证措施。政府应特别给予有正规、规范物流服务能力而且具有一定规模的物流企业一些基础设施上的优惠措施；配送道路体系中，可对物流公司的货运车辆的通行和收费考虑给予一定的优惠政策，以鼓励物流企业的正规化，也在一定程度上帮助政府规范物流市场；合理规划停车场，建立科学合理的停车收费制度，鼓励货主建立自己的停车泊位等。

（3）港口、机场、铁路货运站建设政策。这些外部基础设施建设是需要特定的外部条件的，港口要临海或临江，铁路货运站要有铁路线通过，附近有机场，本地建设机场的可能性也不大，而且这些设施的建设权限也不在地方政府。因此，政府在这些地方的建设要以立足现状做好配套服务为主，协调其他管理部门共同建设为辅。

（二）物流信息平台建设的保障政策

现代物流公用信息平台是跨行业的综合性很强的专业系统信息工程，涉及方方面面和各行各业的切身利益。因此，首先需要政府有关职能部门进行强有力的组织协调工作，以推动物流公用信息平台的建设和实施。信息平台建设的政策保障主要是保障硬件设施的建设和软件系统的开发。从城市信息化的角度来看，政府在推动城市现代物流产业发展的保障政策主要有以下几个方面：

（1）加强组织协调和统一规划工作。物流领域的信息技术推广具有涉及多个领域的信息共享，参与者分属不同行政管理体制，需要在已有信息系统的基础上进行

系统集成等特点。同时，还需要积极组织行业协会促进、交流和推广信息平台的标准化、产业化。利用信息技术来整合现有资源。

（2）加强城市物流服务的网络及应用基础设施建设。以需求为中心，重点加强对各类物流中心、仓储配送中心以及物流集散地信息基础设施的规划，并加强配套设施建设，采用先进适用的接入技术、实现物流信息及时、灵敏地通信、处理、管理和控制。

（3）加快城市物流信息安全体系、物流技术标准和信息化政策法规的建设。要大力加强物流信息平台安全防护建设，加快研发和应用相应的安全技术、安全设备和安全产品。同时，加强数据中心和异地备份中心建设，对物流信息平台加强安全监测。

四、城市物流的人才培养和保障政策

城市物流是建立在高水平的信息技术、物流技术基础上的现代化的物流。物流人才一方面要懂物流技术，善于运用信息手段处理物流信息。例如，信息平台、卫星定位系统、EDI、货物跟踪系统及复杂多变的供应链等，都需要有高层次和富有经验的人员来操作。另一方面还要懂管理技术，熟悉物流运作规律。因为城市物流非常侧重于策划、咨询、分析、预测和管理等，并以提高服务质量、降低物流成本为宗旨，因此物流人才必须树立全局观念，具有采购、仓储管理、运输、报关报验和客户服务等全方位的知识，并具有敏锐的分析能力，能够对需求进行专业预测。

在欧洲，物流教育很受重视，共有87所大学开展了物流高等教育。美国企业的物流经理99%具有大学学历，55%具有研究生以上学历，而且物流经理每年有半个月的时间花费在培训上，50%的工作时间花费在电脑上。由于我国物流起步比较晚，人才在数量和质量上都不能满足物流业发展的需要。为此，我国政府应将对物流人才的培养、吸引和利用作为战略任务切实抓好，重点做好人才的培养和人才保障政策的制定：

（1）政府首先应当鼓励和允许各高等院校按照市场对人才的需求，开办、设置相关的专业和课程，建立物流专业研究生、本科生和职业教育等多个层次教育。促进和加快高等院校物流专业的设立，并鼓励物流企业和物流咨询机构、科研院校等进行多种形式的资本与技术的融合，充分发挥社会各种优势，实现物流的产学研一条龙发展。

（2）全面开展物流在职教育，并借鉴国际经验，在物流产业中推行物流从业人员的职业资格认证制度，如仓储工程师、配送工程师等职位。所有物流从业人员必须接受职业教育，经过考试获得上述工程师资格后，才能从事有关的物流工作。

（3）为了创造吸引、发挥人才作用的良好环境，应建立人才激励、竞争和淘汰机制，形成尊重知识、尊重人才、鼓励创业的社会氛围。

（4）完善技术入股、奖励股份、股份期权、协议工资、年薪制等收入分配政策。同时，还要打破户籍、档案、地域等方面的限制，促进人才的合理流动。

总之，政府应鼓励通过多渠道、全方位地培养和吸纳懂业务、懂管理的物流高级人才，并通过建立行之有效的高薪和鼓励创新的激励机制，有效地解决物流人才匮乏和人才外流的问题，不断提高人才的素质和对人才的管理水平。

◆ 练习与问题讨论

1.现代物流对城市经济发展有哪些影响？

2.在信息技术影响下，城市物流网络体系会发生怎样的变化？

3.城市的商业设施多位于闹市区，所引起的物流运作容易带来诸多外部性问题，如交通拥挤。请选择特定城市为个案，分析如何解决这个问题。

4.今天，越来越多的企业开始表现出对供应链的热情。怡亚通是深圳一家从IT物流飞速成长起来的企业，目前，它正为飞利浦的液晶显示器、小家电、灯具等产品提供供应链服务。如果没有专业供应链服务，飞利浦将需要与分布在不同国家、地区的近10个物流服务供应商打交道，而怡亚通将这一复杂的链条整合为一，飞利浦只需通过一个接口与怡亚通合作就可以了。

（1）你从这个案例中受到了什么启发？

（2）一个企业如何进行供应链管理，在竞争中取得先机？

（3）试着为一个你熟悉的物流企业设计出供应链网络，并画出供应链流程图。

5.具备怎样的条件，达到什么样的标准，一个城市才可以称作为区域性物流中心？

6.政府主导的物流共同配送模式存在的理由是什么？为什么不能把物流配送完全交由市场去做？

7.什么是第三方物流？它的特点和优势体现在哪些方面？

资料链接 12-1

物流管理——第三利润源

资料链接 12-2

物流网络

资料链接 12-3

智慧物流产业链

第十三章　城市财政与社会融资

城市财政和良好的社会融资环境是城市政府的重要经济职能。城市广泛的经济活动是以市场的运作为基础的，但是由于市场失灵，城市政府必须担当起弥补市场功能缺陷的调节任务。城市的各种活动，无论是公共产品还是私人产品的生产和消费活动，都离不开城市政府经济职能的高效率运行。本章从城市政府的财政经济职能出发，分析了城市政府财政收支的形式和内容，以及城市政府从支持经济增长的目的出发，协调、解决城市社会融资中的矛盾和问题的各种经济活动。

第一节　城市财政的经济职能

一、城市财政的含义与特征

财政，是指国家为执行各种社会职能而参与社会产品的分配活动。其实质是国家在占有和支配一定份额的社会产品过程中，与各有关方面发生的分配关系。

城市财政，属于地方财政，是国家财政的重要组成部分，它是在城市范围内利用价值形式对社会产品和国民收入进行分配与再分配的工具。城市财政有两种理解：狭义地看，是指城市政府的财政预算；广义地看，则是指一切利用货币表现的对城市人民所创造的剩余产品进行分配与再分配的过程，包括城市财政预算收支活动、城市中各工商企业的财务活动、城市中各银行的信贷收支活动，以及城市居民的货币收支活动。我们讨论的是狭义的城市财政，即城市政府为了满足社会公共需要，所进行的公共分配问题。

城市财政的特点必须从城市财政与城市经济、城市政府职能的关系中才能看清楚。

首先，城市经济的发展水平决定着城市财政规模的大小。城市财政是随着城市的产生而产生的。城市经济的发展和社会事业的扩大，推动着城市财政的发展与扩大，而财政收支规模的急剧增长，又促进着城市经济和社会的进一步发展。进一步说，在城市，由于不同产业的企业及多种经济活动以相当规模在一定地域内集聚，从而汇合成一种特殊类型的经济效益，即集聚效益。这种集聚经济效益的形成，不同于个别企业、个别部门的经济效益，它是通过企业之间的协作、互补、渗透、循环、布局等具体过程，使城市各种经济实体之间，以及各种经济实体同其所依存的物质实体之间相互作用和影响而形成的经济效益。高效益使得在一定的经济增长前提下，财政收入呈现出同步乃至于快于经济增长的增长。由此可见，城市经济的发展规模和经济效益制约着城市财政的规模。城市经济的发展，使城市财政收入规模不断扩大。建立在财源充裕基础上的财政支出，反过来又对城市经济的发展起了极大的促进作用。

其次，城市财政与城市经济的关系，不仅表现在城市经济发展对财政收入规模的影响上，而且还反映在结构上。作为城市财政收入的源泉——社会产品，是由不同的行业和部门创造的，而不同的城市由于地理位置、自然条件、历史基础及发展水平等不同，形成了各自特有的产业结构。因而，财政收入中每个产业所占比重就存在差异。就目前而言，我国许多城市财政收入中来自第二产业的占有较大比例，其次为第三产业和第一产业。从所有制结构来看，来自于非公有经济的财政收入比重有不断提高的趋势。不难预测，随着产业结构的调整和向高级化方向发展，城市财政收入结构必将发生重大变化。

最后，城市财政是城市政府赖以活动的经济基础。城市财政支出的规模反映了城市政府活动的范围，城市财政支出结构反映了城市政府活动的方向。显然，无论是规模的大小，还是支出的构成，都是由城市政府职能决定的。在市场经济条件下，城市政府职能的实现，意味着城市政府要耗用一定数量的人力、物力和财力，这些都来自于政府的各项开支——财政支出。由于各国城市政府职能不同，所以其支出结构也存在较大的差异。在西方，城市政府的具体权限和职责大体上包含提供城市公共产品服务和社会福利、经营管理城市资源财产和公共设施、规划和指导城市发展建设三大方面的经济活动。显然，城市政府的经济职能，在于弥补市场的不足，提高社会资源配置的效率，满足市民对城市公共产品和服务的需要，保障社会公平和福利。在我国，城市政府在整个城市社会经济活动中占有主导地位，承担着领导、组织、管理和协调城市政治、经济和其他社会活动的重大责任。作为城市地区各种活动的组织者、领导者和管理者，作为地方一级的政权实体，城市政府具有相当广泛的区域性行政管理职能。在经济职能方面，主要有两大类：一类是对城市地区的经济、教育、科研、文教卫生、市政建设、财政、民政等方面的行政管理；另一类是对城市经济发展战略的决策和城市产业政策。后者主要是对城市的工业、商业和金融业等关键行业的战略和政策管理，以及市政建设及其经营管理。

二、城市财政的经济职能

一般来说，在市场经济体制下，财政的经济职能有稳定经济、公平收入分配和资源配置三大方面。对于城市财政来说，这三大方面有着不同的表现：

（一）稳定经济职能

传统观点认为，稳定经济的作用主要应由中央政府来担当，即单个地方政府几乎控制不了其辖区内的物价、就业和经济活动的总水平。其主要因为：一是地方政府没有货币制造权；二是地区经济间具有高度开放性，要素和商品流动性很大，严重限制了地方政府使用财政政策的能力。经济学界在承认地方政府在稳定经济方面的局限性的同时，也有人对传统认识表示了异议。格兰姆里奇（Edward Gramlich）认为，地方财政政策在稳定经济方面是完全必要的。因为如果个人并不因经济原因而流动，并且增长的支出份额是用于购买地方性劳务的，流动性将很少发生，地方财政政策在辖区内就会有较大作用。此外，格兰姆里奇论证，宏观经济总是日益变得地区化而不是全国化，这是因为特定的产业总是受特定经济要素的影响。当某些地区正在推行紧缩性政策的时候，另外一些地区可能正在执行扩张性政策。在这种情况下，地方财政政策是必要的。事实上，传统观点可能过于强调地方政府在其辖区内影响总需求的能力，地方财政决策的总和对于国民经济运行的影响是不容忽视的。

（二）公平收入分配职能

分配政策是指政府获得和维持社会偏好的收入分配格局的职能，在绝大多数情况下是把高收入者的收入再分配给低收入者。对于这一职能，传统观点一直与稳定问题相类似，认为在劳动力等要素能够充分流动的条件下，地方政府重新分配收入的努力会因为纳税人的流动与受益人的迁移而受阻，即城市富裕居民会迁出征收高累进税的城市，流入有较少福利方案的地区居住，从而导致城市税收总量的减少；而一些贫困家庭则大量迁入高福利计划的城市，从而导致受益人人均转移支付的减少。富有者的迁离和贫困者的迁入共同削弱了城市的再分配计划，地方政府都不愿进行大规模的再分配。因此，流动性的存在限制了地方政府进行收入再分配的能力。当然，这一观点并不排除地方政府履行再分配职能，由于搬迁是有成本的，如果再分配政策的税收低于搬迁成本，就不会影响地方政府的再分配职能，因而很多地方政府在实际操作中仍然提供少量的再分配政策。

（三）资源配置职能

大多数经济学家认为，城市政府应当担负起地方资源配置的主要职能，即负责提供地方公共产品和公共服务，包括教育、公路、安全防护、消防、公园和污水处理等。大量事实证明，与中央政府统一提供公共产品相比，城市政府能够提高资源配置的效率。公共产品是具有非竞争性和非排他性的社会产品。不同的公共产品的受益范围是不同的。一些公共产品，如国防、外交，其受益范围不受地域限制，只要是该国居民都能享用，这些被称为全国公共物品。而地方公共产品的内涵是与其特定的地理位置相对应的，如消防，只使其具体服务的地区内居民受益。由于地方政府更接近当地居民，更了解当地居民的偏好，对当地居民的偏好及环境能做出更快反应，从而能最大限度提供满足居民需要的公共产品和服务，因而能够提高资源配置效率。如果由中央政府统一提供，对各地需求的差异不可能考虑周全，就只能提供一个全国范围内的平均供应水平，由此会产生效率和社会福利的损失。城市政府根据本市居民的需求，并比较相邻和其他城市的公共产品提供情况，能够最大可能地满足本市居民的公共产品需要。

为了明确城市财政履行其职能的具体财力能力，城市政府在实施资源配置职能时，应明确中央财政和地方财政的收支关系，划分收支、明确财权，确定收入分享比例，确定财政补助与协助原则，并明确承担中央财政授权的地方财政发行公债的责任。

那么，城市政府在具有了相对独立的配置城市资源的权力后，如何能够最有效地配置呢？美国经济学家查尔斯·蒂博特于1956年提出一个假说，即蒂博特模型（Tiebout model）。这一模型认为，地方政府只对所属纳税居民提供公共物品和服务，那么居民就会根据各个城市的情况和地方政府提供公共物品的情况，选择一个特定的地方政府辖区内的一个地点居住，以便消费自己想要得到的公共物品和服务的数量质量。换句话说，众多的地方政府如何配置资源是受居民的"用脚投票"行为约束的。由于税收支出组合在地方政府间差异极大，居民可以从一个社区搬到另一个社区，使自己的消费偏好与政府的税收支出组合尽量相符。对这一假说，西方学者作了大量检验，证实了这一模型的正确性。有代表性的是华莱士·奥茨的研究，通过对美国新泽西州郊区住宅的地方财政部门的价格反映，证实住宅选址决策者受到服务好、税收低的社区的吸引。因此，地方政府配置资源要以居民的需要为准则。

第二节　城市财政的收入与支出

一、城市财政收入

（一）筹集城市财政资金的原则

（1）欲取先予的原则。筹集城市财政资金必须在发展城市经济的基础上进行。如果城市经济不发展，则财政资金有如无源之水、无本之木。所以，我们要强调"培基固本""藏富于民"，反对"竭泽而渔""杀鸡取卵"。

按照"欲取先予"的原则，城市财政要积极支持城市工商企业的生产经营活动，尤其是重点扶持那些有实力、有后劲、代表城市主导产业方向的企业，使之成为城市财政的坚强后盾和丰茂源泉。

（2）利益挂钩的原则。对于那些享受了城市财政利益的单位和个人来说，理应承担筹集城市财政资金的义务，即谁受益谁出钱，这是公平分配的体现，也是城市居民与组织的义务。当然，并非绝对按受益额大小来决定出资额的多少，有些受益者本身不具备支付能力，则不须承担这部分义务。

（3）负担能力的原则。不同的个人与经济单位，由于从事的职业和活动性质不同，会有经济收益上的差异。这样，他们的负担能力也就有高下，应该区别对待，能力大者多负担，能力小者少负担或不负担。从而保证社会分配的公正性，缩小贫富差距，体现社会进步。

（二）城市财政收入的形式

城市财政收入的形式主要有税收（预算收入）和收费（预算外收入）两种。我国城市政府的财政收入在1994年分税制改革以前，在类型上与中央财政基本一致，只是收入结构受城市地区经济结构的影响而与中央财政有所区别。实行分税制以后，城市财政收入来源发生了很大变化，其独立性也日渐增强。概括来讲大致有以下几种来源：

（1）税收收入。税收是国家凭借政治权力无偿参与社会产品分配取得财政收入的形式，它具有无偿性、强制性和固定性三大特征，是政府财政收入最主要的形式，因为它更具有普遍性和稳定性。

（2）国有资产收益和利润（亏损）收入，是市属国有资产收益和市政企业税后利润规定留成后的剩余。市属国有资产收益通过市属国有投资公司提供，是对国有资产的运营收益；而市政企业主要是自然垄断性质的提供城市公共产品和公益服务的经营单位。在公共规制的情况下，市政府往往规定市政企业的财务目标是收支平衡，因而城市财政利润收入的比重很小，甚至更多的时候是亏损补贴。

（3）上级财政转移支付，是城市建设和发展的重要资金来源。在美国，转移支付有两种形式：一种是对称补助金，即地方政府为某项目筹措部分资金，不足部分由联邦政府提供；另一种是计划补助金，一般是有条件地为某项特定事业提供的资金。我国1994年以后，中央财政对地方的转移支付以1993年为基数逐年递增，递增率按全国增值税和消费税增长率的30%确定，因而增长相对稳定。城市若要更快地发展，还必须依靠本市集聚财政收入。

（4）政府公债，有外债和内债两种，由于对外举债关系到国际收支平衡和币值稳定，只有经中央政府特别授权的城市政府才可对外发行公债。城市政府为特定财政目标发行某种特定政府债券，用以筹集民间资金来促进城市建设与发展的财政活动，也需要经过中央政府授权后才能实行。近年来，城市政府发行公债越来越多，已成为财政收入的一个重要来源。

以上四项均属于一般预算收入，它是通过一定形式和程序，有计划、有组织地由国家分配，城市政府一般没有独立决策权。

（5）收费收入，包括公共事业使用收费、土地使用费、管理费、事业费、资金占用费、租赁费等。收费收入一般是城市政府通过市政管理向城市主体提供市政公共设施和公共服务，而向受益者收取的费用。它是市政公用事业投入成本的一种回收方式，既要讲究社会效益，又要兼顾经济效益；既要讲究效率，又要兼顾公平，因而不同于税收。需要指出的是，城市土地是国有土地，对其市场化运作，必须收取地租。在我国目前体制下，地租是通过土地出让金和使用收费形式收取的，它已构成城市财政收入的重要来源，有的城市称其为第二财政。

（6）基金预算收入和专用基金收入。随着城市相对独立作用的增强，城市针对特殊的用途，在国家批准下，可以通过建立社会基金和专用基金形式来满足城市发展的需要。专项社会基金的年度预算可以成为市政建设资金的来源。这里，预算外资金可以看成是一种特殊的社会基金。由于各个城市发展很不相同，专项基金和预算外资金的收入在不同的城市差异很大。此外，只在地方财政中列示而未进入预算的社会保障资金，呈现逐年增长的趋势。

（7）行政收入，指政府或公共机关提供公共管理服务的收入，一般包括规费、特别课征、特许金与罚金。规费指公共机关为个人或者企业提供某种特定服务的特定报偿，一般按填补主义标准（即根据公共机关提供服务所需费用而定）和报偿主义标准（即以公民从公共机关服务所得利益为准）两个标准确定；规费通常分为行政规费（如护照费、会计师执照费、商标登记费等）和司法规费（如诉讼费、出生登记费、结婚登记费等）两类。特别课征是政府对公共目的的新增设施或改良旧有营建，根据受益大小按比例进行的课征，以充实工程费用的全部或部分，如修建沟渠、公园等。特许金是政府公共机关对给予个人某种行为或营业活动的特别权利课取的一定金额，例如在美国汽车驾驶执照费是特许金中最重要的一种。罚金是政府公共机关对于个人违反法律以致危害国家利益或公共利益行为予以处罚的金额。

城市财政收入要获得良好的效益，首先必须贯彻发展经济的原则，即财政收入不能损害经济发展，要积极支持城市工商业发展，实施"保护税率"。这样，城市财政才能够激励生产力发展，不断扩大税源。其次要体现税收效率原则，即征税要有利于资源有效配置和经济机制的有效运转，降低管理成本，提高税收的行政水平。最后要坚持公平分配原则，其内涵是指每个纳税人的税收负担要与其经济实力（纳税能力）相适应，从而做到税负均衡，包括横向公平（纳税能力相同的人应缴纳相同数额的税收）和纵向公平（纳税能力不同的人应当缴纳数额相异的税）两项内容。这样区别对待，才能缩小贫富差距，保证城市社会分配的公正性，体现社会进步。

城市财政收入是否体现了上述原则，可以通过经济分析来检验，其方法主要采用税收收益弹性和税收负担转移来分析。

税收收益弹性是城市政府税收收益变化的百分比与相应的纳税者收入变化的百分比的比值。税收收益的收入弹性小于1，表明税收收益的增长率低于市民收入的增长率，政府税收收益缺乏弹性；税收收益的收入弹性等于1，表明政府税收收益与市民收入的增长率相等，为单位弹性；税收收益的收入弹性大于1，表明税收收益的增长率大于市民收入的增长率，政府税收收益是富有弹性的。把税收收益与地区总产值（GRP）联系起来，可以得到与GRP相对应的收益弹性，即政府收益变化百分比与GRP变化百分比的比值。GRP反映经济增长情况，而经济增长在很大程度上决定着政府收益的变化。根据美国20世纪60年代的研究，财产税的收益弹性在0.82~1.3；一般销售税的收益弹性常常是1.0；货物税的收益弹性在0.4~0.7。研究还表明，州级的个人所得税收益弹性可能在1.7~2.0，而自治市的所得税收益弹性在1.3~1.4。使用费是高度非弹性的，收益弹性小于1。①

---

① 孟晓晨. 西方城市经济学：理论与方法［M］. 北京：北京大学出版社，1992：63.

税收负担转移是付税者的逃税行为造成的。在流通领域，税收负担转移是纳税人减少应税活动，或通过改变贸易的名称以逃税，把税收负担转移到他人身上。一般来说，在局部均衡条件下，当政府对一种商品或服务征税时，它的价格就上升，而购买量将减少。负担分布将取决于经济系统对这一变化的反应，而经济的反应又受到市场结构、市场调节时间长短和供求条件的影响。雷阿德（P.R.G.Layard）和瓦尔特斯（A.Walters）指出：①一项税收对相对价格和购买量的影响与政府是对购买者还是对卖者征收无关。②当商品的需求价格弹性小而供给弹性大时，一项给定的税所引起的买方付出价格的提高大于卖方收到价格的降低。在生产领域，税收负担转移的程度取决于征税资源对于某一地区、某一工业或某一具体工程的专用化程度。资源转移有用途转移和地理转移之分。前者为转向非纳税用途，后者为迁出纳税地区。前者的转移可能性取决于资源的专用化程度，后者的转移可能性取决于资源的地理特殊性（如土地就无法转移）。一项资源的专用化程度越高，它改变用途所获得的价值就越低，税收负担转移的可能性就越小。具有地理特殊性的资源转移的可能性较小，因而不得不承担较大的税收负担。

二、城市财政支出

城市财政支出在贯彻和执行中央财政精神和政策的基础上，其性质是城市政府如何向市民提供公共产品和服务的政策选择问题，是这些政策实施的公共成本。进行这种选择，是要处理好城市财政支出结构、原则和支出效果的经济问题。

（一）城市财政支出的结构

城市财政支出包括一般预算支出、基金预算支出、专用基金支出、收费支出以及其他支出等。在内容结构上，正随着我国社会主义市场经济体制的逐步完善，趋向于现代城市财政支出结构。西方国家城市财政支出主要由以下五部分组成：①公用事业支出，包括城市给排水、污水处理、电力供应等；②社会服务支出，包括教育、医疗保健、社会福利以及公共住房的建设等和对低收入阶层的房租补贴等；③城市交通支出，包括道路、桥梁、车辆等城市交通设施的投资支出以及对城市公共交通的营运补贴等；④一般城市服务支出，包括垃圾收集、公园建设和管理、公共建筑投资、土地开发计划、消防、执法等；⑤其他支出，如一般行政管理支出等。

我国城市财政支出结构在市场化的进程中基本形成了以下六个方面的内容：

（1）城市经济支出，包括城市国土整治、城市公益事业基本建设支出、技术改造支出、对国有工商（市属）企业的援助性投入、市管县体制下对农业的援助性投入等。

（2）城市维护和建设支出，包括城市公用设施、市政基础设施等的建设与维护支出等。

（3）教科文卫事业支出，是指除基本建设支出、技术改造资金、流动资金和科技三项费用以外的各项文教事业费、科学事业费支出，包括文化、出版、体育、教育、卫生、计划生育等共计15项事业费支出。

（4）行政管理费用支出，即城市行政管理部门的管理费用，包括市政府、人大、政协、公检法、人民团体、直属机关、事业单位的办公费、设备费、业务费、工资、基建开支等。

（5）社会保障和社会救济支出，即用于城市人民生活保障的费用，如社会救济费、公共医疗保健费、残疾人费用、劳动保护费用以及社会灾害补助费等。

（6）价格等补贴支出，即用于国家政策性生产补贴和消费补贴的支出。

由于城市政府的经济职能各有不同，其财政支出结构也有较大差异。表13-1提供了进行比较分析的资料。

表13-1　　　　　　　　　　　中外城市财政支出结构比较

国家或城市	城市财政支出（%）							
	基础设施工程	教育等事业费	卫生保健福利	公检法和行政管理	其他	房屋建设维修	旅游与交通事业	支农和企业改造
英国	8	40		44		8		
法国			12	33	22	20	13	
美国	10	40	14	36				
北京	18	25	3	15	26			13
上海	23	23	3	10	31			10
杭州	18	27	7	15	33			

资料来源　周围林，严冀，等. 城市经济学［M］. 上海：复旦大学出版社，2004：354.

（二）城市财政支出的原则

（1）统筹兼顾、全面安排的原则。这一原则要求做到重点与一般相结合，当前与长远相结合，城市经济与城市社会环境发展相结合，以便合理地使用城市财政资金。

（2）量入为出与量出为入相结合的原则。量入为出是以收定支，根据收入的多少来安排支出；量出为入是以支定收，按支出的多少来安排资金筹集的规模。从财政的角度看，量入为出的主动权在于自己，而量出为入则受着事权上的局限（但也并非毫无余地，如通过财政手段筹集某些资金等）。有人认为量入为出是计划经济时代的财政观，这一财政观念正被以支定收的财政观所取代。[①]但是，对于城市财政支出而言，一般情况下还是应坚持收支平衡、减少赤字，当然也不能单纯追求和满足于静态平衡，要能够适应和有利于城市经济发展，充分反映城市政府提供公共产品的优势。因此，应把两方面的支出思想结合起来。

---

① 高培勇. "量入为出"与"以支定收"［J］. 财贸经济，2001（3）. 作者同时认为，"以支定收"并不完全等同于"量出为入"。

（3）讲究效益的原则。城市财政支出，应尽量按预算进行，既要讲究经济效益，也要讲究环境效益和社会效益，力求节约，避免盲目投资和重复建设。对于一些大的建设项目，要进行深入细致的可行性研究、财务分析和方案评估。对支出效益的评价可用"成本-效益分析法"和"最低费用选择法"。前者详列各种方案的全部预期成本和预期收益，通过分析比较，选择最优投资项目；后者是对于不能用货币单位计量社会效益的项目，只计算每项备选项目的有形成本，并以成本最优为标准选择。

（4）取之于民、用之于民的原则。该原则即强调人本市政，城市财政资金来源于城市，除了上缴国家以外，其余都要用于城市建设与发展。这里要紧紧围绕提高市民素质和提高城市人民生活水平来使用财政资金，以加快城市现代化的步伐。

（三）城市财政支出效果的经济分析

城市财政支出，实质上是确定城市公共产品和公共事业的合理规模问题。规模过小，不能满足城市经济发展需要，会给城市企业生产和居民生活带来极大不便；而规模过大，则会加重纳税者负担，也不可取。如何确定城市公共产品的适度规模呢？由于对公共产品和公共事业需求的收入弹性和价格弹性都很低，就必须分析其社会总收益和社会总成本来研究确定。

（1）公共事业规模与边际成本的关系。在短期内，一次性投资所形成的产品的产出规模的边际成本可看作是不变的，社会的最佳产出规模是由需求曲线（D）和边际成本（MC）曲线的交点（Q）决定的。按照边际成本等于边际收益的原则，私人供给将选择 Q_2（边际收益曲线与边际成本曲线的交点）的规模；而非营利的政府将选择 Q_1（需求曲线与边际成本曲线的交点）的产出规模（如图13-1所示）。在长期，边际成本不可能保持不变，一般会随着产出规模的扩大而上升，而需求也会随着时间而增长，此时，第一次投资形成的产出能力不能满足需求，出现了供给不足，这会使人们愿意支付的价格上升，当人们愿意支付的价格超过了长期边际成本时，就具备了进行新的投资来扩大产出能力的条件，公共事业的规模也会随之扩大。

（2）公共事业规模与居民消费水平的关系。城市的总产出可以在私人商品与公共商品之间进行分配，公共商品消费的增长将使私人商品消费下降，反之亦然。

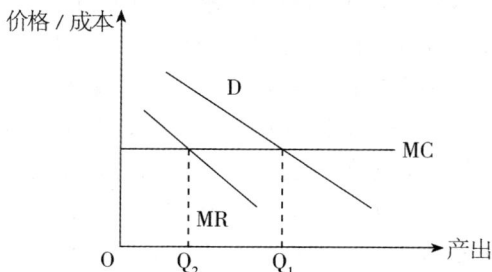

图13-1　公共事业规模与边际成本的关系

第三节 地方政府的财政能力

一、地方政府财政能力的构成

地方政府财政能力是指地方政府以公共权力为基础筹集财力、提供公共物品或服务以满足城市内公民的公共需要、稳定地方公共经济、合理进行再分配的能力的总和。这种能力的获得源于两个渠道：一是在特定体制下由上级政府赋予地方政府的地方税收权和地方公共服务供给的自由裁量权等权力，是上级政府通过法律赋予地方政府的一种外生能力，这是地方政府合法性和稳固性的基础和保证；二是地方政府通过改善辖区内的制度环境以吸引优质资源的流入，扩大税基，改善公共品供给效率，是一种通过挖掘自身潜力而获得的内生能力，源于地方政府的学习与创新能力。

地方政府财政能力是一个系统集群结构[①]。其中，财政资源汲取能力、地方性公共物品或服务的提供能力是地方政府财政能力的核心所在，如图13-2所示。

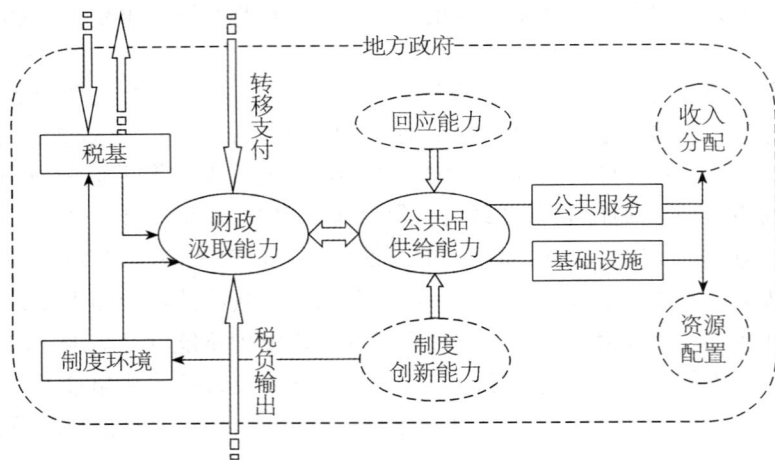

图13-2 地方政府财政能力系统

（一）回应能力

回应能力是指地方政府对居民福利和需求做出回应的能力。地方政府对居民的需求做出回应的过程，也是通过提供公共物品和服务换取纳税人的税收支付的过程。政府回应能力体现在两个方面：一是居民参与决策的程度。民主的政府才是有效率的政府。地方政府要想获得居民的信任和支持，必须听取他们的诉求和考虑他们的福利。二是地方政府对贫困的关注程度。贫困的存在要求地方政府必须回应这一现实，才能实现地方的稳定发展。其中，基础教育、公共卫生、公租房建设及社会福利等基本公共服务在减少贫困方面具有不可忽视的作用。

---

① 贾志莲. 地方政府财政能力解析：基于财政维度的逻辑顺序 [J]. 科学与管理，2010（1）.

（二）公共品供给能力

公共品供给能力是地方政府的核心能力。地方政府通过公共品或服务的供给这一核心职能的履行在一定程度上实现收入分配与资源配置的目标。公共品供给至少包括：①向居民提供教育、卫生、社会保障等有助于实现社会公平的基本公共服务；②提供公共交通、通信等基础设施，改善生活与生产环境，吸引优质资源的流入；③建立法制健全、保护自由并鼓励竞争的制度环境。

（三）财政汲取能力

财政汲取能力是公共品供给的保障。地方政府财政汲取能力主要受以下因素影响：①税基。辖区内有丰富的自然资源、充足的资本、高素质的劳动力及先进的技术条件会促进当地经济发展，进而形成地方政府的财政收入。②非税收入。主要来自于各种规费、罚款和公有产权的运营收入。③税负转移能力。通过财政资源输入（上级政府的转移支付），弥补自身财力的不足。④财政成本。地方政府在集中财力的过程中所发生的费用开支会销蚀部分财力。

（四）制度创新能力

地方政府推动的制度创新，可以克服制度缺陷，为地方发展寻求新的制度空间。地方政府间的竞争在很大程度上是制度的竞争。地方政府进行制度创新，构成有吸引力的区位要素，能增强地方政府的竞争力。总之，在辖区内营造效率更高而成本更低的制度环境，可实现区域内经济社会全面可持续发展。

二、地方政府财政能力的变化

地方政府财政能力的形成受多种因素的制约，归纳起来，主要有两个方面：资源禀赋和制度环境。资源禀赋是指地方政府辖区内的资本、劳动力和自然资源的总和，它们是形成地方政府财政能力的必要条件。制度因素通过作用于资源禀赋而形成财政能力。在一定的资源禀赋条件下，制度环境的优劣决定了财政能力的高低。在资源禀赋相近似的两个地区，制度环境的差异往往会使二者之间的财政能力有天壤之别。地方政府如果能将当地独特的资源禀赋与良好的制度环境结合起来将会形成其核心竞争力。

受时空限制，地方政府辖区内资源的数量是有限的，但通过制度创新提升资源禀赋的空间却是无限的。支撑这种能力提高的着力点在不同的阶段会有所变化。在经济发展的初级阶段，有充裕的资源和经济增长的外在激励，地方政府的财政能力（主要是收入能力）的增长较快。在这一阶段，地方政府拥有的物质资源在经济增长中发挥重要作用，增长方式也往往倾向于高污染、高耗能的粗放模式，地方财政收入能力的高速增长掩盖了地方政府有效配置资源能力不足的缺陷。在经济发展步入更高阶段时，资源的过度消耗及环境恶化的压力迫使地方政府转向提升资源禀赋和优化制度环境来寻求财政能力的提高，比如，通过改善公共支出效率、增加 RD 投入等促进经济的内生增长。随着资源禀赋与制度环境进入一种良性互动的状态，地方政府财政能力的提高也将呈现一种稳定增长状态，如图13-3所示。

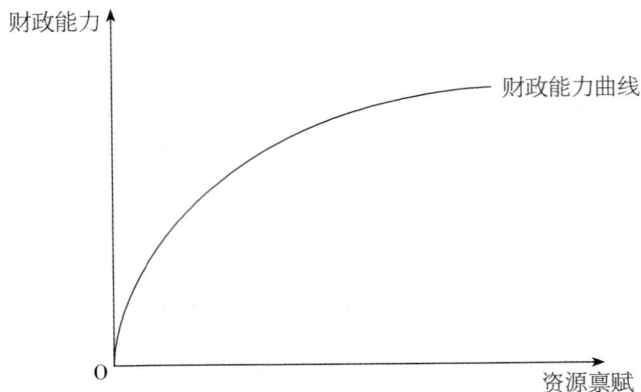

图13-3　地方政府财政能力曲线

三、财政能力与地方政府职能定位

界定地方政府财政能力的前提是明确地方政府的职能，这是地方政府行政改革面临的首要问题。随着经济社会转型，地方政府的职能重点应该逐渐转移到提供公共物品和服务上来。

按照财政分权理论，地方政府更熟悉当地居民的偏好，并更能准确地衡量公共品供给的成本与收益。因此，地方政府的核心职能就是提供公共物品和服务。这一职能包括：①建立民主机制，反映当地居民的愿望和要求；②选择更有效率的方式提供公共服务；③根据公平的原则确定政府收支规模和方式；④创造具有激励和监督功能的制度环境。

公共产品的基本特征是消费的非竞争性和非排他性。非竞争性是指一个消费者对一种公共产品的消费不影响其他消费者对该产品的消费和使用；非排他性是指公众的任何一员都不能被排除在对该公共产品的消费之外，都可以享受这种产品。公共产品的特性导致了对其供给的稀缺，因而只能依靠政府出面组织生产和供应才有可能得以解决，这是政府职能的基本依据。

在计划经济体制下，由于市场的弱化或取消，我国建立了政社不分的"大政府、小社会"的管理模式，政府经常性地运用强制行政手段对社会进行全面管理。这在当时具有一定的合理性和必然性。但随着从计划经济体制向社会主义市场经济体制的转型，传统的社会管理模式由于缺乏自我管理和自我发展能力，越来越难以适应市场经济发展的要求。因此，必须按照三种途径构建政社分离的新型社会管理模式。

（1）社会自治能力。培养社会自我管理的组织，把政府包揽的事还给社会，由社会组织自行管理，如各类行业协会和城乡居民的自治组织以及社会中介组织，可以在社会的自我管理上发挥作用。

（2）保障制度改革。尽快建立与市场经济相适应的社会保障制度，切实保障弱势群体的基本生活权利，维护社会稳定，保证经济社会和谐发展。

（3）良性互动。政府不能包办社会具体事务，而应充分发挥社会组织的积极性，由社会组织去管理社会的微观事务。同时，有必要形成社会对政府权力的有效制约机制，以防止政府权力的滥用。

四、地方政府财政能力的提升

（一）合理构建地方政府事权体系

地方政府事权体系是其财政能力的逻辑前提。目前，政府与市场的关系基本上还是一种行政分权的量的调整，没有明确的分工。随着市场经济的完善，地方政府的财政职能必须在公共物品的理论平台上全面审视和重新建构，划定地方政府的事权范围，打破地方政府无所不能、无所不管的传统与行为模式，建立其事权随职能自动收缩与扩充的机制，以消除造成地方财政能力弱的根源。

（二）适当整合地方政府层级和规模

一般地，政府层级过多相应地增加了其事权划分的难度，并会导致政府职责权限交叉和错位，由此形成的地方既得利益也难以消除，这种错位与越位必然弱化地方政府财政能力。因此，进行地方政府行政管理体制改革，适当调整地方政府层级和规模，是提升地方性公共物品供给效率的重要途径。

（三）逐步完善地方政府支出体系

要明确地方政府的支出项目，优化支出结构。消除那些不应该由地方政府承担的支出项目。同时，要重视支出绩效，建立效能型地方公共财政。要尽快确立财政支出绩效评价体系，科学评价政府支出效益。另外，要通过调整地方政府支出体系的途径方式，对地方政府的职能行为构成强有力的"硬约束"，从根本上使政府职能转换，使地方政府支出与市场经济的要求趋于一致，事权财权相统一。

（四）科学设计地方税体系

中央政府首先应赋予地方适度的税收立法权。在一定条件下，允许地方政府根据各地税源状况拥有设立一些地方性税种的权力，扩大税收规模。其次，确立地方政府的主体税种，优化地方税制结构。从长期来看，财产税应是地方主体税种。很多发达国家都把此税作为地方税的主体税种。要建立和完善房产税等税种，改变按企业行政隶属关系划分企业所得税收入的不规范做法，实行中央和地方按一定比例分别征收的税源共享模式。①

（五）改进政府财政转移制度

目前的转移支付制度目标不清晰、结构不合理，发挥财力均等化功能的一般性转移支付占比小。转移支付功能不健全是包括解决辖区间外溢效应、中央委托地方

---

① 李文星，蒋瑛. 地方政府财政能力的理论构建［J］. 南开经济研究，2002（2）.

事务等在内的应给予地方财政补偿的转移支付缺失或数额不足。转移支付体系还不能适应主体功能区要求，难以对主体功能区形成推进作用。因此，改进地方政府财政转移制度的目标就是要构建结构合理、功能完善、制度统一、分配科学、管理规范、信息透明的转移支付制度。以合理的结构强化转移支付促进公共服务均等化的能力，以完善的功能促进上下级、地区间财政关系的理顺，以统一的制度实现中央-省-市县的多级均等化机制，以科学的分配增强作用效果，以规范的管理提高资金使用效率，以透明的信息提高转移支付可预期性。

第四节　城市社会融资

在城市基础设施产业化进程中，由于市场参与所带来的投资主体多元化，以及资本市场的不断发展、商业融资手段的不断完善，为融资手段的多样化创造了条件，城市社会融资的方式也日益多样化。

（一）PPP模式的投融资

公私合作伙伴模式（public private partnership，PPP）是指政府、营利性企业和非营利性组织基于某个城市基础建设项目而形成的相互合作关系的形式。通过这种合作形式，合作各方可以达到比预期单独行动更有利的结果。合作各方参与某个项目时，政府并不是把项目的责任全部转移给私营部门，而是由参与合作的各方共同承担责任和融资风险。

城市基础设施供给中，应用比较普遍的PPP模式的各种变体包括：

（1）服务外包（service contract）。对一些特殊的公共基础设施，政府可以把服务出包给私营部门。政府公共部门仍需对设施的运营和维护负责，承担项目的融资风险。这种协议的时间一般短于5年。

（2）运营和维护协议（operate & maintenance contract，O & M）。政府与私营部门签订运营和维护协议，由私营部门负责对基础设施进行运营和维护，获取商业利润。在该协议下，私营部门承担基础设施运行和维护过程中的全部责任，但不承担资本风险。该形式的目的在于通过引入私营部门，提高基础设施的运营效率和服务质量。

（3）租赁-建设-运营（lease-build-operate，LBO）。政府与私营部门签订长期的租赁协议，由私营部门租赁业已存在的基础设施，向政府交纳一定的租赁费用；并在已有设施的基础上凭借自己的融资能力对基础设施进行扩建，并负责其运营和维护，获取商业利润。在该模式中，整体基础设施的所有权属于政府，因而不存在公共产权问题。

（4）建设-租赁-转移（build-lease-transfer，BLT）。使用这个模式，政府只让项目公司融资和建设，在项目建成后，由政府租赁并负责运行，项目公司用政府付给的租金还贷，租赁期结束后，项目资产移交政府。

（5）建设-转移-运营（build-transfer-operate，BTO）。政府与私营部门签订协议，由私营部门负责基础设施的融资和建设，完工后将设施转移给政府。然后，政府把该项基础设施租赁给该私营部门，由其负责基础设施的运营，获取商业利润。在此模型中，也不存在基础设施公共产权问题。

（6）合资经营。政府部门与私营企业或外资企业共同出资，成立股份有限公司，共同负责基础设施的建设、运营，为社会提供公共服务。这种方式主要侧重于盘活资产存量，同时引进增量资金。2001年法国昭和水务公司与奉贤自来水公司第三水厂合作成立了上海首家中外合作的昭和自来水公司。这种方式合资双方利益与风险共担，市政部门不承诺固定回报，有利于真正引进先进的管理经验，再造企业的体制、机制。

（7）建设-运营-转移（build-operate-transfer，BOT）。首先由项目发起人通过投标从委托人手中获取对某个项目的特许权，随后组成项目公司并负责进行项目的融资、组织项目的建设、管理项目的运营，在特许期内通过对项目的运营以及当地政府给予的其他优惠项目的开发运营来回收资金以还贷，并取得合理的利润。特许期结束后，将项目无偿地（或获得政府提供的一定量资金）移交给政府。在BOT模型下，投资者一般要求政府保证其最低收益率，一旦在特许期内无法达到该标准，政府应给予特别补偿。这种形式的特点在于政府通过出让建设权和经营权，吸引增量资金。

目前国内规模最大的上海竹园第一污水处理厂项目，即由以民间资本为主的投资联合体以BOT形式投资建设并专营20年。

（8）与BOT类似的PPP类型还有建设-拥有-运营-转移（build-own-operation-transfer，BOOT）。在这种模式中，项目公司不仅拥有经营权而且还拥有所有权，因此，可以将现有项目作为资产抵押进行二次融资。一般来说，采用BOOT模式，项目公司对项目的拥有和运营时间比BOT模式要长很多。

（9）外围建设（wraparound addition）。政府与私营部门签订协议，由私营部门负责对已有的公共基础设施进行扩建，并负责建设过程中的融资。完工后由私营部门在一定的特许权期内负责对整体公共基础设施进行运营和维护，并获得商业利润。在该模型下，私营部门可以对扩建的部分拥有所有权，因而会影响到基础设施的公共产权问题。

（10）购买-建设-运营（BBO）。政府将原有的公共基础设施出售给那些有能力改造和扩建这些基础设施的私营部门，在特许权下，由私营部门负责对该基础设施进行改、扩建，并拥有永久性经营权。

这些PPP类型既可以适用于发展新的基础设施，又可以适用于改造和扩建现有的基础设施，还可以适用于提高现有基础设施的经营绩效。表13-2显示了这些类型在各种特定情况下的适用性。

表 13-2   PPP 各种类型的适用性

基础设施类型	适用的 PPP 类型
现有设施	服务外包
	运营和维护协议（O&M）
需扩建和改造的现有设施	租赁-建设-运营（LBO）
	建设-租赁-转移（BLT）
	购买-建设-运营（BBO）
	外围建设
待建设施	建设-转移-运营（BTO）
	合资经营
	建设-运营-转移（BOT） 建设-拥有-运营-转移（BOOT）

资料来源　萨瓦斯. 民营化与公私部门的伙伴关系［M］. 周志忍，等译. 北京：中国人民大学出版社，2002：259.

当社会对基础设施存在明确的、未满足的需求而政府资金有限尚不能满足这些需求时，当新的资金来源、速度更快的建设、创新性的设计以及高效的经营能产生巨大收益时，需要私营部门在资金、技术和管理等方面充分发挥作用，因而倾向于采用各种 PPP 形式来新建、改造和扩建基础设施。当现有的运营成本太高，或者服务质量太差时，比较适合采用服务外包、运营和维护协议等 PPP 类型，由私营企业运营和维护政府拥有的基础设施，政府向该私营企业支付一定的费用。

并不是所有的城市基础设施建设项目都适合采用 PPP。采用 PPP 模式的前提条件是该项目要比公共部门直接提供产生更高的资金价值和服务绩效。

（二）市政债券类投融资

在众多的投融资工具中，市政债券是一个有效融资手段。近年来，民间资本已开始介入到城市公共设施投资领域，并取得了一定的成效。一些城市的大型基础设施建设项目等市场已经放开，大型投资项目对国家资金的依赖度正逐步降低，部分项目通过吸引民间资金来解决。这说明民间资本对那些具有一定回报率的城市基础设施建设开发项目表现出了强烈的投资欲望。

市政债券类融资模式是通过发行各种证券来向社会融资的。除了企业上市发行股票的形式外，各种银行等金融机构、企业或政府部门获得国家有关部门批准，都可以发行专门的证券融资，用于国家批准的城市基础设施专门项目建设。

　　如果将城市基础设施建设项目与融资类型联系起来看，我们可以把城市基础设施项目分为如下五种类型：①市场性差、投资回收期长、受益者承担能力低、民间难以投资的开发项目。它包括道路绿化、农业基础、城市公园、治山治水、义务教育等。②产品或服务存在着较强外部性、规模性强、收益性和竞争性较差的开发项目。如机场、车站、码头、歌剧院等。③进入壁垒高、容易形成地区垄断的开发项目。如自然风景旅游点，因其为本地区独一无二的自然资源，因此具有自然垄断特征。④地区性强、长期投资回收率较高的开发项目。如垃圾的收集与处理、污水处理等。⑤可替代性强、经营性强、回报率相对较高的开发项目。如收费养老院、医院、停车场、训练设施等。在上述五种城市基础设施建设项目中，从第①类到第⑤类，公共事业的性质越来越弱，政府财政投资的比重也越来越小；同时民间投资的色彩则越来越浓，民间融资的成分也越来越大。

　　这里值得一提的是 ABS（asset-backed-securitization）融资方式。ABS 是指以项目所属的资产为基础，以该项目资产所能带来的预期收益为保证，通过资本市场发行证券来募集资金的一种项目融资方式。它通过一个严谨有效的交易结构来保证融资成功。其交易结构由原始权益人（政府）、特设信托机构和投资者构成。原始权益人（政府）将自己拥有的财产（如大桥）以"真实出售"的方式过户给特设信托机构，特设信托机构获得该资产，发行以资产的预期收入流量为基础的资产支持证券，并凭借对资产的所有权确保未来的现金收入首先用于证券投资者的还本付息。这是城市政府建设基础设施的一种有效方式。在日本还出现了一种可转换的抵押证券形式，如地价指数债券。

　　市政债券融资的目标包括：确保项目收益；向投资者推荐有利可图的证券新商品；以项目融资方式推动城市基础设施开发项目的健康发展，从而完善城市机能。为了达到上述目标，在吸纳民间资金用于城市基础设施开发项目时，应采取相应的措施确保开发项目的收益，并保护投资者的利益：①项目投资必须有相当大的可行性。准确地说，对项目投资的效益应该有十分的把握。在开发新项目时，证券融资方式可使不动产所有权等得以流通，向投资者预先公布特定项目的收益率（或初期阶段的损失）及项目成功后实现的利润。以证券手段进行项目融资，就是以项目投资的收益来吸引投资者，并由资本市场评价其收益水平，这实际上是一种新的融资体制。②建立健全项目融资中开发利润的分配机制。随着城市基础设施产业化的不断深化，城市基础设施项目的经济潜力会不断上升，所实现的利润也会越来越多。然而，开发利润不一定全是这些项目本身带来的。在这些项目被开发前就存在的城市基础设施也为项目的投资者创造了一部分利润。若把过多的开发利润都划归民间投资者，显然不合理。反之，让开发者承担太大的成本负担，又会降低城市开发项目对民间投资者的吸引力。在由项目开发者承担项目风险的情况下，只有让投资者得到相应的风险补偿才符合经济原理。因此，就必须制定一套将部分红利、资本收益分给投资者的分配机制。③设计证券商品时，应确保其商品性。设计一种可转换的市政债券，赋予投资者进行期权交易的权利，即对债券的所有权或使用权进行买卖，这将使开发利润更直接地偿还给投资者。

（三）银行间市场的资金筹措

所谓银行间市场，是资质优、信誉好、评级高的企业，以某一银行作为承销商，面向其他银行和金融机构发行债券等融资工具，获得资金融通的一种新的资金筹措模式。当一个企业想借钱时，往往找不到有实力的大户，这就需要一个中间人。银行正是这样一个中间人，当银行对企业的信用和偿还能力有了正确的评估之后，便会为企业发债，其他银行和金融机构可以购买这样的债券。企业通过这样的债券获得资金融通，并支付给银行手续费，也就是中介费。偿债时，企业还要向购买债券的银行和金融机构支付利息。也就是说，在一定期限内，承销银行收取手续费，购买债券的银行和金融机构收回本金、收取利息。

企业向银行借钱，也就是贷款，需要抵押担保物，需要相当数量的启动资本金，利率也相对较高。在银行间市场上，通过银行为企业发债进行融资，不需要抵押担保物，不需要资本金，利率也相对较低。但是在为企业发行债券之前，银行要对企业的信用、偿还能力进行严格的评级，并将这些信息向债权人公布。可见，银行间市场虽然不需要启动资本金和抵押担保物，但银行间市场的审核门槛更高，一般企业难以进入。银行间市场发的是一种信用债，银行要为发债的企业授信，如果企业实力不强，银行是不会为它发债的。因此，银行间市场是一个基于银行信贷基础的更高级别的舞台，具有优中选优的特点。

通常情况下，银行间市场是通过为城市企业提供债务融资服务而介入城市基础设施建设的。目前，国内城市的债务融资模式基本是：首先以企业的形式成立一个政府融资平台运作同类项目，如成立城市保障性住房建设投资中心。这些平台将项目整合后，通过相关专业部门和机构对项目进行包装，论证清楚"谁来还钱，如何还钱，几年还清"的问题。随后，这些项目将与银行间市场进行对接，银行作为承销商根据资质评级来为企业和建设项目发债。

银行间市场的风险主要体现在偿还能力上。一般而言，政府融资平台通过两种方式偿还债务：一是财政资金；二是项目运营实际收入。以公租房为例，公租房的建设资金如果通过债务融资，那么在规定期限内，贷款本息和支付给银行的中介费就需要靠房屋租金来偿还。如果租金数量不足以承担，那么在缺乏明确还款来源的情况下，政府的财政收入就要用于偿还债务。尤其是当银行间市场融资用于城市民生工程，政府财政偿还能力更是运用这种筹资模式的前提条件。因为对于大多数民生工程而言，项目本身是很难产生经济效益的，也就是说，政府融资平台通过发债支持公益性项目，要通过大量的后续财政投入来偿还债务。

◆ 练习与问题讨论

1. 城市政府的财政经济职能主要有哪些？试用实例分析这些职能。

2. 图13-4是某市2005—2011年财政收入占GDP比重的变化情况。

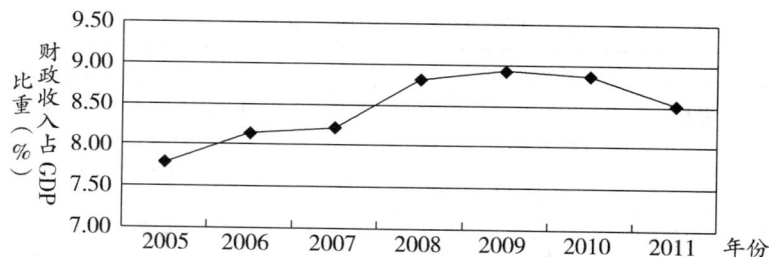

图 13-4　某市 2005—2011 年财政收入占 GDP 比重的变化情况

（1）财政收入占 GDP 的比重说明了什么？

（2）观察该市财政收入占 GDP 比例变化的趋势，分析其中原因。

（3）查阅资料，用这一指标分析城市经济结构和运行质量。

3.图 13-5 是某市 2011 年财政一般预算支出的构成情况。

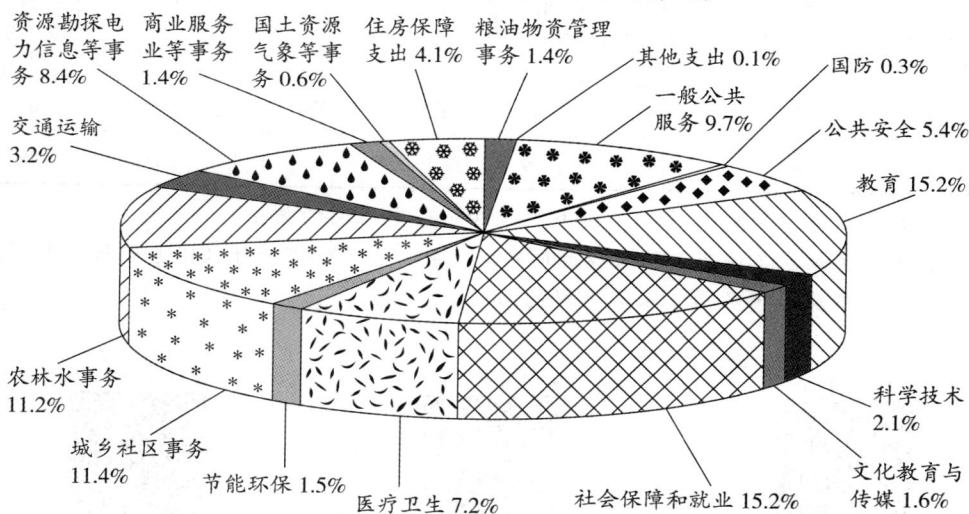

图 13-5　某市 2011 年财政一般预算支出的构成情况

（1）城市财政支出预算有哪些原则？

（2）分析该市的财政支出预算是否符合这些原则，存在什么问题？

（3）如果让你重新做预算，你会提出怎样的支出结构方案？

4.城市税收是再分配的一个杠杆，这会导致高收入者离开城市，低收入者涌入城市，两者之间的矛盾应该如何解决？如何才能确定一个恰当的税收水平来保持一定的税基，保证再分配手段的有效？

5.试着建立一个指标体系，对城市财政能力进行综合评价。

6.分析 PPP 在大型城市基础设施建设项目中的运作机制。

7.某市准备建设一条海底隧道，大约需要融资 30 亿元人民币。如果让你来做一个融资方案，你会怎样做？

8.随着各地经济发展，债务规模不断增加，其中，城市政府的债务率畸高，见表 13-3。

表 13-3 　　　　　　　　　2015 年部分城市的政府债务率

地级市或市辖区	2015地方公共财政收入（亿元）	发债城投企业有息债务规模（亿元）	债务率（%）	地级市或市辖区	2015地方公共财政收入（亿元）	发债城投企业有息债务规模（亿元）	债务率（%）
镇江	303	2 638	871	赣州	246	641	261
常州	466	2 730	585	铜陵	67	262	393
南京	1 020	4 844	475	咸阳	85	346	405
湖州	191	1 284	671	西安	651	2 415	371
绍兴	363	2 080	573	柳州	147	1 011	689
黔江区	21	185	870	钦州	50	213	424
綦江区	37	246	662	唐山	335	1 022	305
涪陵区	57	362	640	石家庄	375	1 011	269
武汉	1 246	3 719	299	临汾	88	166	188

（1）分析各城市财政收入、债务规模和债务率之间的关系。

（2）债务率在各城市中的表现有何不同？分析一些城市为什么债务率居高不下。

（3）降低城市债务率宜采取怎样的路径？

资料链接 13-1　　　　　　　资料链接 13-2　　　　　　　资料链接 13-3

融资租赁

地方政府财政承受
能力评价

城市主体财源：
房地产税与城市
土地地租

第十四章　城市现代化与国际化

21世纪是城市世纪，人类进入以城市为主体的现代化发展阶段，城市现代化发展成为时代的主旋律，尤其随着城市化、经济全球化进一步加速发展，信息经济、网络经济、数字经济和生态经济等新经济类型的不断崛起，现代城市面临着多方面的严峻挑战和发展机遇，同时也面临着有史以来最广泛、最深刻的社会巨变和创造性的重构。本章正是在这种背景下，对城市现代化的内涵、特征、指标体系、国际化和发展趋势等进行初步讨论。

第一节　城市现代化的意蕴

一、城市现代化的内涵

（一）对现代化的理论认识

现代化（modernization）作为一个世界历史进程，是反映人类社会从建立在自给自足的自然经济基础上的传统农业社会向建立在发达的市场经济基础上的现代工业社会和后工业社会发展的历史巨变。它是一种全球性的发展趋势，也是世界各国、各地区和各城市发展的必经之路。

至于什么是现代化？如何准确界定它的内涵，学者们有不同的表述。

大多数现代理论家比较接近的看法是：现代化是相对于传统社会而言的，现代化是社会发展的转变过程。现代化并非在个别国家和地区发生的特有的社会现象与发展趋势，而是带有普遍意义的全球性发展趋势；现代化并非某一社会领域发生的变迁，而是涉及社会方方面面的整体变迁；现代化并非发生在当代或某一历史时期的社会变迁，而是一个长期的社会发展过程。

国际知名的现代化理论家、美国哈佛大学教授塞缪尔·亨廷顿认为，现代化意指社会有能力发展起一种制度结构，它能适应不断变化的挑战和需求。他对现代化过程进行了具体分析，把这个过程概括为以下九个基本方面：

（1）现代化是革命的过程。它涉及人类生活方式根本的和整体的变化，是一个划时代的突变过程。

（2）现代化是复杂的过程。它不是某一种因素或某一个范围，而是包含着人类思想和行为领域的变化。它的组成部分至少包括工业化、城市化、社会流动、传播媒介的扩大、文化和教育水平的提高、参政范围的扩大等。

（3）现代化是系统的过程。一个因素的变化将联系并影响到其他各种因素的变化。现代化的各种因素之所以极其密切地联系在一起，是因为从历史意义上来说它们必须联系在一起。

（4）现代化是全球的过程。现代化已经成为全世界的现象，随着全球经济一体化的发展，现代化的全球过程会更加迅速。

（5）现代化是长期的过程。现代化所涉及的整个变化需要长时间才能解决，西方社会的现代化经历了好几个世纪，当代正在进行的现代化，虽然不需要那么长的时间，但是也需要一个长期的过程。

（6）现代化是有阶段的过程。一切社会和国家进行现代化的过程都有可能和有必要区别不同的水平或阶段。它显然是从传统阶段开始，以现代阶段告终，一切社会都要经历大致相同的若干阶段。

（7）现代化是一个同质化的过程。现代化在社会之间产生了集中的趋势。现代化意味着在政治上组织起来的社会趋向于它们之间的相互依存以及各个社会趋向于最终结合的运动。

（8）现代化是不可逆转的过程。虽然在现代化过程中某些方面可能出现暂时的挫折和偶然的倒退，但在整体上现代化基本是一个长期的趋向。某个社会经过10年后在城市化、文化和工业化方面达到某个水平，那么在以后10年内，它不会大大降低这个水平。在各个社会之间，变化的速度将出现很大的差别，但变化的方向不会不同。

（9）现代化是进步的过程。从长远的观点看，现代化不仅是不可避免的，而且是人心所向的。在转变时期，尤其在转变时期的初期阶段，代价和痛苦是巨大的，但是，现代的社会、政治和经济秩序所取得的成就足以弥补。现代化增加了全人类在文化和物质方面的幸福。

美国密歇根大学教授殷格哈特（Inglehart）把1970年以来先进工业国家发生的变化称为后现代化。他认为，后现代化的核心社会目标，不是加快经济增长，而是增加人类幸福，提高生活质量。

总之，现代化是一个综合的、多层面的、动态的概念，是连续系列的社会演变过程，也是一种发展状态，包括社会、经济、技术和思想行为各个层面的同步变革与发展。

（二）城市化、现代化与国际化

对城市现代化内涵的认识，首先必须明确现代化与城市化、国际化之间的关系。应该说，现代化、城市化、国际化三者之间既相互联系，又存在着明显的区别。

（1）现代化与城市化。城市化就其本质而言，是一个变传统落后的乡村社会为现代先进的城市社会的自然历史过程。城市化与现代化是一个互动过程。就一国整体而言，城市化是实现一国现代化的重要途径和手段，没有城市化也就没有现代化；反过来，作为现代化标志的先进的科学技术和发达的生产力又将加速城市化进程。因此，从一定意义上说，城市化过程也是现代化过程，现代化过程同时也就意味着城市化过程。从世界范围看，20世纪是现代化过程高歌猛进的时代，几乎世界上所有国家在这一世纪都开始了现代化进程。与此同时，乡村人口的城市化也迅猛异常，世界城市人口比重从20世纪初的不足10%增长到20世纪末的50%以上。如果一个国家或地区现代化过程完成或结束，也就意味着这个国家或地区乡村人口向城市转移的过程结束。虽然在全国总人口中，乡村人口仍占有一定比重，但由于城乡之间差别很小，城乡之间的鸿沟已不存在，因而乡村人口向城市转移已缺乏动力和活力，而城市化过程的结束，也意味着从事农业的就业人口，用5%甚至更低的比重就可以支撑整个社会对农产品的需求。

（2）现代化与国际化。国际化包括两层含义：一是指一个动态过程，它意味着在政治、经济、社会、文化等方面进行的人、财、物、信息跨国交流活动不断增加，其辐射力和吸引力影响到国外的过程；二表示一个静态结果或目标，它意味着经过上述"国际化"过程，其影响力已达到国外了。现代化与国际化是两个不同层面的问题。严格地说，现代化是相对于过去了的"时代"而言的，是一个时间维概念，它强调的是时间的先进性；而国际化是相对于"本国"而言的，表明影响力已超出该国范围，是一个空间维概念，它强调的是国际交往活动。在同一特定时点上考察，可以说现代化是国际化的前提和基础，因为只有当生产力达到中等发达国家以上的现代化水平时，一国城市的影响力才能超出本国范围，具有"国际性"。

（三）城市现代化的内涵理解

在对现代化内涵的动态理解基础上，我们给出城市现代化的概念。城市现代化概念有广义、狭义之分。广义的城市现代化，是指城市的经济、社会、文化及生活方式等由传统社会向现代社会发展的历史转变过程，它是一个全面发展的概念，其具体表现在城市的生产、生活、社会活动以及工厂、住宅、道路、通信、生态环境、公用文化设施等各项建设中，广泛应用现代科学技术成果，体现现代社会生产力水平与精神文明水平，从而使城市经济、社会、生态和谐全面地运行与协调发展，它以为城市居民提供最佳工作、学习和生活环境为目的。狭义的城市现代化主要是指城市建设的现代化，着重旧城更新和新城建设两方面。一些发达国家，由于城市化进入中后期阶段，发生了大城市的市中心衰退，因此市中心的复兴将是其主要目标。关于新城市建设的设计，科学家们除了设想城市在现有陆地表面以更接近资源、更方便群众的方式继续发展外，进一步注意到发展海洋城市、海底城市和地下城市；有的设想从不破坏生态考虑，建造空中城市或插入式城市；有的模拟自然生态，拟建设巨型的生态结构的仿生城市；有的还设想建设宇宙城市的可能性。

归结起来，城市现代化是指城市的多功能子系统按现代方式均衡、协调运行，使城市整体的发展和竞争力达到所处时代的先进水平。它是一个复杂的历史发展过程，是有阶段性的。它不仅由科学、技术和生产力发展水平等条件所决定，而且受地理、历史、文化、民族、社会经济制度等因素的制约。城市现代化的发展，还表现为时空结构的变迁，并且是以人的相对独立活动为中心，以经济、社会和生态效益为目的，以科学技术发展为条件。城市现代化不是一个纯粹的自然过程，而是一个历史的变动过程。城市的主体是人，人的现代化对城市现代化发展有着重大的影响，是推动城市前进的根本动力。因此，调动城市人民的积极性，处理好政府和人民群众的关系，维护群众的切身利益，是城市现代化发展的基本点。

二、城市现代化的特征

（一）城市现代化的本质特征

城市现代化不是经济本身发展增长或是人均财富达到某一指标以后，就可以概括得了的，它应当包括三大基本表征的实现：

（1）现代化的动力表征：不同城市用什么样的手段、用什么样的方法、用什么样的技术路线和产业层次去发展现代化，表明其现代化的动力结构的不一样。比如，是用劳动密集型产业来推进财富的集聚，还是用高新技术、高附加值或高技术含量的产业去推进，这对现代化的动力是不一样的。因此，每一个城市现在都在努力培育自己的高新技术产业，就是为现代化的实现打下了动力上的根基。

（2）现代化的质量表征：一个城市的"文明程度"和"生活质量"及其对于理性需求（包括物质的和精神的需求）的相对差距，是衡量城市现代化的质量表征。其中，包括物质支配水平、环境支持水平、精神愉悦水平和文明创造水平的综合度量。如果没有这些也就不叫现代化。

（3）现代化的公正表征：如果一个城市的富裕程度在平均水平上很高，但是财富集中在个别人的手里，绝大多数人还处于贫困的状况下，那不叫现代化。因此，一个城市的"共同富裕"水平及其对于贫富差异和城乡差异的克服程度是城市现代化的公正表现，包括人均财富占有的人际公平、代际公平和区际公平。

以上是城市现代化的三个最基本的表征。城市现代化既要看它的动力，也要看它的质量，还要看它的公平程度。从这些基本的表征出发，我们可以得出一些衡量城市现代化的基本标准。

（二）中国城市现代化的二元化特征

要实现现代化，中国的城市面临着实现工业时代的现代化目标，同时叠加了信息时代的现代化，这是一种双重的任务，由此形成了中国城市现代化的典型二元化特征。

我们知道，自16世纪工业革命以来，社会生产力得到了空前的大发展。在一部分经济发展较快的国家，传统的农业经济转变为现代的工业经济，农业社会和农业文明转变为现代的工业社会和工业文明。这一过程经历了300多年，被称为工业化时代。到20世纪70年代以后，由于以信息技术为代表的高新技术的迅猛发展，工业发达国家的经济和社会又发生了新的重大变化，进入了人们所说的信息化时代、后工业化时代。有人提出这一时代所形成的"知识社会"具有三大特征：知识成为发展动力，网络成为发展平台，创新成为社会行为。

面对以上情况的变化，我国学者提出了所谓的"第二次现代化理论"。第一次现代化，又称经典现代化，是指从农业时代向工业时代、农业经济向工业经济、农业社会向工业社会、农业文明向工业文明的转变过程；第二次现代化指从工业时代向知识时代、工业经济向知识经济、工业社会向知识社会、工业文明向知识文明的转变过程。虽然两次现代化有相似之处，但在社会和经济等领域存在本质差别。在我国，由于城市发展水平参差不齐，一些城市的第一次现代化尚未完成，另一些城市的第二次现代化则处在发展之中，因此，在城市现代化过程中，许多城市面临着双重现代化目标的实现。而要实现双重现代化目标，从理论上讲必须发挥后发优势，实施"跨越式"发展战略，以信息化带动工业化，才是中国城市现代化进程的唯一正确方向。

我国城市现代化的典型二元化特征体现在实际工作中，具有如下几个显著特点：

（1）城市现代化实现的长期性与阶段性。当今欧美经济发达国家所拥有的城市现代化水平，是从近代产业革命就开始建设的，经历了几百年的时间。由于科学技术的进步，我国实现城市现代化的进程肯定要快于当前的发达国家。但是，必须认识到我国的工业化、城市化水平均处于中期状态，在短期内要完成双重的现代化目标，是极其艰巨的任务，不能操之过急。同时，实现城市现代化要分阶段推进。至于实现城市现代化要多长时间、分几个阶段，各地因发展水平的差异不可能是同步的。

（2）城市现代化总体进程上的"地域差"和"时间差"。我国幅员辽阔，从沿海到内地、从平原到山区，无论是自然条件还是经济基础，都存在着极大的"地域差"。由于地域差别的存在，必然影响整个地区和城市现代化的进程，从而出现"时间差"，使我国各地区城市化的进程有快有慢；在同一时期内，各地城市现代化水平可能有较大的差距。所以，随主观愿望拟订一些不太可能达到的指标，或者进度定得过快，指标定得较低，客观上降低城市现代化的标准和先进性，这都是不妥当的。

（3）城市现代化发展中的区域性和整体性。一方面，我国的城市现代化应该在区域现代化的基础上实现，因为我们的目标是实现全国的现代化，包括广大乡村，并不仅仅是城市的现代化。也就是说，是在城乡一体化的基础上，实现城市的现代化。另一方面，我国的城市现代化应当是城市整体的现代化，因为城市的各子系统是相互依存、相互协调而存在和运转的，任何子系统的一枝独秀、畸形繁荣都不能促使城市整个系统的良好运行。各个子系统都实现现代化，才能构成整个城市的现代化。

三、城市现代化的主要标志

城市现代化是个动态的发展过程，因此，城市现代化的标志不是凝固的。根据学术界的普遍观点，城市现代化的标志，大体可以概括为这样几点：

（一）先进的生产力水平和高度的物质文明

城市是生产力发展到一定阶段的产物，是在一定地理空间出现的经济社会综合体，也是一个时期、一个地域先进生产力集聚的地方。城市现代化的首要标志是反映先进生产力水平的发达的现代城市经济，人均GDP及居民收入达到中等以上发达水平。先进的生产力水平和高度的物质文明不仅反映在量的增长和质的提高上，而且表现在高度发达的社会分工与协作，产业结构的合理化、高级化，以及对周围地区的辐射力与吸引力上。现代城市不仅是工业生产力与工业协作的中心、物流中心，而且是信息中心、科技中心、金融中心和消费中心。产业结构转换与升级的主要特点是：第一产业比重明显下降，第二产业比重平稳发展或略有下降，第三产业比重迅速提高且高度发达，高新技术产业发展处于领先地位，信息、金融、保险、房地产、咨询服务、旅游业等成为城市经济的新增长点。这就要求城市的微观经济主体富有创造力和开拓力，从而使城市的宏观经济充满活力和张力，并建立起良好的自我更新机制和完善的内部协调机制。

（二）完善配套和高效的城市基础设施

基础设施是城市的骨架，城市必须骨架强壮，才能"肌肉丰满"（经济发展）和"血气充沛"（精神文明）。因此，城市基础设施建设是城市经济发展的基础，也是城市现代化不可缺少的重要条件。城市基础设施包括便捷的交通、通信、水、电、气的充足供应，完善的住宅、医疗、文体设施以及污水、垃圾处理等。我国城市与发达国家现代城市比较，最显著的差别就在于城市公共产品不足，基础设施落后。作为公共产品的城市基础设施，分为公益性基础设施和经营性基础设施两大类，其主要资金来源是多渠道、多元化的。对于一些社会公益性项目要研究建立公益支出的补偿机制；对于一些经营性项目，要保证在一定财政投资的前提下，采取积极措施推向市场，用市场机制运行城市基础设施项目。

（三）优美的、适于人居的城市环境

这里的环境包括两个方面，即自然环境与人工环境。自然环境现代化要求有周全的环卫设施和优美的园林绿化，无污染、无公害，保持生态的平衡和良性循环，而人工环境的现代化则主要是指城市建筑的艺术化、田园化、宜人化，做到建筑空间丰富多彩、建筑风格和谐统一、建筑审美高雅大方，使城市设计与细部处理既有民族化，又有时代性。随着城市经济的发展和人口的集中，城市建设的日益进步，人民生活水平的不断提高，人们对工作学习和生活的环境要求越来越高，环境质量也很自然地成为衡量人民生活质量水准的一个重要标志。

（四）丰富的城市文化

城市现代化的根本问题在于城市文化。城市是人类文明的创造地，是最大的文化容器。城市从它的诞生之日起，不仅物质生活逐步提高，而且文化功能开始发展，城市居民对精神文化的需求越来越高。现代化城市对市民更强的吸引力在于都市文化。一个没有文化的城市是不可能持久发展的城市，也可以说，不能称为现代城市。城市文化是城市发展的根基，是城市气质的表现。它涵盖的内容是广泛的，不仅包括教育、科技、文学、艺术、音乐和卫生的发展，而且包括文化体育公共设施、历史人文景观、服务业的服务质量、市民素质及政府行为等方面。城市文化还表现在建筑艺术风格、街景、饮食等方面。经济、环境与文化是相辅相成的。一个有文化的城市才能成为信息传播中心，才能成为"智慧城"，才可能适应知识经济发展的要求。

（五）高水平的城市科学管理

随着城市现代化的发展及其多功能的中心作用的发挥，高水平的城市科学管理成为必不可少的要素，也是城市现代化的另一个重要标志。城市科学管理首先要求城市政府拥有高效率的行政机构、高水平的管理手段、高层次的公众参与，以及科学的决策系统和民主的监督方式。其次，要求加强对市政和社会活动的科学管理，让城市科学管理贯穿城市发展的全过程，从规划、建设到各项事业的全面实施；从交通、治安、环保到市场体系、公共服务，每个环节都必须有严格的管理规范和程序，而且要使管理走向科学化、自动化，要将数学、系统科学、信息科学、计算机等先进手段运用于城市管理之中，达到高水平的管理。

（六）高度的精神文明和高素质的城市人口

城市现代化最关键的是人的现代化，即人的思想观念和素质的现代化，它是其他现代化的前提，是城市现代化的保证。这就要求城市管理者和居民必须具有较高的文化修养，掌握先进的科学技术知识，具有现代城市意识、生态环境意识和对新的事物的敏感性与改革开放意识，并具有自我约束的能力和法治观念。城市管理者和市民的素质决定着城市的命运，是现代城市发展的灵魂。新世纪城市现代化发展和竞争，实质是人的素质的提高和竞争。没有高水平、廉洁奉公的管理者，没有高质量的城市人口和文明的城市风尚，不可能有良好的现代化城市。

第二节　城市现代化指标体系

一、建立城市现代化指标体系的原则

（一）综合性与系统性的原则

现代化是一个广泛的、综合的范畴，它包括社会、政治、经济、科技、管理、文化、环境和人民生活等方面。城市社会又是一个复杂的、系统的有机体。城市现代化标准必须体现这种综合性与系统性，城市各个分类指标之间，要形成有机、有序的联系，从多方面反映城市的综合整体实力与水平。因此，建立科学的城市现代化指标体系，要重视衡量城市多方面的总体现象，而不是单个现象。只有综合性、系统性的数据，才能对较大范围的社会现象做出有规律性的认识和评价，当然，这并不排斥在指标体系中应用必要的个体指标。

（二）以人为本的原则

城市是以人为主体的，人的全面发展，人的现代化是城市现代化的主题。人的发展是一切发展的核心和最终目的。传统的发展观是以经济增长为核心的，把更多的注意力集中在物质财富的规模增加、速度增长等方面，以经济总量增长为中心。无疑，经济增长是重要的，但是，经济增长的目的是人的发展，是提高人民的生活水平。发展是一个无限延续的过程，发展是多元的，既包括经济增长，又包括社会、文化、技术、生态环境的建设和发展。它们是互相促进、互相联系的。这就是新世纪的以人为本的现代发展观。评价城市现代化水平的指标体系，必须要体现以人为中心的思想。

（三）可持续发展的原则

城市的可持续发展包括经济的可持续发展、社会的可持续发展和生态环境的可持续发展。人与自然的和谐是可持续发展的核心。城市现代化指标体系中，必须把环境质量指标摆在重要位置，处理好人口集聚、人的活动同自然环境的协调关系。当前，城市环境问题严重，主要由两个方面的原因造成：一是人们从生态系统中取用的自然资源过量，超过生态系统的承载能力，如城市的土地过度开发、水资源锐减等；二是由于工业化的发展，造成大量资源变成"三废"（废水、废气、废渣），加之得不到很好处理，任意向大自然排放，从而破坏了生态系统。所以，城市的污水处理、垃圾处理、大气污染治理等都应当作为城市现代化考察的重要指标。

（四）简明实用、可计量的原则

指标的本质在于给具体的事物以明确的规定性。城市现代化指标体系应尽量简单明了，使群众易于理解，有可操作性。用尽量少的指标反映尽量多的内容，同时便于收集和计算分析，对于城市发展研究和战略规划研究具有实用价值。人们设置城市现代化指标体系，重要目的是把复杂的城市现象变为可度量、计算、比较的数据，以便为制定城市经济、社会和生态建设的总体规划与方针政策提供定量化的依据。因此，城市现代化指标体系应该具有描述、评价、警戒和发展目标的多重功能，应该是由城市描述指标体系、评价指标体系、警戒指标体系和发展指标体系共同组成的完整实用的有机整体。为了适应对外开放和外向化发展趋势，还应当尽量使指标和资料的口径、范围和国际常用的指标体系对口，以便于进行国际比较和国内城市之间的比较研究。

（五）世界性与时代性的原则

现代化是世界性现象，因此，衡量现代化的标准应当是世界性的、与国际接轨的标准，而不是降低的标准。我国城市的现代化应当是高标准的符合国际水平的现代化，因而不可能是轻而易举、短期内就能实现的。当然，我们强调现代化的世界性并不排斥特色要求。不同国家、不同功能的城市，应当在共同标准的基础上，有自己的辅助性的特色要求和指标。否则，现代化城市就成了一个模式的"克隆"产物。

现代化具有鲜明的时代特征。随着社会的进步和时代的发展，现代化的程度会不断提高，内容也会日益丰富。因而，城市现代化指标体系既是相对稳定的，又不是凝固不变的，而应当体现出时代的要求。

二、城市现代化指标体系的确定

（一）指标体系设计

根据上述原则，我们将评价城市现代化的指标分为五大类，即：

（1）反映城市发展过程经济质量的指标系列，简称经济发展指标。

（2）反映城市社会进步（包括文化、教育等）的指标系列，简称社会进步指标。

（3）反映市民生活满意程度和舒适程度的指标系列，简称生活品质指标。

（4）反映城市可持续发展能力的指标系列，简称环境质量指标。

（5）反映信息时代知识的生产、传播和应用的指标系列，简称知识创新指标。

在此基础上，我们可以定义一个由城市现代化指标诸因素组成的函数公式。

$$M=f（C，S，I，L，M） \tag{14.1}$$

式中，M 代表现代化指标体系；$f（C）$ 代表经济发展指数；$f（S）$ 代表社会进步指数；$f（I）$ 代表知识创新指数；$f（L）$ 代表生活品质指数；$f（M）$ 代表环境质量指数。在上述五个指数中，每个指数又都是由若干指标构成的。

这一函数关系说明了经济发展变量、社会进步变量、知识创新变量、生活品质变量和环境质量变量与城市现代化之间的关系，即城市现代化是由一系列具体的经济、社会、生态、知识和生活因素共同作用的结果。在实行城市现代化过程中，上述几个指数对现代化的作用并不是孤立的、线性的因果关系，而是诸要素互相联系和相互作用的综合过程。因此，我们可以将（14.1）式中的五个指数具体化为五个函数式，并把它们综合起来，就得出了城市现代化指标体系的一个基本公式：

由于 $M=f（C，S，I，L，M）$

令 $N_1=f（a，b，c，\cdots）=f（C）$（经济发展指数） $\tag{14.2}$

$N_2=f（d，e，f，g，h，i，j，\cdots）=f（S）$（社会进步指数） $\tag{14.3}$

$N_3=f（k，l，m，\cdots）=f（L）$（生活品质指数） $\tag{14.4}$

$N_4=f（n，o，p，q，\cdots）=f（M）$（环境质量指数） $\tag{14.5}$

$N_5=f（s，t，u，\cdots）=f（I）$（知识创新指数） $\tag{14.6}$

则有：

$$N=f（N_1，N_2，N_3，N_4，N_5） \tag{14.7}$$

（14.7）式表明，指标体系是存在于上述自变量的因变量，它的具体指标的选取是由自变量在城市现代化过程中不同阶段和不同情况下的各种耦合情况与综合作用程度所决定的。

将（14.2）至（14.6）式各个函数式展开，就得到了具体的现代化指标体系。

根据我们的认识，将五类指数所包括的具体指标大致描述如下：

$N_1 = f(a, b, c)$

= （人均GDP、第三产业占GDP比重、高新技术产业增加值占GDP比重）

$N_2 = f(d, e, f, g, h, i, j)$

=（城市化率、基尼系数、教育投入占GDP比重、社会保险综合参保率、适龄人口大学生比重、平均预期寿命、每万人拥有医生数）

$N_3 = f(k, l, m)$ = （恩格尔系数、人均年收入、人均居住面积）

$N_4 = f(n, o, p, q)$

= （绿化覆盖率、污水处理率、固体废弃物无害化处理率、空气质量）

$N_5 = f(s, t, u)$ = （R&D占GDP比重、信息化综合指数、科技进步贡献率）

需要指出的是，上述五个方面的指数及其包含的21个指标，是我们从众多指标中按照一定的标准精心选取的，它们基本上能够系统地反映一个城市的现代化水平。当然，五个指数各自所包含的指标数不是固定不变的，根据人们对城市现代化内涵的认识可增加或减少一些具体指标，比如，将竞争力、开放度和市场化率等方面的指标量化后加进去，也未尝不可。

（二）指标体系的量化标准

1.经济发展指标

（1）人均GDP 8 000美元以上；

（2）第三产业占GDP比重60%以上；

（3）高新技术产业增加值占GDP比重15%以上。

2.社会进步指标

（1）城市化率75%以上；

（2）基尼系数0.25；

（3）教育投入占GDP比重5%以上；

（4）社会保险综合参保率95%以上；

（5）适龄人口大学生比重30%以上；

（6）平均预期寿命75岁以上；

（7）每万人拥有医生数13人以上。

3.生活品质指标

（1）恩格尔系数35%以下；

（2）人均年收入40 000元人民币以上；

（3）人均居住面积20平方米以上。

4.环境质量指标

（1）绿化覆盖率35%以上；

（2）污水处理率70%以上；

（3）固体废弃物无害化处理率80%以上；

（4）空气质量二级以上。

5.知识创新指标

（1）R&D占GDP比重1.8%以上；

（2）信息化综合指数①60%以上；

（3）科技进步贡献率55%以上。

需要说明的是：

（1）城市现代化指标除了通常的经济、社会、环境等指标外，还有专家提出应考虑政治、人权等指标，如市政管理的法治化、城市行政决策的民主化和科学化、政治参与权、受教育权、就业权、休息权等。这方面，需要就指标如何量化问题进一步加以研究。

（2）中国国情和具体城市的市情要求对现代化指标体系作合理调整。我们的城市现代化指标体系的参照系是20世纪末世界上中等收入国家的平均水平，并以此作为基本实现现代化的"门槛"。因此，我国城市在制定自己的指标体系时，应该做适当调整，与国际上的城市现代化标准看齐。

（3）编制城市现代化指标体系是一项复杂的系统工程，需要严谨的、科学的、长期的测算和反复修订，需要各行各业的配合。既要与国际标准接轨，又要从实际出发，做到科学、合理。不同性质和功能的城市，还可以增加一些辅助指标。

三、城市现代化指标评价标准的确立

指标体系确定之后，指标评价标准确立是否合理是确保城市现代化水平评价是否具有科学性、权威性的关键。

评价标准涉及两个方面的问题：一是跟谁比较，即对比；二是实现程度，即分类。这两个问题同时又是现代化评价方法的选择问题。

（一）选择对比对象

对比的对象选择等于是树立一个为之奋斗的标杆，这个标杆太高了让人不可企及，也就失去了斗志；太低了又会让人轻而易举达到，没有激励作用。一般情况下，我们以世界工业化国家同期发展水平作为对比的对象，但这个标准往往是以国家为现代化基本地理单元的，套到一个城市上来可能会相对地降低了我们的现代化标准。比如，我国一些城市提出的现代化时间表，大体是按照传统的现代化指标体系"英克尔斯的现代化指标"②或其变种计算出来的，从多数专家的直接经验以及同各类发达国家的对比分析中可以发现，"英克尔斯指标体系"总的来说有"失真"和"高估"之嫌，也就是说，各地现代化的标准偏低了。

解决这一问题的有效途径是在世界范围内选择一些已实现现代化的典型城市作为我们对比的标杆，将这些城市的数据进行处理后，形成一套全新的度量城市实现

---

① 信息化综合指数包括四项指标：广播电视人口覆盖率、计算机普及率、电话普及率和报纸拥有率。
② 英克尔斯指标体系是由美国斯坦福大学社会学教授英克尔斯提出来的，它包括11个评价指标和标准：人均国民生产总值、农业产值占国内生产总值比例、服务业产值占国内生产总值比例、农业劳动力占劳动力比例、成人识字率、在校大学生占20~24岁人口比例、每名医生服务的人数、婴儿死亡率、人口自然增长率、平均预期寿命、城市人口占总人口比例。

现代化的指标体系，并以此作为"世界标准"。与此同时，每个城市根据自身的情况（比如是属于沿海城市还是内陆资源性城市）在国际或国内寻找一个对比对象，不断地将自己城市的指标与国际国内主要城市的发展水平进行动态的比较，以帮助决策层去操作现代化的进程。

（二）划分实现程度

一个城市现代化的实现程度可以分成四种情况：①完全实现，即所有指标都达到了我们设定的现代化标准；②基本实现，即60%的指标达到了我们设定的现代化标准；③部分实现，部分指标（少于一半）达到了我们设定的现代化标准；④没有实现，即没有一个指标达到了我们设定的现代化标准。一些城市提出"基本"实现现代化，就是指的第二种情况。同理，我们也可以把这四种情况分成若干等级，等级越高，实现的程度越高；反之则低。按照实现程度的分类，建立起了一个评价标准的区域值，例如，城市化率指标，按照一级标准必须大于或等于75%，二级标准则要求它介于50%~70%之间，三级标准只要求低于50%即可。实现程度区域值的确立，不仅为不同发展水平的城市提供了一个标准，也为同一个城市不同发展阶段提供了参照系。因此，它使得指标体系和评价标准更具有普遍的指导意义。

第三节　国际性城市

一、国际性城市的表现类型

国际性城市是城市现代化国际比较的结果。一般来说，国际性城市是指在某些方面功能突出，其影响范围超越了地域与国家的界限，在国际交往中发挥重要作用的城市。

1.从城市的主导功能来看，可以把它们分为以下六种类型

（1）政治型国际性城市。它是国际性组织所在地或国际性交往的密集地，如比利时的布鲁塞尔，就有欧洲经济共同体、欧洲煤钢联盟、北大西洋公约组织总部和数百个国际机构设在该市，从而有"欧洲首都"之称；而瑞士的日内瓦，则云集了联合国驻欧洲办事处、国际劳工组织、世界卫生组织、国际电讯联盟、世界气象组织和国际红十字会总部等200多个国际机构，是著名的国际会议中心之一，且外籍居民占城市人口的2/3以上。

（2）经济型国际性城市。它是国际性或地区性的经济活动与资本集聚地，如瑞士的苏黎世，是历史悠久的国际金融中心与主要的黄金市场；中国香港则是远东的商业、服务、资讯中心和国际上重要的金融、贸易中心之一。

（3）交通型国际性城市。它依靠其优越的地理位置而成为国际性的交通要冲，如德国的法兰克福是欧洲最主要的国际航空港之一；新加坡因其位于连接印度洋与太平洋的咽喉——马六甲海峡，而成为世界上最大的集装箱码头和最主要的海港之一。

（4）文化型国际性城市。它具有独特而古老的文化遗产与传统或代表了时代文化的潮流而地位显赫，前者如意大利的威尼斯，以其瑰丽的中世纪建筑、丰富的历代艺术珍品和奇特的"水城"风貌而著称于世；后者如法国的戛纳，这个南部海滨的小城在国际上名声大噪，只因为它每年一度的电影节是世界上公认的水平最高的三大电影节之一，代表着电影文化之时尚。

（5）旅游型国际性城市。它与其他国际性城市的显著区别，就在于它的旅游业是城市经济的主要支柱，并以旅游业的发展作为城市的根本动力。如美国夏威夷州的火奴鲁鲁，这个太平洋上的璀璨明珠，知名度之高，远胜于美国的许多州府，其人口不足40万，但每年来此度假览胜的世界旅游者却高达800万之众！而以"赌城"闻名遐迩的美国另一城市——拉斯维加斯，本属气候干旱、景色荒凉的内华达州一小镇，自从20世纪50年代开辟了以赌博为主的旅游业以来，每年接待游客1 000多万人，从事旅游业的人口占城市就业者的1/3左右。

（6）宗教型国际性城市。以多种宗教并列而著称或以一种宗教地位而驰名国际。前者如耶路撒冷，它是犹太教、基督教和伊斯兰教的圣地，由于其历史地位特殊，联合国于1947年决议将其定为国际城市；后者如麦加，便是伊斯兰教的第一圣城，每年来自世界各地的朝觐和观光者数十倍于城市的居民。

2.从城市功能的能量级划分，即从参与国际经济活动涉及的地域大小和发挥的作用强弱来划分，还可以把国际性城市分成三个等级

（1）世界级国际性城市。世界级国际性城市即在全球范围内发挥影响力，是世界的经济决策与金融服务中心。这样的城市目前只有三个，即纽约、伦敦、东京。

（2）区域级国际性城市。它们的影响力覆盖了世界的某一区域，在区域经济中充当重要角色，如欧洲的巴黎、北美洲的洛杉矶、亚太地区的中国香港等。

（3）国家级国际性城市。这些城市有个共同之处，即所在国家经济发展迅速、国际化程度日益提高、在国际经济贸易活动中份额不断上升，而它们又是国家最主要的经济中心。因此，它们是潜在的和正在崛起的国际性城市，如韩国的首尔、中国的上海、澳大利亚的悉尼、墨西哥的墨西哥城等，均属此类发展中的城市。

二、国际性城市的衡量指标

城市的国际化发展是立体的、多维的，衡量其动态的指标体系也具有相应的属性。其动态可以用梯度来表示，比如初步国际化、中等国际化、高度国际化等。其多面性可以从不同角度，用不同内涵的指标来表示，不同梯度的定位以指标量化的梯度来衡量。

以下六个方面大体可以概括一个国际性城市的功能与地位：

1.城市经济发展的程度

国际性城市的形成与发展，要依托本国强大的经济实力。同时，该市又要在本国占有重要的经济地位。强大的经济实力是城市具有国际性功能的基础。衡量城市经济发展程度的指标包括：

（1）本国人均国内生产总值；

（2）本市人均GDP与本国人均GDP之比；

（3）第三产业所占比重；

（4）信息业占第三产业的比重；

（5）金融业占第三产业的比重；

（6）资金融通量在全国资金融通总量中的比重；

（7）外汇市场交易量占全国外汇交易量的比重；

（8）就业率。

2.经济开放度与对国际经济一体化的参与程度

这主要是指在国际贸易与资本往来中占有很高的比重，其经济辐射力能够左右世界各国银行、财团，贸易吞吐量影响到世界重要贸易区与港口，经济波动可以影响到世界各大经济中心。衡量经济开放度与对国际经济一体化的参与程度的指标包括：

（1）商品贸易依存度；

（2）吸收外资额及占全部投资的比重；

（3）跨国公司总部与分支机构数；

（4）国际金融机构数与年国际金融业务交易量；

（5）进行贸易往来地区数；

（6）出入境旅游者人数。

3.对国际政治和文化活动的参与程度

衡量对国际政治和文化活动的参与程度的指标包括：

（1）外国使领馆数；

（2）国际事务组织机构数；

（3）高级外交访问数；

（4）国际会议、展览会次数；

（5）国际会议参与人次数；

（6）国际文化交流数；

（7）国际体育交流、比赛活动数；

（8）国际语言普及率；

（9）国际标识普及率；

（10）外籍居民及外国留学生数及所占比重；

（11）列入联合国"世界历史文化遗产"的历史遗址数。

4.城市现代化程度

与国际化密切相关的城市现代化建设，主要包括城市基础设施的现代化与城市管理的现代化两个方面。衡量城市现代化程度的指标包括：

（1）机场数、国际航班数与国际交通客流量；

（2）城市人均道路长度；

（3）百人拥有电话数；

（4）国际信息网上网户数；

（5）国际交流活动场所数；

（6）城市管理网络覆盖率。

5.城市生态环境

衡量城市生态环境的指标包括：

（1）人口密度；

（2）建筑密度；

（3）水资源人均拥有量；

（4）城市污水处理率；

（5）城市烟尘控制区覆盖率；

（6）城市噪声处理能力以及占噪声发生量的比重；

（7）垃圾无害化综合处理率；

（8）人均园林绿地面积；

（9）可再生资源使用量与一次资源使用量。

6.城市社会环境

衡量城市社会环境的指标包括：

（1）年万人刑事案件立案数及结案率；

（2）年万人交通事故数及死亡数；

（3）每万人医生数；

（4）每万人就业人口科技人员数。

可以看出，国际性城市的水平是由各种复杂因素综合决定的，绝不能够用单一的数量指标去评价。在理论基础上建立的以上指标体系，重要的是揭示了国际性城市动态进程中显示出的一种结构，一种框架，或者说是一种"模式"。可以看出，以上指标体系考虑的不单是量化问题，而是从定性和定量两个方面对国际性城市的功能进行的科学定位。

三、国际性城市的功能与等级体系

（一）国际性城市的功能

1915年，帕特里克、格迪斯最早提出"世界城市"的概念。彼得·霍尔在《世界大城市》一书中提出，所谓世界城市主要看其规模和综合功能能否达到某一程度，而城市功能最初又主要是按照商业资本的集中程度，之后按照工业资本的集中程度，再后则按照货币资本的集中程度来划分，即突出城市作为金融、管理以及专业服务总部的功能。R.B.科恩在分析新的国际分工、跨国公司和城市等级之间的关系时，又提出"全球城市"（global city）的概念，即指那些在新的国际分工体系下扮演跨国公司生产经营的指挥和控制中心的城市。可见，不论是世界城市还是全球城市，都是指那些综合功能极强，在世界范围内发挥重要影响的国际性城市。

国际性城市的功能，应该包括以下五个类别：

1.生产要素国际配置中心

它是一个广义的概念，属于生产性服务的范畴，包括资金的配置中心、商品的配置中心和人力资源的配置中心三大内容，其运行的方式是通过各类有形或无形的市场对生产要素进行合理配置，可以按照它的配置能力来区分其是全球性的，还是区域性的。资金的配置中心表现为国际货币、资本、外汇和金银的交易中心，如纽约、伦敦、东京和中国香港特别行政区的离岸证券市场、同业拆借市场、外汇市场；商品的配置中心表现为各类商品期货和期权市场；人力资源的配置中心表现为各类人才，特别是高知识含量人才和其他专门人才的集散地，具体表现为来自国外的就业人员的数量和质量，如纽约是全世界雇用外籍人员最多的城市，洛杉矶的好莱坞是世界电影业从业人员的中心。

2.经营决策管理国际中心

它指国际性城市是各类全球性或区域性的政府性或非政府性国际组织总部的驻地，如纽约是联合国总部的所在地，对世界政治、经济具有重大影响；华盛顿是世界银行和国际货币基金组织的所在地，影响着世界金融的发展；巴黎是世界贸易组织和经济合作与发展组织总部的驻地，对国际贸易和协调发达国家之间及发达国家与发展中国家之间的经济关系具有重大作用；洛桑是国际奥林匹克委员会的驻地，对世界体育发展有巨大影响。同时，国际决策管理中心也是各类跨国金融中介机构总部的驻地，如纽约、伦敦和东京是全世界大部分跨国金融机构总部所在地，除了参与金融市场的运作外，这里也是它们自身内部经营决策、管理全球业务及内部配置生产要素与协助其他行业跨国公司调拨内部资金的枢纽。

3.知识和技术创新国际中心

它是指在国际性城市内，既集中了著名的高等院校、科研机构和医院等知识技术创新的基础设施，又因众多的国内外优秀人才集聚在此就业，使得这里成为新知识、新技术和新思想的发祥地和集散地，对世界的发展起着指导作用，如纽约是美国生活方式集散地，巴黎是现代思潮的发源地和集散地。

4.信息国际枢纽

它指的是国际性城市是信息业的集聚地，拥有强大的、覆盖全球的各类通信网络、传播媒介。如伦敦是全球的通信枢纽之一，也是世界的传媒中心之一，集聚了路透社、《泰晤士报》、《金融时报》、《经济学人》和英国广播公司等闻名于世的传媒；纽约是美国传媒最集中的城市，集聚了《纽约时报》、合众国际社、哥伦比亚广播公司、美国广播公司等世界上鼎鼎大名的媒体。在作为国际生产要素配置中心、国际经营决策管理中心和国际知识技术创新中心的运行过程中，国际性城市与全球共享了大量信息产品。

5.娱乐休闲国际中心

它是指国际性城市拥有古典或现代化的剧场、戏院、音乐厅、博物馆等基本设施以及豪华的宾馆、饭店和各类餐饮场所。如纽约大都会博物馆，洛杉矶、巴黎和东京的迪士尼乐园等是人们娱乐、休闲、旅游的绝佳去处，同时，这里优美的环境，良好的基础设施，四通八达的交通，特别是大规模的国际空港，是举行各种国际会议、博览会和展览会的最好场所。

（二）城市国际等级体系的评定

城市国际等级体系是衡量一个城市能级的一种方法。对于衡量国际性城市的等级体系，有五种方法：

1. 科恩的城市国际等级体系

美国经济学家科恩的"跨国指数"和"跨国金融指数"是在分析美国一些城市在全球城市等级体系中的位置时提出的。他认为，只有当"跨国指数"和"跨国金融指数"这两个指标均位于前列的时候，这个城市才能被认定为"国际性城市"。

跨国指数是指在全球最大500家工业公司的某一城市所发生的海外销售额占这500家公司的海外销售额的比重及它的销售总额占这500家公司总销售额的比重。如果这个指数大于1，则该城市就属于国际中心城市；如果这个指数大于0.7、小于0.9，则该城市是国内经济中心城市。跨国金融指数指全球最大的300家银行中的在某个城市发生的海外存款与国内存款的比重。

根据科恩的方法，按照20世纪70年代的数据，依据"跨国指数"分析，够得上国际制造业生产中心城市的，在美国有纽约、旧金山、休斯敦、波士顿、匹兹堡、底特律，在美国之外的有伦敦、东京、巴黎、莱茵-鲁尔城市带和大阪。同样，从"跨国金融指数"分析，美国的纽约、旧金山、芝加哥和达拉斯，美国之外的伦敦、东京、巴黎、大阪、法兰克福和苏黎世属于国际金融中心之列。将这两个指标综合评估，结论是，在美国，只有纽约和旧金山居前列，从全球范围看，纽约、伦敦和东京在两项指标中居前三位，所以这三个城市属于全球城市。

2. 弗里德曼的城市国际等级体系

美国学者弗里德曼首先采用"核心-边缘"的方法，对国际性大都市进行等级划分，他将全球30个主要城市，按照其所在国家的经济社会发展水平分为两个部分，即核心国家（发达国家）和半边缘国家（新兴工业化经济体）。然后，按照城市的金融能力、制造业能力、交通能力、跨国公司总部数量、国际组织数量和人口规模等6个指标，将国际性城市分为"第一级城市"和"第二级城市"两个档次，其结果是：在核心国家中，第一级城市有纽约、芝加哥、洛杉矶、伦敦、巴黎、法兰克福、多伦多、布鲁塞尔、米兰、维也纳、马德里和悉尼；在半边缘国家中，第一级城市有新加坡、圣保罗，第二级城市有中国香港、中国台北、首尔、曼谷、马尼拉、墨西哥城、布宜诺斯艾利斯、加拉加斯和约翰内斯堡。最后，弗里德曼在他的城市国际等级体系中，将纽约、伦敦和东京置于枢纽位置。

3. 沙查的城市国际等级体系

英国学者沙查采用了16项涉及政治、经济、文化和人口规模的指标对欧洲41个主要城市进行分组分类，结果名列前10位的是：伦敦、巴黎、米兰、马德里、慕尼黑、法兰克福、罗马、布鲁塞尔、维也纳和阿姆斯特丹。

4.萨森的城市国际等级体系

1991年，美国经济学家萨森在研究了霍尔、弗里德曼等专家对国际性中心城市的描述和等级评定后，从经济全球化的角度认为，作为国际性大都市应当是各类国际市场的复合体，是外国公司的主要集聚地和向世界市场销售生产性服务的主要集散地。同时，由于这些城市在全球经济的运行中发挥如此重要作用，所以，国际性大都市也应当是国际性不动产市场最重要的所在地。为此，他提出国际性城市应该是"主导性的金融中心""主导性的国际货币交易中心""国际性不动产市场"等三项要求。萨森用这三项指标比较的结果是，纽约、伦敦和东京三大城市及其所在国家在各项指标比较中均名列前茅，是名副其实的国际性城市。

5.中国学者的城市国际等级体系

1995年中国学者提出，用国际城市的类型、金融中心地位和城市或城市圈的人口规模对国际性大都市的等级进行分类。理由是，城市人口规模越大、功能越多、城市的等级也就越高。根据这种方法得出的结论是：第一级国际性中心城市为纽约、伦敦、东京，均为综合性的国际性中心城市，人口在1 000万人以上，同时也是国际金融中心。第二级国际性中心城市有巴黎、法兰克福、芝加哥、洛杉矶、中国香港、新加坡、大阪。这些城市均为区域性的国际中心城市，人口规模在500万人到1 000万人之间，是重要的国际金融中心。第三级国际性中心城市有旧金山、休斯敦、迈阿密、多伦多、慕尼黑、米兰、罗马、阿姆斯特丹、布鲁塞尔、马德里、苏黎世和悉尼，它们均为区域性国际性城市，人口规模在100万人到500万人之间。

上述评价方法各具特点，也各有不足。科恩的方法采用的样本少，仅用两项指标难以反映国际性城市的全貌。弗里德曼的方法没有提出划分等级的统一标准，但他把发达国家和新兴工业化经济体分成了核心国家和半边缘国家，使人们可以看到国民经济的发展水平对国际性城市的影响。沙查的方法缺陷在于他的分析局限在欧洲主要城市，但他把城市国际等级体系评定指标细化了。萨森的城市国际等级体系以排除的方法将国际性城市从众多的城市中择优录取，其最突出的特点是反映了全球城市的基本特征，即服务经济的结构和服务贸易的主导地位，人口规模已经不作为评定国际大都市的重要因素。不足的是，他没有为城市的全球等级体系给定一套标准。中国学者的方法是一个能够覆盖发达国家和发展中国家的国际大都市的体系，它既照顾到了发达国家的经济发展水平和产业结构服务化的现实，也考虑到了发展中国家的现有经济发展程度和工业现代化的趋势。它的局限性是依然将城市的人口规模作为国际性城市形成的重要因素。

第四节　21世纪现代城市的发展趋势

一、智能城市

智能城市，又称智慧城市、数字城市或信息城市。它是对城市发展方向的一种描述，是城市信息化发展的趋势。它是城市各要素的数字化、网络化、智能化、可视化的全过程。具体地说，智能城市就是以计算机技术、多媒体技术和大规模存储技术为基础，将整个城市涉及的各方面的信息，以数字的形式进行采集或获取，通过计算机统一存储和再现。智能城市是城市信息化实现的技术基础和特征，是城市现代化的必然结果。

智能城市的总体框架一般包括承载各类信息化应用的高速、宽带城市信息网络（物理网络和公用信息平台），保障数字城市建设和运行管理的政策法规以及支持集成化应用的技术标准，涉及城市规划、建设、管理和生活服务等方面的一系列信息化应用工程，如电子政府、电子商务、智能交通、电子银行、电子医院、电子图书馆、网上学校、网上社区、网上影院等。

智能城市是当今世界先进城市追求的目标，也是城市现代化发展的要求。一些发达国家和地区的城市结合自身的特点，纷纷制订相应的智能城市的推进计划，并开始了"数字社区""数字家庭"等综合建设实验。

1998年，美国正式提出了"数字化舒适社区建设"，即智能城市的倡议，约有60多个城市进行数字化建设，已经建成了一批"智能化生活小区"的示范工程。除此，美国还在卫生医疗行业建立"健康网络"；许多学校大量使用多媒体教学；大多数银行通过计算机和自动出纳机运行；建成了集成化的电子化福利支付系统、纳税申报系统等电子化系统。

新加坡首先提出"智能城市"概念，为建设一个信息基础设施完善的"智慧岛"，新加坡政府在1996年6月开始实施新加坡1号工程（简称S-1工程）。该工程由两大部分组成：一是由大容量的多媒体网络和交换机组成的基础设施；二是应用软件和服务（包括电子商务、点播新闻和信息、会议电视、快速Internet等）。该工程的目的是使每个新加坡人都能与宽带网络相连接，为政府、商业、教育和家庭提供宽带多媒体服务。

日本已经建成了一批"智能化生活小区"示范工程。"网上虚拟京都"由日本电信与京都大学等合作开发；设立在精华町的"21世纪通信网络实验中心"，选择了若干家庭进行"电子小屋"实验，从而使人们可以进入"电子学校"学习，到2000年已有20%以上的家庭装备了"电子小屋"。

在我国，"智能城市"的建设已受到政府、学术界的广泛关注。为了迎接知识经济和信息化的挑战，国家有关部门和一些城市政府已把建设智能城市作为一项重要内容提上了日程。在北京市，"数字北京"工程已被列为北京市实施技术创新的重点项目；在上海市，1996年就开始正式启动了"上海信息港"工程；除此以外，天津、深圳、厦门、济南、武汉、大连等城市也都提出和制定了"智能城市"的计划和实施方案。

在当前及今后相当长的时间内，智能城市建设是以经济信息化为中心，以电子商务和电子政府为热点，以社区智能化为基础。它是21世纪的一项最大的系统工程，各城市需要根据自身的实际情况进行统筹规划、分步实施。

二、生态城市

生态城市是指在生态系统承载范围内运用生态经济学原理和系统工程方法去改变生产和消费方式、决策和管理方法，挖掘市域内外一切可以利用的资源潜力而建立的空间布局合理，基础设施完善，环境整洁优美，生活安全舒适，物质、能量、信息高效利用，经济发达、社会进步、生态保护三者保持高度和谐，人与自然互惠共生的复合生态系统。

生态城市作为人类理想的城市发展形态，是物质、能量、信息高效利用的城市，它将改变以往城市"高投入、高消耗、低产出"恶性循环的发展模式，使城市向"低投入、低消耗、高产出"的运行机制转变，并注重资源的合理利用及不断提高资源利用率，通过借助现代科技手段，使得地尽其利，物尽其用。

生态城市建设是一种渐进、有序的系统发育和功能完善过程。生态城市的具体做法在各个国家或地区可能不同，但一般都包括五个方面：

（1）生态卫生。通过鼓励采用生态导向、经济可行和与人友好的生态工程方法处理和回收生活废物、污水和垃圾，减少空气和噪声污染，为城市居民提供一个整洁健康的环境。生态卫生系统是由技术和社会行为所控制，自然生命支持系统所维持的人与自然间的一类生态代谢系统，它由相互影响、相互制约的人居环境系统、废物管理系统、卫生保健系统、农田生产系统共同组成。

（2）生态安全。生态安全为居民提供安全的基本生活条件：清洁安全的饮用水、食物、服务、住房及减灾防灾等。生态城市建设中的生态安全包括水安全（饮用水、生产用水和生态系统服务用水的质量和数量），食物安全（动植物食品，蔬菜，水果的充足性、易获取性及污染程度），居住区安全（空气，水，土壤的面源、点源和内源污染），减灾（地质、水文、流行病及人为灾难），生命安全（生理、心理健康保健，安全治安和交通事故）。

（3）生态产业。它强调产业通过生产、消费、运输、还原、调控之间的系统耦合，从产品导向的生产转向功能导向的生产；企业及部门间形成食物网式的横向耦合；产品生命周期全过程的纵向耦合；工厂生产与周边农业生产及社会系统的区域耦合。它具有多样性、灵活性和适应性的工艺和产品结构，硬件、软件的协调开发，进化式的管理，较高的研发和销售服务业的就业比例，实现增员增效而非减员增效，人格和人性得到最大限度的尊重等特点。

（4）生态景观。它强调通过景观生态规划与建设来优化景观格局及过程，减轻热岛效应、水资源耗竭及水环境恶化、温室效应等环境影响。生态景观是包括地理格局、水文过程、生物活力、人类影响和美学上的和谐程度在内的复合生态多维景观。生态景观规划是一种整体的学习、设计过程，旨在达到物理形态、生态功能和美学效果上的创新，遵循整合性、和谐性、流通性、活力、自净能力、安全性、多样性和可持续性等科学原理。

（5）生态文化。它是物质文明与精神文明在自然与社会生态关系上的具体表现，是生态建设的原动力。它具体表现在管理体制、政策法规、价值观念、道德规范、生产方式及消费行为等方面的和谐性，将个体的动物人、经济人改造为群体的生态人、智能人，其核心是如何影响人的价值取向、行为模式，启迪一种融合东方天人合一思想的生态境界，诱导一种健康、文明的生产消费方式。生态文化的范畴包括认知文化、体制文化、物态文化和心态文化。

纵观世界城市发展历程，我们可以看出，城市经历了由商业中心和工业中心到国际经济中心再到生态城市的变化过程。20世纪二三十年代，一些发达国家开始推进大规模的城市生态环境建设，随后，有越来越多的国家在城市生态环境建设方面取得了明显成效。如欧美国家开始修建城市中心与郊外森林连接的"绿色走廊"，将城市与森林连为一体；建立国家森林保护区和国家公园，在国家公园内禁止砍伐树木，禁止修建一切建筑。近年来，我国城市也展开大规模的生态环境建设，许多城市还提出建设田园城市、山水城市、园林城市、花园城市、森林城市等设想。那么，城市日益走向现代化的今天，为什么要选择生态化取向？这是因为在以往特别是工业文明时期的城市发展和建设过程中，由于奉行大量生产、大量消费、大量废弃的模式，虽然经济总量在不断增加，经济增长速度也在不断攀升，然而繁荣的文明表象背后却是资源的巨大浪费以及对环境造成的巨大压力。大量的自然资源和能源由于综合利用程度低，往往经过初始的加工生产环节后形成大量废弃物滞留于城市，没有办法通过绿色设计和绿色技术循环转化成为再利用资源，给城市带来严重的环境污染与治理问题。一方面，城市的各种自然资源总量是有限的；另一方面，城市的承载力和环境容量也是有限的。如果长此以往地重复大量生产产生大量废弃物，不仅增大了城市建设成本，使城市处于一种不健康的发展状态中，而且使城市未来的发展难以为继。因此，生态化取向越来越成为城市发展和建设的迫切要求，生态城市就是在这样的一种背景下应运而生的，旨在以最小的成本建设最美好的城市，使城市发展步入高效、协调、持续的良性循环的发展轨道。

三、健康城市

健康城市是世界卫生组织（WHO）面对21世纪城市化问题给人类健康带来的挑战而倡导的新的行动战略。它起源于世界卫生组织欧洲地区办公室的"健康城市项目"，该项目立足于两点，即城市的概念和一个健康的城市理想境界应该是什么样的。

城市化是当今全球人类社会发展的总趋势，是社会生产力发展的客观要求和必然结果，城市的发展给人类的生活、工作带来很大方便，促进了世界经济的快速发展。据估测，全球已有50%的人口居住在城市化的人造空间里。然而，高速发展的城市，尤其是工业化的城市面临社会、卫生、生态等诸多问题，如人口密度高、交通拥挤、住房紧张、不符合卫生要求的饮水和食品供应、污染日见严重的生态环境、暴力伤害等社会问题，正逐渐成为威胁人类健康的重要因素。

当今世界对城市的存在和发展提出了新要求，即城市不仅仅是片面追求经济增长效率的经济实体，而是能够改善人类健康的理想环境，城市应被看作一个有生命、能呼吸、能生长和不断变化的有机体。健康城市的概念认为城市应该是由健康的人群、健康的环境和健康的社会有机结合发展的一个整体，应该能改善其环境，扩大其资源，使城市居民能互相支持，以发挥最大潜能（WHO，1992）。

WHO 于 1986 年首次提出健康城市行动战略时，加拿大多伦多市首先响应，制定了健康城市的规划，制定了相应的卫生管理法规，采取了反污染措施，组织全体市民参与城市卫生建设等，取得了可喜成效。随后，活跃的健康城市规划活动便从加拿大传入美国、欧洲，而后在日本、新加坡、新西兰和澳大利亚等国家掀起了热潮，逐渐形成全球各大城市的国际性活动。到 1993 年，已经成为有 1 200 个城市参加，其中包括 100 个发展中国家城市的国际性运动。

1996 年 4 月 5 日，世界卫生组织公布了健康城市十项标准，具体规定了健康城市的内容。这是世界卫生组织根据世界各国开展健康城市活动的经验，对健康城市提出的要求，各国也可根据本国国情作相应的调整。这十项标准是：

（1）为市民提供清洁安全的环境。

（2）为市民提供可靠和持久的食品、饮水、能源供应，具有有效的清除垃圾系统。

（3）通过富有活力和创造性的各种经济手段，保证市民在营养、饮水、住房、收入、安全和工作方面的基本要求。

（4）拥有一个强有力的相互帮助的市民群体，其中各种不同的组织能够为了改善城市健康而协调工作。

（5）能使其市民一道参与制定涉及他们日常生活，特别是健康和福利的各种政策。

（6）提供各种娱乐和休闲活动场所，以方便市民之间的沟通和联系。

（7）保护文化遗产并尊重所有居民（不分种族或宗教信仰）的各种文化和生活特征。

（8）把保护健康视为公众决策的组成部分，赋予市民选择有利于健康行为的权利。

（9）做出不懈努力争取改善健康服务质量，并能使更多市民享受健康服务。

（10）能使人们更健康长久地生活和少患疾病。

目前，世界卫生组织在全世界各个地区都成立了健康城市项目办公室，认为健康城市的实施涉及七大领域：

（1）政治（领导参与、政策制定）：要求城市领导人、管理者从战略高度重视健康城市建设，根据社会经济、文化教育的需要和可能，全面确立城市的功能定位，提出与世界卫生组织目标相吻合的、符合实际的健康城市可行性规划，并在组织、经费及政策方针等方面给予大力支持。

（2）经济（就业、收入、住房）：坚持以经济建设为中心，实施可持续发展战略和科教兴市战略，促进国民经济持续、快速、健康发展，提高人民群众生活质量和健康水平，努力创造就业机会，增加市民收入，改善居民住房条件等。

（3）社会（文化、教育、福利、保障）：通过健康城市运动，动员广大群众积极参与和管理影响他们生活、卫生和健康的决策，提高公众对健康的行为、生活方式和习惯的认识，促进文化、教育、福利、保障等各项社会事业的全面发展，为广大市民提供一个祥和、安定、文明向上的社会环境。

（4）生态环境（生态平衡、污染控制和资源保护）：不断改善自然、社会环境，为市民提供一个干净、卫生、安全和高质量的自然环境，建立一个长期稳定的生态系统，使广大市民得以享受清洁的饮水、清新的空气和无污染的食物，享受蓝天、碧水、葱翠如阴的绿树和草坪。

（5）生物、化学和物理因素（医疗卫生技术及其服务和营养供给及其安全卫生等）：坚持"预防为主"的方针，重点加强卫生防病和妇幼保健工作，依法加强食品卫生、公共场所卫生和传染病防治，切实控制传染病、职业病、地方病、食物中毒和社会行为性疾病的传染和流行，让广大市民喝上放心水，吃上放心肉、放心菜。

（6）社区生活（健康的社区邻里关系、文明的风尚等）：深入、广泛开展以健康教育、环境教育为主的健康城市市民教育活动，培养文明、健康、向上的行为方式，丰富业余文化娱乐生活，使市民自觉讲文明、讲道德，安居乐业，互助友爱。

（7）个人行为（心理卫生、行为矫正和健康生活方式的鼓励等）：重视心理卫生、心理保健，积极开展健康教育、健康促进活动，通过广泛的宣传教育，消除居民的有害健康的行为习惯和不良生活方式，全面地、综合地提高市民健康水平，保证他们都能享受更长的健康生活、时间和平均期望寿命。

四、虚拟城市

虚拟城市（virtual city）是一种适应科技迅速发展和经济全球化趋势、突破行政区边界限制的新型城市组织形式。目前，一些学者已从不同角度界定或描述了虚拟城市的内涵（Roberts，1999；Bertolint和Dijst，2003）。其中，Bertolint和Dijst（2003）对虚拟城市的定义最接近于我们对它本质的理解：虚拟城市是一个由相互重叠、功能互补的子系统构成的城市系统，它同时涵盖多重空间尺度，是由物质和虚拟网络连接的相互重叠的功能地域群体。也就是说，虚拟城市是一个以有形的实体或虚拟的网络为支撑，具有多中心、多节点的城市区域[1]。虚拟城市具有以下几个特点：

（1）城市界限模糊。在法律意义上，虚拟城市不是一个完整的实体性城市，不具备独立的行政资格。它打破了传统城市组织的界限和层次。其中，虚拟是虚拟城市区别于实体城市的关键。有时，虚拟城市往往出于某种战略考虑，通过外包、合作协议、战略联盟等方式，与众多城市同时建立特定的关系，将影响范围延伸到拥有互补技术和互补资源的城市，形成一个以主导城市为中心的星形网络。

（2）动态的合作模式。虚拟城市强调城市要利用自己的核心能力去和其他城市建立合作关系。每个城市都集中精力去巩固和发展自己的核心能力和核心产业，利用自己的优势资源和比其他城市更擅长的关键领域，进行网络结盟。这是一种动态的多赢的合作模式，因此，虚拟城市可能是临时性的，也可能是长期性的，其参与

---

① 李国平，孙铁山.网络化大都市：城市空间发展新模式 [J].城市发展研究，2009（8）.

者也是具有流动性的。虚拟城市正是依靠这种动态的结构、灵活的方式来适应社会的快速变化。

（3）非产权关系属性。虚拟城市在功能和效果上已经远远超过了各实体城市单体，但在资本关系方面，却不具备强制各虚拟城市成员发生联系的权利，在很多情况下，虚拟城市是在产权不发生转移的前提下实现对不同专有资产的使用权共享。因此，虚拟城市从总体上说，并不是一个具有命令系统的经济组织，而是由于承担了一定的功能而具有某种实体性。虚拟城市在形成过程中，其网络成员城市之间可以无资本约束关系。各城市具有相对独立自主性，一个城市可以参加多个网络组织，因此虚拟城市具有更大的组织柔性。

（4）共享与竞争优势。虚拟城市共享成员城市拥有各自的资源、技术和智能，共同分担成本、费用和风险，把各网络成员城市的竞争优势结合起来，取长补短。共享资源，使虚拟城市集成出较强的竞争优势。在这种情况下，虚拟城市的整体竞争力会大于各个参与者的竞争力水平的简单相加。

（5）资源智能化。虚拟城市最重要的基础是以信息技术为核心的通信技术、计算机技术、网络技术等的飞速发展。信息革命与信息技术的飞速发展对虚拟城市的形成真正起到了催化剂的作用。在信息革命的背景下，智能资本成为虚拟城市竞争的内在基础，也可称之为核心竞争优势。它是由城市积累的，如专利技术、智能制造、品牌、管理技能、人力资源等。拥有并能合理地运用智能资本，虚拟城市就可以利用虚拟技术，调动社会性的存量资本和其他资源并高效运作。

虚拟城市可以视作一种灵动的城市联盟。虚拟城市一般由一个核心城市和若干个成员城市组成，成员之间可以是合作伙伴，也可以是竞争对手。这种结构改变了过去城市之间完全你死我活的输赢（win-lose）关系，而构成了一种共赢（win-win）关系。虚拟城市通过集成各成员的核心能力和资源，以信息网络为依托，选用不同城市的资源，把具有不同优势的城市集合成靠实体方式或虚拟方式联系起来的动态联盟，共同对付外界环境的挑战。

一个有竞争力的城市网络联盟体，对其核心价值的衡量，不在于网络联盟体内所有城市的素质加总，而在于大家能否各自扬长避短，发挥优势。我们把价值链上各城市网络节点之间的动态整合称为"灵动联盟"，除了说明虚拟城市各节点间以利益合理均沾为前提而灵活组合、随机应变之外，换个角度看，其实也暗示着这种网络联盟必须建立在各城市的优势基础之上。从这个意义上说，城市灵动联盟就是参与其中的各个城市为了追求自身利益最大化，不断根据自己的比较优势进行博弈的过程。这也就意味着，虚拟城市联盟体内永远没有绝对的平等，城市联盟的平衡永远是动态的。动态的虚拟城市联盟过程同时也就是资源的跨行政区边界的整合过程。要保持城市联盟的动态平衡关系，就要求避免固化价值链上的竞争与合作关系。当一个城市发现新的核心利益和竞争优势后，原有的竞合关系可能就会进入临界点，然后城市会选择新的合作伙伴，选择价值链上一个新的位置，或者进入到一个新的价值链中。其中，网络中心节点城市是资源整合的关键，它周围的一个个环节围聚成一条条价值链，编织成了一个多赢的城市联盟生态圈。

可见，虚拟城市打破了传统的城市边界，通过构建平台尽可能整合所有资源要素。然而，虚拟城市的成长存在不存在上限呢？有学者认为，市场资源对于一个城市而言是无限的。虚拟城市可以将部分功能虚化，仅仅保留核心或关键功能，其余功能借助外力，突破了自身功能的局限；虚拟城市运作的基础是一套完善的网络，没有太多的硬件要求，它主要是通过信息网络、契约网络和物流网络迅速地将区域资源整合起来。因此，虚拟城市的运行没有上限。这种观点有一定道理，但是，并不代表虚拟城市没有边界。虚拟城市虽然在理论上具有可以无限扩张的能力，但经济成本和外部制约决定了这种扩张不能无限进行下去，即使在网络组织中也不行，同样有管理控制和规模失效的问题。

一般地，虚拟城市的有效边界取决于城市的核心能力，而其核心能力受到成本收益的制约以及市场需求的约束。此外，城市这种优势资源受到外界环境的限制：有些资源的获取需要付出昂贵的代价，而且优势资源也会削弱或消失。因此，以核心能力和优势资源为中心构建的虚拟城市，不可能无边界地扩张。同时，虚拟城市还受到内部激励与协调能力的制约。虚拟城市的各个参与者具有较大的独立性，能否协调关系、激励成员就非常重要。其中激励和协调方式、沟通状况、管理能力等都构成了现实中虚拟城市的成长约束。另外，决定虚拟城市边界的因素是多元的，既有组织内在要素的自适应的影响，也有市场环境因素的制约。比如，虚拟城市的扩张与萎缩往往因市场规模或容量的变化而变化，其市场规模便成为城市扩张的最大边界。

◆ 练习与问题讨论

1. 现代化、城市化与国际化三者之间是什么关系？

2. 如何表述城市现代化的特征和标志？

3. 根据你对城市现代化本质的认识，评价书中给出的城市现代化的指标体系的科学性，如有疑义，描述你的设计思路。

4. 你认为国际性城市与现代化城市的指标体系应该有什么不同？其依据是什么？

5. 描述一下你所理解的生态城市是什么样？查阅相关资料，讨论中国生态城市建设应该从哪入手。

6. 虚拟城市的有效边界应该怎样确定？

资料链接14-1

现代化的四次大浪潮

资料链接14-2

现代化指标的国际
城市标准

资料链接14-3

国际性城市的形成与
经济周期

参考文献

［1］波利斯. 富城市穷城市［M］. 方菁，译：北京：新华出版社，2011.

［2］贝尔琴，艾萨克，陈. 全球视角中的城市经济［M］. 刘书瀚，孙钰，等译.长春：吉林人民出版社，2003.

［3］杜兰顿，亨德林，斯特兰奇，等. 区域和城市经济学手册（第5卷）［M］. 郝寿义，孙兵，王家庭，等译. 北京：经济科学出版社，2017.

［4］周伟林，严冀，等. 城市经济学［M］. 上海：复旦大学出版社，2004.

［5］奥沙利文. 城市经济学［M］. 周京奎，译. 8版. 北京：北京大学出版社，2015.

［6］佐佐木公明，文世一. 城市经济学基础［M］. 姜雪梅，卢向春，綦勇，译. 北京：社会科学文献出版社，2012.

［7］苗长虹，魏也华，吕拉昌. 新经济地理学［M］. 北京：科学出版社，2017.

［8］钱颖一，等. 创新驱动中国［M］. 北京：中国文史出版社，2016.

［9］蔡安宁. 北京城市功能空间重构研究［M］. 北京：科学出版社，2017.

［10］金江军. 迈向智慧城市：中国城市转型发展之路［M］. 北京：电子工业出版社，2013.

［11］华生. 城市化转型与土地陷阱［M］. 北京：东方出版社，2014.

［12］刘易斯. 二元经济论［M］. 施炜，等译. 北京：北京经济学院出版社，1989.

［13］霍华德. 明日的田园城市［M］. 金经元，译. 北京：商务印书馆，2000.

［14］沙里宁. 城市：它的发展、衰败与未来［M］. 顾启源，译. 北京：中国建筑工业出版社，1986.

［15］谢文蕙，邓卫. 城市经济学［M］. 北京：清华大学出版社，1996.

［16］姚为群. 全球城市的经济成因［M］. 上海：上海人民出版社，2003.

［17］厉有为. 城市现代化指标体系探讨［M］. 北京：红旗出版社，2001.

［18］孟晓晨. 西方城市经济学——理论与方法［M］. 北京：北京大学出版社，1992.

［19］切希尔，米尔斯. 区域和城市经济学手册：应用城市经济学［M］. 安虎

森，朱妍，谌雪莺，等译. 北京：经济科学出版社，2018.

［20］雅各布斯. 城市与国家财富［M］. 金洁，译. 北京：中信出版社，2008.

［21］雅各布斯. 城市经济［M］. 项婷婷，译. 北京：中信出版社，2007.

［22］布鲁格曼. 城变：城市如何改变世界［M］. 董云峰，译. 北京：中国人民大学出版社，2011.

［23］勒盖茨，斯托特，张庭伟，等. 城市读本［M］. 北京：中国建筑工业出版社，2013.

［24］刘传江. 中国城市化的制度安排与创新［M］. 武汉：武汉大学出版社，1999.

［25］马化腾，张孝荣，孙怡，等. 分享经济：供给侧改革的新经济方案［M］. 北京：中信出版社，2016.

［26］帕迪森. 城市研究手册［M］. 郭爱军，王贻志，等译. 上海：上海人民出版社，2009.

［27］蔡昉，都阳，王美艳. 劳动力流动的政治经济学［M］. 上海：上海三联书店，上海人民出版社，2003.

［28］刘乃全. 劳动力流动对区域经济发展的影响分析［M］. 上海：上海财经大学出版社，2005.

［29］纪晓岚. 论城市本质［M］. 北京：中国社会科学出版社，2002.

［30］朱英明. 城市群经济空间分析［M］. 北京：科学出版社，2004.

［31］克鲁格曼. 发展、地理学与经济理论［M］. 蔡荣，译. 北京：北京大学出版社，2000.

［32］藤田昌久，克鲁格曼，维纳布尔斯. 空间经济学：城市区域和国际贸易［M］. 梁琦，译. 北京：中国人民大学出版社，2005.

［33］蔡昉，都阳. 中国人口与劳动问题报告No.8：刘易斯转折点及其政策挑战［M］. 北京：社会科学文献出版社，2007.

［34］王缉慈. 创新的空间：企业集群与区域发展［M］. 北京：北京大学出版社，2001.

［35］徐林清. 中国劳动力市场分割问题研究［M］. 北京：经济科学出版社，2006.

［36］丁成日. 城市增长与对策：国际视角与中国发展［M］. 北京：高等教育出版社，2009.

［37］罗明忠. 农村劳动力转移：决策、约束与突破——"三重"约束的理论范式及其实证分析［M］. 北京：中国劳动社会保障出版社，2008.

［38］陈劲松. 新城模式：国际大都市发展实证案例［M］. 北京：机械工业出版社，2006.

［39］王兴平. 中国城市新产业空间——发展机制与空间组织［M］. 北京：科

学出版社，2005.

[40] 滕田昌久，蒂斯. 集聚经济学：城市、产业区位与区域增长 [M]. 刘峰，张燕，陈海威，译. 成都：西南财经大学出版社，2004.

[41] 刘恒中. 论中国大发展：八亿农民变市民 [M]. 北京：中国财政经济出版社，2008.

[42] 胡彬. 区域城市化的演进机制与组织模式 [M]. 上海：上海财经大学出版社，2008.

[43] 踪家峰. 城市与区域经济学 [M]. 北京：北京大学出版社，2016.

[44] 陈顺清. 城市增长与土地增值 [M]. 北京：科学出版社，2000.

[45] 任荣荣. 中国城市土地价格的微观决定机理研究 [M]. 南京：东南大学出版社，2012.

[46] 曹林，黄凌翔，白钰. 建设用地节约集约利用评价和潜力测算的理论与方法研究 [M]. 天津：南开大学出版社，2015.

[47] 谢如鹤. 物流系统分析与规划 [M]. 北京：高等教育出版社，2015.

[48] 杨敬增. 循环产业链：理念·模式·设计·案例 [M]. 北京：化学工业出版社，2019.

[49] 王玉荣，葛新红. 产业互联网：全产业链的数字化转型升级 [M]. 北京：清华大学出版社，2021.

[50] 邓宏乾. 中国城市主体财源问题研究 [M]. 北京：商务印书馆，2008.

[51] 方创琳，等. 中国城市发展空间格局优化理论与方法 [M]. 北京：科学出版社，2016

[52] 帕迪森. 城市研究手册 [M]. 郭爱军，王贻志，等译. 上海：格致出版社，上海人民出版社，2009.

[53] 巴蒂. 新城市科学 [M]. 刘朝晖，吕荟，译. 北京：中信出版集团，2019.

[54] 王宝平，徐伟. 城市网络：价值生产的空间组织 [M]. 北京：科学出版社，2017.

[55] 格莱泽. 城市的胜利 [M]. 刘润泉，译.上海：上海社会科学院出版社，2012.

[56] 汤森.智慧城市 [M]. 赛迪研究院专家组，译.北京：中信出版社，2014.

[57] 吕汉阳，曾涛，朱崇坤，等.PPP模式：全流程指导与案例分析 [M]. 北京：中国法制出版社，2016.

[58] PRED.The spatial dynamics of U.S.urban-industrial growth [M]. Cambridge: MIT Press，1966.

[59] BRADFORD，KELEJIAN.An econometric model of flight to the suburbs [J]. Journal of Political Economy，1973，81.

［60］ MIER.Social justice and local development policy ［M］. Newbury Park, CA: Sage Publications, 1993.

［61］ BLACK. Injection leakages, trade repercussions, and the regional income multiplier ［J］. Scottish Journal of Political Economy, 1981, 28 （3）.

［62］ CHAMPION. Urbanization, suburbanization, counterurbanization and reurbanization ［J］. Handbook of Urban Studies, 2001.

［63］ SABOT.Migration and urban surplus labor: the policy options ［J］. The Urbanization of the Third World, 1988.

［64］ HENDERSON.Marshall's scale economies ［J］. Journal of Urban Economics, 2003.

［65］ BRUECKNER.The structure of urban equilibria: a unified treatment of the Muth-Mills model ［J］. Handbook of Regional and Urban Economics, 1987, 2.

［66］ GABAIX. Zipf's law and the growth of cities ［J］. American Economic Review, 1999, 89 （2）: 129-138.